◎安徽省"十二五"省级规划教材

广告学专业实务操作系列教材

GUANG GAO DIAO CHA SHI WU

广告调查实务

史 梁／戴 燕 主 编

张相蓉 副主编

合肥工业大学出版社

图书在版编目(CIP)数据

广告调查实务/史梁,戴燕主编. —合肥:合肥工业大学出版社,2015. 12
ISBN 978 - 7 - 5650 - 2618 - 8

Ⅰ. ①广… Ⅱ. ①史…②戴… Ⅲ. ①广告—调查 Ⅳ. ①F713. 8

中国版本图书馆 CIP 数据核字(2015)第 316277 号

广 告 调 查 实 务

主编 史 梁 戴 燕	责任编辑 朱移山
出 版 合肥工业大学出版社	版 次 2015 年 12 月第 1 版
地 址 合肥市屯溪路 193 号	印 次 2017 年 1 月第 1 次印刷
邮 编 230009	开 本 710 毫米×1000 毫米 1/16
电 话 总 编 室:0551 - 62903038	印 张 22.75
市场营销部:0551 - 62903198	字 数 375 千字
网 址 www. hfutpress. com. cn	印 刷 安徽昶颉包装印务有限责任公司
E-mail hfutpress@ 163. com	发 行 全国新华书店

ISBN 978 - 7 - 5650 - 2618 - 8 定价:48.00 元

如果有影响阅读的印装质量问题,请与出版社市场营销部联系调换。

目　录

第一部分　绪　论

第二部分　广告调查的初始阶段

第三部分 广告调查方法

第四部分 广告调查的实施

第五部分　数据分析和报告

第一部分

绪　论

第1章 广告调查简介

【本章学习目标】

1. 了解广告调查的概念及其作用。
2. 了解广告调查的类型。
3. 知道什么时候需要进行广告调查。
4. 广告调查的基本原则。
5. 广告调查简史以及发展。

【导入案例】

2013年，广州成美营销顾问公司为加多宝公司制定了红罐王老吉的品牌定位战略，将其定位为预防上火的饮料，并且帮助确立了"怕上火，喝王老吉"的广告语。这项工作成果成为红罐王老吉腾飞的一个关键因素。

为了了解消费者的认知，研究人员一方面研究红罐王老吉以及竞争者的信息，另一方面，与加多宝内部、经销商、零售商进行大量访谈，完成上述工作后，聘请市场调查公司对王老吉现有用户进行调查。以此为基础，研究人员进行综合分析，厘清红罐王老吉在消费者心目中的位置，即在哪个细分市场中参与竞争。在研究中发现，广东的消费者饮用红罐王老吉主要在烧烤、登山等场合。其原因不外乎"吃烧烤容易上火，喝一罐先预防一下"；"可能会上火，但这时候没有必要吃牛黄解毒片"。

"预防上火"是消费者购买红罐王老吉的真实动机，自然有利于巩固加强原有市场。而能否满足企业对于新定位"进军全国市场"的期望，则成为研究的下一步工作。通过二手资料、专家访谈等研究表明，中国几千年的中医概念"清热祛火"在全国广为普及，"上火"的概念也在各地深入人心，这就使红罐王老吉突破了凉茶概念的地域局限。研究人员认为："做好了这个宣传概念的转移，只要有中国人的地方，红罐王老吉就能活下去。"

至此，历经一个半月的调研分析，红罐王老吉品牌定位的研究《红罐王老吉品牌定位研究报告》基本完成。报告首先明确红罐王老吉是在"饮料"行业中竞争，竞争对手应是其他饮料；其品牌定位——"预防上火的饮料"，独特的价值在于——喝红罐王老吉能预防上火，让消费者无忧地尽情享受生活：吃煎炸、香辣美食，烧烤，通宵达旦看足球……

紧接着，成美为红罐王老吉确定了推广主题："怕上火，喝王老吉"，在传播上尽量凸显红罐王老吉作为饮料的性质。在第一阶段的广告宣传中，红罐王老吉都以轻松、欢快、健康的形象出现，避免出现对症下药式的负面诉求，从而把红罐王老吉和"传统凉茶"区分开来。为更好地唤起消费者的需求，电视广告选用了消费者认为日常生活中最易上火的五个场景：吃火锅、通宵看球、吃油炸食品薯条、烧烤和夏日阳光浴，画面中人们在开心享受上述活动的同时，纷纷畅饮红罐王老吉。结合时尚、动感十足的广告歌反复吟唱"不用害怕什么，尽情享受生活，怕上火，喝王老吉"，促使消费者在吃火锅、烧烤时，自然联想到红罐王老吉，从而促成购买。

以上案例从不同角度说明了广告调查的重要性，说明所有的竞争性企业在解决难题的时候，只有事先通过研究获取消费者、媒体、市场环境信息，才能够做出决策。在这一章中，我们将学习广告调查的基本概念、特点以及它在广告活动中的重要作用。

一、广告调查的内涵

（一）什么是广告调查

广告调查（Advertising Research）也常常被称为广告研究、广告调研，是市场研究、商业研究中的一个领域。本书中采用了广告调查这一称呼，从英文"Research"一词可以看出是因为广告调查中不仅仅是一种调查，它还包括一系列的研究活动。

Carl McDaniel 在《当代市场调研》一书中认为："简言之，市场调研是指对营销决策相关数据进行计划，收集和分析并把分析结果向管理者沟通的过程。"① 美国市场营销协会 AMA 认为市场调研是一种"通过信息将

① ［美］卡尔·麦克丹尼尔. 当代市场调研［M］ 机械工业出版社 2012·4.

消费者、顾客和公众与营销者连接起来的职能。这些信息可用于识别和确定营销机会以及问题；产生、提炼和评估营销活动；监督营销绩效；改进人们对营销过程的理解。市场调研规定了解决这些问题所需的信息；设计收集信息的方法；管理并实施信息收集过程；分析结果；最后要沟通所得的结论及其意义。"①

对于广告调查，业界和学界也有许多定义，这些定义有的使用了"广告研究"，有的使用了"广告调研"一词，由于这些名词实质内容基本一致，本书一起做了归纳，具体如下：

《克莱普纳广告教程》一书中认为"广告调查"一词的定义很广泛，它包括了对广告过程全部4个阶段的研究：广告策略的制定、广告实施的规划、预测实施的评估、广告活动的评估。广告调查的首要目标是为创作提供帮助②。

日本电通在《广告用语事典》中对于广告调查下了定义：广告调查是指伴随着广告活动所进行的一切调查活动。它包括：为发现或决定广告的诉求点而作的调查；为购买者显在化而作的调查；媒介量的调查；关于媒介特性的调查；媒介接触率的调查；商品或企业形象的调查；广告影响力的测定调查；购买动机调查；关于投入市场广告量的调查。

国内也有一些学者对广告调查下了定义，如黄合水③在《广告调研技巧》一书中提出狭义的广告调研是指"有计划、系统地收集、整理、分析广告资料的过程，其目的是为广告决策提供科学依据"。广义的广告调研泛指与广告活动有关的研究。它不仅包括狭义的广告调研，还包括由学术机构和个人进行的旨在揭示广告活动实质和规律的研究。

舒咏平在《广告调查》一书中提出广义的广告调查是指围绕广告以及广告活动，为研究其形成、发展的规律和趋势而进行的一系列的系统的、科学的探究活动。狭义的广告调查是指"为了策划、制作和发布有效的广告而开展的一切调查研究活动"。

本书中认同许多学者的观点，认为广告调查是一种广义上的研究，是指运用科学方法收集和处理信息，为广告活动提供决策依据的过程。

---

① ［美］卡尔·麦克丹尼尔．当代市场调研［M］．机械工业出版社，2012：8.

② ［美］莱恩，拉塞尔，东贤．克莱普纳广告教程［M］．北京：清华大学出版社，2008：487-489.

③ 黄合水．广告调研技巧［M］．厦门大学出版社，2009.

（二）广告调查的基本特点

通过国内外业界和学界对于市场研究或广告调查下的定义，我们可以看出这些定义虽然多种多样，表述方式有些不同，从不同的层面强调了广告调查的规律，但这些定义大多揭示出了广告调查的基本特点。而理解广告调查的基本特点对于广告调查的学习来说是更为重要的。

首先，广告调查是一种研究活动，广告调查的目的是为决策提供准确有价值的信息，减少广告决策中的不确定性。广告决策涉及许多方面，市场环境、消费者研究等等，企业决策不能凭某个个人的意愿随意而为，只有在调查研究基础上的决策才是科学决策的正确路径。如果没有任何调研而做出决策，那么可能就存在碰运气的成分，也许有几次是成功的，但是从长期来看，失败的可能性更大。

其次，广告调查一般运用科学的方法作为研究工具来收集信息。19 世纪 Artemus Ward 曾说："让我们陷入困境的不是无知，而是看似正确的错误判断。"在广告营销研究的历史中也存在调研的信息不够准确反而误导决策的案例，这说明了广告调查需要运用科学的方法，才能获取准确而有价值的信息。

最后，广告调查的目的是更好地从事广告活动，为广告决策提供服务。这些广告活动是广义上的，这不仅仅包括商业性的广告活动，还包括一些非营利性质广告活动；不仅仅包括为了解决某一问题的应用研究，还包括一些和广告有关的基础理论研究。当然，本书中所介绍的基本研究方法对于应用研究和学术研究是相通的。

总之，广告调查可以利用可获取的资源，收集和处理所得的信息，从而能为广告活动做出最佳的决策提供依据。

二、广告调查的作用

结合上一节广告调查的定义，许多定义已经揭示了广告调查的作用。我们在上面提到广告调查有助于广告决策，具体如收集环境信息、消费者概况、分析确定广告诉求对象、品牌的定位和再定位、确定广告诉求点、品牌形象研究、广告传播效果测定、广告费用预算等等，这些都是广告调查的领域。总结起来说，广告调查的作用主要体现在以下几个方面。

（一）广告策划的基础

常常有人用形象的比喻来说明市场调查的作用，如：市场调查是素描，可以收集市场信息；也有人比喻为 B 超，通过调查进行前期诊断；比喻为罗盘，指明行动和决策的方向；比喻为体温计即预警系统，　个成熟企业在未出问题之前就能够预测到问题的所在。这些比喻也揭示了广告调查在广告决策中的作用：描述、诊断和预测。通过广告调查，可以及时了解市场信息，了解消费者，确定广告的定位，促发成功的广告创意，制定切实有效的媒介组合，监测广告的发布和传播效果等，这些都是广告活动中的实际问题。

1. 了解市场的基本信息

对于企业或其他组织来说，做好任何一个决策都要以准确的信息为基础，需要调查研究来获取信息。广告活动中前期尤其广告策划需要一些市场信息，而这些信息都可以看作是广告调查中的内容。比如广告策划需要了解外部环境的基本信息以及组织内部的大体状况，确定一些问题。组织内部的基本信息如企业的基本资料、广告诉求的定位、媒体的选择等。外部的环境分析，常见的如 PEST 分析，即政治（political）、经济（economic）、社会（society）、技术（technology）分析，思考未来的竞争环境如何？明年和今年的市场环境有哪些变化？有哪些新技术将被应用？

广告调查需要注意收集市场信息，常见的如产品信息、价格信息、竞争对手信息等。在广告活动中尤其要注重了解消费者概况，无论新媒体如何发展，好的广告策划都需要来自于对消费者的了解。消费者概况包括消费者需求和动机分析、消费习惯（购买时间、地点、购买方式、购买者等）、消费者文化背景分析以及消费者人口统计学特征分析。消费者的 AIO 分析也是市场信息的重要一部分。消费者 AIO 分析，即是生活方式量表调查，包括消费者活动（activities）、兴趣（interests）、观点（opinions）分析。目的是了解消费者消费行为的个性特征，以获得关于消费者更为完整的轮廓。从消费者现有的生活方式调查了解最近的消费者趋势，思考这些趋势和变化对于产品和广告的影响。这对于新媒体广告也很重要，例如了解消费者在互联网使用的不同感受，可以用于视频游戏植入广告的创意，消费者个人信息调查也可以提供更多相关广告的想法，有助于判断搜索引擎广告中的关键词等。

2. 发现问题和机会

在任何一个广告决策提出之前，企业或组织必须明确自己的问题，自己想做什么。了解组织内部或外部环境一般情况是广告决策的基础，然而为了更加深入地了解情况，还需要进一步研究，对信息进行分析，以获取更丰富的材料。通过调研，我们能够发现组织内部或者外界环境的具体情况，给组织提供客观的信息。广告调查可以帮助组织发现问题或机会，有助于组织制定广告决策。

　　例如：广告调查可以帮助企业或组织发现问题，为组织的品牌形象起到监测和预警的作用，以便帮助组织在第一时间发现问题，再通过进一步的调研，可以帮助组织进一步获取更丰富的信息，看清自己面对的情况，弄清楚产生问题的原因，及早制定对策。

　　2008年4月8日，中国奥运火炬在传递时遭到了藏独分子的破坏，引发了民愤，许多人响应号召抵制法国商品，后来又逐渐引发了全国范围的抵制家乐福活动。监测到这些舆论倾向后，法国政府和家乐福采取了一系列的危机公关活动，其中上海家乐福在4月27日出版的上海《新民晚报》刊登了半版家乐福"祝福北京，支持奥运"的宣传广告。

　　广告调查可以帮助企业或组织在不断变化的市场中利用出现的机会，通过调查了解未来的发展趋势，思考其产品和广告如何利用这种趋势。艾瑞市场2013年4月发布的《年度互联网及移动互联网的用户及产业趋势数据》指出，2012—2013年移动应用广告增长率高达140%。同时，数据显示2013年中国移动广告支出将达到1.96亿元，占全球移动广告支出的2.95%。从艾瑞市场的分析中，我们可以看出移动广告未来的发展趋势，能够帮助企业更好地利用移动互联网广告中的发展机会。

　　3. 帮助品牌定位，促发新的创意

　　通过广告调查获取的产品、市场、消费者的各种资料是广告创意的基础。这对于广告创意很关键，广告创意不能够闭门造车，仅凭自己的拍脑袋完成。为了得到更好的广告创意可以进行有针对性的广告调查，如消费者生活中的爱好，他们的衣、食、住、行等特点都可以是广告创意的依据，甚至在很多时候是广告创意的直接源泉。而且这些源自生活的创意，往往能够与消费者更好地进行沟通和达成共鸣。

　　通过广告调查对产品、市场的调查，可以帮助广告策划人员了解消费群体，准确找到目标消费群，确定广告诉求对象。而对目标消费群的调查研究是确立广告策划与广告创意的关键环节。万宝路最早是女士香烟，销量一直不高，但是后来通过调查进行的重新创意定位，使其香烟销量从萎靡到跃居全美首位。M&M's巧克力豆"只融在口，不融在手"的创意理念，也是来源于对目标消费群体的深入调查研究得到的。

　　通过广告调查，还可以根据所获取的信息，了解消费者认知，提出与竞争者不同的主张，对品牌进行定位与再定位。2003年北京三元公司准备进入北京杯装酸牛奶市场。在三元杯装酸牛奶进入北京市场以前，三元集团进行了产品的广告创意测试研究，一是简单了解杯装酸牛奶目标消费者的消费行为，以及对杯装酸奶的未满足需求；二是进行产品的广告创意测试研究。通过定性研究的方式在预选的六个产品创意中选出一个最合适三元杯装酸奶的创意，进而明确杯装酸牛奶与目标消费者的沟通方向、产品定位以及相应的营销策略。通过焦点小组访谈，研究发现与会者喝酸牛奶都不同程度地追求健康、美丽和轻松这三个核心利益点。多数与会者把增加营养与健康等同，认为增加营养，特别是维生素和钙就会使自己在某些方面更加健康。最终，针对三元杯装酸牛奶产品，分别提出广告创意营养篇和美丽篇，广告诉求分别为多重营养、更加健康和美味又美丽，该广告创意的接受程度和评价都很高。

（二）评价广告活动

19 世纪，美国零售巨头约翰·沃纳梅（John Wanamaker）："我花在广告上的钱有一半被浪费掉了，但我不清楚是哪一半。"这就涉及广告效果的评估，这也是广告调查的重要领域。在广告实施之后，广告调查可以评估它的执行情况，获取信息，为后来的相关活动决策提供重要的借鉴。广告效果的评估是使用科学系统的方法来评价广告活动实施情况，帮助我们找出影响广告传播效果的因素。

常见广告效果的研究包括文案测验、广告监测、广告传播效果测定等。

文案测验是对广告文案和 CM 所做的各种测验之总称。文案测验主要用于测试广告能否把传播者的意图正确地传达给消费者，提高对广告商品品牌的评价，唤起购买意愿；以及广告应具备的一般特性如何，广告是否醒目、易懂，给消费者增添情趣、唤起共鸣。通常在广告正式投放之前进行测验，称为广告效果事前测验（pre-test），亦有在投放后测验效果的情况。文案测验方法常见的是实验室测验以及实地调查访问①。

广告监测主要是每天把报刊、电视、网络等媒体上所发的广告统计出来，反映行业内的最新动态，通过广告监测也可以监测广告是否按计划正常投放，投放质量、数量是否达到计划的要求。

广告效果的测定包含的因素比较多，它可以指广告的传播效果，常见的如受众的接触率、阅读率、收视率、点击率、转化率等调查，此外，因为很多时候商业广告目的是促进销售，所以我们还可以用销售量来测量广告效果。除了商业广告的传播效果和经济效益之外，广告的社会效益也是传播效果的一个方面。广告的社会效果测定，主要从法律法规、伦理道

---

① 樊志育. 广告效果研究［M］. 北京：中国友谊出版公司，1995.

德、文化艺术、风俗习惯、宗教信仰等各个方面进行综合考察、评估。

（三）推动广告基础理论研究

广告的基础理论研究也被称为广告的学术研究，是理论知识的研究。例如，媒体、广告产品、广告内容、广告受众之间的关系常常是广告调查的对象。具体如广告中模特的运用、名人代言、消费者选择性接触等。因此，广告理论研究并不仅仅是针对从某一个组织机构的角度来考虑问题，而是从广告应用出发，发现规律性的知识，这些理论和知识反过来可以指导企业或组织的广告实务研究，来设计自己的应用调研。

比如 John（1999）[①] 回顾了 25 年儿童消费社会化的相关研究，提出了分阶段理论框架，认为随着年龄的增加、认知和社会阅历的成熟，儿童消费者会发生阶段性变化。其中许多涉及广告对儿童的影响以及儿童对广告的认知的研究成果，很值得广告人借鉴。

虽然基础理论研究与应用研究之间有着区别，但二者都需要科学的研究方法，大部分调研方法对二者都是适用的。在本书中，我们提到的广告调查既包括广告应用研究也包括广告学术研究，但是考虑到学生将来的就业导向主要是从事广告实务，并且许多研究人员研究的课题常常也是来自于企业或者非营利性组织的实际问题，因此本书重点学习的是广告应用研究。

广告调查是一套系统的方法，包含着多种调研方法，在面对某个问题时，何时、如何进行广告调查，取决于广告决策本身的特点。有些时候一般日常事务的决策似乎无须增加大量投入进行调研，甚至有些创意似乎就是来源于广告人员的直觉或灵感。但是需要指出的是，即使这些广告活动没有大规模的调研，有些时候也没有必要这么做。但在做这些决策和创意的时候还是离不开基本信息的收集，离不开对市场和消费者的观察。这些信息的获取和广告人员的日常积累是分不开的，广告人员日常的观察所获取的信息也是广告调查的一种方式。因此广告调查要根据解决的问题的性质，同时考虑到时间、经济等成本，选择合适的研究方式。当然，如果一个决策在战略上或策略上的位置越重要，就越有必要组织大规模的调研活动。

---

① John D R. Consumer socialization of children: A retrospective look at twenty-five years of research [J]. Journal of consumer research, 1999, 26 (3): 183-213.

三、广告调查的类型

按照调查内容、研究性质、资料来源等不同的标准，广告调查有不同的分类。

（一）根据研究问题的性质

1. 探索性研究（exploratory research）

探索性研究是用来理清不明确的状况，发现研究的问题时所运用的研究。当研究问题不明确时，探索性研究用以解决"可以做什么"，帮助我们确定研究的问题，发现和研究新的学科领域，并为深入研究打下基础；否则如果一开始没有探索研究就马上进行大规模的问卷调研，很有可能浪费时间、金钱和精力，得到一些价值不大甚至是不相关的信息，最终得不偿失。

探索性研究是想在研究之初在小规模和花钱最少的基础上，了解研究的问题。探索研究常常可以通过文献法、访谈法等获得信息。通过查找文献进行二手资料分析可以帮助我们了解信息，除此之外一手资料常见的方法是采用深度访谈或座谈会，通过访问专业人士或消费者来帮助理清思路。例如，企业最近销售量下降，而影响销售量下降的原因有很多：是产品质量原因、价格的原因、渠道原因，还是广告投放原因等其他原因呢？这就需要采用探索性研究，找一些专家、专业人员、消费者等进行访谈，或者参考以往的二手资料，发现问题所在，然后再进一步调研。

大多数的探索研究只有少数的参加者，而且是在非正式环境中进行的，所以探索性的问题不要求十分精确，也往往得不到可靠的结论。但是这种研究获取的初步信息，能够帮助研究者对问题进一步地深入研究。

2. 描述性研究（descriptive research）

描述性研究主要是描述事物、人、组织或环境的总体特征。大部分广告调查信息的获得，都建立在描述性研究的基础上。比如对广告现象的形状、过程和特征进行客观、准确的描述。描述性研究解决的是"是什么"的问题，也是最常见的研究方式。通过探索性研究对情况有所了解后，可以通过描述性研究进入具体问题的研究。

描述性研究有利于市场的细分，通过描述有关群体特征，或者通过估算某一类人群比例，帮助广告定位。描述性广告调查是研究事物如何发生发展的，它的特点、性质是什么。

目前大部分的广告调查都是描述性研究，常见的方式如一手资料方式是问卷调查，也有通过观察法来进行描述。还有些描述性研究是针对媒介内容进行的二手资料的分析，也叫内容分析。

3. 因果关系研究（causal research）

因果关系研究是一种建立各种变量之间原因和结果关系的研究。它解决的是"为什么"的问题。确定自变量和要预测的因变量间的相互关系的性质，确立哪些是原因（自变量），哪些是结果（因变量），哪几个因素起主导作用。

比如销售点的 POP 广告与销售的关系，POP 广告是否影响销售，多大程度上影响，这一问题就是因果关系研究。

一般来说，如果要判断因果关系需要以下几个条件：①时间顺序，即原因必须在结果前面。②共变。两个事件共同发生变化，即具有相关性。③非虚假关联，即原因和变量之间的关系是真实的，非其他原因引起的[①]。

因此因果关系的研究需要严格控制外在变量，这类研究一般采用实验法，包括实验室实验和现场实验（市场测试）方法，具体见本书第 9 章内容。实验法数据分析一般使用一些高级的统计方法。

需要指出的是，以上三种研究是紧密相连且互相补充的。探索性研究是描述性研究和因果关系研究的基础，如果研究者没有做好探索性研究，而匆匆转入描述性或者因果研究，将可能引发广告调查的缺陷。描述性研究是因果关系研究的基础。

（二）根据研究的内容

根据研究的不同领域，广告调查可以借鉴传播学拉斯韦尔 5W 模式分为以下几类：

（1）Who，广告传播者。广告传播者的研究既包括广告主的调研，也包括广告公司的调研。最常见的是关于企业品牌的研究、企业的品牌形象的调研，还包括相关的和企业或行业相关的广告活动调查。

（2）What，广告信息。广告信息研究主要是对广告内容的研究。比如针对广告的广告主题、文案调研。广告信息的研究还包括针对某一主题广告投放情况而做的网络、电视、广播等媒介的广告监测，以及对于某类媒介的内容分析。

（3）Which channel，广告媒体。广告媒体的调查是针对广告媒介所做的调研，包括对广告媒体的分析，比如发行量、收视率调查，还包括对广告媒体的不同媒体特性以及诉求对象等性质分析。每种媒体有不同的性

① ［美］齐克芒德. 商业研究方法 ［M］. 北京：清华大学出版社，2012.

质、功能、特点，即使同一类型的媒体也有不同的覆盖面。广告调查人员需要对广告媒体有详尽了解，才能合理运用媒体，取得好的传播效果。

（4）Whom，广告受众。广告受众的研究包括广告的受众的态度和行为的调研，常见的诸如广告受众的人口统计特征与文化背景分析，以及作为消费者的消费需求、消费行为研究和消费者满意度等研究。

（5）What effect，广告效果。广告效果研究是为了评价广告传播效果而做的研究，往往也是通过广告受众接触广告后的态度或行为变化显现出来的。它又可以分为事前测定和事后测定两部分。当一个广告主在广告上投资上万元甚至上百万、上千万元后，他必然要知道他的投资能否得到收益，广告效果测定为他的投资提供了保证。对于广告效果的测定不仅仅体现在广告活动结束之后，它还体现在广告实施的各个阶段，对广告策略的适应性和实施情况随时进行了解。

（三）根据研究结果的用途

1. 广告应用研究

广告应用性研究，即广告商业研究，是广告主、调查公司投资进行，为某个具体的企业或组织解决具体实际决策中的问题的一种研究。常见的如针对品牌、产品、广告活动、广告作品或广告主关心的产品市场进行的研究。商业性广告应用研究一般针对性和时效性较强，主要在小范围传播。本章导入案例就是广告应用研究的一种。

2. 广告基础研究

广告基础研究即广告学术研究，是关于广告学基本理论问题的研究，企业或者广告调查人员常常针对某类广告现象进行研究，用来验证一般广告理论。研究结果一般在公开刊物上发表。基础研究并不是针对某一个机构来考虑问题。尽管如此，企业仍可以利用广告基础研究成果，为自己的应用调研提供启发和借鉴。

这两类调研是有着紧密的联系的，广告基础研究是后期广告应用研究的基础，广告应用研究也可以为广告基础研究提供一定的启发和借鉴。而且，大部分广告调查方法对二者都是适用的。

（四）按照收集资料的方法

按照资料的来源，广告调查可分一手资料研究与二手资料研究。

1. 二手资料研究（secondary date）

二手资料研究也称文案调查法，是调查之前就已经存在，被前人收集、记录、整理的资料，比如企业内部、外部资料，各种情报资料等，可以拿来作为本次研究的重要依据或参照的资料。二手资料研究是将这些已有的资料加以整理和分析使用的方法。二手资料研究具体内容见本书的第 4 章。

2. 一手资料研究 (primary date)

一手资料研究也称实地调查法 (fields survey)，研究中的资料不是现有资料，而是需要调查者亲自去收集、整理和分析的资料。本书大部分章节阐述的都是一手资料研究，包括问题的提出、具体的调查方式，以及数据分析等。

（五）按照调查分析方法

按照调查分析的方法，广告调查可以分为定量调查和定性调查。

1. 定量研究 (quantitative research)

定量调查是将收集的信息通过量化的分析的过程。一般是依据标准化的程序，使用封闭式问卷或者生理学测量来收集信息，并在掌握数量化事实的基础上运用数学工具和数学方法对收集的数据进行统计分析，对事物之间的数量关系精确把握，进而把握事物的本质及其发生、发展和消亡的内在规律。

2. 定性研究 (qualitative research)

定性研究常常选择有限的研究对象，以开放式的探索式的问题来了解其深层次的态度或意见，调研的结果没有经过量化分析。定性研究一般是在一定的理论和经验指导下，运用分类比较、抽象思维和逻辑推理等思维方法，着重于对所研究问题的性质 (quality) 方面的分析和研究。定性调查有以下几种方式：焦点小组座谈会、深度访问和观察法。定性研究主要应用在探索性研究阶段以及对信息深度的阐释阶段中，比如描述消费者心目中现有的某些想法，找出可能存在的问题。

定量研究和定性研究见本书的第 5 章。

四、广告调查的伦理

伦理是帮助决定行为过程是对还是错的道德准则[1]。广告调查伦理是指广告调查中要遵循的道德规则或者行为的规则，它关注广告调查可能对他人产生的消极影响，是指导广告调查如何行动的指导方针或者道德的规则。其实广告调查中的伦理问题并没有什么特殊之处，它只是需要我们在

---

① [美] 乔尔·戴维斯. 广告调查理论与实务 [M]. 杨雪睿，乔慧，译 北京，中国人民大学出版社，2015：21.

广告调查领域重新思考我们的伦理问题。具体说来，广告调查伦理有以下几个方面的原则。

1. 真实客观原则

广告调查要尊重客观事实，真实准确，在调查中要避免诱导性问题，避免主观偏见或人为修改数据结果。

在广告调查中，还有些广告调查公司和广告为了各自的切身利益，对调查结果进行片面性的理解和解释，甚至修改数据，以此来夸大本企业产品的销售量和市场占有率，扩大品牌对消费者的影响等情况。此时广告调研机构由于受到广告主经济利益的束缚，会迎合一些广告主的这种行为。1997 年，美国家庭用品公司旗下分公司惠氏制药生产芬氟（Fen-Phen），被控诉隐瞒调查发现。1996 年底，大约有千人报告说芬氟有健康并发症。但是美国家庭用品公司向联邦药品管理局隐瞒了重要信息。1999 年 11 月，美国家庭用品公司同意支付 48.3 亿美金了结 11000 多起针对芬氟的诉讼案。

肯德基为了让生产的食品营养数据有利于自己，制作了两条广告，向公众宣称他们的炸鸡是健康食品。其实不然。消费者权益协会联合起来强烈要求肯德基撤下 2003 年 10 月刚推出的广告。在与联邦贸易委员会进行协商之际，肯德基同意撤下广告。

真实客观性原则和科学性原则也是分不开的。比如 1936 年美国总统选举前，《文学摘要》（Literary Digest）杂志预测共和党候选人兰登（London）和民主党候选人罗斯福（Roosevelt）的得票比例是 53：43，但实际选举结果是罗斯福赢得了这场选举，他与兰登得票比例是 62：38。原来这次该杂志发出了 1000 万张调查问卷。回收到 240 万张，预测是根据 240 万人的民意调查回单做出的。出现预测错误的原因主要有两个：一是选取样本的方式不是随机的，它主要是从电话号码簿和各种俱乐部会员名册上去选取的，当时美国有私人电话和参加俱乐部的家庭，都是比较富裕的家庭，他们支持共和党候选人兰登。二是有 760 万张问卷无反映，在没有寄回的人中支持共和党和支持民主党人的比例一般与寄回来的 240 万答卷中的支持比例不一样，例如该杂志向芝加哥地区三分之一的登记选民发了调查问卷，有 20% 的被询问者作了回答，其中一半以上支持兰登，但实际选举的结果是，在芝加哥地区是 2：1 有利于罗斯福。因此在调查中我们要以各种科学的方式减少抽样的偏差。

2. 保密性原则

保密是广告调查的基本伦理之一。一方面，广告调查的信息很多涉及商业机密，研究者要为广告调查客户保密。另一方面，广告调查要为受调查者提供信息保密。因为调查者会提供很多个人信息，如姓名、住址，这些信息应该受到严格的保护，不能够用作研究之外的其他目的，如推销商品等。

在现实生活中，虽然在许多调查问卷的开头，都做了"受访者的所有个人信息都会保密"的承诺，但是一些调查公司或者广告公司的调查部门在调查完成后，为了获取经济收益或其他方面的利益，并没有严格保密，而是将相关信息提供给广告客户或者其他第三方，广告调查人员的这种行为严重损害了受访者的利益。

3. 志愿参与

访问受访者的时候，受访者应该是志愿参与的，不会因为拒绝调查而受到某种惩罚或损失。调查过程中，受访者也可以在任何时候按照自己的意愿中断调查。如果在调查中有强迫受访者参与或阻止受访者退出调查的措施实施，这种行为应该受到批判。此外，研究者在访问未成年人的时候，要经过父母或者监护人的同意。如果访问中使用录音设备，应明确告知受访者。

4. 知情同意

志愿参与应该建立在知情同意的基础上。应该告诉受访者调查的背景：谁在调查、调查目的，以及如何参与调查。现实中，一些广告调查人员为了完成广告调查，采用欺骗手段获取调研信息。比如有一些流氓软件，就是在用户不知情的情况下，在其计算机上安装后门，收集消费者信息。还有的广告调查人员以做研究为伪装，实质上是进行商品推销活动。如一些公司利用广告调查的名义接近消费者，在消费者参与调查过程后，进行产品推销活动，这也是一种欺骗消费者行为。这样的广告调查明显是利用欺骗的方式博得受访者的注意与兴趣，使其参与调查过程，在完成一系列的前期调查工作之后，开始向对方强制推销自己的产品，这些行为违背了知情同意原则。

当然知情同意在实际执行中也有一个限度，因为有的调查涉及信息保密，有的调查如果背景说得太多，会使得受访者形成偏见，不利于调查的客观公正。这种部分隐瞒行为不会造成伤害，所以也是可以接受的。

5. 无害原则

伦理最低的道德标准是人们应当避免给他人造成直接或间接的伤害，因此广告调查中也需要遵守无害原则，避免可能会对受访者身体的、心理的、物质的和声名上的直接或间接的伤害。

比如知名的科学实验"服从实验",是耶鲁大学心理学家 Stanley Milgram（1961）做的实验，目的是测试受试者在面对权威者下达违背良心的命令时，会不会出于"我只是执行命令"，去做出任何行为。受试者被告知是老师，隔壁"学生"每次作答错误，要求对其电击。虽然实际上并没有电击，但是因为这项实验对受试者施加了极度强烈的情感压力，许多科学家会视这类实验违反实验伦理。

一般广告调查，不会对受访者造成什么伤害，但是研究人员还要考虑周全，避免每一种可能的伤害。

以上是广告调查中应该遵守的广告调查伦理。在广告调查行业存在的一些有违这些伦理原则的行为，不仅是对受访者不道德的欺骗，而且从长远来看，这样做还会破坏整个行业的形象，导致合法调查的合作率的下降，这无异于杀鸡取卵，专业的研究者不应该这么做。

目前，首先需要对调查人员进行培训和训练。调查人员的素质参差不齐，有些人认为调查工作只是简单的信息收集，而雇用一些能力较差的市场调查人员。

其次，目前我国的相关法律法规大都是针对具体的广告作品制作与传播过程中的问题广告，而对于广告调查尤其是广告调查伦理这方面的法律条款还是比较欠缺的。

我国广告调查业的健康发展，需要规范广告调查机构，这不仅需要广告业的支持，同时也需要公平和谐的市场环境等一系列的相关因素的提升。

五、广告调查的历史与发展

广告调查是市场研究的一部分，是伴随着商品经济的发展而产生的。广告调查的发展和市场经济的发展密不可分，因此在回顾广告调查的历史时离不开对市场研究历史的梳理，具体如下。

1. 广告调查的历史[①]

（1）1900 年以前，萌芽时期

早在 1900 年以前，就有一些调研活动。有记载的最早的调研活动是 1824 年 7 月，《宾夕法尼亚人报》对美国总统选举的投票调查。

有记载的为广告决策而进行的调研活动是 1879 年美国广告代理商艾尔

---

① ［美］卡尔·麦克丹尼尔. 当代市场调研［M］. 北京：机械工业出版社，2012：10-12.

（N. W. Ayer）广告公司所做的一项研究，此项研究是为了了解当地官员对于谷物的期望水平，从而为农业设备制造商制订广告计划，为营销决策服务。这是第一次系统的营销调研和广告调研，被看作是正式的广告调查的开始。

学术研究者大约是在 1895 年开始进入广告调查领域。明尼苏达大学的一名心理学教授哈洛·盖尔（Harlow Gale）使用邮寄问卷调查方法研究广告。他邮寄了 200 份问卷，最后收到 20 份完成的问卷，回收率为 10%。

（2）1900—1950 年，广告调查的发展时期

进入 20 世纪，市场经济进一步发展，了解消费者的需求和态度在市场决策中越来越重要。1900—1950 年是广告调查发展的时期。斯考特（W. D. Scott）1903 年出版了《广告理论》（The Theory of Advertising）一书，研究杂志广告效果测定。1911 年，第一家正式的调研机构柯蒂斯出版公司（Curtis Publishing Company）成立，该机构主要是针对汽车业进行调研，以便寻求新的消费者群。1918 年丹尼尔·思达奇（Daniel Starch）等创立了广告反应的认知测度。

20 世纪 30 年代，问卷调查法得到广泛使用。1922 年，尼尔森（A. C. Nielsen）公司进入调研领域，后来成为美国最大的市场研究机构。1933 年，美国乔治·盖洛普开始研究"随意选择的技巧"。这一时期，广告效果的研究也开始采用机器调查法。

二战期间，许多社会科学家到军队服务。一些实验技术、意见调查等运用于研究士兵和家庭的消费行为，促进了市场研究技术的发展。20 世纪 40 年代，罗伯特·默顿（Robeert Merton）开发焦点小组的方法。这一时期随机抽样和调查方法取得很大进展。

（3）1950—1980 年，广告调查的成熟期

二战后，由卖方市场向买方市场转变，以消费者为导向的生产经营理念应运而生。广告公司开始研究人们的购买行为和购买习惯，出现了许多市场细分和消费者动机研究。这一阶段活动多在美国，多以实验心理学方式调查广告效果。市场细分、消费者动机分析和先进的调查技术进一步结合。

20 世纪 60 年代，许多描述性和预测性的数学模型被提出，计算机技术开始发展，数据处理能力提高，广告调查进一步进入成熟时期。如 1961 年，R. H. Colley 提出 Defining Advertising Goals for Measured Advertising Result，也有人称之为 DAGMAR 理论，广告效果测定广告目标明确化。

（4）1980 年至今，以计算机技术为基础的时代

1980 年，美国未来学家阿尔温·托夫勒出版《第三次浪潮》一书，宣布了"信息时代"的到来，人们对于信息的要求更加迫切。信息时代带来了新的营销变革，尤其是计算机为基础的数字信息时代的到来，为广告调查带来了新的机遇和技术支持，也为广告调查提出了新的要求。这时期的广告调查和数字技术结合越来越紧密，也越来越系统化，把即时效果和长远效果结合起来。

信息技术的发展也带来了范围的变革，人们活动的范围越来越大，跨国公司和合作交流也越来越频繁。由于语言、宗教信仰、气候和传统习惯的不同，不同国家的消费者对消费习惯和广告需求也不同。因此在跨国交流开展业务中，需要研究各国的风俗和购买习惯。许多公司进行国际市场调研工作，如尼尔森（ACNielsen）公司发展成为世界上最大的市场调研公司，调研工作国际化给调研人员提出了更高的要求，也对研究工具提出了更高的要求。

数字技术尤其是互联网的发展，使得人们的传播跨越了时空，数字化成为一种生存方式，数字时空留下了人们的消费、信息获取等方面的行为数据，研究人员可以通过数据挖掘，使得追踪调研和纵向调研变得越来越容易，用来做广告调查之用。

以计算机为基础的信息时代，信息的传输速度也提高到惊人的程度，基于信息技术的互联网提高了企业对市场信息的反应能力，因此可以更快捷地制定广告决策。

数字技术的发展，大大降低了收集和存储信息的成本，我们可以更方便地利用互联网进行调研，使数据的搜集和分析工作变得更加简单，计算机可以轻松处理复杂的数据工作，减少了调研成本。

2. 中国的广告调查

相对于美国等西方国家而言，广告调查和市场研究在我国的历史非常短暂，在改革开放之后，才开始真正发展起来，大致可以分为以下几个阶段：[①]

（1）开始时期（20 世纪 80 至 90 年代初）

广告发展是市场经济发展的一个风向标，广告业较早地体现出了市场研究的意识。一些广告公司为进入中国的外资企业服务，使用了广告调查

---

① 刘德寰. 现代市场研究［M］. 北京：高等教育出版社，2005：19-27.

的方法。1983 年上海广告公司为瑞士雀巢公司进行广告代理，通过举办"咖啡品尝会"研究方法，修改了原来的广告词而创造了"味道好极了"的广告语，取得了很大的反响。

中国的专门市场研究机构起源于广州。20 世纪 80 年代中期，宝洁公司进入中国，是最早开始从事市场研究的机构。1988 年 7 月广州市场研究公司（GMR）成立，是国内最早的专业市场研究机构。

政府机构也较早地开展调查工作。1984 年北京社会与经济发展研究所成立了调查中心，是较早的民办调查机构；1986 年，北京调查所（后改名为中国社会调查所）成立。这些调查机构偏向社会调查，和市场研究、广告调查还有不同。

（2）起步时期（20 世纪 90 年代中期至 2000 年）

20 世纪 90 年代以后，市场研究越来越受到重视，许多专业化的市场调查公司纷纷成立，国外著名的市场研究公司也开始以独资或合资的形式在国内设立公司，例如著名的盖洛普公司、AC 尼尔森公司、央视索福瑞媒介研究公司等。这些公司在技术、资金、人才等方面占据着优势。

国内一些民办调查公司也发展起来，日益增多，如零点调查与分析公司。但是许多地方的调查公司力量相对薄弱，以数据收集为主。

（3）发展时期（2001 年以后）

2001 年以后，中国国内本土一些调查公司加快了发展，许多调查公司不再只是以数据收集为主，加快了数据分析和咨询业务的发展。中国市场研究咨询行业的发展是世界最快的，2002 年达到了 31% 左右，超过世界平均的增长速度。商业性的广告调查也得到了进一步的发展。

2001 年，中国信息协会市场研究业分会（CMRA）成立；2004 年由中国政府和民间共同发起的中国市场信息调查业协会于 2004 年 4 月 8 日成立。这说明了市场研究行业包括广告调查在中国的进一步发展。

与此同时，中国广告研究的学术性研究也受到越来越多人的重视。传统上广告研究以逻辑阐述为主，较少运用实证研究方法。最近 10 年，广告学术研究越来越重视实证研究方法，取得了很大进展，但是整个广告行业的学术研究还有待进一步提高。

本章小结

1. 学习广告调查的概念。广告调查是指运用科学方法收集和处理信息，为广告活动提供决策依据的过程。因此广告调查不是随便的、偶然的，它需要使用科学的方法，并且要求客观。广告调查是对信息的收集，同时还要对信息进行处理，最终为广告决策提供依据。

2. 了解广告调查的作用。广告调查的作用体现在以下方面，对于广告商业研究来说，广告调查是前期广告活动策划的基础和后期广告效果的评估，对于广告学术研究来说，广告调查还可以推动广告基础研究的进展。

3. 了解广告调查的分类。广告调查有不同维度的分类。如根据研究的目的，可以分为探索性研究、描述性研究和因果关系研究，此外还可以根据5W分类，根据资料来源不同分类，根据收集和处理资料的不同方法分类等，这些分类能够帮助我们理解广告调查的外延。

4. 了解广告调查伦理原则并理解它在广告调查中的作用。广告调查伦理是指人们在广告调查中需要遵守的道德原则，有的时候广告调查会面临伦理困境，这也是广告调查中必须面对的一个问题。

5. 认识到新技术给广告调查带来的发展。广告调查的发展历史和技术的进步是密不可分的。现代计算机技术使得数据的收集、处理和报告更加高效，也给广告调查带来了革命性的变革。我们需要关注技术的进步，同时也要明白广告调查的科学思维方法仍然是有价值的。

关键术语和概念

广告调查；广告调查特点；广告调查作用；探索性研究；描述性研究；因果关系研究；广告应用研究；广告基础研究；定性研究；定量研究；广告调查伦理

思 考 题

1. 请定义广告调查，并举例说明。
2. 广告调查的特点？
3. 广告调查有哪些类型？
4. 描述广告调查的作用，思考什么时候更需要广告调查。
5. 不做广告调查，可以做好广告决策吗？与凭着直觉相比，广告调查为决策者提供了哪些有利的条件？
6. 互联网技术如何影响广告调查？
7. 请思考下列情况有没有违背广告伦理原则。

（1）如果受访者有事情不能够接受调查，调研人员反复软磨硬泡，要求其接受调查。

（2）收集小学生的姓名以及联系方式，方便向他们推销产品。

（3）在健身房，观察人们健身的习惯以及喜好。

（4）假设有两位受试者参加一种某电影前植入式广告效果的测试，在观影前只是告知受试者是来观看电影的，而没有说明是来测试植入式广告的效果。

探索性活动设计

1. 本地连锁快餐店的老板经常在报纸、电视和一些网站上做广告，但是他不能确定谁是他的顾客，以及顾客选择他的原因。他想知道他的广告是否能尽可能有效地发挥作用，从而提高营业量。他该怎么办？

2. 请收集一些广告决策中使用广告调查的例子，这些例子最好要涉及广告决策中的不同方面。

3. 请找一个先进技术应用在广告调查中的例子。

4. 阅读下文案例，并思考以下问题。

快餐公司每年花费10亿多美元的促销费来吸引消费者。有关快餐销售的理论有很多。TacoBell公司将其认为最重要的因素缩写成FACT：Fast food（快餐食品）、Accurate orders（准确无误）、Cleanliness（清洁）和Temperature（食品温度适当）。

消费者声称，到餐馆的方便程度要比快捷的服务更重要。密苏里芬顿（Fenton）的Maritz市场调研公司调查了许多消费者，其中26%的成年人说在选择餐馆时，地理位置是最重要的因素。男性比女性更注重方便，他们的比例分别为31%和23%。65以上的老年人并不像年轻人那样注重这一点。

一般美国人认为，在餐馆地理位置之后最重要的是快餐本身。25%的被调查者说，在选择餐馆时食物的质量是决定性因素。这可能意味着他们认为食物更为重要，但也可能意味着他们更注重在不同时间、不同地点得到品质相同的食物。妇女、年轻人、老年人比其他人更注重食物的品质。

只有12%的成年人说他们根据服务的速度来选择快餐，只有8%的成年人认为价格是决定性因素。25岁以下的成年人的收入低于平均收入，所以他们比一般消费者更注重价格，价格是他们选择餐馆最重要的因素。

中年人不太关注菜单上的内容，这可能是因为他们经常带着孩子，而孩子在任何时候要的食物基本上是一样的。35~44岁的成年人中有3%的人声称他们的选择主要是受孩子偏好的影响，这或许可以解释为什么他们不像其他年龄段的人那样关注食品的品质和菜单的内容。不过，他们非常关注价格和时间。这一年龄段的人对价格的关注程度仅次于年轻人，对快捷服务的关注程度仅次于55~64岁的老年人。中年人最有可能根据品牌名称做出决策，这可能也是由于他们孩子的缘故。

（1）汉堡王（Burger king）会怎样利用以上的信息？

（2）这个调查是探索性、描述性，还是因果性的？

第 2 章　广告调查的过程

【本章学习目标】

1. 了解科学研究的方法。
2. 了解科学方法应用的步骤。
3. 了解掌握广告调查的计划、资料采集、分析报告三个步骤。
4. 掌握广告调查计划书的撰写。

【导入案例】

2013 年 3 月，阿迪达斯在全国范围推出首支女子主题电视广告——"以姐妹之名全倾全力"。"以姐妹之名全倾全力"推广活动于 3 月初拉开序幕，在风风火火的营销攻势下，阿迪达斯女子系列的销量迅速蹿升。

"在非重大赛事之年，针对中国这个单一市场推出完全本土化的女子主题电视广告，是阿迪达斯在市场推广上迈出的重大一步"，阿迪达斯运动表现系列中国区市场部副总裁麦彦仕（Jens Meyer）表示，"15 年前进入中国时，我们主要以足球、篮球两个制高点进行品牌宣传。对于男性消费者，我们可以借 NBA 巨星科比的运动魅力激发他们的运动热情，促使他们购买 T 恤或其他运动产品；但对于女性消费者，品牌形象的转换显然要困难得多"。

2011 年中期，阿迪达斯认识到了这一问题，并于当年 11 月开展了相关市场调查。调查对象为来自中国 6 个城市的 126 位女性，年龄介于 15 岁至 28 岁。这 6 个城市分别为：北京（一线）、广州（一线）、武汉（二线）、贵阳（三线）、锦州（四线）、丽水（四线）。

通过消费者洞察和数字行为分析，阿迪达斯收获了重大发现：这些女性会将"健康、美丽、优雅、自信、活力"等词与热爱运动的女性关联在一起。这与西方女性注重"健硕、苗条、强大"的特质大为不同。"在我们投放美国的广告中，你会看到一位腹肌强健的女性在练举重，非常注重锻炼效果。但在中国，女性不喜欢太男子化倾向的广告。"麦彦仕表示。TBWA 上海（阿迪达斯创意代理商）董事总经理 Brian Swords 认为，"对中国市场来说，把运动当作纯粹的体育只会令更多女性望而生畏。所以，我们的产品上市考察小组拒绝采用一支以展示从事各项体育运动的外国女性为主的视频"。

阿迪达斯调查发现，在中国女性眼中，健身不等于运动，而是一种交际活动。女性通常不会热衷于运动，除非有好姐妹一起运动。这就是阿迪达斯"以姐妹之名全倾全力"活动理念稳扎稳打的构筑历程。

"当我们收获了一些定性结果——足以帮助我们做出假设，但不足以进行量化，我们就结合媒介代理商采集的消费者数据，交叉核对并明确我们目标受众的规模是否够大、是否足以促使我们将商业理念付诸市场开发。"麦彦仕说。

2012 年 3 月，阿迪达斯决定对全球女子主题广告进行中国本土化。全球广告片中涉及跳水、滑雪等多项体育运动，虽然也展示了女性的自信态度，但这些与中国女性之间却无太多兴趣契合点。"我看了这支广告，很酷，那又怎样？"一位受访女性表示。

Swords 详细阐述了阿迪达斯如何最终敲定其在中国的市场定位，"在中国，我们考察了 30 个形形色色的'运动族'，从公主拳击俱乐部到女子山地车俱乐部，以从中洞察这些俱乐部背后的形成条件和动机。对我们而言，重点在于区分哪些运动是为了追求前卫而前卫，哪些是大家真正喜欢的运动类型"。阿迪达斯最终选择以跑步、跳舞、跑酷的混合方式出现在广告中，放弃了瑜伽这类缺少活力的"缓慢运动"。

在中国女性看来，跑酷运动活力四射、充满乐趣且不叛逆。跑步因为门槛低且简单易行而被大家广泛接受。跳舞是一项更女性化但受众很广的运动类型，广告正是以跳舞搭桥，将运动巧妙地与品牌大使田馥甄关联起来。阿迪达斯之所以选择田馥甄作为代言人是因为她独立、自信的人格魅力与阿迪达斯的品牌诉求十分契合。"在中国，名人可能会被滥用或过度使用，因此这支广告仅将她作为普通舞者的一员，使其不过多主导整个广告。"他表示。

在中国，体育运动的参与水平比较低，许多中国女性不是为了运动而运动，而是为了塑身而运动。因为只有身材好才能穿更漂亮的衣服。"运动不只是在健身房锻炼 90 分钟，注重的是结果、是体验、是达成目标的方式。目前，缓解压力和塑造自己（不仅指身体塑型）是女性运动的两大动因。"

（案例来源：http：//www. campaignchina. com/，阿迪达斯首个女子主题广告战役助推销量增长四成）

通过这则案例，我们可以看到科学的广告调查对于广告决策的重要性，阿迪达斯首个女子主题广告战役的推出来自于对消费者系统的调查研究。本章将介绍广告调查的科学方法和具体步骤。

一、科学的方法

广告调查需要采用系统的科学方法对信息资料收集、处理，帮助决策。那么什么是科学的方法，科学方法和其他方法有什么不同？

（一）非科学方法

我们先了解非科学方法，在科学方法发展起来之前，人们通常采用直觉、权威和传统固守[①]的方法来进行判断。

1. 源于传统

此类获取知识的方法是遵循传统的，采用延续或者依赖以往经验的方式获取知识。传统社会中，我们常会认为传统做法就是好的、正确的。即使我们没有证据，但是因为自古以来就是这样，是以前老一辈人的经验，我们也会习惯于固守它。这种方式遵循的前提是：存在的即是合理的。例如，面对互联网的蓬勃发展，有人固执地坚持，互联网坚决不能碰，尤其是小孩，原因是：父辈们没有互联网生活得很好，所以不需要也不能碰互联网。

2. 依靠直觉

在日常生活中，我们经常要做各种判断，有的时候就是依靠我们自己的想法和直觉。直觉是建立在个人的价值观、早期的社会影响或"常识"的基础上。直觉法这种方法的逻辑是，某事之所以如此，是因为它"原来如此""一直如此"，所以"显然如此"，是"不证自明"的。他不是通过收集数据、分析事实，而是通过直觉、洞察力或者某种逻辑推理来认识外部世界的。

例如某些广告公司或者广告人，往往拒绝获取他人的意见和评价，原

---

① Cohen M R, Nagel E, et al. An introduction to logic ［M］. Hackett Publishing Company, 1993.

因是他们的经验已经给出了最佳方案，无须再进行所谓的调查和反思，他们认为这样做只是浪费时间。

3. 依赖权威

有的时候，当我们的直觉或传统不能够帮助我们，我们常常会转向权威。权威常常来自于专家，比如医生、律师、教授或其他专业人士。我们相信他们，因为他们拥有的权威地位。这种方法的前提是：专家或者权威者的知识和地位无可挑战，也无须挑战。只要有一个可以信赖的来源，知识的可信度毋庸置疑。比如老年群体对某种保健品的迷恋，出发点往往是某个专家是这么说的，或者某个权威机构是这么说的。再比如说某个公司坚持要做8分树上熟的水果，因为水果如果在树上自然成熟，在运输时，不需要喷防腐剂和催熟剂，这对消费者是很好的，该公司的理由是，专家给出了意见，树上熟的水果口碑一定好，而事实上，消费者并未对此买账。

使用直觉、权威和固守的方法，可能会产生偏见或错误。正如地心说统治时期，罗马教会采取的"地心说"（地球是宇宙的中心），这一说法符合直觉，明摆着看上去就是这样的；符合当时的传统，因为已经流行了上千年；也符合当时的权威，即罗马天主教的权威。而日心说则不符合直觉、传统，又不符合权威。但是，最终科学还是验证了日心说的正确地位。

（二）科学的方法

"科学"一词是外来词，从内涵上看，中国的"格物""格致"基本等同于"科学"。19世纪后半叶，西方经济的发展推动了文化的全球性输出。日本和中国先后开始使用"科学"作为science的对应汉语表达，其近代的含义，来自于日文对英文science的翻译。

科学概念的诞生始于希腊人对知识的理解，英文science，源于拉丁语"scio"，随着社会的发展，该词逐渐演变为"scientin""scientia"，原意是指知识（knowledge）；指一套关于世界可检验的解释和预测。19世纪中叶以后随着欧洲社会的发展，"science"逐渐取代"natural philosophy"指称科学。在《宗教与科学》一书中，哲学家罗素指出：科学首先是存在于希腊人和阿拉伯人之间，16世纪的时候突然跃居重要地位，并且对我们生活于其中的思想和制度产生越来越大的影响。从西方的发展脉络来看，科学指的是有条理、有内在逻辑的系统的知识，是反映外部世界和规律的知识体系。也就是说，只有具有了某种规律性或者能够纳入到既定学科体系中的事实才能被界定为科学。

　　韦氏字典中指出："科学是从确定研究对象的性质和规律这一目的出发，通过观察、调查和实验而得到的系统的知识。"随着社会的发展，科学的内涵也越来越丰满。首先，社会分工促使学科分工，也使得知识被分门别类，有了类型化的知识；其次，随着人类对世界的探索越来越多，科学与"常识""意见"的区别也日益明显。

　　知识是人类认识世界结果的表达，是人类认识自然与社会的积累，常识不等于知识。我们个人的知识一部分来自于被传授的知识，另一部分是通过科学探索探求的知识。

　　科学是人类获取知识的一套思维方式和技术体系。科学方法，即通过观察现象获取"真实"世界的，对我们提出的假说进行验证，获取知识的一种系统的方法。这种方法的认知过程与前三种方式最大的不同是，它把认知看作是一系列循序渐进的过程。知识不是源于先验的灵感和直觉，也不完全是求助于某个权威的指点。也就是说灵感或者权威只是提供了理解事物的起点或部分根据，真知需要通过系统的分析才可以获得。对这种方法的使用意味着人类可以摆脱某种无法证实或者证伪的臆想，具有不断向未知领域进发的可能性。

　　科学研究具有可重复性和可证实性。Isaac Asimov 对科学研究的评价一针见血："科学研究的光彩之一在于，任何科学信念，不管其提出是多么无懈可击，仍需要时刻接受各种测试以验证其是否放之四海而皆准。"科学研究的内涵是对一个或者多个变量进行有组织的、客观的、受控的、质化或者量化的经验分析。

　　归纳法和演绎法是科学探索中的逻辑方法。归纳法是从现象观察到一般的结论或理论概括的方法，结论建立在一定的前提上。演绎法是从一般性概括到具体问题，结论来源于具体逻辑推演，有一定的不确定性。

　　自然科学是用科学方法探讨自然规律的科学思维与实践活动；社会科学是用科学方法探讨社会规律的科学思维与实践活动。人类相信，社会现象如同自然现象一样，是有规律可循的，其知识是可以积累的。只是社会现象具有特殊性，条件的不可重复性，使得社会研究也有自己的特殊性。

　　社会科学研究获取社会现象的规律，也需要遵循科学原则，即观察—假设—检验，通过科学方法来建立事物间联系，并预测事物变化的人类活动。如图 2-1，描述了科学方法的应用的步骤。首先，研究者通过观察现象，针对现象中可能的规律抽象出概念或研究问题和研究假设；再对研究问题和研究假设相关的变量（因素）进行测量，获取经验数据；通过分析和评估数据，对构成规律的变量之间的关系（研究假设）进行检验；最后解释现象并陈述研究中产生的新问题，形成对规律的认识，即知识。这一过程可以继续循环往复下去，就形成了知识的积累。

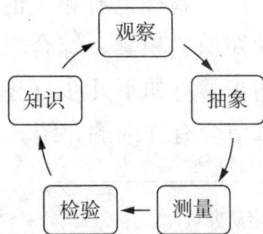

图 2-1 科学研究的方法

广告调查是社会科学研究的一部分，是以广告现象为对象的科学活动，是为了帮助广告决策而产生知识的系统而客观的过程。广告调查也应该满足科学研究的一般原则：观察—假设—检验。广告和许多社会科学研究类似的是广告调查以理论为基础，而不是信仰或哲学。

比如，2014 年嘉士伯完成了对中国新一代消费者的研究①，中国新生代的消费者正在变化，这些"80 后""90 后"比较自我，主动追求快乐，喜欢刷存在感，享受对世界有更多的了解的过程。真正能够说服他们的，除了价格以及功能等客观因素之外，就是真实，能够产生共鸣。这些调研数据帮助营销人员做出更准确、更专业的决定：足球能够帮助嘉士伯在 20 多岁的男性群体中进行品牌推广，传递一种嘉士伯是全球优质品牌的信息，像 20 多岁的年轻男性，往往对足球和啤酒很感兴趣，而嘉士伯可以满足他们。于是，嘉士伯与中超相结合，携手推出首次汇聚 6 位人气中超球星的纪念罐，把啤酒文化融入中国球迷生活，成为嘉士伯在 2014 年夏季营销活动中的重要策略。

需要说明的是，广告是艺术和科学的结合，广告调查也需要一定的想象力。你不能期望从一个没有想象力的研究方案设计中产生富有想象的观点。广告调查应当是创造性和科学性的结合。事实上，广告调查涉及的范围很广泛，研究人员可以选择适合自己研究目标和问题的具体步骤和方法。

二、广告调查的步骤

在做广告调查之前，研究者需要思考以下几个问题：为什么调查？做

---

① 谭爽. 有足球，就有嘉士伯 [J]. 成功营销，2015（9）：60—61.

了调查想获得什么信息？这些信息用来做什么？如何把研究问题转化为具体的研究变量和假设，最终形成研究设计？

与其他科学研究一样，广告调查也有相关的程序，并且这种程序是不断重复的，从而形成广告学知识的积累。综合学者们对于广告调查过程的看法，一般而言广告调查的步骤有如下几步（图2-2）。这里简要介绍一下每个步骤，在本书后面章节会有详细的介绍。

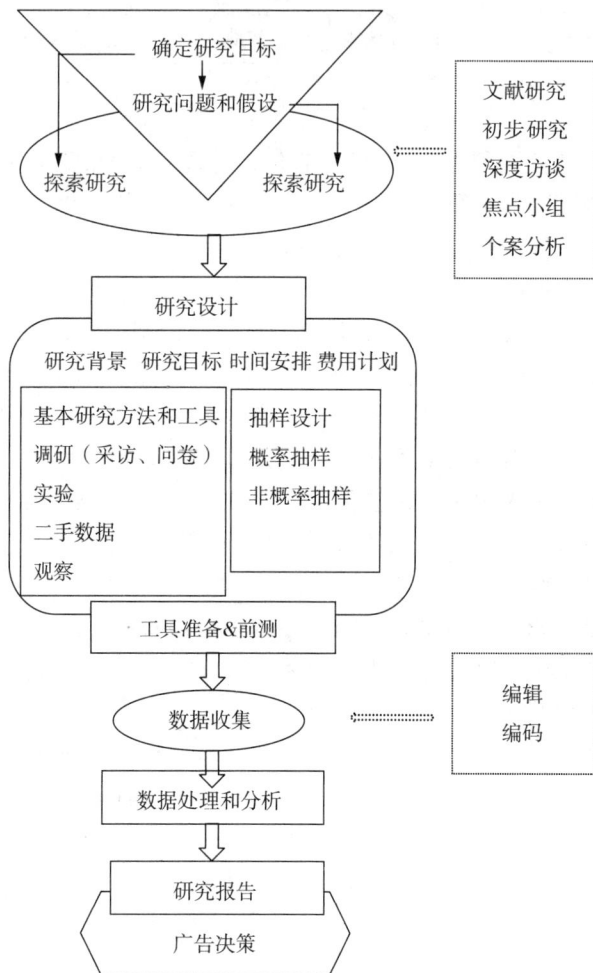

图2-2　广告调查的步骤

（一）确定研究目标和研究问题

广告调查的初始阶段是通过初步探索研究明确调查的理由和信息需求，从而确立研究目标和研究问题。研究目标即通过研究想实现的目标，所有研究过程的第一步都是要确定研究目标，是发现研究问题和确认研究问题的过程。问题意识对于一个研究者非常重要，人们常说，好的问题是成功的一半，爱因斯坦也说过，"明确表达问题所在，往往比解决问题重要得多"。只有问题明确，才能明确研究的方向，开展具体的研究，否则就会南辕北辙，浪费不必要的精力。

一般来说，研究主题最初的动机常常来自于以下几个方面：①解决现实问题。广告调查中的现实问题常常是来自于企业或相关组织的需求。还有一些是社会问题，日常生活社会热点和新的广告现象都有可能成为研究动机。②特定领域的知识现状。有些研究问题现有的知识不能够解决，这就需要广告调查向现有特定领域知识推进。③个人价值观或兴趣，个人的兴趣可能来自于个人经历，或者来自于对于媒体报道相关事项的好奇。

有了研究的动机，还需要进一步把研究动机转化为确定研究目标和明确研究问题。比如说商家的决策需求是"需要开发产品新的包装"，那么对应的研究问题可能就是"评估备选的产品包装的传播效果"。还比如，某个企业的广告效果不是很好，那么原因有可能是广告定位的问题，可能是广告刊播的媒体不合适，可能是市场环境的变化等，或者其他可能存在的更深层次的问题。

确定研究目标和明确研究问题一般是通过探索性研究来解决的。探索性调研是为了获得背景资料和确定研究问题而进行的一种非结构化和非正式的调研。通过探索性研究，我们可以更加了解该问题，以及相关的情况，帮助确定研究问题和假设，为设计正式的研究方案做准备。

探索研究在广告调查中非常有价值，尤其是当研究者需要发现新的领域时，可以借助探索研究产生新的想法。虽然探索研究最主要的缺点，在于探索研究的代表性问题，不能够提供研究问题的答案，这在以后的定性研究方法中会有进一步的说明，但是在指明研究问题的方向上，探索性研究是非常有用的。

一般来说，最后要把研究目标进一步提炼成具体研究问题，研究问题的转化要化大为小，化抽象为具体。比如说"什么因素会影响个人购买智能手机？"研究问题确定后，要根据探索研究提供的线索，确定所涉及的变量之间的关系，也就是研究的假设。

（二）规划研究设计

确定研究问题之后，我们就可以规划研究设计了。广告调查设计是对研究主题的详细说明，并详细地阐明收集、分析所需信息的方法和过程。好的研究设计是广告调查的第一步，相当于建筑师的设计图。但是我们也应该知道没有完美的研究设计，不同的研究设计有其不同的优劣势。

在规划研究设计之前，需要对研究涉及的实际的约束条件进行考虑，比如时间、经济、人员、研究的保证。研究可以由不同的时间跨度组成，有些研究比如常见的抽样调查是横截面研究，是在某单一时间段对于样本对象进行数据收集的研究；有些研究是跨越了不同时间段的纵向研究，比如对连续样本进行跟踪研究；还有些研究是对样本进行分组别研究，比如消费者研究小组、零售商研究小组。总之，研究设计前需要评估研究人员的能力和研究能够获取的资源，再选择不同的研究类型，比如是在某个数据库可以找到某类信息，或者是自己去与许多人做访谈等。

对广告调查的实际约束条件的评估，会影响研究者决定采取哪种研究设计才合适。如果调研项目所需要的数据收集缺乏基本的现实条件，那么及时结束研究项目则是明智的选择。

一般的广告调查设计包括以下方面：

1. 阐述研究的背景和目标

研究设计首先要确定研究的背景和目标。通过介绍研究的背景，了解为什么要开展本项目研究，从而确定研究的目标和范围。对于研究问题要具体化，从大意到核心内涵的转变。最后研究能否达到目标，很大程度上取决于研究问题的确定，如切中实质研究问题以及对研究问题的具体阐释。因此，研究问题的提炼非常重要。

研究的目标确定，要涉及具体的研究对象。广告调查的对象可以是个人，例如受众、广告商等；也可以是某个机构，例如网站、电视台等组织。分析的单位可能是个人，如某品牌的消费者；可以是组织，比如广告公司、媒介机构；还可以是媒介内容，如某个具体的广告、某一栏目等。具体某个广告调查项目的研究对象是比较广泛的，可以是某类研究对象，也可以是多个研究对象。

另外，研究人员在确定研究目标的同时，还要确定该研究的目的是探索性的研究，还是描述性的研究，抑或是为了推断因果。这是传统的三种不同类型的研究目的，不同的研究目的也决定了接下来采用什么样的研究设计。

探索性研究的介绍在本章节的前面部分已经有所涉及，除了在研究开始阶段确定问题、获取背景信息时采用探索研究外，探索研究也可以用在研究中的其他阶段。事实上，图2-2中所表明的研究的顺序并不是一成不变的。

许多社会科学的研究的主要目的是描述性情况和事件。描述性研究试图回答诸如谁、什么、何时、何地和怎样等问题。比如对某一产品顾客特征，就需要对使用该产品的人或者可能会使用该产品的人群的人口统计学变量进行描述，这种调研方法就被称为描述性调研。许多的质化研究注重描述，比如人类学田野调查就是试着尽可能详细描述当地文化的细节。描述性研究可以说明两个变量之间的关系，比如我们可能会通过观测某几类广告的销售额大小，来说明不同广告和销售额的关系，但是这种关系只是表明了两者之间可能存在一种联系，并不能进行因果推断，说明不同类型的广告是导致不同销售额的原因。

还有许多社会科学的研究是为了解释，即因果关系的推断。因果关系研究是考察一个变量数值的变化是否引起或决定了另一个变量的数值，前者称为因变量（dependent variable），后者称为自变量（independent variable）。我们还可以通过控制其他变量（控制变量），来判断变量之间的因果联系。因果关系提出的假设，需要明确变量、变量的数量和变量关系的方向。如前一章所述，一般因果关系的推断需要满足 3 个条件：首先，因变量和自变量要存在相关关系，因变量的变化会引起自变量的变化；其次，是因变量变化的时间顺序先于自变量的变化；最后，由于有可能两个变量之间存在着虚假相关的可能，即因变量的变化可能是由于其他变量引起的，所以需要排除两个变量之间的虚假的关联，非其他原因引起的。因此在社会科学的研究中，我们常常要控制一些变量来减少虚假相关的可能性。但控制所有可能的因素，一般这也不是那么容易的件事，甚至是不可能的，只能控制主要的变量，这就需要研究者自身对于问题相关经验的积累以及探索性研究。

2. 基本的研究方法和工具

任何时候，我们的研究设计必须描述如何收集资料：观察、查阅二手资料、使用问卷调查或者其他方法。社会科学中的基本研究方法一般有以下几种：调查法（访谈、问卷）、实验法、观察法，以及二手资料收集。需要说明的是，在社会科学中还经常使用案例研究，案例研究严格意义上不算是单独的一种研究方法，只是以某个个案为研究对象，综合使用一种或多种研究方法的一种类型的研究。

（1）调查法

调查法是最常用的一种研究方法，一般是通过选择样本，对其进行访谈或问卷调研。如果样本选择不科学，就会造成调研结果的偏差。比如2014 年工商总局曾对各家网购平台进行商品的抽查，2015 年 1 月公布了监测结果，结果显示正品率为 58.7%。这样的检测结果让不少网购爱好者提高了警惕，极大地挫伤了网民们网购的热情。不过从发布的抽样结果中，有些细心的网友发现其中的统计"有点问题"，发文指出此次抽检的样本量太少，抽样的方式不科学，得出的结论太草率。

调查法首先思考选取哪种样本设计最合适，比如说研究区域是哪些？为什么选择这些地区？研究对象是调查什么样的人或团体？选取这些人或团体是否合适？

调查法还要确定样本的容量大小，即抽取多少人或多少单元做样本。样本的容量取决于是否是概率样本或非概率样本方式。概率样本的规模一般由抽样误差水平决定，还要考虑到无应答的情况，应答率如何。非概率样本则是研究者根据调研目的来选择，或者根据受访者提供的线索而选定下一位受访者。

确定了样本的方式，还要确定抽样方法，即采取哪种抽样方法，为什么采取这种方法，以及具体计划抽样步骤。抽样方法包括概率抽样和非概率抽样，其中概率抽样包括：简单随机抽样、分群随机抽样；非概率抽样包括：定额抽样、自愿抽样、方便样本、滚雪球样本和立意抽样等。

最后，调查法要确定数据收集的方法，即采用哪种形式的数据收集，常见的数据收集方法（调查法）如：电话访问、入户访问、深度访问、座谈会、日记记录、邮寄问卷等。广告调查可以采取其中一种作为资料收集方法，或者综合运用几种方法的配合进行资料的收集。

调查法将在本书第 6 章、第 7 章、第 10 章和第 11 章中阐述。

（2）实验法

因果关系的研究中，实验法是常用的研究方法，即一个自变量是否影响另外一个因变量。比如：广告调查中的广告主题、广告费用等都可以作为自变量，然后可以观察这些自变量对于因变量的影响。一般来说，除了自变量还有很多其他因素对于因变量会有影响，因此如何控制其他的因素的影响，是实验设计需要考虑的因素。常见的如市场实验和实验室实验。市场实验中，会有些诸如经济环境、竞争者行动等因素的影响可能会超过研究人员可控的范围。而实验室实验可以控制其他因素的影响，但是实验室实验不等同于真实的社会环境，所以实验室广告行为的结果不一定能够推广到现实生活中。实验法将在第 9 章中详细阐述。

（3）观察法

如前所述，在社会科学的研究中，第一步就是研究者通过观察现象，针对现象中可能的规律抽象出概念或研究问题和研究假设。除了在研究初始阶段，观察法也是广告调查人员经常使用的方法，用来观察研究对象的行为模式，可以机器观察也可以人工观察。例如，要了解某一户外广告牌的车流量，就需要对车流量进行观察。或者研究人员想了解人们在超市选购酸奶的过程，就可以在超市中酸奶的专柜旁，暗中观察人们选购酸奶的购物行为和过程。

因为观察法大多是在一种自然生活场景中进行的，会避免人们迎合访员或者某种价值观而提供不真实的信息，因此观察的结果可能更加客观、准确。但是观察法对象必须是可以观察的，比如人的言语和行为是可以观察到的，但是动机、想法则是不容易被观察到的。观察法将在本书的第8章详细阐述。

除了一般的观察，在传播学和广告调查领域还有专门针对媒介内容的实证分析研究方法。一般说来，内容分析法是指社会科学家基于不同的学历背景、学术背景、学术传统、理论框架和研究目的，来审视文本或者其他形式的信息……来做出描述、解释和推论①。内容分析法是传播学研究领域与调查法、实验法、观察法相并列的研究方法之一。传播学的内容分析法是专门用来描述和检验传播媒介中传输的讯息内容以及表现手段，它使用特定的规则把媒介传播的各种信息拆分为有意义的单元，通过客观的、数量的分类测定调查技术，对要传达的内容进行客观、系统、定量化的描述。由于广告的内容是传播讯息，所以内容分析法在广告调查领域中的应用十分广泛。

广告中内容分析法的分析的对象可以是文字、音响、图像、视频等不同信息内容，每一种类别信息内容可以有不同的分析单位，如文字讯息的分析单位可以是文章也可以是具体的某个词汇。还比如陈嬿如②2002年对于广告中的女性形象的分析，就是以当时收集到的中央电视台播出的电视广告为研究对象，分析其中的女性形象，发现其中的女性形象大致可以分为漂亮的姑娘、贤惠的妻子和勤劳/慈祥/温柔的母亲三类。广告内容分析法也可以是一些实用研究，比如广告监测，即是对广告内容的记录与描述。

内容分析法的研究方法作为实证研究方法的一种，是专门针对内容分析的研究方法，本书中的抽样设计、统计分析方法的基本原理对于内容分析法也是适用的。本书在第8章观察法第三部分对内容分析法做了介绍。

---

① 彭增军. 媒介内容分析法［M］. 北京：中国人民大学出版社，2012：13.
② 陈嬿如. 广告中的女性社会角色［J］. 厦门大学学报：哲学社会科学版，2002（1）：122-128.

（4）二手资料法

二手资料法也是广告调查中常见的一种方法，有些信息可以通过已经存在的资料获取，二手资料就是已经收集并可以获取的数据。有的时候调研目标或调研部分目标可以通过二手资料法实现，比如需要了解某个品牌市场份额，如果该品牌所在的行业已经有一些专门的市场研究，那么就可以从相关渠道获取数据，对这些数据进行分析，从而了解品牌所在的市场份额，实现研究目标。

如果研究目标通过二手资料完成，那么图 2-2 下面的一些步骤就不需要执行了，从这也可以看出不是每个研究项目都是按照严格的步骤来进行的。

二手资料法将在第 4 章进行详细阐述。

以上是研究方法的介绍，如何选择合适的研究方法？研究者可以从以下问题入手思考：这个研究问题适合哪些方法？使用这些方法需要哪些条件？每种方法的优缺点是什么？现在选择的方法优于其他方法吗？为什么？在使用这种方法时，我需要掌握哪些资源和技能？我现在掌握这些资源和技能了吗？如果没有，我可以学到这些技能吗？我是否还需要其他的方法来提高对研究对象的观察？……这些问题的思考能够帮助我们更好地选择适合的研究方法。

3. 工具准备

在确定了研究问题、研究目标和所使用的研究方法后，需要把概念与具体目标加以操作化。操作化即研究项目过程中研究者必须把抽象的概念目标具体表述出来的一个阶段，是一个将我们的意思用受访者特定领域的术语表达的阶段，从而使得受访者能知道它的意思，并确定其认知范围。操作化一般是研究者通过二手文献资料的收集，或者通过探索性研究方法和个人的专业经验来确定的。

操作化也是一个创造出实际测量工具的阶段。在规划研究设计的时候，设计数据收集的工具也是非常必要的。数据收集可以通过访问、观察、实验等方法进行收集，但是无论是哪种方法，都需要记录收集数据的工具。数据收集的工具会直接影响数据质量，比如采用问卷调查，如果有的问卷太长，问题太难，涉及隐私，则会吓跑受访者。

一旦研究者决定采用调查法的方式，就要把相关的概念进行操作性定义，也就是要确定调查问卷中的每一个题目，把概念加以操作化，转变为具体询问受访者的题目。比如研究者可以通过自己设计问题，或者选择前人已经用过的问题，作为测量的量表。量表要能充分代表构念的度量指标，构念定义中的所有方面都需在度量中得以体现。度量指标需适当措辞，一旦初始的测量指标生成，需对其严格评估。

除了问卷，有的广告调查工具需要借助眼动仪或者脑电波仪等仪器进行研究，这些仪器设备也需要提前准备和调试好。还有的广告实验调查需要准备广告片、新产品等刺激物，也要着手准备好。

研究工具初步设计好了之后，在正式调研之前还需要对其进行前测，以确保正式研究的顺利进行。前测不需要像正式的调研那样进行严格的抽样，只要选择一些符合研究目的的受访对象即可。

4. 时间安排和经费预算

一般来说，研究规划要确定一个时间表说明研究的不同阶段如何进行。比如：研究设计的完成、研究工具的准备/调查问卷的印刷、预调查、访问员的培训、数据收集、数据编码、录入和统计、研究报告撰写等具体阶段的完成时间。你只有定下各个阶段完成的时间并掌握进度，才能保证研究的顺利进行，否则可能会陷入困境。

一般广告调查都需要申请研究经费，常见经费来源于广告调查的客户或者某个基金组织。申请研究经费的时候需要提供经费如何使用的经费计划，即使一个自费的小型计划书也需要预估一下这些可能的花费。常见的费用支出包括：图书资料费、办公用品费、印刷费、差旅费、邮寄费、访问员劳务费、受访者礼品费、电话费、交通费等，一些较为大型的研究计划还包括了经费类目的会议费、器材费及专家咨询费等。

（三）数据收集

研究规划制定好之后，就要进入数据收集实施阶段。数据收集即资料采集阶段，一般采用通过访问、观察，收集数据并进行记录的方法。前面介绍了一些调研方法，其实每种方法就包括了具体的数据收集的方法，比如观察法、实验法、访谈法、问卷调查法等形式。

数据收集首先要得到调查对象的同意。在数据收集的过程中要尽量避免发生错误，比如说访员的明显的倾向性诱导了受访者的回答，或者访员对观察到的信息或受访者的回答记录不清楚，严重的还有造假现象。因此要提前组织准备，对访员进行培训。在数据收集过程中要注意监控整个数据收集的流程，能够对数据进行追踪，保证数据收集和实际操作过程中的质量。问卷收回来之后，要对问卷进行复核、回访，检查数据收集的质量。

以上这些都是在研究规划中需要考虑的，相关内容将在第四部分的第11章和第12章中有所阐述。

（四）数据处理分析与研究报告

在进行数据分析前，首先要对收集来的数据资料进行处理，这些资料可能是调查问卷，也可能是官方的文件，还可能是大量的访谈文字。研究者要对这些收集的数据资料的完整性、一致性进行审核，确保数据资料符合研究的要求。研究者再对这些数据进行编码，转换成电脑能够接受的资料，再进行分析。

然后研究者需要对已处理好的资料进行数据分析。数据分析可以是对数据进行简单的描述，比如对于某个广告的态度和意见，支持的占多少，反对的占多少，使用的是简单的频率分析。数据分析也可以是解释性的，比如不同人口统计学或不同社会经济地位的群体对于广告态度的影响，这种类型的分析可以采用多元回归的分析方法。数据分析还可以采用许多其他的统计方法对搜集到的资料进行分析。常见的统计分析方法如差异检验、方差分析、因子分析、多元回归分析等。具体的数据统计分析方法的选择，取决于调研的目的、研究设计的特点和所收集的资料的属性。

撰写报告是研究工作的最后阶段，研究者需要根据前期的资料分析，得出研究的结论，因此一般需要撰写一份书面的报告，研究报告应真实反映实际工作。研究报告也可以更进一步，对有些结论进行讨论，揭示研究的价值。学术研究报告常常还需要对研究的不足，以及未来研究的方向提出建议。

当然，有的时候研究报告不仅仅是需要一份书面的报告，还需要一个口头的报告，方便和同行交流。这个时候还需要进行演讲来汇报结果。

数据分析和调研报告将在本书的第 13 章和第 14 章中介绍。

三、撰写广告调查计划书

研究计划规划好了之后，就可以根据规划好的研究过程撰写广告调查计划书了。研究计划书是关于广告调查计划的书面陈述，即我们说的正式的研究方案。撰写广告调查计划书是研究人员重要的任务之一，例如，在广告调查的课程作业中，你在研究实施之前，需要向老师提供一份你的研究计划；未来当你需要向广告客户投标，或者向某个政府单位、某个基金会申请广告调查项目的时候，他们也会需要一份详尽的研究计划书，以了解你是如何进行广告调查的，以及如何花费他们的资金，然后再对你的研究计划做出评判，因此广告调查计划书会直接影响你投标的结果和申请项目的成功与否。即使你是出于兴趣，自费做研究，那么你也需要一份研究计划，否则就会陷入困境。

一份好的研究计划书应该包括每个研究步骤具体的做法，并详细地加以陈述。虽然不同的研究项目对于申请计划书有一些不同的要求，但一般包括以下基本内容（见表2-1）：

表2-1 研究计划书的基本内容

条目	具体内容
标题页	该研究项目的标题、计划书撰写人的姓名或组织机构名称，联系方式以及制定日期
研究背景	介绍研究的背景，公司或组织的背景信息，市场背景信息、面临的问题以及可能的原因
研究目的和内容	陈述研究的目的，根据研究目列出具体研究问题范围、研究的意义
研究的对象	研究的对象和分析单位、抽样方法等
研究方法	阐述采用哪种资料收集的方法，研究中的测量及其研究工具，以及数据分析计划
交付成果	说明最后项目完成后，可交付的研究成果或发布研究结果的方式，如研究报告
研究进度表	项目预计在什么时间全部完成，并注明各个阶段的完成时间表
研究费用	安排项目实施中具体经费如何使用
相关人员	列出参加该研究项目的人员、分工以及个人介绍。根据实际情况，此项也可省去
附录	具体的问卷或其他研究工具、参考资料等

表2-1列出的是常见的研究计划书包含的内容，具体广告的研究计划书的内容可以根据需要进行调整。一般任何有关研究项目的事宜都应该加以说明，以便研究人员能够充分了解研究的问题性质。研究计划书短小的有1000字以上，详细的则有几万字。具体的研究计划书在格式和细节上可能有所不同，但一般都包括研究目的、研究内容、研究设计以及时间和费用安排。

广告调查计划书写好之后，就可以提交给广告决策者以及相关主管部门或者广告调查执行部门，然后再进行仔细的研究，共同讨论、修订，最终达成一致，形成最终稿。广告调查者可以按照广告调查计划，由广告调查的执行部门去执行。

总的说来，广告调查的过程以及广告调查计划的许多环节既是独立的又是相联系的。独立表现在许多研究可以根据需要选择某些步骤，不一定严格按照图2-2的顺序进行。相互联系表现在有的环节的选择决定了其他环节，比如研究的方式决定了研究的工具的设计，因此研究者在规划研究设计的时候要通盘考虑，做好规划。

本章小结

1. 学习科学的研究方法。科学是人类获取知识的一套思维方式和技术体系。科学方法，即通过观察现象获取"真实"世界的记录，对我们提出的假说进行验证，获取知识的一种系统的方法。科学研究具有可重复性和可证实性。

2. 了解广告调查中科学方法应用的步骤。与其他科学研究一样，广告调查也有相关的程序，并且这种程序是不断重复的，形成广告学知识的积累。综合学者们对于广告调查过程的看法，一般而言广告调查的步骤有如下几步：①确定研究目标和研究问题；②规划研究设计（包括阐述研究的背景和目标、确定基本的研究方法、工具准备、时间安排和经费预算）；③数据收集；④时间安排和经费预算。

3. 掌握广告调查计划书的撰写。研究计划书是关于广告调查计划的书面陈述，即我们说的正式的研究方案。一份好的研究计划书应该包括每个研究步骤具体的做法，并详细地加以陈述。虽然不同研究项目对于申请计划书有一些不同要求，但一般包括以下基本内容：标题页、研究背景、研究目的和内容、研究的对象、研究方法、交付成果、研究进度表、研究费用、相关人员、附录。

关键术语和概念

科学方法；广告调查的步骤；探索性研究；描述性研究；因果关系研究；调查法；实验法；观察法；二手数据研究；内容分析法；数据收集；数据处理；研究计划书

思 考 题

1. 做决策有哪些非科学方法，这些方法有什么问题？

2. 什么是科学研究方法？

3. 结合实例分析广告调查中所体现的一般科学原则。

4. 广告调查有哪些步骤，并结合案例加以描述。

5. 广告调查计划书的作用是什么？一般包括哪些部分？

探索性活动设计

1. 在互联网上搜索市场研究公司，浏览他们的网页，寻找体现广告调查步骤的实例，并评述之。

2. 请分析下述案例，评述小米公司市场决策中所采用的方法。

中国备受关注的小米公司在一开始宣布做手机时备受质疑，质疑声有：中国市场有那么多的手机品牌，如三星、苹果、HTC、魅族等，国产企业怎么可能做过这些国际品牌？中国市场没有什么知识产权保护习惯，费尽心机弄出一款产品，很快就被模仿，不可能做出来。中国手机市场已经饱和，不可能有大量的消费者为此买单。小米要做低价手机，你能拼得过山寨手机吗？小米手机没有自己的加工厂，怎么可能满足消费者的需求？等等，这些质疑的声音要么来自于传统：中国制造拥有自己的品牌不可能；要么来自权威：知识产权维护成本过大，不划算；要么来自直觉：没有消费者买单。雷军采取的方式是让数据说话，从 MIUI 论坛开始，让产品的温度提升，消费者的参与感提升，通过大数据分析消费者的消费习惯和心理，制定了全新的商业模式，创下了 34 小时网上订单 30 万的销售业绩。

3. 提出你自己的广告调查问题，并结合广告调查的步骤，拟订广告调查计划书。

第二部分

广告调查的初始阶段

第3章　广告调查的基础：界定研究问题

【本章学习目标】

1. 理解定义研究问题是广告调查的关键。

2. 了解问题界定的过程。

3. 学会如何把研究问题转换成研究假设。

4. 学会使用探索研究来界定研究问题。

5. 了解广告调查计划书的组成。

【导入案例】

　　作为一个家喻户晓的全球大品牌，可口可乐在20世纪80年代中期也曾出现过一次致命的失误①。

　　1982年，可口可乐的老对手百事可乐发动了咄咄逼人的市场攻势，销量迅猛蹿升，并直接威胁到传统霸主可口可乐的市场地位。为了找出自身销量衰退的真正原因，可口可乐决定在美国10个主要城市进行一次深入的市场调研行动，并在调研的问卷中专门设计了"你认为可口可乐的口味如何？""你想试一试新饮料吗？""可口可乐的口味变得更柔和一些，你是否满意？"等问题，希望了解消费者对可口可乐口味的评价，这次市场调研的数据显示：大多数消费者愿意尝试新口味可口可乐。

　　可口可乐的决策层以此为依据，决定结束可口可乐老配方的历史使命，同时研发新口味可口可乐。没过多久，比老可口可乐口感更柔和、口味更甜的新口味可口可乐样品便出现在世人面前。

　　为了确保万无一失，在新口味可口可乐正式推向市场之前，可口可乐公司又花费数百万美元在美国13个主要城市中进行了口味测试，并邀请了

---

① 曾亦钢. 可口可乐一次失败市场调研的启示 [J]. 市场观察，2010（01）：27.

近 20 万人免费品尝无标签的新/老可口可乐。结果让决策层更为放心，六成消费者回答说新口味可口可乐味道比老可口可乐要好，认为新口味可口可乐味道胜过百事可乐的也超过半数。这次市场调研的数据显示：新可乐应该是一个成功产品。

1985 年，可口可乐公司举行了盛大的新闻发布会，宣布新口味可口可乐取代老可口可乐上市。然而令可口可乐始料不及的是，在新口味可口可乐上市 4 小时之内，就接到抗议更改口味的电话达 650 个；到 5 月中旬，批评电话每天多达 5000 个；6 月份这个数字上升为 8000 多个。此外，还有数以万计的抗议信如潮涌来。对于这些消费者来说，传统配方的可口可乐意味着一种传统的美国精神，放弃传统配方就等于背叛美国精神，"只有老可口可乐才是真正的可乐"。人们纷纷指责可口可乐作为美国的一个象征和一个老朋友，突然之间就背叛了他们，甚至有人成立"美国老可口可乐饮用者"组织来威胁可口可乐公司，如果不按老配方生产，就要提出集体控告，有的消费者甚至扬言再也不买可口可乐。仅仅过了 3 个月，新口味可口可乐计划就以失败而告终。

迫于巨大的压力，决策者们不得不做出让步，在保留新可乐生产线的同时，再次启用近 100 年历史的传统配方，生产让美国人视为骄傲的"老可口可乐"。

这一案例是市场营销与市场调研的经典案例。对此，许多专家认为，可口可乐的错误说明，不恰当的界定研究问题会导致错误的决策。本来可口可乐公司面对竞争对手，应该思考"如何比竞争对手获得更高的市场份额"这一问题，这就涉及消费者的购买，事实上消费者购买可口可乐并不是单纯因为"口味"，但是可口可乐公司界定的研究问题是"口味"问题，造成了整个市场研究方向的偏差。本章我们将学习研究问题的界定。

战略大师彼得·德鲁克曾经说过，做对的事情比把事情做对更重要。同样，广告调查中的研究问题也是非常重要的，因为它决定了研究的方向，即做对的事情。广告调查是为了收集相关信息，但是信息本身并不能回答广告营销问题。麦肯光明公司的研究人员杰克·登普西说："信息本身没有价值。"只有当赋予信息以"观点"———一种与营销和广告问题相关的观点时，它才获得价值①。因此，做出有效决策需要确认什么样的信

---

① ［美］莱恩，拉塞尔，布贤　克莱普纳广告教程［M］．北京：清华大学出版社，2008：488.

息是主要的或重要的，什么信息是不重要的或不必要的。这是一个删繁就简的过程，也是确定广告调查问题的过程。

一、什么是研究问题

（一）研究问题的概念

在学习广告调查之前，我们需要弄清楚研究目标是什么。广告调查目标一般是广告调查客户或者某个组织决策所面临的问题，这也是广告调查的客户或管理者需要做广告调查的理由。在前文我们已经提到广告调查的定义是指"运用科学方法收集和处理信息，为广告活动提供决策依据"。对于一些日常的广告决策，管理者可以依据过去的经验做出决策，一般不会有什么大问题。但是有的时候比如选择品牌定位、广告文案等，广告主需要做出正确的选择，否则就会浪费人力、物力、时间和金钱。而做出正确的决策就需要广告调查收集一些相关信息，来帮助决策。如果你对市场中的品牌知名度的信息一无所知，那就没有办法谈及决策。

研究问题（research question）是指用问题的形式体现研究目标，并可以通过研究解决的问题①。根据不同的研究目的，有不同类型的研究问题。如探索性问题，"新媒体对于广告的影响"；描述性问题，"年轻妈妈的育儿参与度如何"；解释性问题，"为宝宝选购产品时，试用小样更能吸引年轻的妈妈们吗？"以探讨影响年轻妈妈们选购宝宝产品的主要因素。

每一个研究问题都是设计独特的研究对象、地区和其他背景变量，几乎每个研究问题都是唯一的。正确定义广告调查问题是广告调查过程中至关重要的一步，界定好广告调查问题为接下来的研究工作指明了方向，否则无论你接下来的研究工作做得多么的细致、完美，但是很可能没有多大用处，错误的研究问题会造成整个调研过程的浪费，决定了调查结论的局限，甚至还可能会误导决策。

但是广告客户或者组织决策面临的问题往往并不是直接的广告调查问题，还需要研究人员对于问题做进一步的明确，问题界定是许多研究包括广告调查中最重要也是最困难的一步。

好的研究问题应该是表述清楚明确，聚焦于研究目标，并且是可以操作的，可论证的；反之，模糊、宽泛、不可证的问题就不是好的研究问题。有些问题比较模糊，如：家庭收入如何影响大学生？还有些问题太宽

---

① ［美］齐克芒德. 商业研究方法［M］. 北京：清华大学出版社，2012：122.

泛，如：新媒体与广告，只是变量的罗列，并非研究问题；还有些问题不可测：如阅读是件好事么？这些问题还需进一步细化、定义。

好的研究问题还需要考虑现实的意义，比如研究的意义如何，能否产生一些影响？研究是否可行，研究者能否有办法收集到解决问题所需的信息？一旦好的研究问题确定下来后，可以帮助研究者明确调查研究，设定研究边界以及提供研究方向。

（二）研究问题的源起

广告调查的目的各不相同，总的说来广告调查的问题常常有两个方面：

1. 广告实务问题

广告调查问题很多是来自于广告调查者现实中的困境，这方面的问题往往是广告主或者相关管理者在广告管理决策中遇到的实际问题、营销问题。常见的有以下两种情况：

（1）市场形势分析

市场形势分析，包括市场、产品、竞争者和消费者等研究问题，这些问题的研究信息能够有助于明确界定出产品或服务存在竞争的市场，以及应该采用的品牌或者广告战略。比如品牌的知名度和购买率之间的不同组合关系会决定不同的品牌决策。比如高知名度低购买率，就说明了人们对品牌的了解不一定会促进购买，说明了品牌需要一种新的定位。

通过调查消费者对产品和品牌的喜好的信息，可以找到广告信息。例如，1990 年，卡夫食品希望劝服妈妈们从那些廉价品牌转而消费"卡夫单片"奶酪。通过调查、了解消费者尤其是妈妈们如何看待"卡夫单片"品牌的，希望能够从中找出广告的潜在主题。研究发现，妈妈们提到，如果有更便宜的品牌的话，她们会转而消费这些品牌。幸运的是，公司通过调查也发现了该问题的解决办法。研究发现，78% 的消费者认为该品牌含有对孩子有益的特别的钙成分，12 岁以下的小孩妈妈中，有 84% 说她们会因为产品提供的附加利益而产生购买动机。根据这些信息，最后广告公司播放了"他们需要钙元素"广告，获得了成功[①]。

（2）广告信息策略研究

除了一般的市场研究问题外，广告从业人员常常需要对广告所传播的

---

① ［美］威廉，阿伦斯，大卫，等．阿伦斯广告学［M］．北京：中国人民大学出版社，2008．159．

信息做出决策，广告信息策略研究用来确认最具竞争力的广告传播信息，包括媒介信息、广告信息要素的选择、创意概念的制定等。这方面的研究方法也很多，常见的如通过焦点小组、概念测试以及事前调查和事后调查等来评估创意和策略。

卡夫公司在推出卡夫单片（Kraft Singles）广告前，智威汤逊准备了两条电视广告，第一条是表现孩子们有多喜欢卡夫单片装，第二条是强调卡夫单片含有孩子所需钙的事实，并就此举办了由妈妈们参与的小组座谈。通过对小组座谈的记录和观察，研究发现，第一条广告概念上不是很容易理解；第二条广告，宣称钙成分又不是很有说服力。于是广告公司将受试的广告都拧在一起，诞生了一条新的广告：几个小孩正在大嚼奶酪三明治，画外音说，5 个孩子中有 2 个摄入的钙含量不足。然后又进行了消费者座谈来测试。这次妈妈们都认为广告中孩子们狼吞虎咽三明治的场面传达了好味道的主题，但是 2/5 缺钙的说法却让她们感到特别内疚。为了使这一信息更易让人接受，广告公司把旁白换成了女性并引进了早期广告策略中曾用过的牛奶仙女形象，从而使整条广告的调子轻松了下来。通过文案测试，这条广告在劝服力指标上显著高于标准水平。

2. 学术研究

许多学术研究问题首先起源于研究者的兴趣。因为，真正的学术研究首先是能不能判断和发现真正的学术问题，而对问题的把握，又经常同学者的个性和兴趣相关联。无论是基础理论研究，还是应用学科研究，伟大的理论成果，很多是一些学者看似不经意间创造出来的。之所以不经意，是因为对问题的捕捉、切入、分析和阐释的精彩，几乎是研究者个性和生活的一部分。那么研究者的兴趣或者学术研究的最初动机来自于哪里呢？常见的问题来源有个人经历、对媒体或期刊中相关事项好奇、特定领域的知识现状、解决问题、社会热点、个人价值观或兴趣、日常生活等。在对这些研究问题进行筛选的过程中，研究者也需要判断问题的现实意义，判断这一问题是否能够被相关领域专家认为是有价值的、重要的、可行的。

总之，研究者最初可能出于在实际的有关广告决策、营销决策中遇到的问题，或者出于个人的经历和兴趣对于研究问题有一个大概的想法。随着对问题的深入思考和信息的收集，研究者通过一个问题定义的过程，将最初的想法细化、提炼，最终形成明确的、可行的有意义的研究问题。

二、问题定义的过程

定义问题并不是一件简单的事情。界定研究问题和研究内容并没有一定的严格程序。学者 Gibson 也认为，准确地界定市场研究问题更多的是艺术而不是科学①。但是根据许多研究人员的经验，问题的明确和定义有一套大致的过程和方法，如图 3-1。

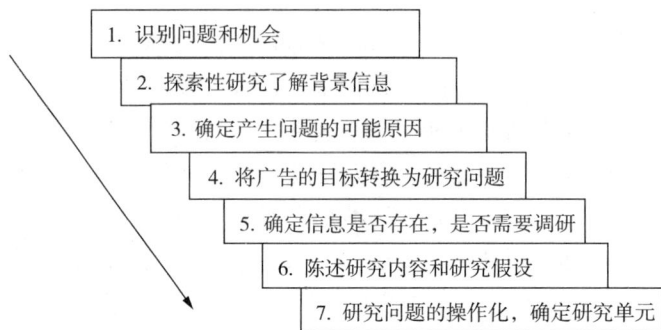

图 3-1　定义问题的过程

1. 识别问题和机会

广告调查和其他许多市场研究一样，首先需要对广告调查问题或者机会进行识别。一种情况是企业或组织可能会遇到各种需要解决的问题和决策中的问题。比如提高品牌的知名度、提高市场的占有率等，这就是企业和组织的期望和现实的差距，那么企业或组织应该怎么办，才能解决这些问题呢？这就是我们所说的研究的目标。还有一种情况是机会的识别，何谓机会识别，即识别"有利的情况、取得进展的机会或者取得改进的机会"，比如说企业能够识别潜在的购买者或者潜在的兴趣，就能够为企业的发展创造新的机会。如 2015 年 3 月，iiMedia Research（艾媒咨询）发布的《2014 年中国移动视频市场研究报告》显示，2014 年底，中国移动视频用户规模达到 3.41 亿，较 2013 年底增长 32.7%，而移动视频用户增量主要来自于 PC 端用户的迁移。2015 年初，中国互联网络信息中心（CNNIC）发布的报告显示，71.9% 的用户选择用手机收看网络视频，手机已经超越 PC 成为用户收看网络视频节目的第一终端。这一征兆也预示着手机电视和手机视频广告新的机会。

需要注意的是广告管理决策中的问题和研究问题是相联系的，但又不是完全一样。比如一个企业决策中遇到的问题是为新产品投放广告，那么

① Gibson L D. Defining marketing problems: don't spin your wheels solving the wrong puzzle [J]. Marketing research, 1998, 10 (1): 4-12.

相对应的研究问题可能会是评估不同广告方式的传播效果。

此外，"识别"这一词也说明了面临的问题和机会往往不是那么清楚地显现在眼前，而是需要管理者或者研究人员对纷繁复杂的现象进行感知、梳理，从中找出相关的问题和机会。很多时候研究问题都隐藏在现象的下面，就像一座冰山露出海面的只是一小部分，还有大部分都是在海平面以下。研究者不能只看到露出海面的"冰山"现象，还需要关注海平面以下的深层次问题。而且有的时候很多现象比较分散，并没有集中指向某一个问题，这个时候问题就会显得更加模糊。这时就需要收集信息，找出主要的现象以及背后隐藏的问题。比如某企业的广告效果不理想，原因可能有很多，可能是广告投放媒体不正确，可能是广告预算太低，可能是品牌形象不好，其实这些不过是更深层次问题的征兆。一般优秀的广告市场从业人员能够和广告主或管理者合作来梳理现象，识别其中的广告调查问题。

2. 探索性研究了解背景信息

初步识别存在的问题和可能的机会，就有了开展广告调查的初步动机。接下来一般需要进行探索性研究获取其他背景信息，帮助确定研究目标。这一过程也有学者称之为情境分析（situation analysis），即收集背景信息，便于研究者和管理者熟悉决策环境[①]。

常见的探索研究的方法有以下几种：

（1）二手资料分析法。二手资料分析是通过查阅研究问题的现有资料，看看是否有类似问题的研究。这些资料包括公司内部的研究报告、公开的其他相关材料和研究。无论是学术研究还是商业应用研究，做好文献综述都是好的和必要的。如果已经有研究能够完全解决你所提出的问题，那么就不必再浪费时间、精力进行研究了；如果已有的研究不能完全解决你的研究问题，则可以在已有的研究基础上继续研究，推进问题解决。二手资料分析是探索研究的核心，因为二手资料成本很低，尤其是处在互联网时代，信息爆炸，各种数据库也建设得比较完善，查阅资料变得很方便，我们应该利用好这一工具，寻找对研究有用的信息。

进行情境分析的主要方法是审查内部和外部的二手资料。比如研究人员可以从行业分析入手，了解行业、竞争对手、主要的产品和服务、市场等基本情况，进而了解企业或组织自身情况，了解其发展历史、产品或服

---

① ［美］齐克芒德. 商业研究方法［M］. 北京：清华大学出版社，2012：115.

务、核心竞争力、顾客或客户、绩效等。确定现象是同行业有关，还是同企业或组织自身发展有关。

（2）选择使用一些定性方法进行前期初步研究。在二手资料的基础上，我们可以试着使用一些定性的研究方法做一些小范围的研究，也就是初步研究。常见的方法如深度访谈、个案分析、焦点小组等。

深度访谈可以访问一些和调研目标有关，且拥有较多的知识和经验的专业人士，也可以是目标消费者或者其他受访者。例如，消费者对于新能源汽车的购买，还存在着一些障碍性因素，这在一定程度上阻碍了新能源汽车的市场推广步伐。研究者可以先对一些具有新能源汽车销售经历的销售人员深度访谈，从而形成关于新能源汽车购买决策的影响因素的初步了解。研究人员还要注意对广告主或者管理者进行深度访谈，了解广告主或管理者所处的环境怎样，为什么他们需要调研？因为他们是广告调查信息的使用者，只有通过他们才能够了解组织面临的实际形势，进而帮助确定研究问题。情境分析的第一步一般是研究人员和广告主或管理者之间的交流。

个案分析一般是选择与现在研究的问题有关联或相近的案例进行分析。虽然每个研究问题都是独一无二的，但是有些研究问题之间也存在着联系，研究者可以从过去的经验中获取一些启发性的信息。但是研究者要选择运用以前的案例分析当前的问题的时候，要注意分析它们之间的联系之处，也要看到两者的不同之处，思考这种不同之处对于问题界定的影响。

焦点小组座谈也是目前广受欢迎的一种形式。焦点小组可以是针对消费者或经销商的座谈，受访者在主持人的引导下，围绕所关注的问题进行讨论。和深度访谈相比，受访者之间可以相互启发影响，促进产生新的想法，帮助研究者获取新的信息，厘清调研问题和发现市场机会。

这些定性的研究方法，不像正式的概率抽样调查，一般采用的是方便抽样的方法，访问的受访者数量不是很多。具体每个方法介绍可以参见本书后面的章节。

3. 确定产生问题可能的原因

确定问题的过程就像是剥洋葱一样，一层层剥去，逐步接近问题的核心。一个常见的方法是思考产生这种现象的原因："这是什么引起的？"任何一种现象的发生都有一定的原因。首先要确定产生现象的可能原因。比如销售额下降，可能存在以下几类原因：①竞争对手的行动；②消费者的变化；③其他环境因素等。每一类原因又包括具体的一些可能原因，比如竞争对手可能会降价，或者推出新的广告公关活动等。这些分析可以用来确定产生问题的原因。

在罗列了可能存在的原因之后，研究人员和管理者再对这些原因进行评估，聚焦产生问题的最可能的原因。比如，竞争对手没有降价，但是推出了新的广告活动，帮助其扩大了市场份额。

4. 将广告目标转化为研究问题

一旦了解了情况，就能明确地设定具体的调查目的。比如一家公司销售量增长势头大减，市场份额缩减。那么可能的调查目的就是，我们需要明确在未来的市场中如何给自己定位。这个研究的目的决定了一个问题：需要什么样的信息来解决面临的情况。

为了实现调查目的，就需要回答以下研究问题：谁是我们的顾客？顾客喜欢我们什么，不喜欢我们什么？我们品牌给人的印象如何？如何才能改善印象？等等。这些具体的问题就是广告调查的问题，调查的结果将为公司制定新的战略提供必要的信息，进而推动广告计划的制订。

将广告目标转化为具体的研究问题这一过程是将问题化大为小，化抽象为具体的过程。商业广告调查中具体这些问题需要与广告主或者管理者沟通，最终确定。因为围绕这些具体的问题所收集的信息最终是为了广告主或管理者进行决策时所用。

5. 确定信息是否需要调研

确定了具体的研究目的之后，我们需要再次进行探索研究，收集二手资料，评估现有的已经存在的资料能否解决我们的研究问题和研究内容。如果已经有二手资料提供的信息可以充分解决现有的问题，帮助我们做出决策，那么就不必要再去费时费力调研。此外，在商业研究中，如果时间、资金不允许，或广告调查的成本大于广告调查所能够带来的价值时，则不需要进行广告调查。

一般情况下，二手资料能够解决部分信息，还有一些"信息缺口"，即广告调查问题与现有信息水平之间的差距，这就需要研究者进一步调研获取一手资料弥补缺口。在学术研究中，同样也是首先要通过文献综述，梳理已有的相关研究以及找出已有研究的"缺口"，确定下一步研究的方向。已有二手资料的不足或缺口是确定研究内容的基础。

6. 陈述研究问题和假设

发现了已有二手资料的不足或缺口，研究者就可以根据信息缺口提出自己的研究内容，也就是什么信息是你想知道的。研究内容，是广告调查人员对广告调查所要获取的信息的具体陈述，它非常具体地告诉研究人员应该收集什么样的信息来解决营销问题。表述要清楚，以避免误解。避免笼统和模棱两可的问题。研究者要确认问题是否能被很好表述，清楚地陈述研究问题和假设非常重要，因为明白要收集什么样的信息将决定接下来的研究方法和研究方式。

在对研究问题确定的过程中，要注意避免"什么都想调查都想知道"，有些问题看似和研究结果也有联系，但是不是决策或本研究的核心问题，需要进行删减。因为广告调查的目标一般不是为了了解所有相关信息，研究人员要思考所获取的信息如何将被使用，或被用于决策，不要花费资金去收集泛泛的不紧密相关的信息。

通过研究获取的信息能够弥补信息缺口，进而帮助管理者做出决策。研究内容的陈述可以通过研究问题和研究假设来提出。

研究问题是指把研究目标用问题的形式来体现和解决的问题。比如：消费者对于某品牌的忠诚度和该品牌的广告相关吗？一般研究首先提出的是研究问题，有的时候在探索研究中，研究计划书中只是提出研究问题。

有的研究还需要通过研究假设表述研究的内容。研究假设（hypothesis）比研究问题更进一步，是对与问题相关的两个变量或多个变量之间关系的一种推测性陈述[1]，这种关系能够通过实证数据进行检验。研究假设一般是在已经获取的信息基础上或者在已有的理论基础之上提出的，清晰具体地表述准备检验的变量间的关系。比如：消费者对某品牌广告的喜好和品牌的忠诚度正相关。在本书后面的章节，我们将学习如何使用统计软件来检验假设。假设是关于决策方案假定结果的最基本的陈述，所以它对于确定调研内容是非常有帮助的。

7. 研究问题的操作化，确定研究单元

最后要把研究问题操作化，研究问题中所涉及的所有的术语应该被清楚定义。比如我想在两个电视广告片中选择一个更好的，那么什么是更好呢？这个"更好"的概念就过于笼统，需要进一步操作化，是广告电视片记忆度、产品关联度、信任程度，还是好感程度？抑或是其他方面，再或者是这几个方面的综合，也就是说我们需要把"更好"这个概念，分成几个构念（construct），构念就是从具体相关事件中提炼出的抽象想法[2]，如：记忆、信任、购买倾向等。还比如研究中经常要研究社会经济地位（SES）

① ［美］卡尔·麦克丹尼尔. 当代市场调研［M］. 北京：机械工业出版社，2012.

② ［美］阿尔文·C. 伯恩斯，罗纳德·F. 布什. 营销调研［M］. 6 版. 北京：中国人民大学出版社，2011，45

的情况，许多研究者将这个概念操作化为"收入"和"教育程度"两个构念的组合。研究者也可以使用其他的构念加以测量，这取决于研究的需要，当然也需要有一定的理论依据。

研究者需要再对"概念"或者"构念"进行操作化定义（operational definition），操作化定义指对构念如何进行测定或量化的描述[1]，要具体可测。比如品牌忠诚度可以操作化定义为在5次购买活动中购买某一品牌3次以上或者4次以上，到底选择哪个操作化定义？这一操作化确定的过程也是探索研究的过程，一般是研究人员通过查找资料或根据经验来进一步确定。操作化需要使用受访者的词汇构建研究内容，比如询问受访者即时通信、社交媒介的使用情况，可能有的受访者就不太理解，但是如果通过询问具体的即时通信名称，如QQ、微信、微博等，他们就明白什么意思。

研究问题的操作化一般在资料收集与分析之前，但是我们也要明白操作化无法脱离资料的实际收集方法，贯穿于整个研究，具体的操作化的内容还会在以后的章节中有所涉及，如第7章的问卷调查部分。对于一些非结构化的定性研究方法，操作化的过程与整个观察过程不可分割。

定义研究问题阶段，还需要确定研究单元，研究单元是提供数据的人或者单位，即研究内容中要阐述向谁收集信息，可以是个人（消费者、业主、经销商等），可以是组织（企业、组织等），还可以是媒介产品（版面、栏目、广告等）。有的时候根据研究目的，一个研究单元不能够完全解决问题，需要两个或者多个研究单元。比如如果研究"我国女性广告从业人员的现状与发展调查"，研究单元无疑首先是女性广告从业人员，即个人，此外由于研究她们的发展时，还需要涉及她们所在单位的看法，所以也可以将广告公司、媒介组织等组织作为研究单元。研究单元的确定会影响接下来具体的抽样涉及、问卷设计、数据整理，因此需要事先考虑好，这样才不会遗漏，否则到数据分析时才意识到这个问题，就为时太晚了。

以上是定义广告调查问题常见的步骤，需要说明的是，虽然本章总结了定义问题大致的方法，但是如何应用这些方法，还需要研究者的"洞察力"和"想象力"。

---

① ［美］阿尔文·C.伯恩斯，罗纳德·F.布什.营销调研［M］.6版.北京：中国人民大学出版社，2011：47.

三、研究问题界定的障碍

上文简单地介绍了一般研究问题界定的过程，可是在实际中这个过程往往并不是很顺利。在界定研究问题的过程中，还会遇到一些障碍，以下是一些障碍产生的可能的原因。

1. 研究人员和管理者之间的沟通不畅

广告调查问题来自于对营销问题的充分了解，因此广告调查人员与管理者的沟通如果不畅，会影响广告调查问题的界定。有的管理者不注重和研究人员的沟通，他们委托专业的市场研究公司进行相关的研究项目，自己却没有深入参与。管理者应该参与到研究的设计中去，尤其是当研究人员不是企业或组织成员时，广告主或管理者之间的沟通在最初的问题界定阶段的沟通对于界定营销问题是非常重要的。

由于研究人员和管理决策者的背景、立场不同，他们之间存在差异，这些差异也会阻碍双方的沟通。研究人员在对管理人员的访谈中要注意深入探究，了解企业最近面临的哪些变化，包括客户、竞争对手、员工等外部环境和内部环境发生的变化，再进一步了解并确定产生变化的可能的原因。因此双方沟通不应该是一时的，而应该是较长时间持续的沟通。

2. 现象纷繁复杂，让人困惑

通过访谈以及前期的资料收集，研究人员会了解到最近一些变化的现象，但是这些变化可能是刚刚发生的，变化不是非常明显，现象较为模糊或者现象比较分散让人感到困惑，这些都不利于研究问题的聚焦。本章引入的可口可乐公司替代"老可乐"的失败案例就是没有正确理解消费者的需求，抓住问题的实质，当时的可口可乐面临着竞争对手、口味测试等多方面带来的挑战，而研究人员把可乐主要看作是一种饮料，把研究的重点放在口味的比较上。但是研究人员没有意识到，对于消费者而言，选择可口可乐重要的因素是心理上的、文化上的，因而没有抓住问题的实质。现在我们作为事后诸葛亮来分析这类失败的案例不难，但是在当时的情境下，需要从众多现象中判断哪个现象隐藏着深层次的主要矛盾，却不是那么容易的事情。因此任何一个研究人员都需要透过纷繁复杂的表面现象，抓住更深层次的问题。

3. 研究问题过于宽泛

有的研究者试图在一次研究中研究许多的内容，研究问题过于宽泛，没有体现变量之间的关系。如果研究问题过于宽泛，那么在具体研究的时候就会无从下手。

　　总之，界定广告调查问题并不是一件容易的事情，需要研究人员的想象力。如果研究问题界定有失偏差，研究并不能够提供我们想要的内容。以经典广告"安飞士，再接再厉"为例，其研究测试结果很差，消费者认为"我们是老二"的理念意味着安飞士是二流的。尽管如此，但创意天才比尔·伯恩巴克痴迷于这一创意，并说服安飞士冒险一试①。如今安飞士广告被认为是世界上最有影响力的经典广告之一。

本章小结

　　1. 理解定义广告调查问题是广告调查的关键。定义研究问题是广告调查的第一步，如果这一步没有做好，就会误导整个研究的设计。所以需要研究者对纷繁复杂的现象进行梳理，找出隐藏在下面的主要研究问题。定义好广告调查的问题，能够保证研究所获取的信息能够使用，帮助决策；否则，就会浪费时间和金钱，甚至可能误导决策。

　　2. 了解广告调查问题的源起。商业广告调查问题一般来源于广告主或管理者在决策中遇到的实际问题，还有些学术研究问题则来源于研究人员的个人兴趣和经历及现有广告调查领域的知识现状。

　　3. 知道确定研究问题的步骤。研究问题的确定没有严格的步骤，但是常见的步骤有以下几步：识别问题和机会；探索性研究了解背景信息；确定产生问题可能的原因；将广告目标转化为研究问题；确定信息是否需要调研；陈述研究问题和假设研究问题的操作化，确定研究单元。

　　4. 学会如何把研究问题转换成研究假设。研究问题只是以问题的形式表述研究的目的，当研究人员有足够的信息，陈述研究问题和假设；对变量关系做出更具体的描述时，研究问题可以转化为一个或者多个研究假设。

　　5. 学会使用探索研究来界定研究问题。在研究问题的界定中，使用探索研究方法是非常重要的。通过二手资料、访谈法和观察法能够帮助研究者进行境况分析，找出隐藏在海平面以下的"冰山"，即主要的研究问题。

---

① 莱恩，拉塞尔，东贤. 克莱普纳广告教程［M］. 北京：清华大学出版社，2008：489.

关键术语和概念

研究问题；研究假设；探索研究；情境分析；构念；定义问题；操作化；研究单元；研究内容

思 考 题

1. 什么是调研内容？

2. 什么情况下不需要广告调查获取一手资料？

3. 什么是探索性研究？在界定广告调查问题时，什么时候最可能使用探索研究？具体如何使用？

4. 回顾一下界定广告调查问题和明确广告调查内容的过程。

5. 理解广告调查中问题界定的障碍性因素。

6. 在最近的新闻媒介或广告媒介上找出一篇与新媒体有关的文章，在文章中找出企业存在的广告问题或营销问题，并确定与问题相关的研究目标。

7. 请思考下列研究问题是不是一个好的研究问题？为什么？说说你的看法。

（1）阅读是件好事吗？

（2）广告和性别。

（3）家庭收入如何影响大学生？

（4）在低收入地区的年轻人经历了哪些其他人没有经历的问题。

探索性活动设计

1. 请登录国际传播研究的网站（http：//icrsurvey. com），AC 尼尔森（www. nielsen. com）或者其他与调查行业相关的网站，浏览他们提供的服务和案例，理解定义问题的过程。

2. 如果你要为一家公司设计一个手机广告，它的目标受众是 50 岁及以上的人。思考广告开始前应该通过调查来解决哪些问题？并分析为什么这些问题是广告活动决策时的基础。

3. 案例分析：

上海柴远森先生出差来北京的时候，在西单买了一本市场调查的书。

3个月以后，他为这本书付出了三十几万元的代价。更可怕的是，这种损失还在继续，除非柴先生的宠物食品公司关门，否则那本书会如同魔咒般伴随着他的商业生涯。

"最近两年，宠物食品市场空间增加了两三倍，竞争把很多国内企业逼到了死角。"《中国财富》在2005年北京民间统计调查论坛上见到了柴先生，"渠道相近，谁开发出好的产品，谁就有前途。以前做生意靠经验，我觉得产品设计要建立在科学的调研基础上。去年底，决定开始为产品设计做消费调查。"

为了能够了解更多的消费信息，柴先生设计了精细的问卷，在上海选择了1000个样本，并且保证所有的抽样在超级市场的宠物组购物人群中产生，内容涉及：价格、包装、食量、周期、口味、配料六大方面，覆盖了所能想到的全部因素。沉甸甸的问卷让柴氏企业的高层着实振奋了一段时间，谁也没有想到市场调查正把他们拖向溃败。

2005年初，上海柴氏的新配方、新包装狗粮产品上市了，短暂的旺销持续了一星期，随后就是全面萧条，后来产品在一些渠道甚至遭到了抵制。过低的销量让企业高层不知所措，当时远在美国的柴先生更是惊讶："科学的调研为什么还不如以前我们凭感觉定位来得准确？"到2005年2月初，新产品被迫从终端撤回，产品革新宣布失败。

柴先生告诉《中国财富》："我回国以后，请了十多个新产品的购买者回来座谈，他们拒绝再次购买的原因是宠物不喜欢吃。"产品的最终消费者并不是"人"，人只是一个购买者，错误的市场调查方向，决定了调查结论的局限，甚至荒谬。

经历了这次失败，柴先生认识到了调研的两面性，调研可以增加商战的胜算，而失败的调研对企业来说是一场噩梦。（案例来源：揭开数据真相［N］．江苏经济报，2005/04/02）

问题：

（1）请分析为什么该宠物食品的产品革新失败？

（2）请评价该案例定义问题的过程，该问题充分定义完成了吗？

第4章 二手资料的收集

【本章学习目标】

1. 了解二手资料的特点及其作用。
2. 掌握二手资料分析的类型。
3. 确定二手资料的类型和来源。
4. 明确二手资料的收集方法。
5. 掌握大数据时代二手数据的处理方法。

【导入案例】

2014年12月20日，滴滴专车的平面广告强势登陆。这次平面户外广告首选地点是北京、上海、广州和深圳，主要投放在地铁、公交候车亭、商务楼宇等地。选择在这四个城市开展第一轮强攻是基于对用户的分析。

滴滴打车系列产品有一张漂亮的发展路线图。2012年，滴滴打车在北京中关村诞生，9月9日正式在北京上线，此后便与正在火热发展的移动互联网行业相互交融，不断推陈出新。2012年12月完成A轮融资：金沙江创投300万美金。2013年4月完成B轮融资：腾讯集团投资1500万美金。2013年12月入选中国区"AppStore2013年度精选"。2014年1月与微信达成战略合作，开启微信支付打车费"补贴"营销活动。2014年1月完成C轮1亿美金融资：中信产业基金6000万美金、腾讯集团3000万美金、其他机构1000万美金。2014年3月用户数超过1亿，司机数超过100万，日均单达到521.83万单，成为移动互联网最大日均订单交易平台。2014年5月产品正式更名为"滴滴打车"，寓意"滴水之恩，涌泉相报"。2014年8月滴滴专车上线，进军商务用车领域。2014年10月与中国妇女发展基金会联合发起"粉爱行动"，成立粉爱公益基金，关爱女性出行。

这张漂亮的路线图一直被专业的信息公司和服务部门关注，他们是专门提供数据信息的艾瑞集团、Talking Data 和中国互联网信息发布平台。2013 年 10 月艾瑞集团发布打车软件唯一一份行业报告：滴滴打车市场份额 59.4%，超过其他打车软件市场份额之和。2014 年 11 月 CNNIC 发布的《2013—2014 年中国移动互联网调查研究报告》显示，过去半年滴滴打车的用户使用率高达 74.1%，持续行业领跑。Talking Data 发布的《移动打车应用行业报告》显示，滴滴打车用户月活跃量居首位，较补贴前月活跃用户数增长 688.1%。

作为用户间接获取的市场信息，上述分类报告能给用户带来极大的价值。首先：他们把数据整理为一个系统，利用这一点，用户可以解决决策的难点。其次，从用户的性别、年龄、收入等个人特征到群体的地理位置，这些信息可以为分析市场提供重要的参考，从而为企业的决策提供重要的依据。毫无疑问，这些信息自然也是广告人策划文案的重要依据。

一、什么是二手资料

（一）二手资料的概念

二手资料也可以理解为第二手资料，是相对于第一手资料或原始资料而言的。研究者为了达到自己的研究目的，采用直接经验或直接接触研究对象的手段所获得的资料均是第一手资料，比如：各种口述资料、原始档案、影像、录音以及重要的历史档案等。而二手资料则是指将已经被前人收集、记录、整理的资料拿来作为本次研究的重要依据或参照的资料，二手资料指的是在研究该调研课题之前已经存在，并已经为某种目的而编辑出来的资料，使用者不是通过直接经验或手段，而是通过各种间接的手段和渠道得到的资料，该资料最初并非服务于本次研究的目的。

例如：要做一个关于消费者购买二手车的广告，在设计之初，广告策划人需要了解消费者的消费动机和行为习惯。如果广告策划人通过设计调查问卷或者直接采访消费者的方式获得该类数据，那么他所得到的是原始资料。但如果广告策划人并没有直接接触消费者，而是通过其他的渠道，例如专业的咨询、调查公司，专门的网站或者其他能提供该类数据的服务商获得这些资料，这类资料就是二手资料。

（二）二手资料的类型

根据不同的分类标准，二手资料可以划分为多种类型。不同类型的资料在服务用户时发挥的作用是不一样的。

1. 从呈现方式上看

二手资料和一手资料的主要区别是获取信息的方式不同，所以，从呈现形式上来看，二手资料与一手资料并无差别，可以是文字的也可以是影像、声音等多种形式。典型的二手资料如各种文献综述、教科书、人物传记、经典广告集锦等。

2. 从资料的延续性上看

二手资料可以分为定期资料和不定期资料。所谓定期资料，是指定期收集、整理、汇编的资料，该类资料具有历史的延续性，可以进行纵向和横向的比较，例如中国广告年鉴等。其他的不具有定期整理发布特点的就是不定期资料，例如，针对目前互联网的爆发，有组织收集的"O2O家电行业发展报告"等。

3. 从传播的载体上看

二手资料可以分为纸质媒介资料和新媒体资料。纸质媒介资料是指以纸张作为传播载体的资料，例如各种印刷资料、复印资料、手写资料等。新媒体资料指的是以非纸质媒介作为传播载体的资料，例如依托计算机形成的数据库，依托摄影设备形成的声像资料、微缩资料等。

4. 从获取方式上看

二手资料和一手资料的区别在于，一手资料是研究者通过直接经验活动获取的，二手资料则是研究者通过各种渠道间接获取的。因此，渠道的多重性是二手资料的重要特点。

根据二手资料的来源，可以将其分为内部资料和外部资料两种类型。事实上，因为信息技术的快速发展，内部资料和外部资料的区别更为明显。例如，中国国家统计年鉴发布的人口等数据，对企业而言，就是外部资料。企业的员工素质测评数据库，因为是企业人力资源部门收集整理的，立足于企业，就是内部资料。

因此，内部资料是指来自组织内部的资料，或者是组织内部相关部门基于组织情况收集、整理的资料，例如各种订货单、存货表、产品目录及报表等。基于内部资料所形成的数据库就是企业内部专有的数据库。外部资料指的是并非研究者或组织收集、记录、整理的资料，例如研究者或组织从国家统计局、行业协会、各种媒体机构获取的相关信息。

二、二手资料的特点和价值

1. 二手资料的优点

信息化社会的发展，为研究者和组织提供了多样化的信息获取渠道，很多的工作往往从二手资料开始，这是因为，二手资料具有非常大的优点。

收集原始资料不仅消耗时间而且耗费人力和物力成本。如果公司自己去做，往往还会碰到专业性不足、人手不够、时间紧迫等一系列的困难。如果交给专业的市场调研公司，高昂的调研费往往让公司负担不起。与此形成鲜明对比的是，二手数据在获取的速度、人力成本、时间成本、便利性等多方面均具有极大的优势。

收集二手资料的费用一般是由原始资料的来源决定的。例如，政府、行业协会公开发布的资料，如中国人口统计年鉴、O2O市场年度报告、消费者分布特点等，这些来源的二手资料通常是免费的。即使是一些收费的二手资料，也因为提供者专注于该领域资料的收集，在专业性、知识性以及成本等各个方面均低于公司自己收集原始资料。因此，在任何项目开展之初，广告人都要首先想到利用二手资料。

尤其是互联网社会的发展，通过电子手段储存和发布的数据可以更为便捷地获得。例如：广告策划人员需要了解一款二手车最吸引客户的到底是品牌、价格还是性能，他完全可以利用二手数据，获得某个区域二手车市场历年来的交易报表，通过对报表中上述数据的统计，可以将某区域消费者的消费习惯预测出来，采用这种方法将会节约很多的时间和金钱。广告策划人员还可以借助互联网，不必亲力亲为、实地考察，这不仅仅意味着降低成本，更意味着广告策划人员能快速地捕捉市场，设计出匹配市场分布的广告。尤其是如果该广告需要的数据获取难度很大（如某区域的人口分布情况），时间又很紧迫的情况下，二手资料的优势就更加明显了。一般来讲，大企业的小型市场调查和预算较少的中小企业的市场调查都比较适合运用二手资料。

除此之外，二手资料的优点还表现在能帮助使用者明确探索研究中的主题，如：传统产业的互联网转型中，存在着如果面对不同的目标群体进行广告宣传的困扰，而二手资料可以提供目标市场的信息，此类信息能帮助使用者确定主题。当研究者遇到方案设计困难时，阅读二手资料能帮助使用者。例如，为了设计一个家电的方案，广告设计者可以参考关于家电的研究报告，甚至是经典的设计稿，这些研究报告中采用的研究方法、确立研究对象的过程、方案的设计框架都能给广告设计者带来很多的灵感。

2. 二手资料的缺点

二手资料除了具有上述的优点之外，也具有与生俱来的缺点，广告策划人员需要认真地分析自己的需求，保证选取的资料对文案有真正的帮助。

首先，目标的一致性差。二手资料不是针对广告策划人的需要设计的，因此，使用这些资料时经常会碰上因为衡量单位、区域文化或是资料本身的内在结构与本次目标不一致的情况，这时候就不能直接使用此类资料。例如，设计一款移动互联网的外卖应用广告需要了解某区域群体的收入状况，在使用国家发布的信息时，要注意，由于农民工工资的信息获得难度很大，我国的人均工资计算并未将农民工工资计算在内，而且有相当部分的私营企业并未为雇员缴纳保险，所以该类群体的工资也未被计算在内。广告策划人如果没有考虑到这些因素，可能对广告重点的把握产生偏离。又比如，准备一个关于医疗的公益广告时，广告策划人参考了国外的资料，但是在使用的时候就必须注意到国内外情况的差异，如美国的医疗机构分为公立和私立，私立的医疗机构又分为营利性和非营利性两类。公立医院（public hospital）是指由各级政府出资设立并所有，接受政府财政拨款的医院。在这里公立医院和私立非营利性医院就需要具体分析了，虽然两者均不以营利为目的，但公立医院的所有人是政府，而私立非营利性医院的所有人是非政府机构。私立非营利性医院为病人提供医疗服务后，如果病人享受政府医疗保险或医疗救助，院方会向政府医疗保险管理机构收取其应该支付的那部分费用。除此之外，私立非营利性医院一般不会得到政府的财政拨款。而我国的医疗机构分为营利性医疗机构和非营利性医疗机构，广告策划人在使用时就需要进行调整。有些时候，还要进行必要的数据转换。数据转换是指为了完成研究目标，将数据由初始形式转换为适合本次目的形式的过程。例如，要对来自英、美等国的原装进口汽车进行广告设计，其行驶速度的测量单位是每小时多少迈，而我国对汽车速度进行计算时使用的单位是每小时多少公里，迈和公里之间的换算公式是1迈约等于1.6公里，100迈约等于160公里。如果要使用国外的资料，就需要对资料进行转换。

其次，准确性难以保证。资料的准确性直接影响到决策的准确性。由于二手资料并非使用者通过直接经验获取，从资料的收集、整理到分析、转载，在资料形成的各个环节都有可能出现偏差，这导致二手资料的准确性无法评估。例如，某广告公司为了设计一款广告收集相关的资料，客户则出于对品牌的维护，要求广告公司删除有损品牌的相关数据。这类二手资料显然不能直接使用。还比如原始资料的收集者出于自己研究的需要，在收集资料时的偏好自然影响到了资料的中立性，这类资料就要经过严格的设定才能使用。

因此，在使用二手资料时，使用者必须评估资料的准确性。以下是评估二手资料准确性时要考虑的因素。

（1）资料的来源

通常由政府、行业协会、高校的研究机构等部门收集、整理、发布的信息权威性最高，因为这些部门的权威性和专业性都有基本的保证。

（2）资料提供者当初的研究目的

研究者的动机往往会在资料收集中形成某种偏好，了解资料提供者当初的研究目的有助于使用者评估该资料的可靠性。

（3）资料中基本信息的科学性

如信息获取的时间、地点、对象、方式等因素。在一项关于消费者超市购物行为的调研中，如果只是收集了周末时段的消费状况，显然不能反映该区域消费者的消费情况。同样，如果只调查城区的消费者，忽视了城乡接合部以及郊区的消费者，也不能对一项产品的受欢迎程度做准确的判断。使用者还要特别注意二手资料中信息的收集方式，是通过网络调查、抽样调查、电话调查、上门拜访还是通过深度访谈、实地考察，不同方式收集来的信息差异性非常大。还有一点使用者必须特别注意，那就是二手资料的形成时间。二手资料反映的是调查对象过去的情况，随着社会变迁，情况会发生很多改变，比如滴滴打车会改变整个出租车行业的业态，如果还用过去的信息来做广告的参考一定会出问题，因此，调研人员要创造性地利用二手资料，结合现实情况，加以适当的调整。

除了在这些方面保证二手资料的准确性之外，使用者还可以通过交叉验证的方式来检验资料的可靠性。如果从不同渠道获取的资料在一致性方面比较差，使用者需要重新对资料进行评估，并逐一排查问题，从而排除可以影响判断的风险。

在使用交叉验证时可以参考图4-1所示的路径。

最后，资料的可获得性差。广告策划人设计的广告往往具有很强的时代感，所以有些问题，根本就没有二手资料，或者已有的二手资料已经不能使用。例如，某厂家推出一种新口味的饼干，想要了解消费者对这种新产品的口味、包装、价格的想法，就没有二手资料能直接回答这些问题，必须通过直接经验或者调查才能收集相关信息。

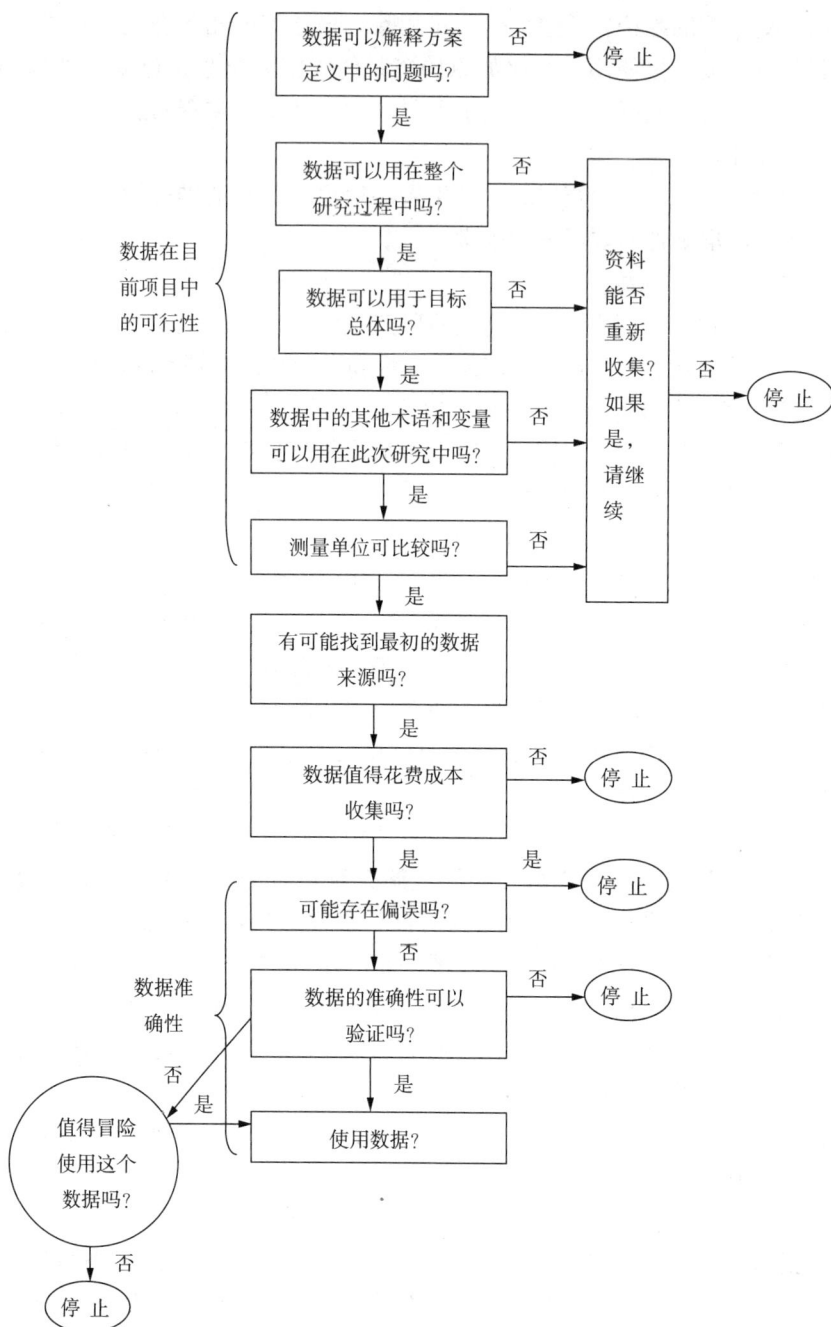

图 4-1 评估二手数据

资料来源：（美）齐克芒德等著，刘启等译：《商业研究方法（第8版）》。

北京：清华大学出版社，2012 年版，第 164 页。

3. 二手资料的价值

随着信息化社会的发展，数据的存储与传输越来越简单，获取二手资料的难度也在不断降低，这使得二手资料在成本、效率、便利性等多方面的优势越发明显。对研究人员来说，二手资料具有多重价值，它可以用在定性研究中，也可以用在描述性的定量研究以及解释性的定量研究中，但一般来说二手资料并不直接应用于实验研究中，因为实验研究要求自变量是研究者引入或者人为控制的，但是二手资料对实验的设计具有极大的参考价值。具体到广告领域，二手资料的价值主要集中表现在如下方面。

首先，二手资料能帮助广告人获取市场信息并进而对市场潜力进行分析。

对市场潜力进行精准的预测是一支广告能够成功的关键因素之一，因为这有助于确定广告投放的目标对象，从而在设计广告的时候可以做到有的放矢，协助企业释放市场潜力，扩大产品销售量，提高企业效益。市场潜力预测是指在某种市场环境下，对市场需求所能达到的最大数值的测算。广告人可以通过设计调查问卷的方式对市场进行预测，但这样的成本较大。此时，二手资料的优势就体现出来。来自行业协会、政府部门、其他的企业单位的各类标准化的报告可以给广告人有力的参考。但是，在使用这些数据时，广告人要特别注意根据自己的需要对数据进行转换。例如，广告人有近年来O2O市场的整体发展报告，但具体到二三线城市，就没有详细的报告，在这种情况下，广告人需要对数据进行转换并完成二三线城市的预测。

这里有一个案例，有助于我们思考广告人如何运用二手资料完成对市场潜力的预测。在广告方案中，由厂商考虑推出新的饮品，需要确定广告投放渠道、投放密度、投放时间和地点等细节。来自互联网的研究报告无疑对广告人有极大的帮助。

2015年，中国互联网发布了第35次报告，此次调查总体样本76000个，其中，住宅固定电话用户、手机用户各38000个，样本覆盖中国大陆31个省、自治区、直辖市。调查发现：

通过这些资料，可以清晰地看到我国社会各类群体接触媒介的方式和之前相比已经发生了很多的变化，互联网和移动互联网正在悄然改变消费市场的布局，人们花在网络上的时间越多，花在逛街上的时间就越少，同时花在传统媒介上的时间也越少。

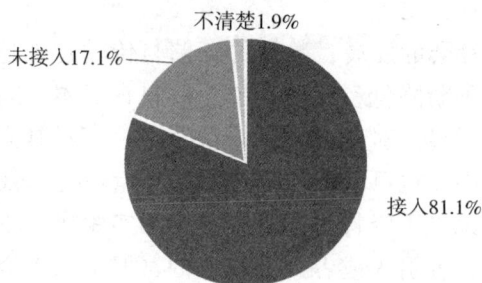

来源：CNNIC 中国互联网络发展状况统计调查　　　　　　　　　　2014.12

图 4-2　城镇电脑网民家庭 Wi-Fi 接入情况

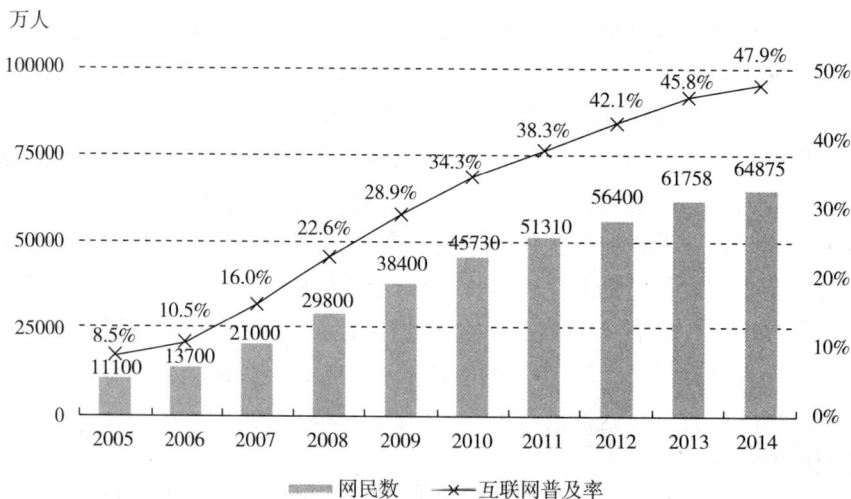

来源：CNNIC 中国互联网络发展状况统计调查　　　　　　　　　　2014.12

图 4-3　中国网民规模和互联网普及率

　　来自速途研究院的电子商务报告更是明显地指出了我国社会的消费布局正在向网络以及移动网络倾斜，这些信息汇集到一起，就使广告人对于广告的设计、投放渠道、投放密度有了更为精准的认识。

　　其次，二手资料能帮助广告人确定产品对应的消费行为。

　　在设计广告时，如果能判断产品打动对象的痛点，那么广告的吸引力会大幅度上升。而要做到这一点，广告人需要了解产品的消费类型，或者该类产品的消费结构。例如，面对一个二手车市场的广告策划，痛点是多重的，是价格、外形、品牌、服务、环保还是新鲜感，这对广告设计来说

万人

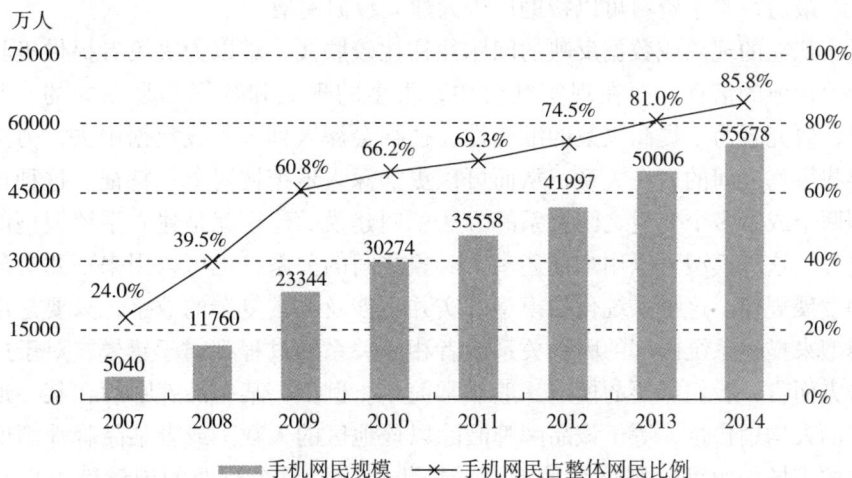

图4-4 中国手机网民规模及其占网民比例

（万亿）

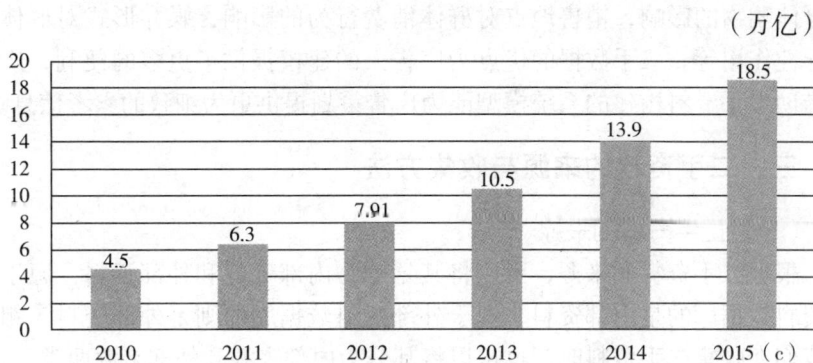

图4-5 2010—2015中国电子商务市场规模

是一个需要预先确定的问题。一份来自消费者市场的权威报告可能很快解决上述的问题，速途研究院的最新市场报告显示，消费者对品牌的关注度是较高的，在所有品牌中"大众"的关注度雄踞榜首，"丰田"和"本田"紧随其后，"现代"则居于第四位，在新车销售中口碑极佳的"奥迪""宝马"则分别落到了第五和第九的位置。从消费者市场的分布来看，北京、哈尔滨和成都市场的需求量高于供给量。广告人通过对这些信息的收集与分析，可以进一步确定客户产品的优势及痛点，进而设计出目标明确的广告。

最后，二手资料可以帮助广告人建立数据模型。

孤立的现象或数据反映的问题往往比较肤浅，难以为决策者提供极具商业价值的信息。而在现实社会中，很多的现象和数据都是孤立的。此时，研究者为了提高决策的准确性，往往会深入到现象或数据中去，力图寻找事物之间的内在关系，从而可以更加深入地把握对象的特征。这种识别两个或者多个变量之间关系的方法就叫建模。建模就是建立系统模型的过程，这种模型可以用来描述多个对象之间的关系，也可以用来预测对象的发展规律。这种系统化的模型其实并不涉及非常复杂的数字，只要是用模型来描述系统内部的因果关系或者相互关系的过程都属于建模，对于广告人而言，我们需要的模型一般非常简单。例如，某一品牌啤酒在某一地区的人均销售量，等于该品牌啤酒除以该地区的人数。或者某品牌啤酒所占的市场份额可以用该品牌啤酒的销售量除以整个行业的销量就可以得到，这种方式就叫作建模。

描述系统的因果关系或相互关系的过程都属于建模。

通过建模，广告人更容易发现事物之间的联系，例如产品的外形对青年群体购物的影响，销售地点对群体消费行为的影响，媒介形式对群体的引导性作用等。二手数据的优点为广告人的建模提供了更多的便利，广告人借助二手资料构建的系统模型能为广告策划提供更为细致的参考信息。

三、二手资料的来源与收集方法

（一）二手资料的来源

根据二手资料的来源，可以将其划分为内部资料和外部资料：源于内部资料数据库的是内部资料，源于外部资料数据库的则是外部资料。相应的我们在收集二手资料时，也可以将其分为内部来源和外部来源两类。

1. 内部来源资料的收集方法

企业在长期的运营中，往往积累了大量的资料和数据，这些信息被不同的部门按照本部门的需要整理成系统的资料。根据资料的性质，可以将其分为如下类别：

（1）与消费者相关的资料

公司出于提高服务的考虑，由客服部门负责收集、整理的消费者个人信息资料，如姓名、性别、住址、联系方式等，还有消费者的反馈信息资料，如对产品的满意度统计、对产品的意见和建议等。

公司销售部门为了提高销售业绩、对销售员进行绩效管理，要求销售人员收集、整理的消费者消费行为统计，各种订货单、销售人员大客户保有量、销售记录表等。

公司产品研发部门收集的产品评价信息、产品推广困难信息、产品改良方案等。

（2）各种财务报表

由公司的财务部门收集、整理的各类财务报表，如现金流量表、销售和成本计划表、利润表、资产负债表等。这些报表清晰地勾画出一张公司发展的路线图，也真实地反映了公司的主营业务和其他业务之间的关系，公司的营收重点和困难点在哪里。

通过这些报表，广告人能判断公司的业务领域中，主打产品获得市场的原因，可以协助广告人评价广告策划案的重点和方向。

例如，通过销售单据，广告人可以分析产品的区域分布特点，通过将销售单据与消费者信息进行相关分析，可以发现产品的对象人群特点。

（3）各个部门的执行方案

市场营销部门的营销方案尤为重要，公司的市场营销部门为了完成公司的年度目标，往往通过评估市场和公司的整体情况，在年初就设计出台年度的营销方案，这种营销方案对营销的重点、促销方式、促销地点、预算、参与人员等都有详细的规定，广告人拿到此类策划案，将大大减少和客户之间沟通的成本，并能迅速获得客户的回应。

产品设计部门的年度设计方案是对公司未来的发展做的提前的部署，此类信息能协助广告人判断某公司的未来目标，在设计和策划时能更好地与客户保持一致。

此外，存货管理记录、员工工作记录表、绩效考核表这些信息也能从不同的侧面反映客户的情况。

（4）其他资料

除了上述三类之外，公司的行政部门往往会收集整理与公司发展相关的一些信息，例如对某些产品的报道、员工的个人总结、创新方案的执行情况、维修记录表、服务记录、员工被投诉的记录等，这些信息也能给广告人以重要的提醒。

（5）公司内部的数据库

随着信息化技术的发展，越来越多的公司采用计算机技术对公司内部的资料进行储存与管理。例如：客户档案信息库、选拔性素质测评模型数据库、销售记录数据库等，还有一些公司建立了 ERP 系统以及用于内部共享资料的局域网数据库。

广告人收集公司的二手资料后，可以进行再加工，通过对这些内部数据的分解、集中、交叉分析，广告人往往能发现客户自己都没有察觉的有价值的信息。例如，某公司将销售额的信息按照地区、产品、购买量及消费者特征进行细化整理后，发现通过传统媒介发布的广告对销售额的提升几乎没有影响，公司的主要客户来自于网络平台。

2. 外部来源资料的收集方法

非公司自己在经营过程中积累起来的信息之外的资料都属于外部来源资料。相对于内部来源资料，外部来源资料的类型更为多样，收集的渠道也更为多样。它主要包括以下几大信息来源。

(1) 各级政府主管部门公开发布的信息

我国各类各级政府主管部门都会定期发布各种统计数据，例如：从国家统计局到地方统计局定期发布的统计年鉴，信息的准确度高、内容的覆盖面广，涉及国民经济核算、人口总量及结构、就业人员及其工资、固定资产投资、对外经济贸易、能源、财政、金融、保险、教育、科技、文化、农业、工业、服务业等。还有其他各主管部门如教育部发布的全国教育事业发展统计公报等，民政部发布的社会服务发展统计公报、社会组织登记情况汇总公报等，财政部公布的各类经费投入情况统计公报等，人社部门公布的失业情况、社保基金情况统计公报等。这些信息来源可靠，具有开放性、权威性，信息的可得性高，是外部资料的重要组成部分。随着互联网的发展，各主管部门都有自己的官方网站，公民可以通过官网网站直接获取此类信息，也可以通过网站上公布的联系方式向主管部门申请，通过这些渠道可以免费获得此类资料。针对整理成册的出版物，或者部分收集的难度大、分析的成本高的资料，公民可以通过低偿的方式获得。

(2) 各类机构、行业协会、NGO 组织公开发布的信息

在政府组织之外，我国还有各类补充的组织，例如专业信息咨询机构、调研中心、行业协会、各种社会团体、各类 NGO 等。这些组织通常有专门部门收集信息，对细分领域的分析精准。例如：中国环境保护协会发布的环保产业年度发展报告，内容涉及袋式除尘行业、火电厂脱硫脱硝行业发展、有机废气治理行业、机动车污染防治行业、固体废物处理利用行业、城市生活垃圾处理行业、噪声振动与控制行业、环境监测仪器行业、循环经济行业发展、电除尘行业等，信息全面且权威程度高。此类机构目的是对行业信息进行收集从而支持行业发展，所以信息的灵敏度很高，而且他们愿意提供资料的收集、整理、咨询、检索等服务，这是广告人收集资料的重要来源。

例如中国旅游协会、中国旅行社协会为了收集符合市场需求的景点价

格，共同搭建了"全国重点城市热点旅游线路参考价格平台"，通过信息采集上传、信息审核发布和信息查询导出三个功能向社会公布全国热点城市的国内热点线路的参考价格。

（3）图书馆

作为公共服务平台，图书馆的专业性、权威性、综合性是所有其他渠道都难以企及的，各种综合性或者专业性的图书馆是获取二手资料非常重要的选择。图书馆中有大量的以各种形式储存的资料，广告人在这里可以自己借助文献索引、计算机检索、图书馆综合目录等方式获取资料，也可以通过图书馆工作人员获取资料。此外，图书馆还有摘要、目录、指南以及众多的参考书目，这些为广告人提供了更为广阔的资讯源。

（4）各类调查公司

随着社会的发展，社会各界对信息的需求度越来越大，这也催生了大量专业收集和出售资料的调查公司。例如1992年成立的零点研究咨询集团是我国诸多著名的专业研究咨询机构之一，也是目前国内最大的提供专业的策略性研究咨询服务的集团公司之一，他们拥有公共事务、IT和电信、金融、汽车、房地产、家电以及快速消费品七个事业部。各事业部定期收集、整理、出版调研报告和调研数据，可以为客户提供定制服务。因为对关注领域投入了人力、物力且是公司发展的基础，所以此类调查公司往往能提供有深度且结合度高的资料和数据，只不过这一类的公司提供的资料收费通常不低。

（5）大众媒介、商业博览会和学术会议等

除了上述途径之外，一些大众传播媒介如电视、广播每天都会传播大量的权威信息，还有各种行业博览会、口碑较好的展销会、订货会以及由企业组织的产品发布会和学术交流会，这些会议会发布各种资料与信息，例如产品发布会有产品目录和介绍、行业博览会的经销商名单及行业发展简介、展销会上的产品目录及参展厂商目录以及一些行业内的发展趋势报告和交流信息。这些资料代表了市场的需求以及产品的走向，广告人如果愿意花费精力去收集此类信息，往往会有意料之外的惊喜。如有可能得到广告客户竞争对手的营销信息，这对广告文案的策划有极大的帮助。

（二）二手资料的收集步骤与收集原则

二手资料的优势在于能够给广告人提供思考的起点、方案的参考，能缩短广告人获取信息的时间、资金和人力的成本，但又同时存在资料的匹配度较低等问题，在收集二手资料时严格遵循如下步骤与原则可以更好地发挥二手资料的优势。

1. 二手资料的收集步骤

如图 4-6。

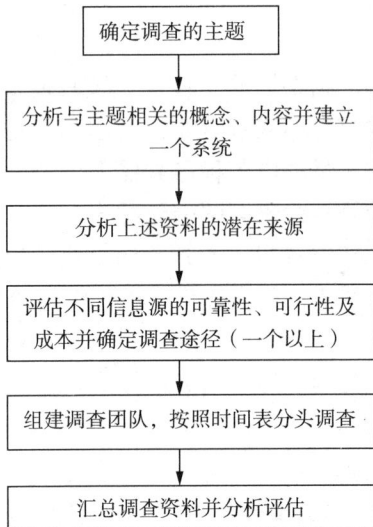

```
        ┌──────────────────────┐
        │   确定调查的主题      │
        └──────────────────────┘
                  ↓
  ┌──────────────────────────────────┐
  │ 分析与主题相关的概念、内容并建立  │
  │          一个系统                 │
  └──────────────────────────────────┘
                  ↓
  ┌──────────────────────────────────┐
  │     分析上述资料的潜在来源        │
  └──────────────────────────────────┘
                  ↓
  ┌──────────────────────────────────┐
  │ 评估不同信息源的可靠性、可行性及  │
  │ 成本并确定调查途径（一个以上）    │
  └──────────────────────────────────┘
                  ↓
  ┌──────────────────────────────────┐
  │ 组建调查团队，按照时间表分头调查  │
  └──────────────────────────────────┘
                  ↓
  ┌──────────────────────────────────┐
  │     汇总调查资料并分析评估        │
  └──────────────────────────────────┘
```

图 4-6　二手资料的收集步骤

2. 二手资料的调查原则

无论通过什么途径展开二手资料的调查，为了达到调查的目的，需要遵循以下原则：

（1）针对性原则

二手资料的来源广泛、数量众多、良莠不齐，因此二手资料最大的问题是匹配性低。广告人要在纷繁复杂的多源信息中找到适用的资料难度较大，为了做到这一点，广告人在收集资料前要掌握可能获得此类资料的渠道并做有效的比较，在收集的时候一定要对资料提供方、形成时间、资料信息的覆盖范围、适用的条件做详细的说明，要提醒所有调查人员对资料进行筛选，保证资料与广告设计主题密切相关，只有这样，才不至于陷在大量的资料中。

（2）完整性原则

从不同的角度可以将同一个主题的资料做不同的划分，如以时间为维度，可以分该主题的历史资料和当前资料；以空间为维度，可以分该主题的国内资料和国外资料；以精细程度来划分，可以分该主题的宏观资料和微观资料；以提供方来划分，可以分该主题的官方资料与社会资料等，不同的来源和角度往往代表了一家之言。因此，广告人在收集资料的时候要尽可能考虑渠道的多元性、资料的层次和类型要完整,只有这样,才可能形成主题鲜明且系统性强的资料,为广告策划提供有效参考。

(3)可行性原则

每一个广告策划案都有相应的经费预算,更有严格的时间节点要求。广告人选择二手资料的最主要原因是二手资料在经费和时间上具有极强的优势。所以在获取二手资料时,广告人必须清楚获取资料的途径是否方便、经济,可以考虑先从企业内部、本行业内部收集,然后根据此类信息再寻找其他的单位或行业的相关资料。特别要注意,不可以为了获得资料投入大量时间精力,反而耽误了广告策划案的实际进程,这就违背了收集二手资料的初衷。

(三)二手资料的收集方法

二手资料的来源广泛,形式多样,但不论什么二手资料均可以通过以下两种方式获取:

1. 通过检索或查阅的方式获取二手资料

对于一些公开发布的资料或者公共服务中心储存的资料,广告人可以通过查阅或检索的方式获取,例如各级政府、行业协会、NGO组织公开发布的各类信息以及图书馆馆藏的丰富资料,这些信息和资料均可以通过人工查阅或者计算机检索技术获取。

随着互联网的快速发展,更有大量的信息以数字的形式储存在网络上,广告人可以通过以下方式借助计算机搜索引擎获取资料。

(1)广告人若不清楚二手资料的网站站点,可以利用广告业内口碑高的网站集合站点,获取资料网站信息,然后进入网站收集资料。也可以利用搜索引擎如"谷歌学术搜索""百度搜索"等键入二手资料的主题词,然后进行搜索收集资料。

(2)广告人还可以通过出版物、参考文献、发行部门、公报等文本提供的信息,获取与二手资料相关的主题词、关键词,甚至直接获得二手资料的站点,然后运用搜索引擎或者直接进入站点收集资料。

2. 通过定制或者购买的方式获取二手资料

有一些资料的收集过程烦琐、信息的时效性高、内容的针对性强、资料的价值大,这类资料往往来源于专业的调研机构如零点调查公司等。对于这些资料,广告人可以通过官方渠道购买获得。

四、大数据时代二手资料的处理

"大数据"的概念最早由全球知名咨询公司麦肯锡提出,麦肯锡认为:

"数据，已经渗透到当今每一个行业和业务职能领域，成为重要的生产因素。人们对于海量数据的挖掘和运用，预示着新一波生产率增长和消费者盈余浪潮的到来。"

国际数据公司（IDC）的研究结果表明，2008 年全球产生的数据量为 0.49ZB，2009 年的数据量为 0.8ZB，2010 年增长为 1.2ZB，2011 年的数量更是高达 1.82ZB，相当于全球每人产生 200GB 以上的数据。而到 2012 年为止，人类生产的所有印刷材料的数据量是 200PB，全人类历史上说过的所有话的数据量大约是 5EB。IBM 的研究称，整个人类文明所获得的全部数据中，有 90% 是过去两年内产生的。而到了 2020 年，全世界所产生的数据规模将达到今天的 44 倍。

随着我国互联网的纵深发展，我国的数据存储也呈现量级增长的趋势。根据中国统计网的报道，2013 年度，中国存储市场出货容量超过 1 个 EB 存储总量，IDC 曾经发布的预测表明在未来的 3 ~ 4 年，中国存储总容量可能达到 18 个 EB。目前可存储数据容量大约为 8EB ~ 10EB，现有的可以保存下来的数据容量大约为 5EB，且每两年左右会翻上一倍。这些被存储数据的大体分布为：媒体 1/3，互联网占据现有容量的 1/3，政府部门/电信企业占据 1/3，其他的金融、教育、制造、服务业等占据剩余 1/3 数据量。从数据存储市场的需求来看，互联网、医疗健康、通信、公共安全以及军工等行业的需求是主要的，且上升态势明显，整个社会呈现数字化方向转型。

除此之外，大型企业内部专属的数据库往往也存储了数百万个甚至数亿个数据，有效利用这些数据可以为企业的决策提供有力的决策支持。

在此背景下，广告人应当认识到大数据的意义，并通过各种方式获得、解读、利用大数据为广告策划与广告文案服务。

1. 数据挖掘的概念

数据挖掘的概念最早是美国计算机学会 ACM1995 年在召开的第一届知识发现和数据挖掘国际会议上提出的。数据挖掘的英文表示是 Data Mining（缩写为 DM），是数据库中知识发现（Knowledge Discover in Database，缩写 KDD）中的一个步骤。

传统的数据分析方式是先确定假设，然后进行数据验证，数据挖掘则可以在假设条件缺失的前提下，通过大量的信息搜索工作从数据库中提取并生成规律，从而完成信息的挖掘和知识发现。U. Fayyad 认为，数据挖掘作为 KDD 过程的一个步骤，通过使用各种数据分析和发现算法，在可接受的时间内产生模式，这种模式也称为知识。数据挖掘是知识发现过程中通过算法在大量数据中搜索获取隐藏于其中的信息，是知识发现过程中的重要环节。经过预处理的数据的质量和数据挖掘算法的有效性，对知识发现的过程和输出都会产生很大的影响。

和传统的数据分析相比，数据挖掘技术对假设前提的要求很低，能挖掘潜在的信息，由于没有过多的约束条件，所以数据挖掘获取的信息往往能出人意料，具有极大的实用性，对企业决策的意义更高。数据挖掘可以借助下图展示的步骤进行：

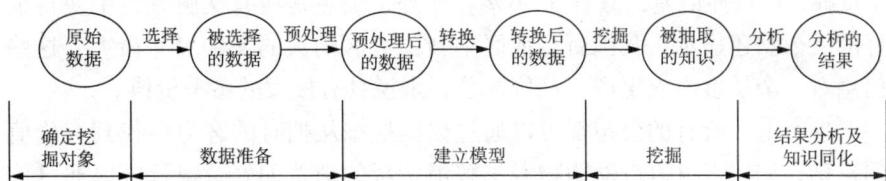

图 4-7 数据挖掘步骤

数据挖掘经过多年的发展已经拥有一些成熟的系统，目前，全球较有影响的数据挖掘系统有 Knowledge Discovery Workbench、Cover Story、DB Miner、Quest 等。这些系统可以提供特定领域的数据挖掘，也可以提供通用的数据挖掘。

2. 数据挖掘的价值

（1）数据挖掘可以快速梳理信息

数据时代的来临带来企业和社会整体的转型，很多企业的核心业务流程由数据搭建，几乎所有类型的企业的经营活动都与数据相关，例如贸易、服务、金融、健康、保险、制造、食品安全等，企业日常的经营活动会产生大量的数据，数据中涉及企业的内部状况，也涉及外部信息，例如贸易类企业中的贸易额、大宗商品的交易情况、某类产品的生命周期、客户的性别分布、收入状况、购买频次、购买类型以及客户所处地区的人口统计信息。海量的信息既可能让企业沉溺在其中，也可能为企业提供非常重要的决策参考。

数据挖掘技术可以在这些数十亿或者数万亿比特的数据中找到规律、构建模型，并通过发现有趣的模型为企业提供有价值的信息，帮助企业完成从数据到信息、从信息到行动的转变，从而改善企业的内部流程和盈利模式。

（2）数据挖掘可以帮助企业确立相对优势业务

20 世纪 60 年代，传播学大师麦克卢汉指出"媒介即讯息"。在当下，大数据时代将"数据即信息"塑造为时代共识，数据的商业价值和管理价值正在得到前所未有的重视与开发。数据挖掘的重要价值是帮助企业找到相对优势点。例如美国某州第一国家银行发现，占总数数量10%的客户为银行创造了几乎全部的利润。由此，该银行重新部署营销和客服工作的重点。又比如，一家内衣经销商要怎样减少产品物流和营销的成本，提高产品的成功率呢？来自淘宝数据平台显示，我国女性购买文胸时，最常规的尺寸是 B 罩杯，高达41.45%，而且在 B 罩杯中75B的销量最好，其次是A 罩杯，C 罩杯最差，只有8.96%。此外，黑色是所有文胸颜色中卖得最好的。数据还显示，我国所有地区中新疆地区购买的文胸尺寸最大。这些信息对一个从事内衣生产、销售的公司来说具有极大的参考价值。

事实上，所有的公司都可以通过数据挖掘从拥有的客户中找到有价值的信息，如超市可以借助购物卡了解消费者的消费偏好，银行可以通过信用卡了解客户的消费类型、时间、地点，航空公司可以通过客户档案了解客户群体、航空公司空座率、空座航班、空座的分布特征等。采集了宝贵数据的公司不仅仅能为自己公司提供重要的决策参考，还可以将自己的信息出售给相关部门，甚至可以通过共建数据库达到共赢的目的。

（3）数据挖掘可以帮助企业完成产品重组

沃尔玛公司（Wal Mart）拥有世界上最大的数据仓库系统之一。为了能够准确了解顾客在其门店的购买习惯，沃尔玛对其顾客的购物行为进行了购物篮关联规则分析，从而知道顾客经常一起购买的商品有哪些。在沃尔玛庞大的数据仓库里集合了其所有门店的详细原始交易数据，在这些原始交易数据的基础上，沃尔玛利用数据挖掘工具对这些数据进行分析和挖掘。一个令人惊奇和意外的结果出现了："跟尿不湿一起购买最多的商品竟是啤酒！"这是数据挖掘技术对历史数据进行分析的结果，反映的是数据的内在规律。那么这个结果符合现实情况吗？是否是一个有用的知识？是否有利用价值？

为了验证这一结果，沃尔玛派出市场调查人员和分析师对这一结果进行调查分析。经过大量实际调查和分析，他们揭示了一个隐藏在"尿不湿与啤酒"背后的美国消费者的一种行为模式：

在美国，到超市去买婴儿尿不湿是一些年轻的父亲下班后的日常工作，而他们中有30%~40%的人同时也会为自己买一些啤酒。产生这一现象的原因是：美国的太太们常叮嘱她们的丈夫不要忘了下班后为小孩买尿不湿，而丈夫们在买尿不湿后又随手带回了他们喜欢的啤酒；另一种情况是丈夫们在买啤酒时突然记起他们的责任，又去买了尿不湿。既然尿不湿与啤酒一起被购买的机会很多，那么沃尔玛就在他们所有的门店里将尿不湿与啤酒并排摆放在一起，结果是得到了尿不湿与啤酒的销售量双双增长。按常规思维，尿不湿与啤酒风马牛不相及，若不是借助数据挖掘技术对大量交易数据进行挖掘分析，沃尔玛是不可能发现数据中这一有价值的规律的。

3. 数据挖掘的方法

数据在存储的时候往往会表现为两种特点：首先，相关数据通常存储在独立的文件中，不能直接看出数据之间的相关性；其次，数据记录都有自己的条件，每一个数据都包含多条信息，体量巨大且有价值的信息非常少，企业往往没有精力或没有能力对数据进行深层分析，获得有利于商业运作、提高竞争力的信息。这催生了数据挖掘的诞生和技术的发展。时至今日，利用数据挖掘进行数据分析常用的方法有分类、回归分析、聚类、关联规则、特征、变化、WEB 挖掘等，比较复杂的有神经网络、遗传算法、决策树法、粗集方法、统计分析方法、覆盖正例排斥反例方法、模糊集法等，相关的数据挖掘软件也很丰富，例如：SAS EM、SPSS 公司出品的 Modeler 等，这里主要介绍几种简单实用的方法：

（1）市场篮子分析

市场篮子分析作为一种数据挖掘的形式，其名称源于超市中消费者购物时使用的小推车以及小推车上的篮子。采用市场篮子分析是通过分析销售地点隐藏的交易信息，识别交易信息与产品或者产品与产品之间的关系。

市场篮子分析的方法并不难，通过收银柜台扫描消费者的每一件产品，然后计算、分析每一个市场篮子的毛利，再进一步分析消费者的消费特征，计算每一个消费特征代表的利润占商店利润总额的百分比。这些信息能帮助企业对产品进行重组。例如，有企业通过市场篮子分析后发现，在一类"美容意识类型"的市场篮子里，有 28% 的比例购买了贺卡，16% 的比例有糖果，那么通过市场篮子分析后，可以得出如下销售策略调整：将贺卡和糖果放到美容保养品附近销售，销售量会增加。

（2）WEB 页面挖掘

随着互联网的普及，网页上的信息量非常丰富，例如，如果想了解某个客户，可以浏览他的博客、微博，对博客和微博进行数据挖掘。美国科罗拉多州的安布里亚通信公司，开发出一款数据挖掘产品，可以搜索 1300 万个博客，通过对博客进行梳理，能够找到有价值的信息。

新浪网络公司针对其旗下的产品成立了一个战略级别的秘密项目——

"达尔文"，通过对新浪门户、微博、站外应用等海量数据的结构化处理，将信息按照"人""物""关系"进行有业务价值和商业价值的重组，服务于新浪微博的智能推荐、搜索、广告等用户产品与商业产品。其中新浪还针对微博开发出一款整合大数据的移动产品 Page，这是一个聚合了用户兴趣爱好社交关系数据的综合展示页面，无论是话题、图书、音乐、餐饮美食等内容都能在微博上生成专属的 Page 页面。通过 Page 页面，网友可以很方便地查看到有价值的微博内容。对网页的数据挖掘能把人、兴趣、物有效地串联在一起。

本章小结

1. 了解二手资料及其类型。二手资料也可以理解为第二手资料，是相对于第一手资料或原始资料而言的。从呈现方式上看，可以是文字的，也可以是影像、声音等多种形式；从资料的延续性上看，可以分为定期资料和不定期资料；从传播的载体上看，可以分为纸质媒介资料和新媒体资料。

2. 了解二手资料的特点及价值。二手资料的优点非常明显，可以节约成本和时间，比较便捷，同时还能帮助使用者明确探索研究中的主题，但也存在着二手资料的准确性、可获得性以及目标一致性差的问题。在实际工作中，二手资料能发挥重大的作用，表现在二手资料能帮助广告人获取市场信息，进而对市场潜力进行分析，能帮助广告人确定产品对应的消费行为，可以帮助广告人建立数据模型等方面。

3. 掌握二手资料的来源和收集方法。二手资料的来源有两大类，分别是内部来源如公司的报表、销售单、订货单，和外部来源如各级政府、NGO、图书馆、调查公司等。收集二手资料时可以通过检索或查阅的方式获取二手资料，也可以通过定制或者购买的方式获取二手资料。不论是何种方式，都要遵循基本的原则：针对性原则、完整性原则和可行性原则。

4. 掌握大数据时代二手资料的获取与处理方法。针对海量的信息，可以借助数据挖掘的方法获取和处理数据。即在假设条件缺失的前提下，通过大量的信息搜索工作从数据库中提取并生成规律，从而完成信息的挖掘和知识发现。数据挖掘可以快速梳理信息，帮助企业确立相对优势业务，帮助企业完成产品重组。数据挖掘方法有很多，较常用的有市场篮子分析和 WEB 挖掘法。

关键术语和概念

二手资料；数据挖掘；市场篮子分析；外部资料；内部资料；数据转换；数据库

思 考 题

1. 二手资料对广告人来说是非常重要的，请评论这种说法。

2. 假如你要做一个二手车市场的广告文案，你的工作起点应该是什么？灵感可以从哪里获得？为什么？

3. 二手资料有哪些类型？这些类型对广告人有什么价值？

4. 请谈一谈大数据时代处理数据的重要性，如果你要使用大数据，你会怎样使用？

5. 请试着考虑一下，如果要为一款APP做广告策划，可以通过哪些渠道获取相关的资料？如果使用数据挖掘技术的话，效果会怎样？

6. 请说出下列数据的来源：

① 二手手机的交易量。

② 广告的播放量和播放频率。

③ 某区域早期儿童教育情况。

④ 中国人口结构、平均工资水平。

⑤ 中国大学生的初次就业成功率，大学毕业生的平均跳槽时间。

⑥ 某区域软饮料的消费量、消费者的群体特征。

⑦ 新兴行业的发展情况，新兴行业和传统行业的市场分割情况。

⑧ 互联网的普及率及其区域差异。

⑨ 互联网对传统行业的影响及其表现。

探索性活动设计

1. 请使用二手数据掌握某区域凉茶消费的基本情况，并对此类消费者的消费习惯和偏好进行分析。

2. 请在半小时内找到以下行业发展的数据：

① 智能家电

② 穿戴设备

③ 早期教育

你做到了吗？是怎么做到的？

3. 某公司计划通过互联网手段出售食品，食品的内容非常丰富，公司面临的问题是如何选择食品，怎样确定食品的类型和销售手段，现在请你提供一些途径帮助公司决策。

4. 请登录中国国家统计局网站 http：//www. stats. gov. cn/，你能获得多少信息？这些信息对你有帮助吗？如果要获得欧洲、美洲的数据，你觉得可以怎么做？

5. 案例研究：

互联网游戏市场报告

速途研究院分析师团队根据互联网的相关数据与调查，对 2015 年第二季度移动游戏市场进行分析。

2015 年第二季度移动游戏市场规模达到 98. 32 亿元，环比增长 6. 37%，相较 2014 年第二季度同比增长 56. 74%。第二季度移动游戏市场规模延续第一季度的增长趋势，仍然保持稳定的增长势头。虽然爆发式增长已经不再，但行业将继续保持稳健的增长势头，与手游玩家付费率不断提高、游戏产品越来越精细化有着密不可分的关系。

重度精品化是 2015 年的主打方向，在 2015 年上半年众多手游企业纷纷推出较为出色的手游产品。例如新仙剑奇侠传，一经推出受到不少仙剑迷的热拥，再一次重温了李逍遥与赵灵儿之间坎坷的爱情之路。还有客户端游戏上的大作纷纷改版，引入手游市场，更是掀起了一轮改版热潮，其中网易游戏更是成功地改版了多款端游类产品，并获得较为理想的成绩，多月霸占 IOS 推荐榜首。

2015 年第二季度移动游戏用户规模增长到 4. 413 亿人，环比增长 1. 35%，同比增长 67. 5%。手游用户群体已经逐渐进入到了缓慢发展阶段，爆发式增长随着智能机的普及化，已经逐渐消失。

问题：

（1）请问上述资料是不是二手资料？这是什么类型的二手资料？

（2）如果某个公司要进军游戏市场，还可以获得哪些资料帮助他决策？

（3）现在你要完成一份游戏的广告策划，请问，有这份报告，你可以怎么做？

第三部分

广告调查方法

第 5 章　定性研究和定量研究

【本章学习目标】

1. 了解定性研究与定量研究的历史发展。
2. 掌握定性研究与定量研究的区别。
3. 理解定性研究的价值与作用。
4. 理解定量研究的价值与作用。
5. 掌握定性研究的适用范围。
6. 掌握定量研究的适用范围。
7. 理解仅仅根据探索性研究进行决策的风险。

【本章题引】

　　每一个广告人都清楚，成功广告的第一个因素是能吸引客户的眼球，要做到这一条就"要彻底改变广告的着眼点，应当用消费者的眼光看产品，而不是从产品出发看消费者"。消费者角度就这样伴随着经济社会的变化渗透到广告调查之中，甚至渗透到它那些看上去最欠科学性、最急功近利的考虑之中。为了能最大化地实现广告的价值，广告人必须要不断地靠近消费者、靠近市场、靠近产品。

　　问题来了，在市场角逐日趋激烈的时候，细分市场上的哪一类消费者才是真正的客户？目标客户的痛点在哪里？消费者的期待和广告客户的理解是否一致？通过什么媒介播放广告可以得到更好的结果？怎样判断一款产品的价值和口碑？怎么知道一款产品的销量和广告有着直接的关系？

　　对这些问题的回答有两种不同思路：一种依赖感性，依靠直觉，例如苹果公司创始人乔布斯认为，不需要市场调查，因为消费者并不知道自己想要的是什么，公司需要用产品打动消费者；另一种思路认为必须要数据，例如 2013 年国家统计局公布了我国饮料行业 1 至 3 季度运行状况分析报告，截至 9 月末，饮用水、碳酸饮料、茶饮料、凉茶、果汁、功能饮料分别占据了我国饮料业的 25.7%、21.9%、16.4%、7.2%、22.2% 和 6.6% 的销量份额。这些数据显示这个行业的市场竞争正在不断加剧，也显示出这个市场的走向。拥有了数据，利用数据做判断似乎更为容易些。

事实上，很多事情的决策需要整合两种方式，既需要用直觉去选择，用感性的方式做大类分割，又需要用数据去展现、做标准化的检验。所以，上述两种主张的不同，代表了两种不同的研究方法，也就是我们在本章要学习的定性研究和定量研究。

无论两种研究方法有哪些区别，有一点是肯定的，那就是两种研究方法的对象都是研究如何把握人与物的关系，所以这两种研究方法并无优劣之分，只有是否适合研究对象和研究目标的问题。"动机研究"（定性研究的杰出例子）在广告调查领域掀起了一场关于定性研究的热潮之后，逐渐归于淡漠。

一、社会科学研究的范式

（一）科学的分类

自人类诞生起，人类对世界探索的脚步就从未停下，由此也发展出多种科学研究活动。虽然研究的对象都是宇宙万物，但每一种科学研究活动解释现象的角度和侧重点是不同的，对知识的整理方式是不同的，由此就有了科学的分类。

科学的分类指的是"在一定的历史条件下，依据某些原则确定每门科学在整个知识系统中的地位，并阐明它们的相互关系。选定科学分类的原则，既决定于不同哲学的出发点，也决定于一定的社会历史条件，即人类在理论和实践上把握自然界和社会的程度"[1]。

弗兰西斯·培根在《论学术的尊严和进展》《智力球描述》中，根据记忆、想象和理性三种官能对科学进行了分类，如图 5-1：

---

[1] 中国大百科全书总编委员会《哲学》编辑委员会. 中国大百科全书（哲学卷）［M］. 北京：中国大百科全书出版社，1987：407.

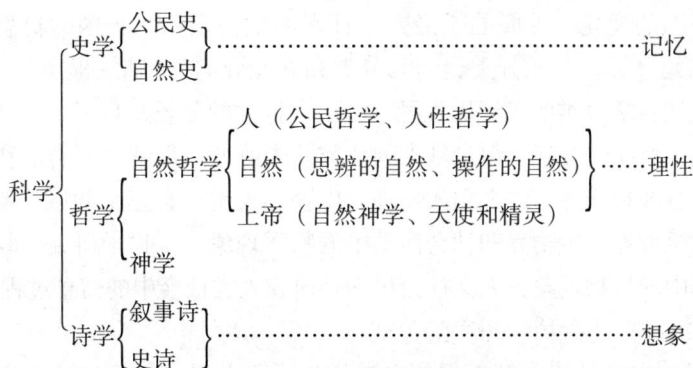

图 5-1 弗兰西斯·培根对科学的分类

培根揭开了近代科学分类的序幕，但他的分类方式匹配的是当时的科学发展阶段。17 世纪近代科学革命以及 18 世纪的法国启蒙活动促使科学快速发展，很多学者从不同的角度提出了科学分类的方案，笛卡尔认为，哲学有三个部分：无形世界的形而上学、有形世界的物理学以及知识应用的应用学。圣西门则从研究对象出发，认为科学包括数学、有机体物理学和无机体物理学。英国诗人和思想家柯尔律治把科学分为纯粹科学、混合科学、应用科学、复杂科学四大部分。英国边沁和法国科学家安培把科学分为物质科学和精神科学两大类。孔德从研究对象出发，认为科学可以划分为数学、天文学、物理学、化学、生物学、社会学。进入 20 世纪之后，量子技术和相对论的发展，重塑了人类的世界观，科学的分类也更加具体。德国心理学家冯特，在实验心理学的基础上提出应当将科学分为形式科学和实在科学，其中实在科学由自然科学和精神科学组成，详见图 5-2：

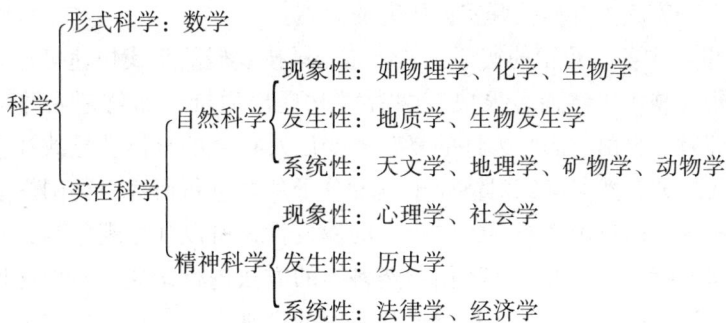

图 5-2 冯特对科学的分类

二战之后，现代技术开始运用于科学研究中，已有科学门类之间的界限开始互相突破、交融，边缘科学、交叉科学开始涌现，对科学分类的理解也出现新的变化。苏联的凯洛夫、日本的纲岛定治、美国的科恩，以及所谓的二元分类、三元分类、四元分类和五元分类①等陆续提出。

从上述科学分类的发展历程可以看出，科学的分类来自于人类认识世界的深度，虽然几经变迁，但最基本的分类从未改变，那就是所有的科学都可以从研究旨趣和研究方法上划入物理、生物和人类社会三个领域。物理学研究的是无机世界、生物界和社会活动中的物质现象，生物学研究生物世界和人类社会中的生物现象，人文社会科学则研究人类社会中的信息过程②。

（二）人文社会科学研究的范式

17世纪以来技术的革新促使自然科学迅猛发展，最终自然科学从哲学中独立出来，相应的研究方法也开始形成体系，例如伽利略和培根创立了试验方法论，笛卡尔和莱布尼兹提出了数学——演绎方法论，这些方法的出现及日臻成熟反过来又推动了自然科学进一步的发展。一时间，运用于自然科学研究的各种方法被提到了无所不能的高度。早期的社会科学研究者认为应当使物理学方法具有普适应，实验、量化、检验等方法都可以用来研究社会科学的每一个学科。20世纪30年代，维也纳学派一度试图用物理学的概念和原理统一描述和研究自然与社会的所有现象，建立一个"统一科学"体系。

孔德认为，为了达到科学性，人文社会科学的研究确实不应该通过直观或者思辨的方法，应该可以借鉴自然科学的方法，例如物理学的观察法、实验法等，但是由于人文社会科学的研究对象是人和社会，与自然科学研究最大的区别在于对象的生命性、价值性、精神性以及整体性，所以人文社会科学也应当拥有属于自己的方法，即历史方法。至此，社会科学的研究方法家族中开始拉开实证研究的大幕。

19世纪中期，孔德的实证主义伴随着科技发展的步伐快速挺近人文社会科学研究领域，然而，很快有学者对此提出质疑，那就是人并不是原子，人拥有的自由意志、人性的复杂多变以及社会的整体性导致社会科学研究者无法如自然科学家对待原子或者分子那样进行研究。德国学者狄尔泰提出鉴于人的自由意志导致的行为的偶发性，所以社会现象也具有偶发和无规律的特点，因此，无法用自然科学的方法进行研究，匹配这种现象的研究方法只能是人文社会科学惯常使用的主观方法，正如狄尔泰的追随

① 李醒民.论科学的分类［J］.武汉理工大学学报（社会科学版），2008（2）：149-157.
② 金新政，李宗荣.理论信息学［M］.武汉：华中科技大学出版社，2014.188.

者贡布里希所说："人文科学研究者必须和自然科学研究者有所不同，他必须放弃因果说明，放弃发明确切的法则的努力。他关心的不是说明，而是理解，是阐释学。"① 此时，反实证研究开始拥有雏形。确立反实证研究阵营的杰出代表是德国学者马克斯·韦伯，韦伯提出："方法论始终只能是对在实践中得到的检验手段的反思；明确地意识到这种手段几乎不是富有成效的工作前提条件，就如解剖学知识几乎不是'正确'迈步的前提条件一样。"② "只有通过阐明和解决实在的问题，科学才有基础，它的方法论才能继续发展，相反，纯粹认识论和方法论的思考绝不会在这方面发挥决定性的作用。"③

实证研究方法论和反实证研究方法论成为人文社会科学研究的左膀右臂，也成为人文社会科学研究的两大传统。

二、什么是定量研究

（一）我国广告领域使用定量研究的发展过程

定量研究是人类社会发展的产物，马克思认为事物的变化遵循着从量变迈向质变的过程，任何质变都建立在量变的基础上。20 世纪 30 年代起，随着自然科学的突飞猛进，自然科学研究方法对社会科学的影响日益加深，尤其是计算机技术的发展，更是引起整个科学研究对定量研究的依赖。当人文社会科学被自然科学诟病不够价值中立时，定量研究被当作一根救命稻草，因为对数量收集及分析能够最大限度地避免或者减少主观的判断。

中国广告学界引入定量研究可以追溯到 20 世纪 90 年代。1992 年，旅日的黄升民在专著《中国广告活动实证分析》中首次使用了"实证研究"一词。此后，黄升民采用描述性统计、问卷调查、相关分析、因子分析等定量研究方法对中国广告业的相关领域进行了研究，成为早期广告业使用实证研究方法的范例。20 世纪 90 年代中期以后，经济学、心理学、社会学等学科陆续关注到广告业的发展和研究，加之计算机技术的快速发展使得一些进行定量研究的软件，例如 SPSS、SAS 等在普通用户间普及开来，广告领域使用实证研究方法的研究成果越来越多。1997 年，《广告新生

① 范景中. 艺术与人文科学：贡布里希文选［M］. 杭州：浙江摄影出版社，1989：390-391.

② ［德］马克斯·韦伯. 社会科学方法论［M］. 韩水法，莫茜译. 北京：中央编译出版社，1999：24.

③ ［德］马克斯·韦伯. 社会科学方法论［M］. 韩水法，莫茜译. 北京：中央编译出版社，1999：24-25.

代——中国广告人才需求与培养》调查报告与论文集的出版是该时期中国广告协会学术委员会最为重要的学术成果之一①。

20 世纪 90 年代以来我国广告调查领域因研究方法所经历的一系列变革，对于很多人文学科背景出身的广告学人来说，是一场真正的"启蒙"，相对于此前广告调查的泛文化倾向来说，无论是研究的科学性，还是研究成果的实用性都大大地提高了。

（二）定量研究方法的概念和特点

1. 定量研究方法的概念

定量研究方法又称量化研究和实证研究方法，国内学者在界定定量研究方法内涵时的具体表述方式虽然有差异，但都认为：定量研究是在掌握数量化事实的基础上，运用数学工具和数学方法对事物之间在数量方面的相互联系进行科学分析，描述、解释和预测研究对象，通过逻辑推论和相关分析，对事物之间的数量关系精确把握，进而把握事物的本质及其发生、发展和消亡的内在规律。

在定量研究中，信息基本都是用数字来表示的。定量研究具有探索性、诊断性和预测性等特点，常用的方法有实地调查法、内容分析法、实验法与个案研究法。定量研究方法遵循着一套严格的操作程序，即确立研究假设；确定研究方法；收集各种数据；整理分析数据以及提出研究结论，以验证最初的假设。

2. 定量研究方法的特点

特点一：精确性

如前所述，自然科学的发展带来社会各个方面的变化，从消费到管理都呈现出高自动化和高系统化的变化，人文社会科学中传统的思辨方法偏向对对象的性质和状态展开抽象层面的讨论，研究体系并不严密，难以做到价值中立，结论也不精确。

今天的世界已经是一个由数据搭建起来的信息社会，人类的任何活动都与数字紧密相关，可以说既是物质生产活动，又是数字信息传播活动，数据——已成为社会必不可少的资源。定量研究方法运用精确的数据资料作为研究依据，突破了传统研究方法的局限性，使人们对社会现象的认识更精确，而科学本身也获得了更加完备的形态。

---

① 中国广告协会学术委员会. 广告新生代——中国广告人才需求与培养［M］. 北京：中国广播电视出版社，1997. 转引自：祝帅. 中国广告学术史论［M］. 北京：北京大学出版社，2013.

特点二：预测性

传统方法研究对资料的收集、整理主要依赖人工，这种研究方法效率低下、时效性弱，而且比较容易出错，难以比对和研究拥有庞大信息的研究对象。

定量研究方法通过业已普及的计算机技术，将数据的采集、整理、分析交给计算机软件来完成，并能够通过构建数学模型的方式对社会现象之间的函数关系进行分析并加以预测，摆脱了手工方式而完全用计算机来完成。

这样一来，不仅效率大大提高，而且很多传统方法无法描述的系统内各要素的某些关系也迎刃而解。

特点三：标准化

定量研究通过提出研究假设—确定研究方法—收集各种数据—整理分析数据等一系列标准化的步骤，将研究对象转化为可以衡量、可以比较的标准化数据，并且通过对可以量化的部分及其相关关系进行测量、计算分析，以达到对事物"本质"的了解。而且定量研究可以通过量化的方式设计实验方案，对对象进行研究，从而能"确定"变量之间的关系、相互影响和因果联系。

三、什么是定性研究

（一）定性研究的源起与中国发展

相比于定量研究方法，定性研究方法在人文社会科学领域有着更为悠久的历史。早在 20 世纪 20 年代前后，社会学中的"芝加哥学派"就明确了定性研究的重要地位。几乎同一时期的人类学研究中，博厄斯（Boas）、米德（Mead）、本尼迪克特（Benedict）、依万斯－普理查德（Evans-Pritchard）、拉德克里夫－布朗（Radcliffe-Brown）以及马林诺夫斯基（Malinowski）开始尝试并发展出一系列田野工作方法（Gupta & Ferguson，1997；Stocking，1986，1989）。但定性研究的风生水起则是在 20 世纪 70 年代之后，原因是人们逐渐认识到定量研究的局限性，学者们开始重新发掘和认识定性研究的内涵和外延，不断充实定性研究方法，使之成为社会科学研究的主流。

我国对定量研究方法的反思始于 2000 年之后，2009 年第 5 期《新闻与传播研究》的卷首语中一位金融学家明确表示："我们所刊物对那些数量模型论文，已经很少刊登，因为这类论文好多是既让人看不懂，又解决不了任何实际问题，完全是学术垃圾。"而一位经济学家则更加直白："有的论文列出一大堆数据，最后得出的结论竟然是小学三年级学生都知道的常识，对这种所谓的定量分析，我们所已经定出规章制度，把它列为不良学风之一。"①

我国广告调查领域意识到并率先对定量研究进行反思的是陈刚。2006年，陈刚发表《自觉与反思：对中国广告学研究方法的分析与思考》一文，他指出："对学术研究方法的认识有这样一个过程：从没有研究方法到学习尝试使用研究方法，这是自觉阶段；从模仿和借鉴研究方法到对研究方法的反思，这是反思阶段；从对研究方法的反思和批判到对研究方法的调整和创造，这是创新阶段。"陈刚认为，实证研究方法不应当是学术界的唯一选择，相比于其他学科，广告学作为非常强调创造性、具有艺术感的学科，过度依赖冷冰冰的数据是错误的。陈刚在研究论文中直接指出："绝不能轻视定性研究，尤其要推动现代意义上定性研究方法的普及和不断发展。"② 自此之后，我国广告调查领域出现越来越多对研究方法进行反思的研究成果，而定性研究方法以及其他广义的"非实证"的研究方法，开始越来越多地被尝试应用在国内广告调查的舞台上。

（二）定性研究方法的概念和特点

1. 定性研究方法的概念

定性研究方法的适用性非常强，社会学、人类学、传播学、教育学、历史学、政治学、商学、医学甚至护理学等学科的研究都广泛采用此方法。维迪奇（Vdidich）和莱曼（Lyman）认为从该方法的理论基础来看，定性研究源自于对"理解'他人'的关注"。也就是通过对事物的含义、特征、隐喻、象征的描述和理解，依据一定的理论与经验，直接抓住事物特征的主要方面，将事物在数量上的差异暂时略去而不做分析。

目前，国内对定性研究的定义可以分为如下几种：

（1）陈波认为："所谓定性研究，就是对于事物的质（quality）的方面的分析和研究。一事物的质是它区别于其他事物的内部。"③

（2）谭昆智认为："定性研究方法是根据社会现象或事物所具有的属性和在运动中的矛盾变化，从事物的内在规定性来研究事物的一种方法或角度……宏观而言，其指的是对社会现象的质的分析和研究，通过对社会现象发展过程及其特征的深入分析，对社会现象进行历史的、详细的考

① 祝帅. 中国广告学术史论［M］. 北京：北京大学出版社，2013：229.

② 陈刚. 自觉与反思：对中国广告学研究方法的分析与思考［M］. 北大新闻与传播评论（第二辑）. 北京：北京大学出版社，2006.

③ 陈波等. 社会科学方法论［M］ 北京. 中国人民人学出版社，1989：121-122.

察，解释社会现象的本质和变化发展的规律……具体是指建立一套概念体系，借助理论范式，进行逻辑推演，据此解释或者解构假设的命题，最后得出理论性的结论。"①

（3）陈向明等人认为："定性研究方法指的是在自然环境下，使用实地体验、开放型访谈、参与型和非参与型观察、文献分析、个案调查等方法对社会现象进行深入细致和长期的研究；其分析方式以归纳法为主，研究者在当时当地收集第一手资料，从当事人的视角理解他们行为的意义和他们对事物的看法，然后在此基础上建立假设和理论，通过证伪法和相关检验等方法对研究结果进行检验；研究者本人是主要的研究工具，其个人背景及其与被研究者之间的关系对研究过程和结果的影响必须加以考虑；研究过程是研究结果中一个不可或缺的部分，必须详细加以记载和报道。"②

综上所述，定性研究强调在自然环境下，研究者在一定的理论和经验指导下，借助访谈、观察、体验等手段收集小样本研究对象的第一手的信息、资料，并在此基础上运用分类比较、抽象思维和逻辑推理等思维方法，对这些材料进行去伪存真、去粗取精、由此及彼、由表及里的加工制作，从中找出事物自身所固有的规律性。

2. 定性研究方法的特点

特点一：研究对象样本小

定性研究强调研究者在现实世界的具体场景中对研究对象进行观察，通过一系列解释性的、使世界可感知的实践活动对事件、对象、情境进行细致的描述和转换。借助于录音、对话、笔记、照片、备忘录、个人成长档案等手段，定性研究将对象及其所属的世界展现出来。

定性研究相信，事物的意义和价值脱离不了其所处的环境，为了能更好地理解对象，必须在自然场景中展开所有的研究。因此，定性研究致力于观察现象，并根据观察的结果分析现象对研究对象的意义和价值，这意味着定性研究的目的是通过描述事物，从中捕捉规律并得出一般性的结论。

这种研究的目的和方式决定了定性研究不可能针对大样本展开，只能是小样本结构。

特点二：研究的深入度高

定性研究中研究者为了获得真实、可靠的信息与资料，往往会花费大

---

① 谭昆智，林炜双，杨丹丹，马璟熙. 传播学［M］. 北京：清华大学出版社，2012：211.

② 牛喜霞，张生源. 定性调查手册［M］. 北京：中国时代经济出版社，2004：2.

量的精力与研究对象密切接触，近距离地观察对象，因此对特定问题的研究具有相当的深度，而且还常常会发现和界定未知的及模糊的问题和现象。

与定量研究相比，定性研究无论是对研究对象的刻画，还是对问题的分析都更为深刻。

特点三：资料具有多样性

定性研究的资料形式多样，文字的、音频的、视频的、图片的等等，都是定性资料展开分析的重要资料。与定量研究相比，定性研究获得的信息和资料更加真实、生动、详尽。也正因为如此，定性研究的资料内容庞杂、繁多。

四、定量研究方法和定性研究方法的区别与价值

人文社会科学的研究主要有两大类理论派别，即实证主义和反实证主义（非实证主义）。相关的理论通常认为有三个方面：实证主义、解释主义和批判主义。这两类理论派别影响了定量研究和定性研究的特点和目的。

定量研究的理论基础是西方哲学史上发展了一百多年的实证主义哲学。实证主义认为社会现象和自然现象一样，具有规律性，而且是客观存在的，不会受到任何主观因素影响。世界（对象、事件、现象）和研究者对他们的感知之间存在一种直接的关系。柯克和米勒指出："外部世界本身完全决定了观察的唯一正确角度，而与观察的过程或者环境无关。"这意味着，研究者借助工具能够客观地反映研究对象，研究者不需要更不应该渗入自己的主观因素，因为事物之间及事物内部都存在稳定的逻辑关系，研究的目的就是借助工作发现并且研究这些关系。

定性研究的理论基础则是解释主义及批判主义。解释学主要是 20 世纪 60 年代德国的伽达默尔创立的，该理论源于胡塞尔的现象学以及海德格尔的存在主义，并在之后影响了法兰克福学派及解构主义。从词源学的角度看，解释学与希腊神话的信使 Hermes 相关，Hermes 作为奥林匹斯山众神的信使，负责向人们传递众神的旨意。"因为众神的语言和人间的语言是不一样的，所以在传递中，还包含翻译和解释的因素，即把神谕转换成人间的语言，以被不具神性的凡人所理解。"[①] 解释主义认为事物的性质源于

---

① 彭启福. 理解之思——诠释学初探［M］. 合肥：安徽人民出版社，2005：26.

研究者的主体性，研究者的研究结论不可能独立在主体性之外。理解是一种具有"视界融合"的双向建构过程，理解者和被理解的对象都具有属于自己的主体视界，理解者不可能完全抛弃自己的视界置身于异己的视界，他总是会运用自己的思维、理论、经验和对象进行交流，所以研究者应当被包括在研究对象中。批判主义主张运用理性对社会现实进行批判性反思，突出思维的多样性、包容性，强调在批判前人思想的基础上重建社会理性。

虽然这些理论流派之间的观点有着不同之处，但与实证主义有着本质的区别。由此，建立在实证主义背景下的定量研究和建立在解释主义、批判主义背景下的定性研究在理论渊源上存在以下区别：

1. 研究的理论基础不同

首先，在本体论上，两者的假设前提不同。实证主义认为，现实事物是独立于主体性存在的，具有客观实在性。研究者的任务是借助一系列的工具和标准化程序认识、分析研究对象。研究者在研究过程中，不应当带有个人的价值标准，一切知识都应当还原为经验内容。非实证主义认为，现实事物的意义是由主体赋予的，不同的主体会赋予同样对象以不同的意义，研究对象的本质并不是客观存在的。研究者在研究的过程中与研究对象之间建立了双向关系，研究者借助一系列的工具和手段深度展现研究对象。由此，定量研究强调客观、理性，定性研究强调理解、价值。

其次，在认识论上，两者的基础不同。实证主义认为研究者对研究对象的认识依靠经验，既然研究对象客观存在且可以被认识，那么所有的知识都可以被检验，而且具有规律性，不论研究者是谁，只要采用同样的方法、同样的流程，得出的结论应当是一样的，而且研究结果的适用性极强，可以推广到更大的范围。非实证主义认为事实、价值、意义都离不开主体视界，所以知识并不具有唯一性，相反，知识一定不能脱离具体的社会情境，所有的知识都是对具体社会文化情境的建构，不同的研究者在不同的时空中，对研究对象展开研究，必然得出不完全一致的结论，因为这是研究者和研究对象在具体社会情境中"互为主客体"产生的暂时性共识，并不存在带有普遍意义的、脱离具体情境的、抽象的知识。由此，定量研究强调标准化，是演绎的；定性研究强调个性化，是归纳的。

第三，在方法论上，两者的工具和程序是不同的。实证主义认为自然科学的研究方法具有科学性，因为研究结论可以证实或者证伪，研究过程可以复制再现。为了证明人文社会科学也具有科学性，实证主义试图将自然科学的方法运用于包括哲学、人文科学和社会科学在内的一切研究领域。非实证主义认为人文领域和自然科学领域有本质的差别，原因是人具有主体性，而且人在任何情况下都无法摆脱主体性，研究者不可能脱离主体世界认识研究对象，研究对象也无法剥离主体世界呈现唯一性，人的价值观、意义尺度、态度、知识结构、理解世界的方式、情感、创造性的智慧等构建起一个值得探索的世界，这个世界是有温度的，而不是冷冰冰的世界，不可能用单一的数字来展现。由此，定量研究强调数据，喜欢用量表和问卷作为工具；定性研究强调完整再现，喜欢用访谈、录音、视频、图片作为工具。

2. 研究者与研究对象的关系不同

定量研究强调研究者必须保持价值中立，只有这样才能客观全面地分析研究对象。因此，定量研究中研究者和研究对象处于相对区隔状态，研究者不可以与研究对象过多接触以避免"移情"和"反移情"，也避免研究者的主观世界干扰、影响研究对象。

定性研究强调研究者应当置身于研究对象所处的社会情境中，细致探查研究对象的诸多反应。因此，定性研究中研究者和研究对象是"互为主客体"的关系，研究者要在自然情境中获取资料，并且对信息进行分析，探究研究对象的世界。研究者还需要在自然的状况下与研究对象交谈、接触，观看他们的日常生活，以便自然地、直接地接触被研究对象的内心世界，获得研究对象在自然情境中的第一手研究资料。

3. 两者的研究方法不同

定量研究为了准确、标准化地描述研究对象，主要以调查、实验、数据分析为手段对对象展开研究，非常强调研究的严密性、客观性、价值中立。主要的研究方法有调查法、内容分析法、实验法，其中调查法最具有代表性。调查法最早可以追溯到 19 世纪后期的欧洲，到 20 世纪初，因为海上贸易带动数理统计学的发展，促使调查法更为准确和科学。调查法中包括抽样调查设计、问卷调查设计及统计分析三大部分，每一个部分都围绕着数据展开，强调研究者的严谨性和逻辑性。

定性研究为了全面、具体、深入地描述研究对象，往往采用以观察、访谈为手段的方法获得研究对象的资料，主要的研究方法有参与式观察、深度访谈、焦点小组座谈、投射法、案例研究等。这些方法与定量研究方法比较起来，在研究程度上更加深入、结果更为丰富，但结构性不强，样本的代表性较弱，结论的适用范围较窄。参与式观察是定性研究中经常用到的一种方法，其优势是在不影响研究对象的前提下，近距离地观察到自然情境中研究对象从动机到行动的全过程。此外，因为参与到研究对象的生活场景中，所以研究者能体会到研究对象的感受，因而能更全面地理解对象。与定量研究相反，定性研究往往以"有根据的理论"为基础，是一个自下而上的过程。

4. 两者的研究程序不同

定量研究是通过各种方式收集研究对象的数据，并对社会事实进行分析，从中总结出规律，旨在确定事物之间的关系以及解释变化的原因，以此指导社会实践。

一般来说，定量研究方法可以分为10个具体的步骤，即：①选择研究课题；②确定研究目的并提出假说；③明确研究的理论依据；④选择合适的研究方法；⑤确定样本并进行抽样设计；⑥确定收集资料的方法；⑦选择合适的工具；⑧整理资料并录入信息；⑨选择资料分析方法；⑩撰写研究报告。10个步骤中的每个步骤之间都是相互联系、环环相扣的。这10个步骤又可归入到3个阶段，即收集资料之前的准备工作（①~⑥）；收集资料（⑦）；资料分析（⑧~⑩）。

定性研究比较注重探索社会如何可能、社会现象存在的基础和走向，希望理解社会的现象，关注不同的人如何理解各自生活的意义，从而揭示各种社会情境的内部动力以及定量研究所忽视或舍弃了的人类经验中那些特性层面。

从研究框架上看，定量研究和定性研究的差异如图5-3所示：

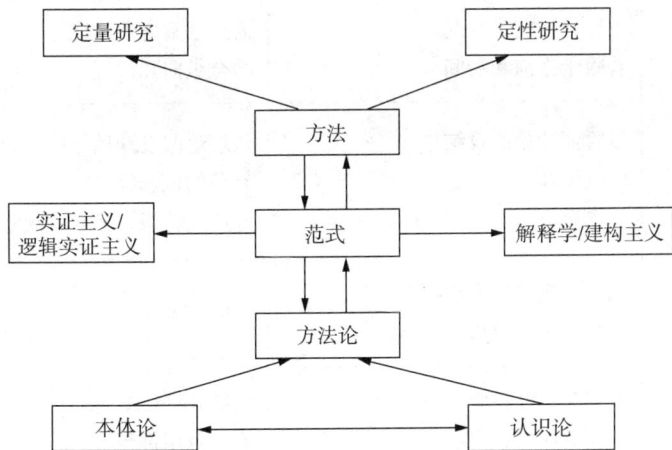

图5-3 定量研究与定性研究的差异

事实上，定量研究和定性研究的区别远不止上述几项。陈向明曾列出过31项不同，包括研究目的、对知识的定义、价值和事实、研究内容、研究层面、研究问题、研究设计、研究手段、研究工具、抽样方法、研究情境、搜集资料的方法、资料的特点、分析框架、分析方式、研究结论、结果解释、理论假设、理论来源、理论类型、成文方式、作品评价、效度、信度、推广度、伦理问题、研究者、研究者所受的训练、研究者心态、研究关系以及研究阶段。高敬文也列举了两种比较方案：一种是从人与现实的关系、现实的性质、研究焦点、研究偏向、资料性质、研究情境以及研究结果7个方面进行；另一种是从主要概念、有关理论、研究目标、研究设计、研究计划、研究资料、样本、研究技术或方法、与研究对象的关系、研究工具、资料分析以及研究中的困难12个方面展开。李永健则从表5－1中的6个方面进行了比较。

表5－1　定量研究与定性研究的比较

	定量研究	定性研究
目的	描述和预测社会现象 对问题的一致性进行描述	了解和解释社会现象 对问题的复杂性做出解释
行为	宏观行为 设计指标进行测量 相关性分要	微观行为 了解对象的经历和事件 用词汇和言语进行描述
场景	主要描述前景状况 着眼于当前和瞬间	需要了解背景情况 结合纵向和过程
方法	以验证理论假设结束 随机抽样 问卷调查	从理论假设开始 有目的地选择个案 开放式访谈，参与式观察
工具	测验和测量量表或问卷 计算机统计分析	研究者本人
结果	效度和信度检验 推断具体进行概括	内部效度检验 通过效用进行

五、两种研究的优缺点及适用范围

定量研究和定性研究相辅相成，从研究目的、研究对象、研究过程到研究结果两种研究实现了宏观与微观、一般化与个性化、一致性与差异性、描述性与探索性、背景与前景等多方面的结合。

从样本数量上看：定量研究比较适合规模较大的调查和预测；而定性研究比较适合对个别事物进行细致、动态的描述和分析。

从研究性质上看：定量研究适用于探讨社会现象的一般情况，发现一般性规律；定性研究则适合对特殊现象进行探讨，从而发现问题或提出新的看问题的视角。

从研究的时空限制上看：定量研究强调时空的稳定性，适合探讨特定时空领域的事物，并且着重从量的角度进行统计分析；定性研究适用于时空的变化性，注重追踪对象的变化过程，并着重用文字或者具象化的方式进行描述。

从研究假设上看：定量研究需要研究者率先提出研究假设，通过研究方案的设计，收集数据并进行验证；定性研究并不必须研究假设，研究者带着研究问题对研究对象展开开放式的观察、分析，强调以研究对象为出发点展开研究，具有探索性。

从价值中立上看：定量研究非常强调客观性，在整个研究的每一个环节都极力排除研究者的主观性；定性研究则非常重视研究者与研究对象的互动，认为研究者应当从自己的角度对对象展开分析，认为从主体—客体—反思—提炼的过程中能发现新的现象和问题。

事实上，由于人类活动是复杂的，并不能简单地归入到"量"或者"质"当中，所以定量研究和定性研究往往缺一不可。定量研究比定性研究更为精准、明确、客观，但很多的社会现象无法测量，如果强行测量，就会失去现象的可理解性，而且往往以舍弃特殊现象的方式实现测量方案，这种量化的结果并不具有引导性价值，反而可能将人们引入歧途。此外，社会的发展往往会涌现很多新的现象和问题，单纯的定量研究对此就捉襟见肘了。定性研究在解决上述困难问题时则游刃有余，对现象的特征、隐喻、象征、意义及价值的重视使得定性研究往往能捕捉到新鲜的现象和规律。因此，在问题具有非结构化、非标准化特征的探索性研究阶段，定性研究是比较适用的；在问题逐渐具体化的第二阶段，定量研究的价值则较为明显；而到了研究的第三阶段，定量研究和定性研究的结合分析就更能发挥作用。

本章小结

1. 理解什么是科学。科学包含自然、社会等领域，应当涵盖三个方面，首先是观察：致力于揭示自然真相，对自然作用有充分的观察或研究（包括思想实验），通常指可通过必要的方法进行的，或能通过科学方法——一套用以评价经验知识的程序而进行的观察。其次是假设：通过这样的过程假定组织体系知识的系统性。最后是验证：借此验证研究目标的信度与效度。

2. 理解什么是科学研究。四种获取知识的途径或方法，即传统（tenacity）、直觉（intuition）、权威（authority）以及科学（science）。科学研究的光彩之一在于，任何科学信念，不管其提出是多么无懈可击，仍需要时刻接受各种测试以验证其是否放之四海而皆准。科学研究的内涵是对一个或者多个变量进行有组织的、客观的、受控的、质化或者量化的经验分析。

3. 科学的分类及社会科学研究的范式。科学的分类指的是在一定的历史条件下，依据某些原则确定每门科学在整个知识系统中的地位，并阐明它们的相互关系。选定科学分类的原则，既决定于不同哲学的出发点，也决定于一定的社会历史条件，即人类在理论和实践上把握自然界和社会的程度。实证研究方法论和反实证研究方法论成为人文社会科学研究的左膀右臂，也成为人文社会科学研究的两大传统。

4. 掌握什么是定量研究。定量研究是在掌握数量化事实的基础上，运用数学工具和数学方法对事物之间在数量方面的相互联系进行科学分析，描述、解释和预测研究对象，通过逻辑推论和相关分析，对事物之间的数量关系精确把握，进而把握事物的本质及其发生、发展和消亡的内在规律。具有精确性、预测性、标准化的特点。

5. 掌握什么是定性研究。定性研究强调在自然环境下，研究者在一定的理论和经验指导下，借助访谈、观察、体验等手段收集小样本研究对象的第一手的信息、资料，并在此基础上运用分类比较、抽象思维和逻辑推理等思维方法，对这些材料进行去伪存真、去粗取精、由此及彼、由表及里的加工制作，从中找出事物自身所固有的规律性，具有样本小、研究的深入度高、资料多样性的特点。

6. 定量研究方法和定性研究方法的区别与价值。定量研究和定性研究的理论基础不同，研究者与研究对象的关系不同、两者的研究方法不同、两者的研究程序不同。定量研究和定性研究相辅相成，从研究目的、研究对象、研究过程到研究结果两种研究实现了宏观与微观、一般化与个性化、一致性与差异性、描述性与探索性、背景与前景等多方面的结合。

关键术语和概念

科学；科学研究；研究范式；定量研究；定性研究

思　考　题

1. 什么是科学？
2. 科学研究的特点是什么？
3. 人文科学的研究范式？
4. 什么是定量研究？定量研究的理论基础是什么？
5. 什么是定性研究？定性研究的理论基础是什么？
6. 定量研究有怎样的研究步骤？
7. 定性研究的具体研究方法有哪些？
8. 定量研究和定性研究的区别有哪些？
9. 定量研究和定性研究的适用范围和价值是什么？
10. 试举例在广告调查中运用定量研究和定性研究会收到怎样不同的效果？

探索性活动设计

1. 请使用定量研究方法掌握某区域女性消费习惯的基本情况，并对此进行分析。
2. 定量研究案例：

汽车后服务 O2O

某传统企业遇到了发展瓶颈，公司高层召开会议，商谈转型。该传统企业做汽车零配件和相关产品生产，有人提出应该考虑用互联网的思维对企业产品进行迭代。在讨论中，大家普遍觉得汽车后服务 O2O 市场很大，企业似乎应该进入 O2O 领域，做一只站在风口上的猪。

有一些管理者对此持保留意见，认为企业一直从事的是传统的商业模式，贸然进入到移动互联网领域，没有优势可言，而且到底汽车后服务市场是怎样的、O2O产品是怎样的，完全不清楚。在此情况下，公司成立了调查小组，对该市场进行调查。

来自市场的数据显示①，近两年中国汽车后服务行业发展迅速，2014年汽车后服务市场规模已突破6000亿，同比增长32.7%，预计2015年汽车后服务市场将达到7450亿，四年之内突破万亿。O2O模式下烧钱是竞争的常见手段，一元洗车等服务屡见不鲜。

在2015年上半年汽车后服务O2O市场中，e代驾仍是用户覆盖率和市场规模最大的，占比41.1%；其次e洗车占比21%，养车宝占比15%，三家占据了超过70%的市场总份额。然而在市场的快速阶段伴随着激烈竞争，三家龙头企业在本季度市场规模占比较上季度有所下降，也反映出更多的汽车服务O2O企业不断得到融资，快速发展。作为刚性需求，汽车后服务O2O的发展相比于其他O2O行业的发展速度要快很多，在内地省市的认知度也不断提升，用户数量上并不像其他O2O行业那样悬殊，二三线城市开始逐步成为汽车后服务O2O行业的主战场。汽车后服务作为专业化程度较高的行业，在O2O模式中除了价格补贴外，技工的专业程度关注度也很高。汽车后服务APP的好评度整体来说并不算高，只有6款APP好评度超过9分，养车宝排名第一，爱代驾、弼马温、车点点、养车汇和e代驾紧随其后。

问题：

（1）请问上述资料是什么类型的资料？

（2）从该角度对汽车后服务市场进行分析的方法是什么方法？

（3）假设你是该公司的高管，这份资料对你来说有什么价值？如果要做一个决策，你觉得还需要哪些信息？

3. 下面的这些情况中，你认为哪些适合用定性研究方法，哪些适合用定量研究方法？

① 产品经理建议开发一款新的饮料，其主要成分有功能性部分、时令水果、高纯度的水。

② 一个创业团队想要为自己的团队起一个合适的名字。

---

① 速途研究院：《2015上半年汽车后服务O2O报告》，互联网链接地址：http://www.sootoo.com/content/654063.shtml.

③ 一家本土的企业，人力资源部要确定本企业的员工医疗保障体系具体的内容。

④ 某广告客户需要了解广告策划案中 LOGO 的意义。

你做到了吗？是怎么做到的？

4. 请访问一些大公司的网站，例如中国宝洁、新东方、新浪微博，你有没有发现这些公司网站的特点，他们有没有利用网站收集资料呢？你能发现他们收集资料的方法吗？

5. 定性研究案例：

偷拍的用处①

国外一家淋浴器生产商找到一家市场研究公司，希望借助它们的力量找到市场发展的突破口，生产出有竞争力的新产品。

按照惯例，这通常意味着开几个大城市的座谈会，了解当地人洗澡的动机、态度和行为，以及对目前正在使用的淋浴器不满意的地方。然后在此基础上，来个大样本的抽样调查，看什么人怎么洗澡，一周洗几次，在什么时候洗，每次洗多长时间，买什么牌子的淋浴器，在哪里买，看到过什么广告，在哪里看的，等等。但客户说，这样的方法他们已经反复使用，可效果一直不大。经过多方面讨论，双方认为传统的方法无法达到要求，所获得的信息有参考意义，但无实际用途。最后双方同意采用人类学方法。

以前的其他方法基本是考被访者的记忆力，你问我答。但是，洗澡是很隐私的问题，难以从直接提问中找到有价值的信息，因此需要细心地望、闻、问、切。需要根据研究目标，打破常规，采用合适的方法。

该公司决定用由头顶俯拍下去的录像记录被访者洗澡的全过程。经过对几十个洗澡全过程录像的反复研究，结合访谈，得到了一些以往被忽略的见解：洗澡间不仅仅是洗澡的地方；洗澡不仅仅是身体清洁；消费者对淋浴器出水的大小、方向、旋转、厚薄有特定的要求，现有产品基本不能满足（从录像看，消费者不停地移动身体、摆动头部、调节冷热大小，由于洗头和洗身子对水量要求不同，相当不自在）。

研究人员把消费者的不满和要求一一列出，再与工程师一一研究，从而找到新产品的市场机会。例如，研究人员问工程师：消费者提出水越大

① 转引自涂平. 市场营销研究方法与应用（2 版）［M］. 北京：北京大学出版社，2012.

越舒服，但又不想浪费太多水，可以设计出两加仑水却有三加仑水的效果吗？工程师说，问题不大，产品的设计很快就出来了。

最后设计出来的淋浴器的效果演示和实际播出的广告片真是太棒了！两层的内外结构，设置了控制面板。新产品在美国大受宾馆欢迎，很多宾馆的客人在用过后都因此而喜欢上了这种产品。

问题：

（1）请问上述资料是什么类型的资料？

（2）该主题采用了什么研究方法解决问题？该研究方法在解决此类问题时表现出哪些优势？

（3）在整个过程中，你认为存在敏感的道德问题吗？为什么？你能对该研究方法的伦理要求提出一些自己的想法吗？

第6章　定性研究方法

【本章学习目标】

1. 了解定性研究方法。
2. 掌握深度访谈方法。
3. 掌握焦点小组讨论方法。
4. 掌握投射法的运用。
5. 理解每种方法的适用范围。
6. 灵活使用每种定性研究方法。

【导入案例】

"三只松鼠"的前世今生

"三只松鼠"是 2012 年中国电商企业的奇迹，5 个人创立的公司，2012 年 6 月 19 日上线，2012 年 11 月 11 日卖出 766 万元销售额。到 2014 年 11 月 11 日，单天销售额变为 1.09 亿元，2014 年全年销售额突破 10 亿元。2012 年 3 月获得 IDG 资本 150 万美元 A 轮投资，2013 年 5 月获得今日资本 600 万美元 B 轮投资。

"三只松鼠"的创始人兼 CEO 章燎原（业内人称章三疯）有十年传统企业的工作经验，2012 年章燎原辞去职业经理人的工作转而投入到互联网领域，他认为互联网是下一轮创业者最大的机会。

"三只松鼠"团队是一个非常年轻的创业团队，平均年龄在 22 岁。章燎原认为一个互联网品牌必须贴近消费者，"三只松鼠"的消费者是互联网年轻一族，只有年轻的品牌团队才能与消费者更好地沟通；供应链管理团队则由相关行业有经验的精英组成，他认为产品是根本，必须拥有超强团队技术经验才能保证产品品质。

有人采访章燎原，问道："为什么要卖萌？"章燎原回答："亲，是淘宝的；主人，才是三只松鼠的。"问："为什么要把物流包装也搞成红色的大头？浪费成本，也没什么意义，物流包装就是一次性的。"答："三只松鼠的主人下来拿快递的时候，几十米开外就能看到，那个是三只松鼠的，不是别人的。"问："包装为什么那么复杂？"答："箱子外面的开箱器，让消费者不用再去找钥匙了；吃不完，有夹子可以夹着；有果壳袋可以装垃圾；有湿巾可以擦手；有微杂志可以边吃边看；有不少试用品，让你尝尝鲜；还有个性化礼品，U盘、环保袋等。这些额外的成本能提高品牌的辨识度。"

上述的一系列举措来自对一系列问题的回答，细分市场上的哪一类消费者才是真正的客户？目标客户的痛点在哪里？消费者的期待和广告客户的理解是否一致？通过什么媒介播放广告可以得到更好的结果？怎样判断一款产品的价值和口碑？怎么知道一款产品的销量和广告有着直接的关系？

了解章燎原的人，说出了"三只松鼠"成功的重要原因——章燎原了解中国人，了解互联网上的年轻人，了解这些年轻人的人性。深度分析、解读消费者的心理、动机、行为，量身定做一整套营销方案是"三只松鼠"迅速崛起的公开秘密。

一、定性研究方法的分类

定性研究方法是依据一定的理论，构建一整套概念体系，在某种范式的指导下，运用多种手段获取研究资料，通过对资料的逻辑推理，解释假设的命题，得出研究结论。

定性研究具有个性化、理解性、研究深入等优点，是近些年来国际学术界的一个研究趋势。从定性研究方法的历史形成角度，可以将其分为人文科学的定性研究方法和社会科学的定性研究方法。

人文科学的定性研究方法强调文本与语境，无论是早期的结构主义、符号学，还是后来的文化研究、后结构主义、解构主义等，文本及其语境往往是其研究的落脚点，而相应的方法就是话语分析。

社会科学领域运用定性研究方法的历史较为悠久，从19世纪末到20世纪初，社会科学的研究者们便开始结合人类学的研究方法，借助参与式观察展开研究。20世纪60年代后，社会科学领域中的定性研究方法丰富起来，有符号互动、民族志、焦点小组讨论、投射技术等。

　　总而言之，定性研究的目的是对某类研究主题作深入而全面的探索，从操作上看是将宏观的、模糊的问题转化为相对具体、清楚的研究目标，然后采用具体的手段获取资料，展开研究。

　　根据被调查对象是否了解研究的真正目的，可以将定性研究方法分为直接法和间接法两大类。

　　（1）直接法不隐蔽研究目的，要么在调查前将要研究的目的告知被调查者，要么通过问题让被调查者明显察觉调查的真实内容。直接法主要是访谈法（interview），其中有小组（焦点）访谈法（focus group interview）和深度访谈法（depth interview）。

　　（2）间接法需要掩饰研究的真正目的。投射法是间接法中最常用的，包括联想法、语句联想法、文句完成法、漫画测验法、主题统觉法、完成法、构筑法和表达法。

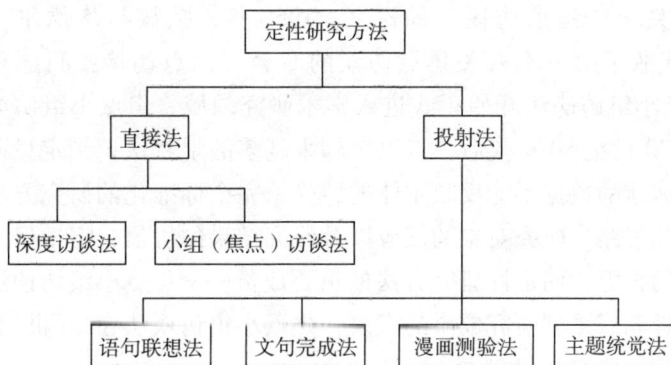

图 6-1　定性研究方法的分类

二、焦点小组访谈法

（一）焦点小组访谈法概述

1. 焦点小组访谈法的发展简史

在定性研究的众多方法中，民族志法（生活史）及参与观察均发展较早，但焦点小组访谈法是目前应用最为广泛的，有学者认为焦点小组访谈法是定性研究方法中的"首席研究方法"。该方法的产生与发展离不开两个领域：医学界与社会学学科。一般认为，焦点小组访谈法源于医生所用的群体疗法（团体疗法），但将该方法进行规范化使用的是社会学。

1926 年，社会学家博加德斯（Bogardus）在《城市男孩和他的问题》中，首次使用团体访问（group interview）方法对洛杉矶和南加利福尼亚州社区的男孩进行了访问，虽然博加德斯是迫于经费有限，不得不放弃一对一的访问，而且收集的也都是个人的数据，但这可以视作是焦点小组访谈法在社会学领域使用的起点。

赋予焦点小组访谈法以生命力的是默顿，著名社会学家默顿与逃亡到美国的拉扎斯菲尔德有过密切的合作，在《聚焦的访谈》中，焦点小组访谈法开始有了清晰的轮廓。在默顿的这本册子中记录了焦点小组访谈的早期发展状况，当时，赫塔·赫尔佐克（Heerta Herzog）做了听众对不同种类广播节目满意度的个案研究，在这个详尽的个案研究中，问题日渐聚焦，研究的兴趣也日益集中，赫尔佐克博士从中得到一些领悟。随后，在战争期间，这些个案研究资料得到了多个战争机构的关注，赫尔佐克博士被委托开展以鼓舞士气为目的的社会和心理效果研究，至此，聚焦的访谈逐渐标准化[①]。1946 年，默顿和坎德尔（Kendall）在《美国社会学杂志》上发表了关于"焦点访谈"的论文，1956 年，默顿与坎德尔、费斯科（Fiske）出版了第一本有关焦点访谈的专著《焦点访谈：问题和程序手册》。焦点小组访谈法开始正式进入学术研究领域。焦点小组访谈法的流行则要到 20 世纪 80 年代后，当时，越来越多的学者认识到定量研究的局限性，冷冰冰的数据不能反映主体的感受，完全标准化的研究方法也局限了研究者的思路、研究对象的反应以及研究结果的价值，定性研究再次进入研究者的视野，而定性研究方法的重要成员——焦点小组访谈法也得到了重视，随着一系列研究成果的发表，焦点小组访谈法在 20 世纪 90 年代逐渐成为定性研究的代名词。

如今，焦点小组访谈法已经广泛地应用于学术性和非学术性研究的各个方面，例如获取消费者对新产品的印象；理解消费者对某类产品的认识、偏好及行为；获取关于产品的创新灵感；研究广告如何影响消费者的行为；设计某类产品的广告策划案等。

2. 焦点小组讨论的概念

焦点小组访谈法又叫座谈法或小组讨论法，该方法较有代表性的表述如下：

① 代表人物是格林堡和麦奎尔，运用在市场研究领域的方法，他们认为，焦点小组访谈要求参与人数是 6～10 个人，需要有主持人，在正式的

---

① 臧晔. 定性研究焦点小组方法发展历程追溯与探究［J］. 广告研究（理论版），2006（3）：90-97.

场合中，由主持人主持的完全结构化讨论。

②　代表人物是弗雷和凡达纳，他们比对了多种团体访谈的方法，从区别的角度对焦点小组访谈法进行了界定，认为该方法应该具备三个特征：非正式场合、非直接提问的访谈以及非结构式提问方式①。

③　代表人物是人口统计学家诺德尔、克鲁格和摩根，他们认为焦点小组应该有广泛的场合和文化背景，焦点小组的指导性访谈，以及问题的结构化程度，需要根据不同的主题、目的而有所不同。

无论是哪种理解，焦点小组访谈法都需要事先确定讨论主题，并且借助于小组成员之间的互动获取资料。因此，它应该包括三个方面：首先，焦点小组访谈法是收集资料的一种方法；其次，小组成员之间必须要有互动性讨论，无论是否正式；最后，研究者需要参与到互动当中。

因此，所谓的焦点小组访谈法指的是用这种方法访谈的小组应该是少数几个人，一般是 6~10 个人，这些人在访谈主持人的引导下就特定的主题或问题进行讨论，主持人保持讨论不脱离主题（焦点）。太少（比如小于 5）或太多（比如大于 10）的参与者会使焦点小组法失效，人数太少，互动的气氛难以达到要求，参与人数太多，可能导致讨论的意见庞杂、支离破碎。一般来讲，为了达到比较好的效果，焦点小组访谈时间在一个半小时和两个小时之间。

焦点小组访谈法与一般的群体访谈有很多区别：

首先，互动是重点。焦点小组访谈成功的关键是互动，所有成员应针对同一主题发表自己的意见，围绕该主题展开充分而详尽的讨论。

其次，主持人的经验很重要。该方法成功的第二个要点是主持人应充分调动与会人的积极性，让在场的每个人参与到谈论中。除此之外，主持人还要确保讨论不偏离主题，控制讨论的节奏、氛围以及讨论的时间，善于观察和捕捉讨论的转折点、争论点。这些都需要一个经验丰富的主持人来完成。

最后，配备观察员。焦点小组强调参与式观察的原因是希望获得研究对象在自然状态下的真实反映，但参与式观察不是干涉。所以为了保持价值中立，主持人不能参与争论。为了达到研究的目的，通常焦点小组讨论时会安排一名观察员协同工作，观察员需要观察并且记录现场的状况，包

---

① 臧晔. 定性研究焦点小组方法发展历程追溯与探究［J］. 广告研究（理论版），2006（3）：90-97.

括语言交流和非语言交流的所有内容，观察员还需要协助主持人完成访谈前的讨论和访谈后的整理。

做好焦点小组访谈法的要点，见表6-1：

表6-1　做好焦点小组访谈法的要点

序号	要点	关键词
1	环　境：安静、温度适宜，让访谈成员身心舒适	适合
2	方　式：开始时需要建立良好的关系，可以动用共情的技巧	非正式、开放式
3	发言规则：成员机会均等、围绕主题	锁定主题
4	禁　忌：不可阻止、妨碍他人，不可强硬地进行价值判断，不可过分依赖某一个或几个成员的言论	中立、平等、开放
5	主持人：维持秩序，建立良好的氛围	秩序、氛围
6	成　果：属于全体小组成员	智慧结晶

借鉴资料：LAWS, S. Research for Development: A Practical Guide ［M］. London: Save the Children, 2003: 298-301.

（二）焦点小组访谈法的实施步骤

1. 确定访谈主题、制订访谈计划

在访谈开始之前，研究人员应当根据访谈的目的，将研究项目细化为几个可以讨论的主题，并围绕主题确定若干个备选的问题，在此基础上制订出相应的访谈计划。访谈计划是为达到访谈目的而设计的，一个完整的访谈计划应当包括如下内容：研究对象及选择研究对象的方法，研究对象的基本情况简介，初步拟定问题的先后顺序或者确定关键词，访谈主持人、场地和时间的基本要求，访谈过程中的基本物资，参与此次访谈的人员范围。

2. 选择合适的场地、确定访谈时间

焦点小组访谈对场地有较高的要求，通常要求在专门的焦点小组讨论室中进行。讨论室应具备以下条件：

① 讨论室的环境要求整洁、明亮、温度适宜，不能给访谈成员带来生理或心理上的压力感；墙面和室内不应有过多的装饰，会分散访谈成员的注意力。

② 讨论室的基本硬件设施包括：单面镜、录音、录像设备。

为了获得访谈对象在自然状态下的真实反应，通常讨论室都配备约半幅墙面大小的单向镜，单向镜后边是观察室，观察室里的工作人员可以看到讨论室里的情况，讨论室里的成员看不到观察室的情况，且在有些情况下讨论室里的成员并不知道自己处于被观察的状态；此外，为了收集完整的资料，讨论室不显眼的地方装有录音、录像设备，记录整个讨论过程。焦点小组访谈的讨论室与一般会议室的最大不同就在于，它可以对整个讨论过程进行监控和记录。

③ 讨论室的新近变化

随着大众知识的日益丰富，讨论室的情况被越来越多的人了解，为此，有调查机构开始尝试多种方法对讨论室进行改造，例如，用闭路电视设备代替单面镜，用配备高清摄像头的舒适环境代替功能明显的讨论室等。

焦点小组访谈要保证访谈成员精力旺盛，因此，通常访谈开始的时间是上午 9 点，或者下午 3 点，根据参与者人数的不同，时长一般控制在 1.5～3 个小时之间，这样才能在时间上保证焦点小组访谈的顺利进行。

3. 确定主持人

焦点小组访谈是否成功，很大程度上由主持人决定。一个优秀的焦点小组主持人必须具备以下条件：

① 熟悉访谈主题；

② 有相关的经验；

③ 具备良好的素养；

④ 具备较强的组织能力、主持技巧；

⑤ 具备良好的沟通技巧。

在这里，良好的素养是基础，具体包括：

——保持中立和客观。为了让所有访谈参与者畅所欲言，主持人需要"悬置"个人的经验、情感及价值观，不影响他人的思路和观点。

——保持平等和友善。无论参与访谈的成员在其他场合是何种身份、角色，进入焦点访谈小组后，大家的地位是平等的，主持人应对所有成员一视同仁，保证讨论在和谐的氛围中展开。

——掌握共情的技巧。讨论开始时，主持人需要用轻松的方式建立讨论组成员之间的关系，让所有参与人投入到讨论中。

——必备的知识结构。主持人需要拥有社会调查、心理学、广告学以及与焦点小组讨论主题相关的基础知识。

——良好的观察能力。主持人要善于捕捉细节，懂得从语音、语调、神态、肢体动作等方面获得信息，能深入地理解参与访谈人员想要表达的意思。

——良好的理解能力。主持人对参与者意见的理解不能仅仅停留在字面上，要结合所有的讯息理解其尚未说出的潜台词。

——丰富的知识和广泛的兴趣。丰富的知识和广泛的兴趣能够保证主持人迅速熟悉调查所讨论的主题，让自己尽快融入讨论。

——掌控氛围和节奏的能力。主持人要善于调动访谈参与人员的积极性，鼓励大家积极发言。在气氛沉闷的时候，主持人借助合适的问题，带动整个访谈顺利推进。在讨论偏题的时候，主持人要把握讨论的中心点，让所有成员回到主题中来。

4. 编制焦点小组访谈指南

访谈指南的目的是保证整个访谈围绕主题顺利推进。通常指南的编制应当由研究者、委托方及主持人三方共同研究确定，是焦点小组访谈讨论内容的概要。

访谈指南应当包括以下四个部分内容：

① 此次焦点小组访谈的基本规则，尤其对如何推进讨论做详细说明。

示例一　焦点小组访谈基本规则

第一：向所有成员解释什么是焦点小组讨论。

第二：告诉所有成员，讨论没有正确答案——只要说出你自己的主张、感受。

第三：尊重其他成员，在他人发言的时候，要保持安静，认真倾听别人的发言。

第四：告知参与成员，有研究者在单面镜（闭路电视）后观察，提醒大家放松，因为他们是出于研究的原因对大家的观点非常感兴趣。

第五：告知参与成员，因为分身乏术，需要全身心投入到访谈中，同时又希望客观、公正地记录信息，所以需要录音、录像。

第六：确定发言的规则（按座位顺序、姓氏笔画、游戏决定或者随机等），提醒大家一个一个地发言，否则可能漏掉一些重要的观点。

第七：提醒所有成员，主持人的意见和大家的一样，并不具有特殊性。所以不要向主持人提问，也不要顾及主持人的态度，畅所欲言就好。

第八：不要对自己有过高的要求和期待，如果参与成员对讨论主题了解不多或者无法发表个人见解，也无须懊恼。因为，这也是研究需要了解的情况。

第九：告知所有成员，讨论有时间限制，而且讨论有系列话题。主持人出于顺利推进的目的，会选择终止某一话题进入下一话题，希望大家理解并且配合。

最后：询问所有成员是否还有问题。

② 列出将要讨论的问题或者关键词。

示例二　主持人可以提的问题参考

背景资料：对一款手机广告影响力进行调查。

提问前，播放该广告。

参考问题：

第一：请描述下您对这一则广告作品的第一印象是什么？

第二：请用简洁的语言谈一下，您在这一则广告中看到了哪些元素？这些元素是否打动您，为什么？

第三：看了这一广告作品后，您是否想深入了解它？如果您想了解，您会通过什么渠道呢？

第四：如果现在让您选择一款手机，您会考虑选择它吗？为什么？

③ 主持人激励访谈参与者进行深入讨论的策略和技巧。

示例三　主持人激励技巧

技巧一：倾听。倾听既能表达对发言人的尊重，又可以让对方在比较宽松和信任的氛围下表达自己的观点，倾听时，主持人应当运用表情、肢体动作传达出认真、感兴趣、投入的信息，这对发言人来说是一种非常重要的鼓励。

技巧二：开放式问题。在对方表述过于简洁时，主持人可以运用开放式询问："什么""如何""为什么""怎样展开"等方式引导发言人更为清晰地表达观点。

技巧三：运用肢体语言。主持人可以直接重复发言人的话，或者以某些词语如"嗯""讲下去""还有吗"等并配合肢体语言来强化发言人叙述的内容，并鼓励其进一步讲下去。

……

④ 对讨论进行总结的方法。

5. 确定访谈参与者人选

（1）参与人数

根据研究目的、访谈主题、主持人能力、调查结果适用范围的不同，焦点小组访谈参与人数有所区别。在焦点小组访谈中并没有硬性的人数要求。

例如关于高科技技术开发这类小众的主题，参与访谈的人数要少，知识要求要高。或者调查"90后""海归"女性消费者的奢侈品或轻奢品的消费态度这种主题非常明确、针对性极强的，参与访谈的人数也可以较少。

如果调查的目的要了解基本情况，例如消费者对某种"快消品"广告的态度这类主题，参与人数应该安排多一点。

考虑了互动的效果、主持人控场的可能性、参与人员生理和心理的能耗时间等多种因素，一般来说，焦点小组由8~15位成员组成。

（2）样本选择方法（详见第10章抽样调查）

焦点小组访谈成员的具体选择方式有很多种。随机抽样则是非全面调查推算和代表总体的最完善、最有科学根据的调查方法，可以采用简单随机抽样，如在城市繁华区、街区、生活区等随机拦截；系统随机抽样，如从公司客户名单、黄页中按照某种间隔规律随机选择；分层随机抽样，如利用计算机将对象分成几种类型，然后随机选择等。

无论是哪种抽样方法，在样本选择的过程中，考虑到焦点小组访谈的互动性特征，为了避免沟通障碍，应当注意避免把不同社会层次、不同消费水平、不同生活方式的人放在一组。

此外，随着商业性调查项目越来越多，也开始出现一些职业受访者。尽管研究显示报酬是吸引人员参加焦点小组讨论的重要因素，但出于研究结论科学性的考虑，选择样本时要尽量排除完全以获取报酬为目的的职业受访者。排除方法包括身份验证、加强公司内部管理等。

阅读资料："会虫"让市调数据感染"病毒"①

时下的市场数据正广泛面临"病毒"感染。在上海，约有7000个职业"会虫"，他们在"会头"的组织下参加各种市场调查，参加一次调查活动并胡乱给出一些信息后得到50元至150元的劳务费。由此得出的市场数据毫无价值，让一些花费巨资期望得到"宝典"的企业空欢喜一场。

---

① 上海《新闻晨报》，2005年8月2日，转引自：蒋萍. 市场调查［M］. 2版. 上海：格致出版社，2013：58.

"会虫"：忙于开会的"寄生虫"

王国华（化名）戴上假的劳力士手表，穿上假的名牌"T恤"离开了家。在他精美的假名牌手提包里，装着15张同一个头像不同姓名和地址的假身份证。与假身份证对应的是4张假驾照和4张不同车型的假汽车行驶证。除了这些，手提包里还有2个高档社区住房的假房产证；3张假的医院诊断，证明他患有糖尿病、心脏病和皮肤病；20多种名片，里面有公司经理、工程师、大学老师、超市采购负责人等多种身份。与名片上符合的7个电话号码被他转移到同一部手机上……

这些都是王国华的道具。事实上他没有工作，没有驾照，没有汽车，也没有别墅，更没有上述疾病。王国华的工作，按照他所在的"行业"内部的称呼是"会虫"。"会虫"这个职业，从字面上理解是"开会的虫子"，它寄生于市场调查公司。知识面广，调查什么就能侃什么。王国华参加的会议被称为"座谈会"。按照企业的要求，参加这次座谈会的，都是公司负责人或是部门负责人。但是，真正参加"座谈会"的却是6只"会虫"。会议开始后，"会虫"们争先恐后发表对汽车市场的看法和自己未来准备购买的轿车的类型。这类情况，王国华已经经历了多次。多数情况下，在会场与隔壁之间是单向玻璃，从隔壁能看到会场，但从会场看不到隔壁。调查人员就在隔壁观察，并记录着参会者的谈话内容。

6. 撰写访谈报告

焦点小组访谈结束后，需要对调查到的资料进行整理、分析并且围绕主题撰写访谈报告。撰写焦点小组访谈法的访谈报告可以使用多种方法。

（1）口头报告

口头报告顾名思义，就是以口头表达的方式对焦点小组访谈结果向有关人员汇报。优点是：节约时间，通常在焦点小组访谈结束时现场进行；反馈迅速，可以把现场发生的情况比较准确地传达出来；即时交流，口头汇报的过程中，委托方或研究者可以直接提出问题，主持人及观察员能对问题迅速反应；比较生动、具体，在汇报时，主持人及观察者能结合观察的现象、体会、看法对整个访谈进行总结，感知性强。缺点是：口头报告的感性成分较多，可能存在由于个人偏见，信息解读偏差等问题。

（2）小组讨论

为了获得更为完整的信息，尽可能避免个人偏见，在焦点小组访谈结束之后，可以采用小组讨论的方式对访谈结果进行总结。

采用小组讨论的方式编写访谈报告时要注意以下几点：

首先，参与讨论的人员应当包括主持人、观察人员、记录人员以及委托方代表；

其次，应当配备记录员；

再次，讨论中大家的地位平等、意见开放，不能随意打断他人，也不可以动用权威中止或影响他人意见。

（3）剪贴法

剪贴法是对焦点小组访谈的录像和录音进行剪辑和整理，使之成为一个比较完整而又精炼的材料，以该材料作为访谈报告的一种方法。

剪贴法编写的访谈报告的主要特色是生动、形象。调研人员编制剪贴法访谈报告并不是简单地将录像和录音资料进行罗列，而是对焦点小组访谈进行总结后形成了一系列调研结论的主线，然后通过录音和录像材料进行生动形象反映的一种报告。

（4）撰写书面报告

撰写书面报告是最常见的总结方法。通常情况下，书面调查报告包括两部分：

第一部分主要说明调查的目的、内容、选择调查对象的方法、被调查者的基本信息、调查的基本情况及收获、意见或建议，篇幅一般在 2~3 页；

第二部分是将访谈过程的情况进行分类整理，并加以详细说明。

案例阅读：《农产品电商化运营》的焦点小组访谈策划

"崔氏"甲鱼在皖北小有名气，从祖辈传下来已经有两代养殖的经验，虽然是家族企业，但是因为品质好，所以做传统渠道销售也一直顺风顺水。随着 2010 年电商的异军突起，传统渠道遭到了严重挤压，"崔氏"甲鱼的所有人员都深感市场竞争压力越来越大。"只有赢得消费者才能赢得竞争"是大家耳熟能详的至理名言，总经理准备将它落实到行动上，他请营销部门小刘制订一个具体的行动方案。小刘提交了一份策划案，主张开展一次"消费者试吃分享会"，从而了解消费者的心理、消费习惯。策划内容如下：

1. 焦点小组访谈的目的、内容

目的：评估"崔氏"甲鱼互联网转型的方式。

内容：了解不同年龄消费者的消费偏好，对价格的敏感度，对产品的要求，购买行为发生的频率、发生的方式，消费行为依赖的渠道。

2. 焦点小组访谈参与者的选择办法

两个渠道同时进行，一个是传统渠道从以往的用户中随机抽取，还有一个是互联网渠道，采用互动吧报名的方式征集参与者。

3. 分享会参与者选择标准及人数

因为要评估"崔氏"甲鱼进行互联网转型的方式，所以消费者的年龄是重要的分类指标。选择参与者的时候按照年龄进行分类随机挑选。参与者人数不宜过多，因为那样会增加现场控制的难度，而参与者过少，又会使调查结果缺乏代表性。考虑到实际情况，人数定为 15 人，地点在本市的焦点小组实验室。

4. 主持人及记录人

主持人是了解农业电商的高校教师，具有市场营销的知识，有丰富的访谈经验。记录人是主持人的助理，配合工作多年。

5. 观察人

"崔氏"甲鱼的负责人及管理人员代表，研究农业电商的专家。

（三）焦点小组访谈法的优缺点

1. 优点

焦点小组访谈法之所以成为定性研究的代名词，主要原因是焦点小组访谈法与其他调查方法相比有特别的优点。

① 资料收集速度快，效率高。焦点小组访谈法在同一时间访问若干个被调查者，节约了人力和时间，提高了调查活动的效率。

② 互动性强。焦点小组访谈强调参与者之间进行思维碰撞，在互动的情况下，往往能激发参与者的灵感，得到意想不到的资料。

③ 资料的覆盖面广。在焦点小组访谈中，多个参与者一起交流，群体动力巨大，产生的信息总量远远大于单个参与者提供的信息量。

④ 参与者的压力小，信息的真实性较高。焦点小组访谈的参与人数较多，面对主持人时的心理压力较小，相对于个案访谈，焦点小组访谈情况下个人更愿意表达真实的观点和意见。

⑤ 便于观察和沟通。焦点小组访谈过程中，观察者可以通过单面镜或者闭路电视等对参与者进行观察和记录，从而对对象的感受有更为深入的认知。

2. 缺点

作为众多方法中的一种，焦点小组访谈法一样有它的缺点。

① 对主持人的要求较高。焦点小组访谈法的调查质量很大程度上依赖于主持人，主持人既要熟练掌握访谈技巧，又要具有组织会议的能力，高素质的主持人是焦点小组访谈成功的关键。

② 从众心理和个人偏见。焦点小组访谈讨论过程中，容易产生群体性

压力，从而出现一边倒的情况，不利于个体完整地表达意见。同时，如果主持人的经验有限，往往控制不住自我的倾向性，从而出现个人对参与者的心理和行为产生下意识的影响，出现偏见。

③ 对访谈主题有要求。因为是群体讨论，所以隐私类、敏感性的问题不能讨论，访谈主题受到一定的限制。

④ 样本的代表性偏差。焦点小组访谈选择的参与者如果和目标市场不一致，访谈的结果代表性就会偏低，对调查的意义就不大。

（四）焦点小组访谈法的发展

因为焦点小组访谈法的缺点以及媒介技术的发展，焦点小组访谈在发展的过程中出现了一些新的类型：

1. 电话会议焦点小组访谈法

顾名思义，这是一种借助电话进行焦点小组讨论的方法。在约定的时间，主持人通过电话访谈分散在不同地点的参与者，访谈时间与标准的焦点小组访谈一样，大约持续 1~1.5 个小时。不同点在于，不需要所有参与者集合在同一个地点，这种方法通常适用于访谈者工作比较忙碌，或者访谈对象非常分散的情况。优点是：空间上有弹性；缺点是：难以收集除语音之外的信息。

2. 电视会议焦点小组访谈法

该方法在配有摄像机和麦克风的会议室里进行，各方人员通过电视参与到访谈当中，与电话会议方式相比，在电视会议的方式中，各方成员能够互动，而且能够获得非语音之外的信息，这种焦点小组访谈法允许大量的观察人员对访谈过程进行观察。因此，电视会议焦点小组访谈法的优点是：跨越空间障碍，能够互动交流，可以获得丰富信息；缺点是：成本较高，对主持人控场能力要求高。

3. 在线焦点小组访谈法

在线焦点小组访谈法是以互联网或者社交网络为媒介展开的焦点小组讨论。与电视会议方式相似在线焦点小组访谈法减少了访谈的物质成本，提高了访谈的可行性，与上述两种方法不同的是，因为互联网的开放性，在线焦点小组访谈对象的选择余地很大，可以征选到其他访谈方式难以接触到的目标人群，在网络上可以比较方便地组织各种专业人士参与讨论。尽管在线焦点小组访谈法有着许多优点，但依然存在缺乏群体动力、无法获得丰富的非言语信息、被调查者的可靠性较低、被调查者的注意力容易受到干扰等问题。

三、深度访谈法

（一）深度访谈法概述

1. 访谈法及其类别

访谈法是研究者通过向访谈对象提问来获取信息与资料的调查方法，也是学者展开研究时最常用的收集资料的方法，是社会科学研究中最重要的调查方法之一。访谈法按照是否具有标准化的访问内容，可以分为结构式访谈、半结构式访谈以及非结构式访谈。

结构式访谈是一种标准化的访谈，无论访问者、被访问者是谁，访谈的问题、顺序、抽样的方法等完全一致，这种方法常常与定量度量及统计方法结合在一起使用。

非结构式访谈则是一种非标准化的访谈，只有访谈的主题，没有可以依循的具体访谈问题，访谈者围绕访谈目的将表达的自由完全交付与访谈对象，访谈对象在没有外在影响的情况下自由地表达其对某个问题的反应、观点和行为。访谈者只是提出引导性问题、倾听、观察并记录应答者的回应，以便随后了解"怎么样"和"为什么"。这种访谈的问题与回答是事先没有经过系统编码的，只能用于定性分析，无法进行定量研究。

半结构式访谈力求整合结构式与非结构式的优点。为了最大限度地保留访谈对象表达的自由，获得真实的而非设定的信息，半结构式访谈要求配备访谈提纲而非标准化的访谈题目，提纲包括：根据研究目的设计的备选问题、时间提示、样本规模及样本选择方法，但并不严格要求提问的内容、顺序、提问的方式、回答的方式及时长；同样，为了避免将自由表达权交付给访谈对象，受访者有不受控制的过度代表性或代表性不足的亚群体而产生的偏见，访谈者会按照访问大纲的提示确保访谈围绕主题展开。

从结构式访谈到半结构式访谈、无结构式访谈，访问的标准化程度逐步降低，访谈对象的自由度逐步提高，同时研究者的主体影响力也在逐步提高。因此，三种访谈对访谈者的要求也逐步提高。但无论是哪种方法，研究者在应用的过程中都需要注意尽量避免动用个人的影响力左右访谈结果，同时也要避免访谈对象处于私人的目的左右研究者的情况，事实上，以对话为手段进行研究是一场研究者和访谈对象的博弈，没有相当的研究功力，难以获得有价值的研究结果。

2. 深度访谈法的内涵与特点

深度访谈法是访谈法的一种，其中"深"指的是访谈的内容深，也就是获取的信息在纵向维度上的深。有学者认为深度访谈是作为"意义探究"而存在的①，意思是指深度访谈对探索访谈对象行为的意义有特殊的价值。

为了达到访谈目的，同时又不限制访谈对象的思维，学界目前普遍认同深度访谈采用半结构式访问的方式开展。

所以，深度访谈法指的是一种直接的、半结构式的、一对一的访谈，在访谈过程中，访谈者在访谈提纲的指导下，运用多种访谈技巧对访谈对象进行深度的访谈，不仅获得访谈对象的基本认知和相关事实，还要结合访谈对象所处情境探查其内在的态度、价值、情感，理解访谈对象的内在世界，并在已有的理论框架中加以诠释。

汤姆·文格拉夫提出了半结构式深度访谈的两个最重要的特征：第一个特征是"它的问题是事先部分准备的（半结构的），要通过访谈员进行大量改进。但只是改进其中的大部分；作为整体的访谈是你和你的被访者的共同产物（joint production）"；它的第二个特征是"要深入事实内部"②。Minichielloetal（1995）认为深度访谈虽然也是在访谈者和被访谈者之间进行的会谈，但这种会谈强调被访谈者的自我的感知，主张被访谈者用自己的语言，描述其生活、经验、感受，在这个讲述与观察的过程中，访谈者逐渐进入对象的情境，逐步理解对象的世界进而将这种理解放在一个中观的或宏观的理论视野中进行研究。

根据上述两位学者的理解，深度访谈法应当具备以下特征：

（1）备选问题应是开放性问题

为了保证获得访谈对象的真实信息，而不是访谈者的主观意愿，深度访谈法所使用的问题应当是开放性问题。在访谈中，访谈者无法提前预料访谈对象的反应，也无法控制访谈对象对这些问题的回答内容。与此同时，作为访谈者必须具备的素质是，根据访谈对象的反应迅速在访谈提纲的指导下提出新的问题。正如 Arksey & Knight 所言："结构式的访谈应当只确定主要的问题和框架，访谈员应能够改进随之而来的问题，同时探究意义以及出现的兴趣领域。在事先确定主题和话题领域的情况下，要渴望听取被访者的叙述。但访谈员也要注意改进问题，以澄清或者扩展回答。"③

———————————

①　杨善华，孙飞宇.作为意义探究的深度访谈［J］.社会学研究，2005（5）：53-68.

②　谢立中.日常生活的现象学社会学分析［M］.北京：社会科学文献出版社，2010：3-4.

③　Arksey，Hilary & Peter Knight，Interviewing for Social Scientists. London：Sage Publications，1999.

示例一　开放性问题问答过程

访谈者："您好，您能谈一谈这一款智能设备的使用感受吗?"

受访者："嗯，说不好……"

访谈者："说不好?"

受访者："是的，我说不清楚这种体验……"

访谈者："哦。怎么说不清楚呢?"

受访者："很复杂。"

访谈者："嗯，复杂在哪里?"

受访者："开始很新鲜、好玩，后来觉得有点麻烦，戴在脸上不太舒服，然后又觉得有点恐惧，因为这个设备一直监控着我，总之很复杂。"

访谈者："明白了。那您能谈一谈好玩在哪里吗?"

……

（2）收集资料与研究同步展开

为了获得访谈对象深度的资料和信息，深度访谈法采用一对一的方式展开，新的线索、新的信息都依赖于访谈者与访谈对象的互动。阿科塞与奈特提出运用"渐进式聚焦法"（progressive focusing）进行深度访谈，此方法从一般化的兴趣入手，在对话的过程中，访谈者逐渐捕捉到访谈对象的兴趣点，然后再集中展开。目的是为了从人们的话语中了解人们在情景中的问题领域，并试着用他们自己的术语来了解事情[①]。

所以，与其他的方法有所区别的是，深度访谈贯穿在研究的全过程中。资料的收集过程伴随着访谈者主动地思考、探查、反思、调整，要求访谈者对访谈对象提供的事实以及反应的细节、产生的情境、互动的过程以及访谈对象的内在主题世界不断地挖掘。因此，访谈者不仅要在访谈的过程中及时整理资料、分析资料，还要善于发现新的问题和信息，做进一步的访谈，所以收集资料的过程也是研究的过程。

（3）探索性强

深度访谈作为探索性研究首选的方法，致力于获得更为深入的事实，也就是说采用此方法进行调查并不满足于"表面的事实"（可以观察、捕捉的信息），而是要获得有关这些"表面事实"形成的诸多细节和背景。

---

① 转引自杨善华主编：城乡日常生活：一种社会学分析［M］. 北京：社会科学文献出版社，2008：6.

文格拉夫认为丰富的细节知识和事实之间具有某种联系，格尔茨则认为研究者需要深入到被访谈者的情境中理解对象以及对象的意义世界。从这个角度看，深度访谈法与其他方法相比能获得更为"深入"的事实，并能对事实做更为贴切的分析，所以它是对未知领域的探索，而不是对已知领域的求证。

小贴士 深度访谈的适用主题

——需要深入探究被访者的想法。例如，消费者对于购买二手车问题的看法。

——复杂的消费行为。例如，购房行为。

——一些敏感性的话题。例如，对同性恋的看法。

——专业性较强的话题。例如，对立足于"微信"的微商营销行为分析。

（二）深度访谈法的实施过程

1. 准备阶段

（1）编制访谈计划

访谈计划的内容包括以下部分：

访谈的目的，被分解后的访谈主题，与主题相关的备选问题，访谈的重点，以及访谈提纲，提纲应当包括谈话的目的、步骤和大致内容等。

访谈计划还包括选择访问对象的范围、标准和具体方法。一般情况下，深度访谈法采用目的性抽样选择访谈对象，这是为了保证访谈的质量，因为深度访谈依赖访谈者与受访者之间的互动，所以样本应当具备完成研究任务的能力。

（2）准备访谈物资

访谈开始之前，访谈者应当向被访谈者提供自己的身份证明，例如工作证等，以便建立双方的信任关系。除此之外，访谈所需的物资也应当提前准备好，例如录音笔、摄像机、记录对话的文具以及与访谈相关的物品等。有些时候，还需要准备赠送访谈对象的小礼品。

（3）培训访谈技巧

深度访谈对访谈者的访问技巧要求较高，需要访谈者懂得如何倾听，理解对象，要懂得避免涉及访谈对象的隐私，懂得在访谈陷入僵局时调节访谈气氛，并围绕访谈主题根据访谈对象的反应实时调整提问的方式和内容。因此，在开展深度访谈之前，访谈者最好接受一些相关的培训，如有可能，可以开展一次模拟访谈，锻炼一下技巧并且发现一些问题，及时加以纠正和调整。

2. 实施阶段

（1）联系访谈对象

根据访谈计划的要求，与备选的访谈对象联系，确定访谈如期进行。

（2）确定访谈的时间和地点

与访谈对象约定访谈的时间和地点，为保证访谈的质量，访谈的时间应当是对象精力比较充沛，没有工作或家庭事务干扰的时段，环境应当舒适并且比较私密、不被别人打扰。

（3）访谈者应当把控访谈过程

访谈开始前，访谈者应当主动表明身份，用轻松的话题建立友好的关系。这对访谈是否能顺利进行至关重要。

访谈之初，访谈者需要清晰、详尽地表达此次访谈的目的，需要特别强调访谈是为了研究，一定会保护当事人的隐私，受访者的任何回答不会被泄露，从而确保访谈对象在较为放松的状态下表达其真实想法。

访谈进行中，访谈者要注意避免专业术语，尽量使用访谈对象熟悉的语言陈述问题，访谈者要注意保持友好、轻松的氛围。尤其重要的是，深度访谈的结构性差，没有标准化的问题，访谈者要时刻注意避免谈话偏离主题，同时为了能深入理解访谈对象，访谈者要注意观察、记录访谈对象的反应，在征得对方允许的情况下，可以使用录音笔、摄像机等设备收集相关资料。

3. 结束阶段

访谈结束时，访谈者需要迅速回顾访谈成果并对照访谈提纲，检查是否有遗漏的内容。此外，在访谈过程中，访谈者有疑问的部分，可以在这一阶段与访谈对象最后确认一下。其次，访谈者需要礼貌地询问访谈对象是否还有需要表达的意见、想法，或者访谈对象需要了解的情况。最后，对访谈对象表达诚挚的谢意，并且告知对方，有可能还会联系对方进行追踪访问，希望得到配合。再次向访谈对象表达谢意，必要的情况下可以赠送小礼品。

（三）深度访谈法的优缺点

1. 深度访谈法的优点

① 探讨的内容比较深入。访谈者不仅能获得访谈对象认知方面的事实，还能够获得访谈对象的态度、价值观及情感等更为深入的资料，访谈者可以结合访谈对象所处情境探索并理解其内心世界。获取的资料往往超

出访谈者的预期。

②适用某些特殊主题的调查。有些情况下，深度访谈法可能是唯一适用的方法，例如，调查某类产品定价策略时，无法组织具有竞争关系的公司负责人进行焦点小组讨论。还有一些敏感的，与主流价值观有所偏离的话题，例如婚前性行为等无法公开讨论的敏感话题或可能引起尴尬的话题较为适合选择深度访谈的方式获得资料。

③互动直接，能获得大量信息。访谈者并不仅仅限于访谈对象的言语信息，还可观察访谈对象的表情、语音语调、肢体动作，获取隐藏在基本陈述之下的丰富信息，从而结合对象的情境、身份、地位等分析他们的动机，体察他们的内在世界。这是其他方法难以达到的。

④避免从众现象。深度访谈法采用一对一的方式进行，可以避免群体性压力，在友好、轻松的氛围中，访谈对象能够就问题进行自由的表达，信息的真实性、针对性和有效性大大提高。

2. 深度访谈法的缺点

①成本高。深度访谈法采用一对一的方式进行，时间成本和相应的人力、物力成本都要高于焦点小组讨论法。尤其是访谈对象较多时，访谈者的时间、精力会大大分散。对高素质、高层次的人群预约的成功概率较低。

②互动性差。在群体动力的作用下，受访者往往有强烈的表达欲望，思维也比较活跃，深度访谈无法使用群体动力刺激访谈对象。

③样本小。深度访谈法的样本量小，也不易确定所选取的访谈对象是否具有代表性。研究结论的适用性较差，也容易引起误差。

推荐阅读一　深度访谈法的访谈技巧

1. 建立关系——关键词：共情

建立友好、相互信任的关系是高质量访谈的基础。

通常有两种方式：

方式一：侧面接近，即找到共同话题。

例如如果对象是成年女性，可以聊一聊家庭，对非常紧张的对象，可以先谈谈天气、城市的交通等话题，当对方放松时，表明本次访谈的主题，开始访谈。

方式二：正面接近，即开门见山。介绍自己的身份，直接说明调查的意图，让对方放下戒备心理。

2. 提问的技巧

提问是深度访谈的重要手段，为了能够顺利地发问，可以交叉使用两种不同性质问题的问句。

一种是功能性问题：是指访问者在访谈过程中为了让对象放松而提出的问题。具体有：

接触提问——最近忙不忙？您是坐什么交通工具来的？您的口音我好熟悉，请问您家乡是哪里？

试探提问——我能否问一下您工作的具体内容是什么？可以在这里和您谈谈吗？

过渡提问——那么您是不喜欢网络视频中插播广告，对吗？您认为互联网时代，广告对消费者的消费行为有影响吗？

检验提问——您的年收入是多少呢？

另一种是实质性问题：是指访谈者真正需要调查了解的问题。例如：为什么不信任国产手机呢？

实质性问题有时候会让访谈对象感觉到不安，正确的做法是将功能性问题和实质性问题交叉起来进行询问，这样访谈对象的戒备心会降低，也因为谈话的自然性乐于回答此类问题。

3. 推进访谈的技巧

访谈过程中，有可能出现访谈对象沉默、无法继续，或者访谈者希望更为深入地探索对象的情况。此时可以使用的技巧有：

——重复提问。当访谈对象对提问没有反馈时，访谈者可以用同样的措辞重复提问引起对象的注意。

——重复访谈对象的回答。重复访谈对象的回答，既能刺激访谈对象，也能进一步地帮助对象理清自己的思路。

——适当的停顿或沉默。在一些特殊的情况下，例如访谈对象情绪低落、激动或者陷入思考时，访谈者可以借助停顿或沉默的方式保持访谈的节奏。

——进行中性的评论。例如，"我能理解""确实会让人烦恼""你尽力了"。

——适当的鼓励。例如，"我觉得很有意思"等鼓励话语以引起他谈话的兴奋。

——采用追问或反问。例如，"还有没有别的选择呢？""难道不可以尝试一下？"等方式让谈话深入下去。

四、投射法

（一）投射法概述

投射法来源于心理学的发展，S. Freud 在命名一种心理防御机制的时候第一次使用了"投射"这个词。作为一种探索的手段，投射技术可以追溯到1879 年，H. Galton 做了第一个联想程序的研究，并且指出该方法的意义："它们异常清晰地揭示出一个人思想的基础，而其展现个体精神内容的生动与真实性可能超出了个人意愿。"[1] 此后，W. Wundt、E. Kraepelin、M. Wertheimer 等在不同领域内先后研究或使用了联想法。1910 年，C. C. Jung 介绍了将单词联想作为临床检测程序来揭示患者的情结的方法。1921 年，H. Rorschach 出版的《心理诊断法》一书介绍了最著名的投射技术——罗夏法。罗夏法随即成为使用最为广泛的投射技术，这一方法帮助投射技术走入更多的研究领域，得到更多的应用。

在投射法进入到非心理学领域之前，研究人员就发现使用问卷调查或者访谈法进行调查，调查对象有时会隐瞒自己的真实态度和动机，有时则因为对自己的态度、动机认识模糊，回答常常不客观、不真实，这导致花费很大精力收集的资料没有多大的价值。而投射法可以穿透人的心理防御机制，让真实的态度、价值观、情感浮现，所以，有学者开始注意到投射法的价值，并逐渐将投射法引入到广告和市场研究中，用来了解消费者的态度和动机。

（二）投射法的概念和类型

如前所述，心理学认为主体的动机、态度、情感等深藏在内心的东西会自觉不自觉地通过各种行为表现出来，所以通过各种能够触发主体反应的方式测试对象，可以发掘对象真实的情感、态度和动机。

与焦点小组访谈法和深度访谈法不同，投射法采取的是间接而非直接的询问方法。它在相关理论的指导下，让被调查者将自己的内心世界投射到第三方（可能是物体，可能是任务，也可能是环境）上，被调查者不受固定反应格式的影响，他们在调查者的鼓励下，对第三方做出自由的反应（可能是语言，例如描述某个物体；可能是行动，例如画出一副自己喜欢的画）。在这个过程中，被调查者的反应大多是无意的、直接的，他们并不十分清楚自己的反应指向何种意义，所以心理防御的强度自然降低，隐

---

[1]　Semeanoff B. Projective techniques ［M］. New York ： John Wiley & Sons, 1976：1~57.

藏自己真实意图的行为自然减少，因此，调查者往往可以获得非常真实的态度、动机等信息。

投射技术在运用的时候有多种方式，常见的有联想测试法、完成技法、结构技法、表现技法、照片归类法等。大多数的投射法都比较容易操作，而且收集的资料比一般的调查方法要更为丰富，甚至有意料之外的惊喜。

1. 联想技法

联想技法是投射法中最传统的方法，方式是在被调查者面前设置某一刺激物，然后调查人员询问被调查者看到这个刺激物联想到了哪些事物。这种技法的潜在假定是，联想可以让被调查者暴露出他们对某一问题的内在倾向性。从操作上看，最常使用的联想技法是词语联想法。

词语联想法的意思是从给定的词语开始，让被调查者快速说出脑海中浮现的词语或者事物（即反应语）。该方法通常会设置一套词语，调查人员快速说出，被调查者需要迅速反应。调查者需要记录被调查者对每一个词的反应并且计时，一般要求 3 秒钟之内，反应犹豫者（花费 3 秒钟以上）被特殊标记下来。在紧迫的时间内，被调查者无暇调动心理防御机制进行防备，调查人员从而获得了被调查者真实的想法。

词语联想法可以用于产品的消费动机和偏好调查，见示例一。

示例一　使用词语联想法研究女性消费者对牙膏的态度

王小姐和李小姐的年龄、职业、教育背景都很相似，面对同样的刺激语，两者的回答有所区别。

刺激语	王小姐的反应	李小姐的反应
牙膏	洁白	佳洁士
牙垢	茶渍	烟渍
高效美白	价格高	进口货

在这里，我们可以很明显地看到王小姐可能有喝茶的习惯，对牙膏的要求是希望能美白，但她对价格比较敏感。而李小姐可能没有喝茶的习惯，不过她自己或者身边的人有抽烟的行为，她选择牙膏时会注重品牌。

词语联想法也可以用来调查品牌或企业形象，见示例二。

示例二 使用词语联想法研究女性消费者对牙膏的态度

调查"格力"的品牌形象时，被调查者听到格力后立即想到的词语有："空调""核心科技""董明珠""创业""珠海""质量好""服务好"等。显然，这代表了被调查者关注点是不一样的，企业在宣传时应针对目标客户制订相应的营销策划方案。

理论上，词语联想法可以使用在任何调查主题上。不过在对联想技法进行后期的分析整理时，调查人员则难免将自己的内心世界投射上去。例如听到"格力"立刻想到"董明珠"能做多种解释，可以认为被调查者有女权情节、女性身份的自然偏好、格力对董明珠形象塑造深入人心等，事实的情况也许只是被调查者刚刚参加了一个活动，见到董明珠，所以印象深刻。

因此，调查人员不应仅仅停留在词语本身对被调查者进行分析，还要分析以下指标：

① 联想词语的数量：这个指标反映了被调查者理解的维度，数量越多，理解的维度越多。

② 联想词语的性质比例。词语的性质可以分为三类：积极、中性和消极。分析性质比例，可以了解被调查者的个性倾向性及态度特点。

③ 每个词的反应时间。如果反应迅速，说明被调查者对该词敏感，动机较强，比较熟悉，也可能比较真实。如果缓慢，说明被调查者对该词不敏感，动机较弱，态度消极，可能有隐藏等。

此外调查者还应当结合表情、情绪、肢体动作等非语言信息综合分析。

2. 完成技法

完成技法也是建立在自由联想的原则之上，通常，调查者会给出一种不完整的刺激情景，要求被调查者完成这一情景。和词语联想技法相似，该方法也有时间上的要求，要求被调查者迅速完成该任务。

常用的完成技法有句子完成法和故事完成法。

句子完成法是给被调查者一些不完整的句子要求他们在给定的时间内完成，例如：

① 如果我有1000万，那么＿＿＿＿＿＿＿＿＿＿＿＿＿＿＿。

② 如果我还有一个月的生命，我会＿＿＿＿＿＿＿＿＿＿＿。

③ 假如我是世界上唯一一个知道长生不老配方的人，我会＿＿＿＿＿。

④ 一个完美的家庭最需要的是_____。

每一个人在完成上述句子时，可能都不相同，不同的答案自然表明了不同的看法。例如，如果我有 1000 万，有人可能会用来购买住房、汽车等，有人会用来探索外太空，有人会用来帮助弱势群体。这些答案是调查者开展研究的重要资料，要注意的是，句子完成技法因为有思考的空间，所以并不如词语联想技法那么隐蔽，很多调查者在接受调研时往往会设想补充完整句子后，自己的行为会做怎样的解读，因此，在填写的过程中，隐藏的行为依然会发生。

故事完成法相对于句子完成法来说要复杂一点，它是提出一个能引起人们兴趣但没有完成的故事，要求被调查者来完成，它通常没有严格的时间限制，调查者能从被调查者续写的故事中解读出态度、情感、动机等。例如：

某顾客和闺蜜一起到商场购物，经过精挑细选之后，选中了和闺蜜同款的手机，正准备付款的时候，她看到旁边电视新闻中播放该款手机的质量报告，犹豫之际她询问闺蜜该手机的使用情况，闺蜜认为很好，没有什么问题，这个时候，该顾客会做出什么反应呢？

在故事完成法中，因为被调查者要续写整个故事，所以会有逻辑结构的要求。因此，和句子完成法相比，故事完成法中被调查者伪装自己的可能性较低。相应的，调查者在分析的时候素材也更为丰富。

3. 结构技法

结构技法强调结构性，它要求被调查者以故事、对话或者绘图的方式构造出一种情景。在结构技法中，调查者需要为被调查者提供一个初级的结构，该结构尽量不要影响被调查者。卡通测试法、图画问答法、消费者绘图法是最常用的方法。

（1）卡通测试法

卡通测试法又称为绘画激发法。该方法是使用卡通图片，展示给被调查者，让被调查者根据卡通图片的内容进行描述。典型的卡通测试通常包括两个人物：这两个人正在对话，其中一个人的对话框中已经写上对白，另一个的对话框是空白的，调查者向被调查者展示图片后，要求被调查者完成空白的对话。调查者在设计卡通画时要特别注意到，整个图片的重点是文字而不是图画，图画只是一个展示情境的手段，因此，图画要尽可能不对被调查者有影响，图画人物表情要中立，甚至有时候在表情的位置留白，如图 6－2 所示。

图 6-2　绘画激发法示例

（2）图画问答法

图画问答法又叫主观统觉测试，该方法最初由美国心理学家默里创造。调查者首先向被调查者展示一系列的图画，其中，一部分图画上的人物或者事物描绘得很清楚，另外一些却非常模糊。当被调查者看完图画后，调查者要求被调查者看图讲故事，调查者观察被调查者的各种反应，记录其对图画的解释并加以分析。例如：图片上可以展示在超市中，一位女性推着购物车，停留在海鲜售卖区。调查者让被调查者看完图片后谈一谈这名女子在想什么。被调查者有可能会说："女子可能在考虑是不是买一点海鲜回去，但是又不知道家人是否喜欢，所以在思考哪一种海鲜好做又好吃。"

这种方法在设计广告策划之前或者制定市场推广策略时是非常有价值的。

（3）消费者绘图法

调查者根据调查目的让被调查者画出他们对某一特定事物的感受或者印象。美国麦肯广告公司（McCann-Erickson）为了策划更好地表现杀虫剂产品的广告，做了相应的调查，调查的目的是找出消费者更为青睐喷射式杀虫剂的原因。最初，调查人员选择了访谈法，大多数受访者表示其实杀虫碟比喷射式杀虫剂要好，因为杀虫碟对人体无害、效果明显且使用方便，但事实上，Raid 牌喷射杀虫剂比 Combat 杀虫碟的销售量要好。于是，调查人员尝试让大量使用喷射式杀虫剂的消费者画出他们杀灭蟑螂的过程，结果发现，很多消费者将蟑螂画成男性的形象，她们对此的解释是害虫给她们的感受与男性给她们的感受很相似（想吃的时候才来）。她们喜欢用喷射式杀虫剂的原因是可以亲手喷杀害虫并且亲眼看着它们死去，这种感觉能让她们排解生活中的苦闷和不如意，虽然杀虫碟也可以杀死害虫，但不能让她们参与到杀戮当中。

如此看来，绘画的方式暴露了消费者的真实内心，更有助于广告设计者把握产品的痛点，并通过合理的方式传递给消费者。

【小练习】 运用消费者绘图法进行产品痛点实验

请选择一组相互竞争的产品，例如"小米手机"和"华为手机"，然后挑选使用此类产品的消费者，请他们画出他们心目中使用这类产品的消费者形象，最后对比两组消费者的绘画结果。

小贴士：在对比的过程中，可以通过分组讨论的方式分析，看看是否能发现一些规律。

4. 表现技法

该方法由调查者设计一个文字或者形象化的场景，然后要求被调查者根据场景的情况描述场景中人物的感受和态度。因为被调查者表达的是他人的感受而非自己的，所有没有太大的心理压力。表现技法主要有两种操作方式：

（1）角色扮演法

调查者设置一个情境，然后要求被调查者扮演其中的一个角色，以这个角色的身份处理情境中的事件，从被调查者的处理方式中调查者能观察并且发现被调查者真实的动机和态度。例如，在汽车销售广告设计中，调查者可以要求被调查者扮演4S店里的销售人员，观察被调查者推销汽车时的用语、侧重点、介绍的顺序、对待不同客户时的表现，从而可以分析出被调查者如果购买汽车会比较重视哪些因素。

（2）第三者技法

调查者在设定的情境中，询问被调查者问题，但不是询问被调查者本人的感受，而是让他们从第三者的角度回答，例如：为什么很多人喜欢买日系车？你的朋友中使用苹果手机的人多吗？你的家人使用吗？

第三者技法，表面上问的是他人的态度，但其实，被调查者在接受调查时，自己的态度也随之暴露出来。

5. 图片归类法

该方法由美国最大的广告代理公司——环球 BBDO 公司开发。调查者预先准备一组照片，被调查者根据这组照片描述他们对品牌的感受。当时，环球 BBDO 公司为了确定一款啤酒的市场定位，采用了图片归类的方法了解消费者的消费行为，他们与啤酒市场上 100 名目标顾客进行了面谈（这些调查对象均为男性，年龄在 21~29 岁之间，每周至少喝 6 瓶啤酒）。调查者向这 100 名目标顾客出示照片，要求他们将每张照片上的人与其可能选择的啤酒品牌进行配对。调查结果显示，被调查者认为喝巴德啤酒的人是粗鲁暴躁的蓝领工人，喝米勒啤酒的人是有教养且友善的高级蓝领工人。很快，BBDO公司根据消费者的选择确定了新产品的销售策略，大获成功。

该方法的特点是让被调查者在非常自然的状态下表现出真实的态度和想法，操作简单，效率高而且有效。后来，在该方法的基础上，又有了排列法、理想图形化技术等用来收集资料的方法。

（三）投射法的优缺点

1. 投射法的优点

投射法最突出的优点是被调查者不清楚调查者的目的，所以无法进行心理防御，收集的信息比较准确、真实。而且，投射法采用间接方式进行调查，相对于其他调查方法，对比较敏感、隐私的话题更为适用。

2. 投射法的缺点

投射法的缺点是对调查人员的要求很高，某些情况下还必须借助心理学家才能更为精准地分析调查结果的意义，由于该调查方法收集的资料很大程度上依赖调查人员，所以它的主观性很强，不同的调查人员对同一个对象进行调查，结果可能有很大的差异。其结论也难以推广到其他的群体中。

本章小结

1. 理解什么是定性研究方法

定性研究方法是依据一定的理论，构建一整套概念体系，在某种范式的指导下，运用多种手段获取研究资料，通过对资料的逻辑推理，解释假设的命题，得出研究结论。

2. 掌握焦点小组访谈法

四种获取知识的途径或方法，即传统（tenacity）、直觉（intuition）、权威（authority）以及科学（science）。科学研究的光彩之一在于，任何科学信念，不管其提出是多么无懈可击，仍需要时刻接受各种测试以验证其是否放之四海而皆准。科学研究的内涵是对一个或者多个变量进行有组织的、客观的、受控的、质化或者量化的经验分析。

焦点小组访谈法又叫座谈法或小组讨论法。焦点小组访谈法指的是用这种方法访谈的小组应该是少数几个人，一般是 6~10 个人，这些人在访谈主持人的引导下就特定的主题或问题进行讨论，主持人保持讨论不脱离主题（焦点）。太少（比如小于5）或太多（比如大于10）的参与者会使焦点小组法失效，人数太少，互动的气氛难以达到要求，参与人数太多，可能导致讨论的意见庞杂、支离破碎。一般来讲，为了达到比较好的效果，焦点小组访谈时间在一个半小时和两个小时之间。

3. 焦点小组访谈法的实施步骤

①确定访谈主题、制订访谈计划；②选择合适的场地、确定访谈时间；③确定主持人；④编制焦点小组访谈指南；⑤确定访谈参与者人选；⑥撰写访谈报告。

4. 焦点小组访谈法的优缺点

优点：①资料收集速度快，效率高；②互动性强；③资料的覆盖面广；④参与者的压力小，信息的真实性较高；⑤便于观察和沟通。

缺点：①对主持人的要求较高；②从众心理和个人偏见；③对访谈主题有要求；④样本的代表性偏差。

5. 掌握深度访谈法的内涵

深度访谈法指的是一种直接的、半结构式的、一对一的访谈，在访谈过程中，访谈者在访谈提纲的指导下，运用多种访谈技巧对访谈对象进行深度的访谈，不仅获得访谈对象的基本认知和相关事实，还要结合访谈对象所处情境探查其内在的态度、价值、情感，理解访谈对象的内在世界，并在已有的理论框架中加以诠释。

6. 深度访谈法的特点

①备选问题应是开放性问题；②收集资料与研究同步展开；③探索性强。

7. 深度访谈法的优缺点

优点：①探讨的内容比较深入；②适用某些特殊主题的调查；③互动直接，能获得大量信息；④避免从众现象。

缺点：①成本高；②互动性差；③样本小。

8. 投射法的内涵

投射法采取的是间接而非直接的询问方法。它在相关理论的指导下，让被调查者将自己的内心世界投射到第三方（可能是物体，可能是任务，也可能是环境）上，被调查者不受固定反应格式的影响，他们在调查者的鼓励下，对第三方做出自由的反应（可能是语言，例如描述某个物体；可能是行动，例如画出一副自己喜欢的画）。在这个过程中，被调查者的反应大多是无意的、直接的，他们并不十分清楚自己的反应指向何种意义，所以心理防御的强度自然降低，隐藏自己真实意图的行为自然减少，因此，调查者往往可以获得非常真实的态度、动机等信息。

9. 投射法的类型

① 联想技法。使用较为频繁的是词语联想法。

② 完成技法。最为常用的是句子完成法。

③ 结构技法。包括卡通测试法又称为绘画激发法、图画问答法、消费者绘图法。

④ 表现技法。包括角色扮演法、第三者技法。

⑤ 图片归类法。

关键术语和概念

定性研究方法；直接法；间接法；焦点小组访谈；访谈法；深度访谈；投射法

思 考 题

1. 什么是定性研究方法？

2. 定性研究方法的分类是什么？

3. 什么是焦点小组访谈法？

4. 焦点小组访谈法的实施过程是什么？

5. 焦点小组访谈法的优缺点有哪些？

6. 访谈法的分类是什么？

7. 什么是深度访谈法？

8. 深度访谈法的实施要点有哪些？

9. 什么是投射法？

10. 投射法的具体类型有哪些？

探索性活动设计

1. 假设某创业公司生产的"智能腰带"需要设计一项有关产品认知和

改进方式的调查方案，请您拟订一份调查方案，内容包括：调查的目的及相关问题；调查方式；调查对象的筛选标准和程序；参与人员；培训内容和要求。

2. 下面的这些情况中，你认为哪些适合用焦点小组访谈研究方法，哪些适合用深度访谈法，哪些适合用投射法收集资料？为什么？

① 有公司开发了一款成人用品，需要了解消费者的态度。

② 老牌航空公司面临新的挑战，做了很多努力，都没有什么好效果，现在该公司委托您进行调查，了解客户的痛点。

③ 某知名本土汽车公司计划与日系车合作开发新产品，但又担心消费者接受不了，为此，他们决定做一次前期调研。

④ 农业电商平台准备开辟新产品，此次新产品来源是大别山区土特产，为了了解消费者的消费习惯和要求，准备策划一次产品调查。

你做到了吗？是怎么做到的？每种方式都有哪些适用点呢？

3. 研究案例：

灾难和消费者价值①

2015 年 8 月，中国某一线城市的一处集装箱码头发生爆炸，发生爆炸的是集装箱内的易燃易爆物品。现场火光冲天，在强烈爆炸声后，高数十米的灰白色蘑菇云瞬间腾起。随后爆炸点上空被火光染红，现场附近火焰四溅。

第一次爆炸发生在 2015 年 8 月 12 日 23 时 34 分 6 秒，近震震级 ML 约 2.3 级，相当于 3 吨 TNT；第二次爆炸发生在 30 秒钟后，近震震级 ML 约 2.9 级，相当于 21 吨 TNT。

国家地震台网官方微博"中国地震台网速报"发布消息称，"综合网友反馈，此次爆炸发生地周围城市地均有震感"。

大火燃烧了几天几夜都没有完全扑灭。根据公司公开的经营许可范围，爆炸区域可储存的危险品种类较多，不同于通常意义的仓库，集装箱里面卸下来的货品在这暂时储存，完成报关手续之后再运走，危险品种类、数量都不固定。

某开发商在爆炸区域附近拟建设了一个楼盘，前期的工作都已经准备，且拟建楼盘距离爆炸区域有一段距离，配套设施良好，周围居民的前

---

① 李思. 人类学方法在市场研究中的应用 [M]. 市场研究网络版，2007 (37).

期反应不错。经历此事件后，开发商无法判断是否应该立即启动项目。

问题：

（1）如果使用定性研究方法，你会提议哪些方法？

（2）你会使用焦点小组讨论法吗？你觉得焦点小组讨论方法用在这个案例上有什么缺陷？

（3）投射技术是否合适呢？如果你觉得合适，请设计一个投射技术来了解居民的态度。

（4）在整个过程中，你认为存在敏感的道德问题吗？为什么？如果是你，你认为怎样才能保持价值中立？

第 7 章 问卷调查

【本章学习目标】

1. 了解问卷编写的基本原则。
2. 掌握问卷的结构。
3. 理解测量的类型量表，重点掌握态度测量和其量表。
4. 掌握问题编制的方法与措辞。
5. 理解问卷的预测试和修改。

【本章题引】

问卷是科学研究中收集资料的重要工具，英国著名社会学家莫泽（C. A. Moser）指出："社会调查十有八九是采用问卷方法进行的。"随着广告投放对于消费者购买决策的影响，在市场中的各种现象和问题也变得日益复杂。作为一种快捷、有效的数据资料收集方式，问卷的作用愈加显现和突出。

然而在实际广告效果研究中，如何科学、有效地设计和编制问卷，最大限度地发挥问卷的作用和价值，并不是件容易的事情。我们经常使用问卷来搜集资料，可以基于问卷调查的结果，以便了解广告投放的新情况和新问题，用问卷资料来验证研究假设和观点。于是，问卷的科学性就直接决定了广告调查效果的科学性。一些研究者经常忽视问卷编制中的某些重要环节（如预调查和问题分析），认为问卷的标准化程度不必像心理测验那样严格，这导致问卷中题目的代表性降低，问卷的有效性和可靠性大打折扣。也有一些研究者没有深入学习和研究问卷编制的基本理论，不重视问卷编制的方法论问题，时常误解或歪曲问卷调查的结果，得不出科学、严谨的结论，甚至与实际市场状况相背离，得出相反的结论，从而影响企业或者品牌的发展。因此，从某种程度上看，问卷编制的质量和水平决定了广告效果研究的质量和水平。

广告调查的启动通常都是从现实需要开始的，是广告实践的需要，问卷调查的方法则是了解消费者需要的最好方法。问卷不仅是必备的工具，其质量水平的高低还将直接决定着调查能否得到全面、准确、可靠的结果。只有问卷设计得好，才能得到研究所要的资料。问卷是科学研究中收集资料的重要工具。

我们在日常生活中会碰到各种各样的问卷，如：杂志会附有"读者调查表"，以便了解你对杂志在栏目编排、文章编辑、内容设置上的看法等；一般电视机使用说明中还会有一张"用户反馈表"，用来了解客户对于该产品性能、价格、式样、颜色等的意见。凡此种种都属于问卷的范畴。问卷在广告市场调研中作用重大，任何形式的询问调研的核心都是问卷。

一、编写问卷的基本原则

（一）问卷的概念

问卷又称为调查表，是指由调查者根据调查目的与要求，设计出的一系列问题、备选答案及说明等组成的，对被调查者收集资料的一种工具。

问卷就是作为提问、记录和编码信息的工具，从而获得第一手的市场资料。具体来说问卷可以将所需的信息转化为被调查者可以回答并愿意回答的一系列具体的问题，并引导被调查者参与并完成调查，以减少由被调查者引起的计量误差。对于问卷，也能减少因调查人员的提问不同而引起的一些误差，如计量误差和编码误差等。因此，设计一份理想的问卷，既能描述出被调查者的特征（性别、年龄、职业、文化程度等），又能测量出被调查者对某一社会经济事物的态度，并且能在一定条件下以最小的计量误差得到所需的所有数据，有利于广告效果的研究。

问卷广泛应用于统计学、经济学、管理学、社会学、心理学等领域，它是市场调查收集资料的基本工具之一。在进行规范的市场调查时，利用标准化的问卷有利于迅速、准确地进行市场资料和市场信息的收集，也方便在后续工作中进行高速、高效的数据分析处理。

（二）问卷设计的原则

1. 操作性原则

问卷设计的首要原则就是操作性原则，因为问卷调查的最终目的是要对问卷结果进行统计分析，得出相关结论和观点。只有可操作性强的问卷，才能在结果的整理和统计时达到广告调查的目的。因此，问卷的编制要易于操作、处理和统计。比如，需要考虑尽可能采用封闭式、客观性问题；对被调查者的背景信息要合理编码；对开放式、主观性问题的答案要进行编码；问题内容不宜过多；考虑并控制影响问卷结果的因素与变量；提前考虑统计问题。

2. 可接受性原则

问卷调查具有自愿参与的特点，因此为尽可能减轻调查的负担，使被调查者能积极、乐于接受调查，就要设计出让被调查者容易接受的问卷，这样请求合作就成为问卷设计中一个十分重要的原则。

3. 简明性原则

在问卷设计时，由于需要考虑被调查者的时间有限，在设计问题时应尽可能地做到简明扼要。不能只考虑从调查者的需求出发，要考虑到实际调查多为街头拦截、入户访谈等不易让人们接受的方式，因此，在调查内容中力求将必要的信息，在短时间内让被调查者接受并填写；调查时间应尽可能地缩短，以免长时答题而结果失实。

4. 针对性原则

要充分考虑被调查样本的性质和特点，特别是被调查者样本的年龄结构、性别分布、文化程度、社会经济状况等特点，针对这些特点，有的放矢地编制和实施问卷。事实上，如果研究者对被调查对象群体有比较清楚和鲜明的认识与了解，将会特别有助于问卷题目的产生与编写。

在一些广告调查中，被调查者样本的构成成分比较复杂，可能包含多种社会经济背景的被调查者，这时不可能做到面面俱到，对每类被调查者都具有很好的针对性，因此，在实际操作中，可以通过试用，分析每种受访群体的不同反应，或与各群体的使用样本进行沟通，询问问卷中是否存在不利于该群体的特殊问题。

此外，评价问卷针对性的另一个指标就是有效回收率。在一定程度上，有效回收率越高，说明问卷适合受访样本，大多数的被调查者愿意按要求回答问卷中的问题；有效回收率越低，说明问卷对大多数的被调查者不太适合，大多数的被调查者缺乏足够的兴趣和耐心。

（三）问卷设计的程序

1. 把握调查目的

在进行问卷设计之初，首先要充分了解调查的目的和内容，仔细阅读调查方案，与方案设计者进行沟通、咨询及讨论。只有把握了研究的目的、研究的内容之后，问卷的设计才能做到有的放矢。

2. 搜集二手资料

在多方搜集二手资料的基础上要了解许多东西，还应借助别人的成功经验，才能将问卷设计得更为完善和全面。问卷设计者面临的调查课题经常是不一样的，这次调查与饮食有关，下次调查却可能与日用品有关。问卷设计者不可能熟悉所有产品，因此必须搜集、研究二手资料来保证问卷设计的科学性和合理性，为问题设计提供丰富的题目素材，借鉴其成功之处。

3. 探测性研究

探测性研究就是要求问卷设计者带着问题访问调查少量消费者，了解受调查者的经历、习惯、文化水平以及对研究问题领域里知识的丰富程度等，达成这一目的有助于问卷设计者确定问卷题目的表达形式，使问卷题目更切合受调查者心理。同时，也能更好地了解受调查者关心的是什么，对哪些问题思考得比较多、比较深入。通过个别访问，设计者能够更好地把握问卷应该问什么，问得全面与否，是否问到点子上，提供的答案是否合理、全面等。此外，研究者还可以借助个别访问判断和预测调查实施中将会遇到哪些困难，以便提前做好因应难备。

4. 编制问卷初稿

个别访问完毕，设计者就可以根据所搜集的有关文献资料、个别访问资料以及设计者的个人经验，编写题目。在编写问卷的过程中，问卷设计者还应熟悉题目的种类、答案的类型以及题目措辞的技巧等。

5. 题目的排列

排列题目不是简单地按顺序排列每一个题目，而是按题目之间的逻辑性、作答的难易程度等来合理排列。题目按一定顺序编排出来之后，加上卷首语和相关的记录问题，就成为一份完整的问卷，这是问卷初稿，其中可能存在设计者自己没有发现的问题，需要接受预调查的检查。

6. 预调查

预调查是将编好的问卷初稿用于小规模的受调查团体。其目的之一是发现问卷初稿存在的问题并修改。

预调查选取的样本一般是那些比较方便找到的受调查者。他们可能是研究者或访问员的同事、同学、朋友、家庭成员等。预调查的样本不一定与研究对象完全相同，只要基本特征相符合即可。预调查的方式与今后实际进行的方式要一致。实施采用电话访问，那么预调查也要采用电话访问；实施拦截（街头）访问，那么预调查也应该采用拦截访问。预调查的问卷应该留有较大的空间，以允许和鼓励受调查者批评指正问卷，如：题目措辞、题目次序、多余问题、遗漏问题；不适当、不充分、多余或混乱的答案；开放性问题空白够不够，以及其他方面等。

7. 制成正式问卷

通过预调查，问卷设计者可以了解受调查者的意见和评论，发现问卷中存在的问题。一般来说，如果有两个以上的受调查者对同一个题目有同样的批评，那么设计者就应该修改或删除该题目；如果有个别题目有很多受调查者没有回答，要寻找出原因并努力克服。

设计者还应注意处理反映倾向的问题。例如，有些题目的某个答案从来无人作答，有些题目大多数回答者都选择同一答案。对于这类问题的处理，应查看答案是否在同一维度，整个调查范围是否都包含在内；不同的答案之间是否相包含。

除了上述问题之外，问卷设计者通常还能发现问卷的措辞是否合理、题目的意思是否清楚、题目的排序是否合理、题目是否容易回答等问题。发现问题之后，设计者就可以修改完善问卷题目，编制出正式的问卷。

二、问卷的结构

一般来讲，问卷主要由卷首语、指导语、问题、问题编码和结束语五部分组成。不同类型的问卷由于目的、作用不同，在问卷各个组成部分上有不同侧重。网上问卷由于在后台解决了编码问题，一般只有四部分组成。量表型问题组成的问卷都是封闭式问题，也不必包含结束语。对于大多数市场调研的问卷来说，一般包括三个部分：卷首语（开场白）、问卷记录和题目。

（一）卷首语

卷首语也叫开场白，是问卷的第一部分，其内容一般包括下列几个方面：

① 称呼、问候。如："××先生、女士（或××同学）：您好！"应根据受调查对象来确定。

② 访问员的自我介绍。如："我是安徽经典市场调查咨询有限公司的访问员"等。

③ 简单地描述研究的目的。如："我们想了解一下您对某某手机的使用外观的看法。"

④ 说明作答的意义或重要性。如："您的回答十分重要，将有助于我们改良产品，为您提供更优质的产品。"

⑤ 直接表明作答对受调查者无负面影响。因为很多受调查对象会担心

问卷调查的保密问题而心存顾虑，所以卷首语一定要说明调查的结果将保密等内容。

⑥ 说明调查所需时间。如："我们将会耽搁您 15 分钟时间……"

⑦ 说明作答方式。比如要求受调查者多选或单选，打勾还是画圈等。

⑧ 答谢。承诺被调查者在调查结束后在什么时间、给他们什么礼品或是礼金，以及"谢谢您的支持和合作"。

⑨ 署名和日期。如："安徽省经典市场调查咨询有限公司"，"2015 年 8 月"。

以上是一般问卷所包含卷首语的基本内容。在实际问卷设计中，应根据资料采集方式以及实际情形来确定具体内容，卷首语置于问卷之中，还是仅用于规范访问员的自我介绍，也可在设计时一并考虑。下面的例子可以表明基本内容：

街头访问的卷首语：

×××，您好！我是安徽省经典市场调查咨询有限公司的调查员×××，我们正在进行一项关于某品牌洗衣粉的市场调查，不知您是否有时间参与对某品牌洗衣粉的调查，以便我们改进产品，请您根据您的实际感受回答。访问完我们将送给您一个小小的礼物作为纪念。访问只需要 3 分钟，现在开始访问行吗？

（二）问卷记录

问卷的第二部分是访问记录，它一般置于题目之前，也可以置于题目之后。一般我们需要包括以下七个方面：①访问员姓名、编号；②审核员的姓名；③编码员姓名；④受调查者的姓名、地址；⑤访问时间；⑥问卷编号；⑦其他。

问卷记录主要用于检查问卷完成质量，了解数据采集时相关责任人，以便于追究责任者和采取相应的补救措施。其中记录访问员、审核员和编码员有利于增强他们的责任感，出问题时也便于追究责任；记录下受调查者姓名地址、电话号码以及访问时间以便于进行复访检查，记录同时可以减少访问员作假的可能性；编号记录可以避免问卷出现混乱。

（三）题目

第三部分是题目，它是问卷的主体。题目除了在内容上要符合研究的目的外，还要注意题目的编排形式，以利于访问员或受调查者进行作答和记录，减少记录错误。

（1）分类别的题目在答案填答方式及编排时，要特别注意避免受调查者或访问员可能会发生的记录错误。下面我们举三个例子来说明：

例 1. 您现在喝的牛奶是从哪里来的？

a. 自己买的　　　　　　　　b. 家人给的

c. 别人送的　　　　　　　　d. 记不清

例 2. 您现在喝的牛奶是从哪里来的？

自己买的…………a□

家人送的…………b□

别人送的…………c□

记不清……………d□

例 3. 您现在喝的牛奶是从哪里来的？（　　　）

a. 自己买的　　　　　　　　b. 家人给的

c. 别人送的　　　　　　　　d. 记不清

在一般情况下，受调查者或访问员在记录答案时通常比较习惯于打"√"。打"√"比较方便，但经常会出现混淆。如有时受调查者会将"√"打在上下或前后两个答案之间，不便于判断选择的答案是哪个，这样会造成编码、录入的错误。所以例1常常要求受调查者打"O"，例2要求将"√"打在相应的"□"里，例3则要求将选择的答案填写在题目后的"（　　）"里。

（2）开放题要注意留出足够回答书写的空间。在问卷设计时还应注意要考虑受调查者的作答时间，应控制在 15 分钟到 40 分钟，最好不要超过 1 小时。

三、测量

在任何实证研究中，研究者都要获取研究变量的有关数据，这就需要测量变量，测量是广告调查的重要环节。

（一）测量的概念

所谓测量（measurement），就是依据一定的法则，通过量具对事物的特征进行定量描述的方法。从操作的角度来说，测量就是将数字或符号分派给事物、人、状态、事件等研究对象，以描绘其特征的过程。可以说，测量是一种通过分派数字来反映事件、人物、物体拥有属性数量的方法（McDaniel & Gates）。

测量是有对象的，而且测量的对象是事物的特征，而不是事物本身，因为事物本身是不可测的。譬如，我们不能说测量"人"，但可以说测量人的"能力""意见""态度"等。其次，测量要依据一定的法则，建立在科学规则和原理上，通过科学的方法和程序来完成测量过程。例如性别测量，标准简单又具体，结果为男性则记录为1，结果为女性则记录为2。不过，有许多特征模糊不清、难以测量，例如消费者的品牌忠诚度等。在调查研究中，问卷设计者可能将受调查者对某一广告的评价分成五个等级，用数字"5"表示"很好"，用"1"表示"很差"，其间各种不同程度分别用"4""3""2"表示。受调查者对该问题进行回答或选择，他们对广告的评价就用数量的形式确定下来。

测量或数量化方法应正确使用，才能获得更客观、更精确的资料。特别是研究消费者的心理或态度时，如果片面强调以数量区分特征的差异，常常会导致错误的结论。

（二）测量的过程

测量主要包括以下五个步骤：

1. 明确测量对象

测量，首先要明确研究对象，是消费者对广告的看法、评价，还是消费者对广告的兴趣程度；是消费者对品牌的评价，还是品牌留在消费者记忆中印象的深刻程度等。总之，要对测量的对象进行具体描绘。

2. 提出测量指标

测量指标是用来代表测量对象的。例如，消费者对品牌的看法、评价等，可以用"品牌态度"的概念来表示。在广告学中，此类的概念很多，如品牌意识、品牌忠诚、广告效果、高卷入度、低卷入度、社会阶层等。

3. 给测量指标下一个结构定义

就是确定一下指标的范畴。科学理论的构想采用结构定义，所有具有科学价值的指标概念都必须有基本定义。也就是说，它们必须能够被用在理论中。一个结构定义，很可能就是词典中的定义。一个具有结构定义的概念，应该可以与研究中的其他概念相互区别。因此研究中的概念应该很容易与其相似的概念相区别。例如对"品牌忠诚"，有人就将它定义为"在某个产品或服务类别中，自始至终偏爱或购买某个品牌"。

4. 给指标下一个操作性定义

操作性定义，是把一个较抽象的概念具体化，可以直观地把握和测量。下操作性定义时要注意，任何简单的概念都有许多不同的操作性定义。研究者必须选择最适合研究目的的操作性定义。另外，有些概念（如"态度"）很抽象，要通过操作性定义来直接测量比较困难，可以在结构定义的基础上，通过问卷的方法来测量。

5. 编制量表、信度和效度

量表是一个具有单位和观测点的连续体，将被测量的事物置于该连续体的适当位置，计算它离开观测点有多少个单位，便得到一个观测值，这种连续体就称为量表。以是否存在参测点和单位是否等距，量表有以下四种水平：命名、次序、等距和比率。

编制测量量表，有时候很简单，有时候很复杂。编制直接测量的量表比较简单，编制间接测量的量表比较复杂。简单的量表通常用一个题目来测量客体的某个特征，例如测量人的年龄，可以直接问"您的年龄有多大？"然后让受调查者自己回答，也可以提供几个答案让他们选择。复杂的量表一般要通过许多题目的组合来反映客体的某个特征或某种构想。例如了解人对事物的态度，就需要很多题目。

除此之外量表编制完毕还要检验量表的信度和效度。

（三）态度量表

广告研究中经常涉及消费者对品牌、对广告的态度，而态度又是比较复杂难以测量的。所以，在实际研究中，关于态度的测量主要有两种方法：一种是直接测量，另一种是间接测量。

所谓直接测量是指有关态度问题由研究者主观设计，并采用各种方式直接询问，受调查者只要回答已设计好的问题即可。直接测量的方法包括类别量表法、等级排列法、配对比较法、语义区分法等。

1. 直接测量

（1）类别量表法

类别量表法是依据受调查者可能做出的回答及其性质把问题和答案分成几个类别，然后由受调查者选择。其形式有三种：

第一种，让受调查者就某一事物、某一看法简单地表达自己的态度。

例：您喜欢 A 品牌的洗发水吗？

a. 喜欢　　b. 不喜欢　　c. 无所谓

例：这条广告很有趣，您同意吗？

a. 同意　　b. 不同意　　c. 无所谓

第二种，让受调查者就某一事物、某一看法表达其态度倾向及强度。

例："买一送一"是一种促销手段，消费者是得不到好处的，您对这种看法：

a. 非常赞同　b. 很赞同　c. 赞同　d. 不知道　e. 不赞同

f. 很不赞同　g. 非常不赞同

例：您对这条电视广告的看法如何？

a. 较好　　b. 很好　　c. 好　　d. 一般　　e. 不好

在上述例子中，"买一送一……"是平衡量表，即从有利的态度到不利的态度均匀分布；"您对这条电视广告的看法如何？"为不平衡量表，答案偏向有利态度，采用哪一种量表较合适，应根据研究问题的答案分布情形而定。

第三种，让受调查者进行简单的类别选择。

例：下列几种品牌中您最喜欢哪一种？

a. 甲　　b. 乙　　c. 丙　　d. 丁

例：下列两种品牌中您喜欢哪一种？

a. 甲　　b. 乙　　c. 拿不准

上述两个例子中，"下列几种品牌中您最喜欢哪一种"为必选题，要求受调查者即使不能确定选哪一种也必须进行选择，这类题目容易漏答。"下列两种品牌中您喜欢哪一种"为非必选题，因为它增加了一个答案"拿不准"。

类别量表法是最简单、最直接的态度测量方法，测量结果一般用各类别答案回答者的百分比来表示。

（2）等级排列法

等级排列法要求评价者对所有被评价对象按等级加以排列。

例：请您根据您的喜欢程度给下列 5 种品牌排序：

A. ＿＿＿　B. ＿＿＿　C. ＿＿＿　D. ＿＿＿　E. ＿＿＿

等级排列法获得的资料是次序量表资料，这种资料可以转换成等距量表资料来比较各种被评价对象的顺序及差异程度。

（3）配对比较法

配对比较法的目标是了解多种被评价对象在消费者心目中的位置。其做法是把所有要比较的几个对象分别配对，然后让受调查者从中选择出所喜欢的一个。在比较对象不多的情况下，这种方法比等级排列法更准确、可靠。但比较对象很多时，该方法则比等级排列法麻烦多了。跟等级排列法一样，配对比较法得到的初步结果也是次序量表资料，要转换成等距资料才便于比较。

（4）语义区分法

上述三种方法都仅仅是对品牌作总体评价，语义区分法则把态度看成比较复杂的概念而从多个侧面来评价。

2. 间接测量

间接测量是指有关态度的题目并非由研究者主观确定，而由部分受调查对象来筛选确定。题目一旦确定之后，就编制成问卷形式，由受调查者作答。

间接测量包括塞斯顿量表、李克特量表等方法。这里我们仅介绍广告调查中常用的李克特量表法。

李克特量表法是 R. A. 李克特 1932 年提出来的，它使用量表来测量人们对广告、产品等对象的态度。

李克特量表的编制过程也可分为以下四个步骤：

第一步：拟定 50 ~ 100 条关于态度对象的语句。其所表达态度的倾向有积极的和消极的两个方面，每一语句的答案相同，均为五个（或七个）等级，如：

①十分同意　②同意　③未定　④不同意　⑤十分不同意

第二步：把所有语句分为两类，积极态度的语句和消极态度的语句。前者如"这条广告很合我的口味"，后者如"这条广告冷冰冰的"。对于两类语句的答案所给的分数不同，积极态度的给分办法是：

十分同意 5 分；同意 4 分；未定 3 分；不同意 2 分。

消极态度的给分办法恰好相反：

十分同意 1 分；同意 2 分；未定 3 分；不同意 4 分；十分不同意 5 分。

第三步：选定若干受调查者，要求他们针对态度对象，依据自己的看法，就所列出的每一语句进行一一评分。这样就可以获得选择语句制定量表的数据资料。

第四步：语句的选择决定。通常有两种方法即平均值差数法和内在一致法。平均值差数法是先将受调查者对每一语句的答案换成分数，然后将所有受调查者按其总分大小由高到低按顺序排列，截取最高分数端的 25% 为高分组，最低分数端的 25% 为低分组。求出这两个组中每一语句的平均值，并以高低分组的平均值之差作为语句筛选的标准。差值大者说明该语句的区分能力强，则入选；差值小者，说明语句区分度差，则剔除掉。所有入选语句即可组成量表。

内在一致法是将各受调查者的总分排列成一栏，将某一语句的分数排列为另一栏。如果语句数量较多，直接求这两栏数据的等级相关；如果语句数量不多，在受调查者的总分中分别减去该语句的得分，而后求等级相关。相关系数大者表示受调查者对该语句的态度与总态度相一致，因此该语句入选。相反，如果相关系数小，说明该语句的态度与总态度缺乏一致性，则该语句剔除。依照此法，筛选每一语句，所有最后入选语句即可组成一个量表。

量表的使用方法是：让受调查者答复每一语句，然后转为分数并累加起来，这样就可以得到每个受调查者的态度分数，把所有应答者的得分平均起来，则可得出受调查者对该评价对象的总体态度。如果这些受调查者具有代表性，则可以推论出一般消费者的态度。

四、问题措辞

问卷的问题有两种类型：封闭题和开放题。在一份问卷中，题目可以全部是封闭题，也可以全部为开放题。这取决于研究问题的性质、特点。但在通常情况下，一份问卷既有封闭性问题，也有开放性问题。

（一）封闭题

封闭题就是已给好备选答案的题目，受调查者从问卷中已列出的多个备选答案中选出一种或者几种。具体的题型有：

1. 判断题

判断题也叫是非题，题目给定两个相反的答案让受调查者择其一作答。

例如：您知道"超能女人，用超能"的广告语吗？

知道——1　不知道——2

判断题中获得的数据资料是二分变量，虽然它属于命名量表，但它比具有多项选择答案的题目在统计方法上具有更大的选择性。除了可以用于多项选择命名量表的频率分析、检验之外，还可用于多种多元统计分析，如回归分析、因子分析等。

2. 多项选择题

多项选择题就是给出多个答案供受调查者选择的题目。它又分为单选题和复选题。

（1）单选题

它是只能从所提供的多个答案中选择一个答案的题目。在这类题目中，有的问题答案之间有程度、大小或等级关系，如例 A、例 B；有的问题答案之间没有任何大小或等级关系，一个答案就是一个类别，如例 C。前一种单选题属于次序量表，在实际研究中，可以当作等距量表采用大多数统计方法进行统计处理，普遍用于学术性研究。在商业性广告研究中，这类型的单选题主要用于企业、品牌以及广告等形象研究之中。

例 A：您使用善存多维元素片的频率是多少？

一个月几次　　　　　　1

一个月 2~3 次　　　2

一个月一次　　　　3

一年几次　　　　　4

一年一次　　　　　5

少于一年一次　　　6

例 B：刚才看过的广告，您喜欢不喜欢？

a. 很喜欢　b. 喜欢　c. 无所谓　d. 不喜欢　e. 很不喜欢

例 C：您最喜欢下列哪一种品牌的手机？

a. 苹果　b. 华为　c. 三星　d. 小米　e. 魅族

（2）复选题

它是指允许从所提供的答案中选择一个或一个以上答案的题目。这类题目一般只能进行频率分析，计算各个类别的百分数，如下例 D。

例 D：您是通过哪些渠道知道 ROIL 鸡尾酒的？

a. 电视广告　b. 报纸广告　c. 广播广告　d. 户外广告　e. 别人介绍

f. 商店观察　　g. 网络广告　　h. 其他

封闭题具有下列几个优点：

① 回答是标准化的，容易进行编码以及统计处理。

回答者容易作答，只要选择一下答案即可，无须自己填写答案内容。这有利于提高问卷的回收率。

② 可以避免无关回答。例如对于"您多久看一次电视？"这样的题目，题目本意是要问看电视的频率，而回答者可能回复"我想看就看"之类不贴切的答案。如果将该题目改成封闭性题目，提供"一周一次""一周二至五次"等答案，回答者就不会答偏了。

③ 问题含义比较清楚。因为提供的答案有利于理解题意。这样就可以避免回答者由于不理解题意而拒绝回答。

由于有以上优点，大多数市场调查问卷都以封闭题为主。但是封闭题也存在缺点，这些缺点是调查实施中需要注意并努力克服的：

① 容易使一个不知道如何回答或没有想法的回答者，猜着答案或随便乱答。

② 问卷中如果没有适当的答案，回答者难以作答。

③ 有些受调查者误解题目，这种情况只看答案难以发觉。

④ 自由选择的程度小，难以看出不同受调查者回答上的差异。

⑤ 书写上的错误较容易发生，如本想填第二个答案，却填在了第三个答案上。

（二）开放题

不给受调查者提供具体备选答案的题目就是开放题。开放题包括疑问题和投射题。

1. 疑问题

疑问题通常提出一个问题，让受调查者作答，旨在直接了解受调查者的看法、意见或有关情况。它可以分为定量疑问题和定性疑问题。

（1）定量疑问题：是指要求受调查者用数量来具体回答的疑问题。这类题目的目的是了解一些具体情况，以便统计处理。定量疑问题一般属于比率量表，可以进行平均数、标准差等各种统计处理。

如您昨天花多少时间看电视节目？

____小时　　____分钟

定量疑问题的题目设计比较简单，但受调查者回答的难度较大。因此许多研究都将它转换为封闭题，以减少受调查者的负担和统计处理的麻烦。

（2）定性疑问题：不要求受调查者用具体数据作答的疑问题，设计这类题目多数是为了了解受调查者的意见、看法。

例如，您为什么喜欢超能洗衣粉广告中的人物模特？

_____

_____

2. 投射题

投射题让受调查者完成某种字词联想、句子续写、编故事等题目，透过他们的回答，分析答案中隐含的态度或动机。

例如请将由下列词组联想到的事物写下来：

希望_____

使用开放题能够获得研究者预料未及的答案，让受调查者充分陈述自己的看法及理由，给受调查者较多的创造或自我表达的机会。一般来说，开放题只在以下情况使用：

① 不能用几个简单的答案来作答的复杂问题。

② 答案太多而且分散，封闭题不便使用时。

但开放题也有局限：

① 回答问题需要费很多的时间和精力，容易遭到受调查者的拒绝。一般来说，这类题目能有30%的受调查者回答已经是相当不错的。

② 受调查者的资料非标准化，难以统计分析。

③ 资料的编码往往非常困难和主观。在开放题的回答中，经常出现这

样的情况，同样的意思却千差万别；相反，相近似的措辞，意义迥然不同。因而编码时的分类很困难，主观性很强。

④ 搜集到的资料中可能包含着大量无价值或不相干的信息。有些受调查者在回答问题时或抓不到问题关键，或比较善谈，回答了很多，这样就产生了很多多余的信息。

⑤ 开放题要求受调查者有较强的书面（或口头）表达能力。

⑥ 开放题旨在全面了解，但太全面会使受调查者不知所云。

由前面的叙述可见，开放题和封闭题各有利弊，各适合于不同的条件和背景。一般来说，需要快速回答、对量化结果感兴趣、受调查者教育水平较低的情况下，采用封闭题比较合适。但在预备性调查中，在回答的详尽性和彻底性上开放题比较可取。

（三）题目的措辞

要如实、准确地获得有关信息，除了受调查者的认真合作之外，如何提出问题、如何询问也至关重要。然而设计者常常会在措辞上犯错误，尽量避免这些错误，设计一份比较完善的问卷，使受调查者能顺利作答，十分有利于调查。为了避免这些错误，下列几点值得问卷设计者重视。

1. 避免一问多答

在问卷中，一个题目不要包括两个或两个以上问题；否则，会让受调查者不知如何回答。

例如：您分别通过下列哪一种媒体看到"蒙牛"和"伊利"广告？

a. 报纸　b. 广播　c. 电视　d. 路牌　e. 霓虹灯　d. 其他

如果受调查者从同一种媒体接触到上述两种品牌，这样的问题他们尚可作答。但如果受调查者不是从同一媒体接触到这两种品牌的广告，受调查者就会无所适从，任何一种选择都包含着错误信息。

避免这种错误的有效办法之一是检查已设计好的问卷，看看是否有"和""跟""同""与""及"或"或"等字眼。如上例可改为两个题目，先问"蒙牛"，再问"伊利"，受调查者就容易作答了。

2. 避免使用冗长复杂的语句

从修辞的角度来说，修饰词多一点，语句长一点，语言会显得优美。但如果这类句子出现在要求受调查者在很短时间里作答的问卷中，就会造成理解上的困难。受调查者本来听一遍即可，现在要听两遍才能听清楚。这样不仅增加了作答时间，受调查者也会感到不耐烦。因此，在语义清楚的前提下，句子要尽量简洁。一个词足以表达时，绝不用两个或三个词。

3. 避免使用不易理解的词汇和语言

在大规模的调查研究中，调查对象的文化背景、教育水平、知识经验区别很大。有些受调查者看来相当简单的词汇，另一些受调查者却可能不知所云。问卷中非用不可的词汇要解释，在访问员培训时应说明清楚，以便他们向受调查者解释。选择词汇的时候要注意几个问题：地区差别、文化程度差别、专业化程度差别。把握住这几个方面的差别，使用的词汇就会比较贴切。

4. 题目要尽量具体而不抽象

只要可能，问题应该提到具体的、特定的事物，并要有特定的答案，比如年龄、性别的问题。受调查者不仅熟悉问题中的概念，而且熟悉适当的回答范围。

笼统的看法问题比较抽象，受调查者往往并无看法或从来没想过有关问题，因而无从作答，如果能具体到对某些方面的评价，受调查者就比较容易作答了。比如问"技术含量的高低"，受调查者尽管知道"技术含量"的含义，但他无法区别各种不同的技术含量，当然无法作答。

5. 避免诱导性问题

问题应该精心设计，尽量避免由于诱导使回答者的回答出现偏见，从而人为地增加某一特定答案出现的概率。问题应该是中性的。例如可以问"您觉得这种包装怎么样？"而不问"您觉得这种包装很精美吗？"诱导性问题会使回答失真。例如在美国的一项社会调查中，分别用两种方式问同一问题，一种为"您赞同今年提早一星期过感恩节的看法吗？"另一种为"您赞同罗斯福总统提出的今年提早一星期过感恩节的看法吗？"结果后一种提法由于提到了罗斯福总统，而增加了百分之五的肯定回答。

6. 注意时间范围的表达

调查题目经常涉及时间，而问卷设计时，设计者常常会忽略掉准确表达时间范围，因而造成研究结果不可靠。在实际问卷调查中，很容易看到这样的题目："您过去使用过某某品牌的产品吗？""您平均每月的收入是多少？"显然，这两个题目都有时间表达不清楚的问题，第一个题目中的"过去"究竟是"从出生到调查之前"，还是调查的"前一年""前一月""前一天"，只能让受调查者自己去猜测；第二个题目中的"平均"，有的受调查者可能按过去半年计算，有的可能按过去三个月计算，答案的含义也不相同。因此在设计问卷时，应该特别注意这类不明显的错误。

除了以上所述，题目的措辞还应注意：

① 问题应该让人能回答，而不是让人说"不知道"或"无法回答"。

② 避免用刺激性的词汇如"您是否失败过?"

③ 问题的措辞应是中性的。

④ 避免用只有少数人能理解的行话或方言。

⑤ 术语或概念的运用要具体，如饮料，应该指出是果汁的还是碳酸型的。

⑥ 确保问题中的事实是准确的，以免访问员的尴尬。

⑦ 使用正确而简单的语法和句子结构，不要用双重否定句。

⑧ 答案应该跟问题相匹配，如回答程度的问题不要仅给是否的答案。

⑨ 问题要问过去或现在的行为，不要问将来的，将来不可靠。

⑩ 尽量避免五个以上的答案。

五、预测试

在进行广告调研时，我们的目的是传达有关信息，从而使消费者认识商品、改变态度，最终产生购买行为。所谓：谋先事则昌，事先谋则亡。因此，要在广告投放之前进行事先测试，避免广告主的损失、把握市场时机，可见预测试显得极为重要。

（一）预测试的概念

预测试又称为事前测试，就是在广告实施前选取部分目标市场的顾客，根据他们的反应，研究广告目标实现的程度。就是事前测试、研究消费者，促使我们产生更有效的广告构想，保证实现目标的更大可能性。避免广告主把几十、上百甚至上千万元的广告费寄托在对某个"创意"的冒险上，增强广告执行的有效性。

事前测试可以降低广告主的风险，避免出现大的错误。例如你诉求的重点根本不是消费者的关心所在；或者你的说辞会使消费者产生反感并赶走他们。事前测试可以给出一定量的信息。还可以对几种方案进行择优录用，可以通过对于同一种需求进行多种表达，而哪种更好、更有效，通过事前预测消费者达到初步测试广告达到目标的程度。再有，通过事前预测可以对广告投放效果做一个初步的探测，使广告执行者心里有数，合理采取行动。最后，就是节约了广告主的费用支出，虽然事前测试要投入资金，但它能在正式投放广告之前将未能预见的问题加以规避，实际是节约了大笔的费用。因此，对于一个投放规模较大的广告来说，做好事前预测，是避免损失的一种合理而有效的方法。

（二）预测试的步骤

第一步，确定预测目标。即确定预测的主题，规定要达到的目的。预测的目标应尽量具体、详尽，不能含混、抽象。它既关系到整个预测活动的成败，又关系到预测的其他步骤的进行，如收集什么样的资料、怎样收集资料、采用什么样的预测方法，以及如何制订该次预测的具体工作计划和进度计划等。预测目标的确定，应包括预测的对象、预测的目的、预测的时间范围、预测的空间范围等内容。

第二步，收集分析资料。根据预测目标，确定所应收集的有关文件、数据等内容，通过市场调查去广泛、系统地收集所需要的历史和现实的资料，既包括说明事物成功的情况和反映存在问题的资料，也包括企业内部资料，如企业自身生产经营情况的统计资料和市场动态分析、调研报告及其他外部资料等。其中，外部资料包括政府部门公布的统计资料、科研单位的研究报告、报刊发表的市场资料等。外部资料往往是企业的环境资料，能说明企业生产经营的背景。

第三步，建立模型，选定预测方法。资料审查、整理后，即对其进行分析、绘制散点和推理判断，以提示预测对象的结构特征和变化趋势。做出各种假设，拟定出预测对象的结构和变化模型，也就是建立一个或一组数学模型，用以描述经济现象之间的关系。而定性预测，一般称为建立经济模型是搞好定量预测的重要一步。

第四步，分析、评价、确定预测值。这一步是对初步预测结果的可靠性和准确性进行验证，估计预测误差的大小。预测误差愈大，预测准确度就愈小，而误差过大，就失去了预测应有的作用。此时，应分析原因，修改预测模型。同时，进行统计检验，看预测对象的影响因素是否有了显著变化，看过去和现在的发展趋势和结构是否能延续到未来。如果判断是否定的，就应对预测模型作必要的修改。在分析评价的基础上，修正初步预测值，得到最终的预测结果。通过预测能解决一些问题，但再好的预测也存在着不实情况，因而预测不是预言，预测值与实际值总会有一定的误差。

第五步，提出预测结果报告。预测报告应概括预测主要活动过程，列出预测目标、预测对象及有关因素的分析结论，主要资料和数据，预测方法的选择和模型的建立，以及预测值的评价和修正，实现预测结果的政策建议等内容。

结合广告调研活动，我们对事前测试可以进行四个步骤的工作：一是产品概念阶段，分析产品要解决的问题、怎样解决，这一阶段的测试是要调查消费者对某一产品概念的重视程度、态度、理解水平，为以后整个广告的执行提供方向性的指导方针，对于新产品构想或一种产品的新的使用方法的推出，一般都应进行概念测试。二是承诺陈述阶段，通过广告信息的传达对消费者做出承诺，告诉受众可得的利益和解决的问题，这一阶段的事前测试是确定哪一种陈述更强有力，更能说服消费者。三是草案阶段，这是在最后制作之前所进行的事前测试。对于印刷广告，采用草图，大致绘出图样、标题，并写出文案内容；广播广告则采用毛带，将声音录在磁带上，并配音乐，如果实际完成广告时将使用整个乐队，此时只用钢琴奏出基本旋律即可；电视广告则采用故事板形式，即用一系列草图告诉受测者他们将会在电视上看到什么，并说明他们将听到什么，有时还将声音录在胶片上，将声音与故事板合成。草案测试是确定哪一种方案能最有效地传播广告信息，为后期制作提供建议。四是完成阶段，用广告完成稿或正片做事前测试，虽然费用昂贵，但对于投放规模大的广告是十分必要的。

（三）预测试的意义

事前测试要制订好计划、编制预算，并且将其包括在广告投放的整体计划中。首先要为事前测试设定目标，在进行测试之前必须清楚地说明我们要测试的是什么，而且要注意测试的结果必须为广告的传播效果服务，不能以多少人"喜欢"某个广告来作为测试的基础。我们应确立与销售信息的传播有关的测试目标，如商品信息的记忆程度、可信度、说服力、态度的改变等。

本章小结

1. 理解问卷编制的基本原则。这主要包括操作性原则、可接受性原则、简明性原则和针对性原则。

2. 掌握问卷编制的结构。问卷主要由卷首语、指导语、问题、问题编码和结束语五部分组成。不同类型的问卷由于目的、作用不同，在问卷各个组成部分上有不同侧重。网上问卷由于在后台解决了编码问题，一般只有四部分组成。量表型问题组成的问卷都是封闭式问题，也不必包含结束语。对于大多数市场调研的问卷来说，一般包括三个部分：卷首语（开场白）、问卷记录和题目。

3. 理解测量的类型量表，重点掌握态度测量。测量是一种通过分派数字来反映事件、人物、物体拥有的属性数量的方法。态度的测量主要有两种方法，一种是直接测量，另一种是间接测量。

4. 掌握问题编制的方法与措辞。问卷的问题有封闭题和开放题两种。在一份问卷中，题目可以全部是封闭题，也可以全部为开放题，通常情况下，一份问卷既有封闭性问题，也有开放性问题。避免一问多答，避免使用冗长复杂的语句，避免使用不易理解的词汇和语言，题目要尽量具体而不抽象，避免诱导性问题等。

5. 理解问卷的预测试和修改。预测试又称为事前测试，就是在广告实施前选取部分目标市场的顾客，根据他们的反应，研究广告目标实现的程度。就是事前测试、研究消费者，促使产生更有效的广告构想，保证实现目标的更大可能性。

关键术语和概念

问卷；卷首语；测量；态度测量；预测试

思 考 题

1. 什么是问卷？
2. 问卷编制的结构有哪些？
3. 态度测量的内容包括哪些？
4. 问题编制的方法是什么？
5. 问卷编制时应注意哪些措辞？
6. 如何进行问卷的预测试？
7. 结合校园学习与生活，试编制一张广告调查问卷。

探索性活动设计

小米雷军上街做问卷调查　未被认出遭拒绝

2013 年 9 月 18 日，新浪微博上曝光了小米董事长雷军在街头做问卷调查的照片。据悉，这是雷军在江苏卫视举办的《赢在中国蓝天碧水间》节目中的图片。图片中的雷军作为特约嘉宾以普通调查员的身份去街头做市场调查，但可以看出当他走向两个姑娘时，被毫不留情地拒绝了。

《赢在中国蓝天碧水间》是江苏卫视推出的一档商战真人秀节目，参加这次节目的选手包括 12 位成功的企业家，评委则由柳传志、任志强和冯仑担任，雷军担任特约嘉宾。

问题：

1. 请根据以上案例，分析访问员在访前应如何准备、在访问中应如何应对。

2. 如果你是评委，请给雷军支招街头拦截调研的建议。

第8章 观察法

【本章学习目标】

1. 了解观察法的历史。
2. 掌握广告调查中的观察法。
3. 掌握观察的对象。
4. 掌握观察的手段。
5. 掌握内容分析——广告监测技术。
6. 结合环境灵活使用观察的手段和相关技术。

【导入案例】

全球渴望的好工作 VS 神秘顾客

最近的消息：英国奢侈品购物网站 Very First To 近期发布招聘信息，面向全球寻找一位奢侈品体验员。该职位的工作职责为：试驾顶级豪车、入住五星级酒店、品尝各式美味佳肴、试戴名牌珠宝手表等，然后将体验心得反馈给 Very First To 网站。该网站发言人表示，适合该职位的应聘者应该有很强的适应能力，眼光敏锐、口才好，熟悉时尚、美食以及奢侈品市场，能够听出宾利车和雷克萨斯车引擎发动声音的不同，还能立马分辨出羊绒和驼毛。同时他还表示，该职位的薪水还没有确定，公司会根据应聘者提出的薪资要求来决定每周的工作天数。招聘广告发出后，该网站已经收到了 1000 份应聘申请，应聘者中不乏奢侈品杂志编辑、广告公司总裁、选美冠军，甚至英国皇家海军陆战队员。该网站是一家会员制奢侈品购物网站，Alexander McQueen、苹果、宾利、卡迪尔、Jimmy Choo 等国际大牌均在该网站发布新品①。

① http://language.chinadaily.com.cn/news/2013-09/27/content_16999183.htm.

要做好上述的工作还不能仅仅执着于自己的体验，更多的体验员反馈的消息是，体验员的职责是搞清楚产品和用户需求之间的距离，并将这些细致而真实的资料反馈给商家，从而帮助他们提升产品的用户体验。

与新近炙手可热的体验员不同，神秘顾客在商业调查中活跃已久。他们不仅要提供类似体验员一样的信息，还要提供观察对象更多的咨询。

在一家五星级酒店里，衣着得体、举止大方的客人三三两两地在享受美食。酒店的装修极富品位，富丽堂皇。餐厅请的是米其林三星大厨和中国八大菜系之一鲁菜的传人，菜品尽力做到中西合璧，在保持传统风味的同时也做到了与时俱进。客人们正在享受他们美好的下午茶时光。神秘顾客就在他们中间。

神秘顾客方法是由米尔马克公司发明的，自它们使用神秘顾客方法收集信息后，很多公司开始采用此方法了解公司的运营情况。神秘顾客方法由肯德基、诺基亚、飞利浦等跨国公司引入我国，麦当劳曾公开表态，它们在全世界主要市场都有被称为神秘顾客的项目，也就是影子顾客。这些影子顾客要观察消费者服务、员工态度、货架摆放、产品质量、用户满意度等情况。

神秘顾客方法在很多方面都有自己的优势，通常在使用之前，公司要对神秘顾客进行培训，从而获得对自己业务提升有直接帮助的信息。

一、观察法概述

上文中的神秘顾客是收集资料的一种观察方法，事实上，观察法历史悠久且类型多样。本章节中，我们将介绍几种有关广告信息收集的观察方法。

（一）观察法的发展历程及概念

1. 观察法的发展历程

观察法在所有收集资料的方法中是历史最悠久的方法，是所有科学研究方法的始祖。英国社会学家 C. A. Mosen 认为观察法可以称为科学研究的第一等方法。

每个人都可以使用观察法，在日常生活中，我们随时随地在进行观察，通过感觉器官——眼睛，我们获得外部世界的丰富信息。但这并不意味着我们懂得科学地使用观察法。广告调查中所讲的观察是科学的观察，它不是单纯依循感官的体验，而是研究者在确定研究主题之后，有计划、有步骤地利用视觉及其相应的工具收集观察对象的信息，开展研究的一种方法。

【知识橱窗】

1601 年，丹麦天文学家和占星学家第谷·布拉赫临终前对他亲自挑选的接班人开普勒说："我一生都在观察星辰。我的目标是 1000 颗，现在只观察到了 750 颗……可现在却病成了这个样子……我把我所有的手稿都交给你，希望你把我观察的结果出版出来……你不会令我失望吧？"第谷死后，手稿被第谷的亲属收回。开普勒牢记老师的愿望——观察 1000 颗星星，从而开始了观察—整理—观察的研究之路。1627 年，开普勒完成了老师的遗愿，而且此后还提出了著名的开普勒定律。

科学的观察源于日常生活的观察，不同之处在于科学的观察是抱着研究的目的，有序展开的研究活动。为了达到该目标，在科学观察中第一准则是客观，观察者需保证在观察中始终保持冷静、理性和中立，不能如日常观察那样轻易受情绪影响。其次，科学的观察需要预先确定观察的内容、目标，围绕研究主题形成观察的基本框架，从而确保收集的资料是系统的而不是碎片的。最后，科学的观察一定不能忽略典型事件和例外情况，对上述两种情况的资料的整理既有利于研究者在观察中排除外界不必要的干扰获得有价值的资料，又能够保持研究的开放态度，发现新的现象以弥补研究设计的不足。

2. 观察法的概念

本书第 5 章"定性研究与定量研究"详细介绍了两种研究的差别：定性研究认为社会成员的主体世界与行动方式并非是孤立的，而是与他们的社会文化环境紧密关联的。因此，如果要了解、探索社会成员以及社会现象，就需要进入到研究对象的社会环境中。通过还原场景、收集原初场景中的资料，研究者可以得到有关研究对象的丰富信息，在此基础上的探索是真实而有意义的。

观察法就是通过"看"这种方式，让研究者和研究对象之间建立一种链接，这种链接借助一系列的技巧、方法，可以将研究对象的行为、过程、结果以及相应的社会文化环境真实记录下来，从而能收集较为完整、全面的信息。

观察法最大的特点是，建立研究者和研究对象之间关系的工具不是语言、文字，而是眼睛，观察法并不借助于提问或者交流收集信息，而是通过眼睛观察研究对象的行为以及行为的结果。

观察法认为研究对象所处的生活世界是理解其所有行为的起点，所以研究对象所处的环境和研究对象一样重要。因此，观察法采集的信息分两类：环境和人。在观察人的行为时，观察的对象有两个：人的行为和行为的结果。观察法强调对细节的把握，动作、语言、表情是行动的构成元素，也是理解对象行动的起点。在观察环境时涉及物品、场域、文化等因素。

（二）观察法的种类

按照不同的标准，观察法可以分为不同的种类。

1. 按照观察者在观察对象面前暴露的程度，或者说是观察者进入到研究对象生活世界的程度，可以将观察法分为完全参与式观察、半参与式观察和完全非参与式观察

其中半参与式观察又可以根据研究者和研究对象的实际距离细分为名义参与式观察和交往非参与式观察。

（1）完全参与式观察

参与式观察法（包括完全参与式观察和半参与式观察）是所有观察法中最富有技巧性的方法，这不仅仅体现在它悠久的发展历程上，更体现在它与其他资料收集方法的比较上。参与式观察方法也是本章重点介绍的方法。

参与式观察来自于人类学的田野调查。19世纪后半期，受到自然科学发展尤其是达尔文"进化论"的影响，很多人类学家踏上建构人类文化结构、探索文化进化规律的研究之路。有一些学者意识到民族文化的差异性，开始自发地收集田野材料，但这些材料的收集手段单一，主观色彩浓郁，而且在认可文化应当遵循进化论理论具有规律性的大前提下，大多数的人类学家强调文化的共性，具有较强的文化偏见。

19世纪末到20世纪初，人类学开始注重民族志类的考察，美国人F.鲍亚斯在1882—1894年间对北美的爱斯基摩人、印第安人做了一系列的田野调查。1898—1899年英国人类学家A.C.哈顿领导的托雷斯海峡探险活动被认为是人类学田野调查的里程碑。真正将田野调查标准化并且确立参与式观察方法的是功能学派创建人之一：B.马林诺夫斯基。1914年，B.马林诺夫斯基参加赴太平洋的考察团，遭遇一战爆发，因他是波兰人，被澳洲当局视为敌对国国民扣押，但他得到一个机会——在新几内亚东南部的麦鲁岛做文化考察，时长半年，后又到卓步兰群岛做了26个阅读实地调查，这段经历丰富了他对田野调查技巧及要求的理解。回到伦敦之后，B.马林诺夫斯基开设社会人类学课程，开始系统讲授功能理论及田野调查方法，

至此，创立了民族志参与式观察法。

英国社会人类学家 B. 马林诺夫斯基说："除非你与异文化部落的人们唇齿相依地住在一起，并能很流利地说他们的语言，否则你不能称为专业的人类学家。"参与式观察法的基本结构是：研究者通过各种思考或理论推演提出确定的研究问题或研究对象，然后放弃所有可能的预设，进入研究对象的生活世界中，以理性且冷静的视角收集各种资料，将收集的各种资料进行初步的分析与归纳之后，再次展开收集和整理，经过多次循环，逐步达到对问题、现象和过程的理论概括和解释[1]。

完全参与式观察要求研究者在具体的田野工作过程中，进入到研究对象的日常生活中，最大限度地参与被研究对象的各类活动，研究者通过细致入微的观察和缜密严谨的判断，取得与研究课题相关的知识和信息。完全参与式观察为了达到理想的观察效果，甚至要求研究者不仅要与研究对象同处一个生活世界，而且还要学习并掌握研究对象的日常语言、文字。这一要求来自于人类学发展该方法时所确立的传统，B. 马林诺夫斯基认为，只有采用与当地人一样的交流方式，才能真正地理解研究对象。在完全参与式观察中，被观察者以为观察者是群体中一员，而不知道自己处于被观察中，因此，完全参与式观察往往能了解到很多不容易掌握的真实资料。

完全参与式观察对观察者提出了很高的要求，因为当观察者融入观察对象的生活世界时，保持中立、理性、客观是一件很困难的事情。此外，观察者介入研究对象生活世界的同时，也改变了研究对象所处的社会网络，从而可能改变研究对象的态度、情绪情感以及行为方式，破坏观察现场的独立性，资料的真实性也会受到影响。

例如要为一款互联网产品设计文案，研究者需要在真实的场景中观察使用者的反应、参与到使用者的体验交流（各种态度及原因）中去，获取使用者的真实反应信息，同时研究者也需要自己体验这款产品，甚至了解整个产品的诞生过程，尝试感受产品从设计到使用的全过程，此时，研究者所获得的知识和信息量将远远大于文献调查或者问卷调查所得到的没有温度的结论。但研究者在参与文案设计过程时的态度、意见、情绪等都会对观察对象造成影响，最后收集的信息也并非完全来自于观察对象，而是掺杂了研究者的态度。

---

① 风笑天. 社会学研究方法 [M]. 北京：中国人民大学出版社，2001：239.

　　在完全参与式观察中，观察者还面临一个重要的问题——伦理问题。事实上，观察者利用了观察对象的信任，收集了研究所需要的资料，但这种做法似乎有悖于基本的伦理道德。正如怀特所言："参与观察者单纯为了加强自己在这一参与领域中的地位，而努力想操纵被观察者，并不惜做出不利于他们的事，这对于被观察者来说是不公平的。"①

　　（2）半参与式观察

　　半参与式观察的意思是研究者部分介入到对象的生活世界，这个部分介入可以根据介入的具体表现分为名义参与式观察和交往非参与式观察。名义参与式观察是观察者参与到对象的生活世界中去，但观察者的身份是暴露的。例如，学校号召学生到少数民族地区收集广告设计的素材，为期一个月，由少数民族同学邀请同班同学到自己的家乡调研，虽然这部分同学也与当地人同吃、同住，但由于语言、风俗、外貌等差异明显，所以无论学生怎样努力，所能介入的也只是研究对象的物理层面的活动，无法进入对象的心理空间，研究对象在心理上认为研究者是一个"他者"。

　　交往非参与式观察是指研究者的身份完全暴露在观察对象面前，而试图通过一些社会交往关系展开调查，例如领导视察、新闻采访等。

　　这种观察的特点是，交往双方的社会角色是稳定的，双方都在自己的角色立场上，同时又多多少少能感受到对方角色的反应。因此采用了社会角色的方式进行观察，所以比较容易保持自己的态度不受其他因素干扰，但是强烈的"在场感"依然会对研究对象造成影响。例如广告公司招聘员工，采用无领导小组方式做最后一轮选拔，公司的高管到现场观察应聘者的反应，无论高管怎样保持平和态度，应聘者的行为或多或少都有些走形。

　　（3）完全非参与式观察

　　完全非参与式观察中，研究者并不参与到研究对象的生活中去，但又不暴露自己的研究者身份以避免影响被观察者。研究者远离观察对象，被观察者并不知道自己处于被观察的状态。因此，被观察者不会因为顾及"态度"而改变自己的行为，这样，被观察者的行为被保持在"自然"状态中。

　　完全非参与观察通常有两种做法：近距离冷淡法和远距离仪器法。近距离冷淡法是观察者距离对象很近，但不介入被观察者的活动。例如，通

---

① ［美］怀特．街角社会［M］．北京：商务印书馆，2005：428.

过视频采集技术收集超市、商场、酒店中的消费者消费行为：消费者更加青睐哪种产品，在与服务人员交流时消费者的表情和动作，消费者集中消费的时段及消费特征等。被观察者由于并不知道自己处于被观察的状态，所以在选择商品时，他们的行为保持了自然状态。远距离仪器法是观察者距离被观察者较远，借助闭路电视、望远镜等设备进行观察。

参与式观察的优点在于观察者走进被观察者的世界，能较为深入地感受、体验对象世界，从而收集更为具体和丰富的信息，但人都具有情感性，尽管研究者力求保持价值中立，并且尽可能不打扰研究对象的正常生活，但在耳濡目染的生活中、在日常的互动中，相互的影响已经发生，很难界定哪些信息是主观体验，哪些是客观资讯。在非参与式观察中，观察者和被观察者都没有相互影响，观察者保持了最大限度的中立性，被观察者保持了最大限度的自然状态，所以收集的信息较为客观，但由于不能进入到对象的情境中，所以研究者的结论难免失之肤浅。

【案例分享】 垃圾研究

美国亚利桑那大学人类学系教授威廉·雷兹在研究人们的消费行为时采用了非参与式观察法，他认为不需要进入对象的生活世界就可以得到关于对象习惯的客观信息。在研究中，威廉·雷兹认为可以通过观察垃圾来了解对象的行为。他认为："垃圾袋绝对不会说谎，什么样的人就会丢什么样的垃圾。查看人们所丢弃的垃圾，是一种更为有效的行销研究方法。"于是，他与助手挑选数袋垃圾后将垃圾的内容按照其原产品的名称、重量、数量和包装形式予以分类，持续一年后，他得出了当地消费的基本信息：a. 劳动者阶层所喝的进口啤酒比收入高的阶层多；b. 中产阶层比其他阶层人士消费的食物更多；c. 减肥清凉饮料喝压榨型橘子汁受到高收入人士的青睐[1]。

无独有偶，合肥人小张在大约十年前准备做空调代理时，非常苦恼到底该不该进入这个行业，如果选择这个行业，到底应该代理哪个品牌。在听了无数人的建议，徘徊在各种矛盾的主张中依然无法决定的时候，小张决定亲自出马调查市场。他选择了非参与式观察法，在行动之前，小张买了一张合肥市市区地图，在地图上画出行动路线图。他一个小区一个小区的跑，观察每个小区的空调外机，从数量到品牌，一一记录。最后得出结

---

① 李奇云. 广告市场调研［M］. 成都：四川大学出版社，2004：196.

论，合肥人青睐格力空调，而格力空调确实如他们所言质量过硬，因为细心观察空调上的标志，有的空调已经有上十年的历史了。这些观察结果帮助小张做了正确的决策。

2. 根据研究者是否事先设计好观察表可以将观察法分为结构式观察和非结构式观察

（1）结构式观察法

所谓结构式观察法（structured observation），是指观察员根据标准的观察表（问卷），对每一位被观察者进行观察并填写一份问卷。在结构式观察中，研究者事先确定观察项目、选择观察样本，然后根据研究主题的需要设计记录观察结果的统一表格。不论观察员是谁，研究地点在哪里，研究对象有什么不同，观察的内容一样、顺序一致、记录方法一样，并且采集信息和记录观察结果的工具都是一致的。维克（K. E. Weick）认为结构式观察是对合乎实证标准的有机体的行为和情境的选择、记录和评估的工作。研究者事先已经分析并且确定了观察的内容，所以在观察前就预先定下观察的范围及使用工具、对象，以便准确记录，在结构式观察中研究者希望用观察的结果验证自己的论点[①]。

结构式观察因为采用了标准化的观察表，所以可以对收集的资料进行准确的分类、记录、编码，对所有的观察结果展开比较分析，可以进行量化编辑和内容分析，从而在形成规律性结论时具有极大的优势。

结构式观察法要求研究者事先对所观察的事物有比较深入的了解，并且提前设计好较为详细的记录表格，在记录表格中最好标注上记录的要求，必要时要对参与人员进行培训。

（2）非结构式观察法

非结构式观察法（unstructured observation）正好和结构式观察法相反，研究者不需要提前对观察的内容、记录的方式、顺序等做严格的规定。研究者在牢记观察目的和主题的基础上，结合现场的实际情况进行观察。

在非结构式观察法的运用中，研究者往往有一个观察提纲，观察者可以在提纲的基础上结合现场的具体情况，针对自己认为重要的现象集中观察。非结构性观察给了研究者很大的主动权，观察者往往能得到意想不到的信息，同时，非结构观察没有统一的设计和表格，收集来的资料没有统一的规范，往往比较零散，不便于归类整理和定量分析。

---

① 张彦. 社会研究方法［M］. 上海：上海财经大学出版社，2011：131.

因此，一般来说，在进行描述性调查、因果性调查和预测性调查时会使用结构式观察法，而在探索性调查时则采用非结构式观察法。

3. 几种其他类型的观察法

（1）直接观察法

直接观察法（direct observation）是指直接观察研究对象的行为，并记录有价值的信息，该方法能够详细地记录研究对象的行动及细节。在直接观察中，观察者工作的重点在于是否记录下详细的信息，无须过多考虑是否记录行为影响了研究对象。例如，新建学校为了修建更为人性化的道路，在设计道路之前，让观察员到现场记录学生的行走路线、移动的频率和偏好。肯德基在确定门店的地址之前，让观察员在备选的地点记录人流量、人员的性别、服装、年龄等信息，以协助评估该区域人员的消费能力和消费偏好。

（2）控制观察法

控制观察法（contrived observation）是指研究者根据研究的需要，出于验证某个研究假设的目的，人为创造某个场景，然后观察在该场景或条件下研究对象的反应。在控制观察法中，研究者能提高某些行为模式发生的频率。例如，为了了解消费者是否会因为受到群体性压力而选择类似行为，研究者可以设置场景，让消费者置身于大量参与实验员组成的购买群体中，然后观察研究对象的真实情况。通过这种场景的控制，研究者能在有限的时间内获得大量直接相关的信息，但是要注意使用控制观察法时不能违背研究的伦理和当地的风俗习惯。

（三）观察法的优缺点

与其他的方法相比，观察法具有以下特点：

1. 优点

（1）资料客观真实

观察法强调获得研究对象的真实反应，所以即使是控制观察法也力求不干扰研究对象，所以观察法避免了在面对面调查中，研究对象由于启用了"印象管理"策略而产生的误差，在保证资料客观性、真实性、翔实性，尤其是现场的具体情境方面，具有较大的优势。

（2）较大的适用性

观察法不太受到时间、地点、对象配合程度等因素的影响，理论上说，研究者确定研究主题后，可以随时启动调查，而且研究者尽可能不打扰被观察者，最大限度保证了资料的真实性。所以该方法在操作性和信效度上都有不错的成绩，适用范围较为广泛。

（3）收集的信息具体而全面

所有的信息都需要在具体的情境中展现才具有意义，观察法恰恰能很好地实现这一要求。观察法不仅仅收集研究对象的行为，而且记录行为发生的具体场景。这无疑能帮助研究者更为深入地理解对象的行为，研究结论对广告设计、文案设计、营销策划的意义更为直接和明显。

2. 缺点

（1）研究课题有局限性

由于研究伦理的约束，观察法往往只能收集到研究对象在公开场合的行为，其私下的行为，例如在家庭中如何使用产品的行为等，难以观察到。同时，研究对象的行为发生往往受到多种因素的影响，只是发生在某一特定条件下，并不代表未来的行为。

（2）受研究者主观性影响

观察法收集的是研究对象的行为表现，如果研究课题涉及研究对象主观原因，观察法不如问卷法和访谈法。用观察法收集资料容易获得"是什么"的答案，但对"为什么"的答案则捉襟见肘。对象的内心世界，如动机、目的、心境、情绪等复杂心理现象则难以捕捉。观察者并非基于对象的内心感受分析和理解其行为，而更多的是基于自己的主观性对象行为进行记录、分析，观察中很多的不可预知因素对对象的干扰可能因为观察者的能力有限被忽略，所得出的结论难免片面、主观。

（3）受时空条件的限制

从时间上来看，已经发生过的事件和尚未发生的突发事件都无法观察。从空间上看，观察法较为消耗人力，所以调查对象多且分散时，无法采用。不过如果使用机器进行观察，这个缺点将得到大大缓解。

二、观察法的实施

（一）几种常见的观察法

1. "神秘顾客"观察法

（1）"神秘顾客"的概念

"神秘顾客"（mystery customer）源自美国，随着市场竞争日益激烈，企业发起了一项"以客户满意为精英导向"的服务营销革命。为了赢得消费者，企业需要找到提升产品和服务吸引力的方法，为此他们开始主动委托经过专门培训的调查员进行调查，这些调查人员通常在被委托的时间范围内就商品交易过程进行调查。在美国率先使用此调查方法的是肯德基、麦当劳等企业。

　　被委托的调查人员假扮成购买商品的顾客，与观察对象进行交流，咨询相关的问题并且观察、记录对象的态度、行为，离开现场后，他们将记录的内容分类整理并据此评价产品和服务提交给委托人。由于观察对象并不了解自己处于被观察的状态中，也无法辨别顾客的真实身份，所以采用此方法获得的资料能精准地反映现实问题。对于被观察者而言，这些调查员是"伪装者"，也是"神秘顾客"，该方法就被称为"神秘顾客调查法"。

　　在上文中，我们在是否暴露研究者身份、是否介入对象的生活世界、是否拥有标准化观察记录表三个向度上对观察法做了区分。神秘顾客观察法在这三个向度上分别具有隐蔽、不介入以及结构化的特点：首先研究者扮演的是顾客，所以观察对象并不知道自己处于被观察状态，对观察对象而言，神秘顾客是"影子顾客"；其次研究者不介入对象的生活世界，而是保持"冷眼旁观"的研究心态；最后研究者在接受委托人的课题后，围绕课题设计调查的问题并返回给委托人，委托人同意之后，研究者根据设计的内容展开调查，所以具有结构化的特点。

　　（2）"神秘顾客"观察法的优缺点

　　神秘顾客观察法的隐蔽性、不介入及结构化的特点使得它在收集资料和整理资料时具有较大的优势。神秘顾客观察法目前是应用很广泛的商业调查方法，据资料显示，20世纪末全美大概就有200多家专门的调查公司。该行业的世界性的协会——神秘顾客检测协会MSPA目前在全球已有超过150个成员，根据2006年的市场规模报告，美国神秘顾客行业大约有90亿美元的市场。随着全球化历程的推进，我国也开始广泛使用该方法。

　　具体到广告调查领域，"神秘顾客"观察法具有如下优势：

　　首先，神秘顾客调查可以从顾客的角度，不仅能及时发现产品独特的优势，而且能捕捉到顾客的痛点，这对于有针对性地设计广告文案是非常有价值的。

　　其次，神秘顾客调查可以发现更多在调查设计之外的问题，系统分析这些问题能够使企业变"亡羊补牢"为"防患于未然"，找准更新客户服务体系的方向，为完善产品、提高管理方法、改善管理制度提供了线索。

　　第三，神秘顾客调查范围较广，不仅可收集到产品的信息，还可以扩展至对各类消费者精细需求的调查和分析，比如在购买现场观察相同的化妆品顾客更喜欢哪种包装，为什么；在现场观察购买冰淇淋是男性买得多还是女性买得多，是青少年买得多还是成年人买得多，为什么等。

　　（3）"神秘顾客"调查法的实施

　　在广告调查中，神秘顾客调查法具有开放、匿名、情景化、真实且全面的优点，调查者往往能获得意想不到的有价值的信息。与此同时，该调查方法也对调查者提出了更高的要求。作为兼具结构化、隐蔽性、参与性的调查方法，其调查的各个环节都会对调查结果产生很大的影响。

首先，人员的选择。为了更好地完成相关信息的收集，企业应当选择对其所处行业有深刻了解的调查者来完成该任务。一般情况下，由于每次调查的目标不一，委托方还需要就本次调查需求、产品特点、调查目标等影响调查质量的关键点对被委托方进行情况介绍，必要时还要进行培训。

其次，调查前的准备。调查者在正式实施之前应初步了解调查对象的基本状况，结合调查对象的基本情况及委托方的需要列出观察的具体内容和项目，在此基础上，将列出的项目从纵向维度上进一步细化为若干个指标以及匹配的评分标准。（见表8-1）

表8-1　观察的内容和项目一览表

购物环境					顾客反应					
店内整体购物环境	评分				顾客行为特点	描述	评分			
区域规划的合理性	4	3	2	1	区域停留时间分配		4	3	2	1
广播播放音效	4	3	2	1	对广播的反应		4	3	2	1
货架排放	4	3	2	1	随机顾客货架停留时间		4	3	2	1
通道便利性	4	3	2	1	通道穿行的具体情况		4	3	2	1
环境整洁、舒适性	4	3	2	1	顾客的肢体行为		4	3	2	1

再次，调查的实施。在调查的实施过程中，调查员可以采取的方式多样，较为普遍的是以下几种：

· 直接购买。神秘顾客亲赴调查现场，以普通顾客的身份在被调查的地点直接购买产品，然后根据结构化表格把购买过程的感受记录下来，并根据实际印象对其服务进行评估。

· 间接联系。神秘顾客通过电话、网络等媒介方式，与被调查者取得联系，以普通客户的身份与对象进行非面对面的交流，在交流中，神秘顾客根据预先设计好的结构化表格对被调查者进行调查并记录结果。

· 直接造访。神秘顾客用事先准备好的提纲以客户身份与被调查单位的代表进行谈话，然后将感受服务的过程记录下来，并根据印象对其服务进行评估。

人员观察法中除了神秘顾客观察法之外，还有单面镜及互联网（社交媒介）观察法等。鉴于单面镜及互联网观察法在其他章节中均有涉及，本章就不再单独介绍了。

2. 民族志研究

民族志研究也称人种志研究。由上文中提到的英国功能主义大师马林诺夫斯基率先提出，它是一种以"参与式观察"为主要内容的科学研究方法。自马林诺夫斯基提出之后一直被应用于人类学领域，约翰·布鲁尔认为民族志研究是在自然发生的情境或者"田野"的情况下，通过捕获社会生活内涵和常规行为的资料的方式对人们进行的研究[1]。

民族志观察者不断在旁观者和参与者两种角色中变换，作为参与者，研究者对研究对象的生活习惯有较为深刻的体验；而作为旁观者，研究者能相对理性、中立地收集、整理乃至评价有价值的信息。

民族志方法的优点非常突出，例如：收集的信息真实、全面、立体，有时效性，但民族志方法的操作性困难也显而易见。首先，进入渠道的有限性。研究者需要借助相关人员的帮助才能顺利进入研究对象的生活世界，而且，为了有效地融入目标群体，研究者应当懂得基本的规范、习俗等。其次，研究者会面临伦理困境。当研究者逐渐融入目标社会时，应当积极参与各种活动以便获得有意义的信息，在真相和真情之间，研究者面临着伦理的挑战。再次，对研究者的要求较高。研究者既需要积极融入目标群体，又要时刻保持内心的独立性，不被对象文化同化，随时记录各种观察结果。这要求研究者具有极高的专业素养。

（二）观察法的实施步骤

1. 准备阶段

研究者在正式开展调查之前要做充分的准备，首先，评估该研究主题需要的资料是否适合通过观察法收集；其次，查阅相关文献，提出研究假设；再次，确定研究的具体问题；最后，制订详细的观察计划。该计划包括观察方法、观察时间及地点、观察对象、观察内容和相关指标、观察记录表；观察计划中最好备注出观察过程中可能遇到的问题及解决方案；在

---

① ［美］Matthew David and Carole D. Sutton. 社会研究方法基础［M］. 陆汉文等译. 北京：高等教育出版社，2008：106.

这个阶段必要时还要培训观察员。

2. 实施阶段

实施阶段是研究者进入观察场所收集资料的阶段，包括如下环节：首先，进入观察现场；其次，接近观察对象（有时是开门见山直接交流，有时是进入观察对象的场域进行隐蔽性观察）；最后，进行观察，做翔实的记录。观察员需注意不仅仅记录观察的指标，还需要记录相应的情境，尤其要注意与研究假设背离的现象要记录清楚，以便拓展研究的深度。

3. 分析、评估及撰写报告

该阶段是将收集来的资料进行系统性整理的阶段，包括如下环节：首先，整理和分析观察记录，内容允许时要对记录结果进行统计分析，撰写详细的记录报告；其次，结合相关理论和研究假设对记录报告的内容进行分析，做归纳或者演绎；最后，撰写调查报告。一定要注意在撰写调查报告时，对研究的代表性、研究对象的特殊性、调查开展时所处的基本条件等交代清楚，从而保证调查报告的科学性。

三、观察的对象和手段

（一）观察的对象

从观察的内容上来看，观察的对象可以分为人、物及环境。

1. 对人的行为观察

在广告调查中，对人的行为的观察是重点。人的内在世界由各种行为外化出来，赫拉别恩法则指出，人会借助于语言、语调和动作与外部世界进行沟通，其有效性分别是7%、38%和55%，也就是说相比于其他两项，行为的意义丰富且价值更大。

对人进行观察，其实指的是对人们的各种行为，如表情、动作、语音语调等进行观察记录，通过这些外化的行为，调查者可以进入调查对象的内部世界，对其内在心理活动如偏好、兴趣、习惯等进行类别化，从而为广告设计的顺利开展服务。

对人的行为的观察可以划分为两种：

第一，消费者行为。这是广告调查中观察的主要内容，包括了消费者的行为偏好，兴趣，影响消费者行为的因素，消费者的使用习惯，购买过程，影响消费者决策的诸多因素，消费者的个人特征（年龄、性别、身份、性格等）。

第二，对经营者行为进行观察。研究者在观察时需细心比较消费者在选择同类产品时的行为差别，从而对经营者的行为进行相关分析。观察的内容涉及仪态仪表、举止、语言、产品介绍、演示动作等，这些细节有助于后期产品影响力的分析判断。

2. 对物及环境的观察

该类对象的观察内容范围很广，就物的观察而言涉及产品的大小、形状、颜色、材质、质量及其与其他产品的区别，具体到广告调查，尤其要注意产品上的文案图样，以备后期设计的需要。就环境的观察而言则涉及物品摆放场所的设计、陈列架、通道、采光以及整个消费环境的宏观情况等。

相对于人的行为观察，物及环境的观察往往可以突破时空的限制，传递出很多有效信息，例如：

① 通过观察商场内底板的磨损程度，可以判断商场中的人流量分布情况。

② 通过观察同类热销产品的外部物理特征，可以判断影响消费者行为的因素构成。

③ 通过观察不同时间段的促销员的促销行为，可以推断该商场的黄金时段。

④ 通过观察收银台的收入情况，可以了解该区域消费者的消费偏好。

大量的实验证明，人的认知和行为之间存在偏差，例如某航空公司通过问卷调查询问被调查人最重视航空公司的哪个方面，超过80%的客户选择的是安全性，而事实上，真正影响消费者行为的因素是价格，在实际购票时，消费者是通过比较不同航空公司的票价进行选择的，而不是比较不同航空公司之间的安全系数。人的认知和行为之间存在不同一性导致有些调研来的信息是无效信息，而该问题可以通过采用观察法得到缓解。

表 8-2　观察内容示例表

观察内容	举　例
语言行为	语言类型；涉及内容；是否有大量社交用语
肢体动作	手、脚的动作；面部表情；眼神情绪
行为方式	交流方式；工作节奏；购买的频率
空间距离、位置坐标	商场区域移动方式；逗留时长
物理目标	购物袋消耗量；垃圾桶中广告纸的存量
工作流程	购物行为的全过程；收银的全过程
及时性反映	消费者对视频、文字、营业员推广的及时性反应
环境状态	地板，货柜的分布方式

在观察时，不能忽略对情境的观察，因为对现象或者事实的解读必须结合其所处的情境，有些事件或者活动有其特殊的情境。例如，同样是开展商场的展销活动，有的活动门庭若市，有的活动门可罗雀，对象是相似的街区居民，除了产品有不同外，活动的开展方式、内容等都是重要的影响因素。

（二）观察的手段

1. 观察手段的概述

观察的手段主要有两类：一类是人工，一类是机器。人工手段，顾名思义，指的是研究者利用自己的感觉器官对对象进行观察或者借助简单的设备如望远镜等进行的观察。

机器手段的意思是，观察行为主要依靠机器，机器采集信息后交由人工处理，但采集行为并不是人完成而是机器完成。例如，各大超市安放的监控器，除了防止小偷和冲突性行为外，更多的是用来采集消费者的行为偏好。随着科技的发展，可以用来观察研究对象的机器越来越多，有各种视频监控器、流量检测器、计数器、生理反应测量仪、阅读器等。

人工观察的优势在于能对观察对象所处的情境做出更为准确的判断，收集的信息具有进一步解读的环境基础。此外，人工观察时，观察者往往在观察对象的不远处，可以根据当时的情况做出及时性反应，从而能够因地制宜地收集在研究设计之外但非常有价值的信息，对于拓展研究的边界、进一步加深研究课题有特殊的价值。但是人工观察往往受到时空的限制，也会因为影响了观察对象使得信息的准确性下降，此时，机器观察就显得很重要。

机器观察的优点有：

① 对于一些特殊的课题，例如人的内心活动、涉及隐私的行为以及发生频率不高的行为，人工往往难以观察时，机器比较适合进行观察。

② 人工观察成本较高、风险性较大时，例如在僻静的路段、偏远的街区等情况下，还有一些需要长期追踪的课题，比较适合使用机器进行观察。

2. 几种常见的机器观察

（1）阅读器

该机器是由 Pretesting 公司研发的，它的外形像一盏台灯，但在阅读器中安装有隐藏式的照相机，能记录阅读者的阅读习惯。它允许被测人阅读任意大小的杂志或者报纸，并且留有足够的时间供被测人翻阅。阅读器可以记录被测人的阅读习惯、不同广告的使用情况、品牌名称等方面的信息。

【阅读材料】①　阅读器找到的答案

美国一家公司在使用阅读器进行调研时发现了如下结果：

——近40%的读者或者从杂志的后面开始阅读，或者从感兴趣的文章或者广告开始阅读，只有不到一半的读者是从杂志的第一页开始阅读。

——双页广告并不能吸引相当于单页广告两倍的注意力，通常来讲，双页广告的好处是传播更多的信息，而不是引起人们更多的注意力。

——在一般的杂志中，大约35%的广告受到不到2秒钟的自动注意。

——在所有的有过记录的广告中，有最强烈吸引注意力效果的是在杂志的封底连续刊登三则或者更多的单页广告。

——由于大部分广告都"隐藏"广告主的名字，而且没有产品包装的特定镜头，许多产品如化妆品和服装的品牌名称混淆率超过了50%。

——一则在吸引目光停留的能力和传播能力方面超过平均水平的、能给人深刻印象的广告，无论它在杂志的哪个部分登出都能起到相当的作用，并且不受广告的类型和编辑环境的影响，一则在吸引注意的能力方面低于平均水平的广告则受到周围环境的影响较大。

（2）交通流量计数器

肯德基在开任何一家新的门店时，都会对环境进行周密的调查，通常总部会派专人负责新门店的选择。在这项调查中包括了对门店周围客流量的观察和记录，凭着这份详细的调查资料，肯德基保证了每一家新门店在地理位置上的竞争力。但人工观察的成本确实很高，交通流量计数器可以很好地解决这个问题。目前，它是观察法中使用得非常普遍且非常流行的一种观察设备，用途很广。例如，在确定户外广告投放位置时，广告商可以根据交通流量计数器提供的数据判断每天经过某广告牌的人流量，从而确定广告牌的具体位置。

（3）收视率调查设备

以日本电通公司采用的 Videometer 等设备为代表，该设备被放置于被调查家庭的电视机旁，被调查家庭所收看的节目时间和电视台，将被一一记录在仪器内部的软片上，一周或两周后，软片送回电视台，经过显像读

① 黄丹　市场调查与预测［M］．北京：北京师范大学出版社，2007：107.

出，并通过相应的计算机程序处理，以计算出每日全部节目每分钟的收视率。

这种调查既可委托专门的调查机构，如 AC 尼尔逊公司、央视调查等，也可自己成立调查机构。

（4）各种扫描仪

比较典型的是行为扫描，以美国信息资源公司 IRI 为代表。他们在美国七个城市的每个市场里都有一个家庭小组，调查对象用特别的识别卡进行购物，这样他们在配备了扫描设备的超级市场、杂货店或者大型商场购物的情况就能够被记录下来。每个家庭每次的消费行为都被 IRI 逐条记录并进行追踪。利用这种方法可以掌握市场的微妙变化，且能够提炼规律。

行为扫描可以用在很多的领域：

——品牌消费的频率。

——商业广告、人员推销、营业推广等对销量的影响。

——产品的购买率及购买群体特征。

——情境、包装、价格等因素是否对消费者行为产生影响。

——是否可以延长产品线，如果延长应当延长哪些产品。

——在促进客户重复购买中，每种营销组合要素的作用如何？

还有一种是信息扫描，该扫描是一个针对所有商场的统计扫描数据系统，通常的做法是从数家（大样本）超级市场、杂货店和大型商场中收集销售数据。通过该扫描技术，掌握所有产品的销售情况、消费者的消费行为、营销组合影响等信息，从而为公司决策提供参考。

四、内容分析——广告监测

（一）内容分析法概述

内容分析是观察法中的一种特殊的技术，它既是一种收集资料的方法，也可以独立为一种完整的研究方法。它的起源可以追溯到 17 世纪教会倡导的神学研究，那时，神学提倡在早期诠释学语境下开展文本分析。18世纪中叶，瑞典宗教界和学术界对当时引发教义之争的宗教赞美诗集《锡安歌集》进行剖析时用的就是内容分析方法。进入 20 世纪之后尤其是 30 年代和 40 年代，社会科学及媒介的发展促使内容分析研究进入快速增长期。传播学大师拉斯韦尔在 1927 年撰写的博士论文《第一次世界大战的宣传技巧》中对"一战"传播特点的分析采用的就是内容分析方法。

第二次世界大战期间，盟军建立了庞大的间谍网，目的是获得德国的动态情报，但是德国严密的消息封锁和反间谍活动导致该工作收效甚微。

传播学大师哈罗德·拉斯韦尔和保罗·拉扎斯菲尔德提出运用内容分析的方式获取情报，具体操作是从德国公开发行的报纸中发掘重要的信息，通过对文本内容的分析，盟军居然搞清楚了德国社会的基本情况，为作战方案的制订提供了重要参考。该技术被迅速推广到太平洋战场上，在二战期间情报战中发挥了非常大的作用。

20世纪50年代初，美国学者贝雷尔森在《传播研究的内容分析》一书中确立了内容分析的专业地位。此后，内容分析被广泛应用于各种调查和研究中。1971年，内容分析被哈佛大学的卡尔·多伊奇等人列为1900—1965年间的62项"社会科学重大进展"之一。1975年，美国电视研究专家Comstock列举了超过250种关于电视节目的内容分析，显示电视节目对儿童的影响。

（二）内容分析法的概念

随着内容分析方法的发展，对其内涵和外延的界定也越来越丰富。流传最广的是贝雷尔森的定义，他认为内容分析是"一种对显明的传播内容进行客观、系统和定量描述的研究方法"①。华里则和韦尼认为内容分析是"检视资料内容的系统性程序"，柯林杰则认为内容分析应该是"一种系统、客观、定量的研究分析方法，目的在于测量传播中某些可测的变量"②。美国社会学家默顿沿用他的显功能和隐功能理论，认为内容分析是一种考察社会现实的方法，在这种方法中，研究者通过对文献的显性内容特征的系统分析，得到与之相关的潜在内容的特征的推论③。

在广告调查中，内容分析被认为是一种观察技术，它使用特定的规则把媒介传播的各种信息（涉及广告的是广告图本、文稿、文案等）拆分为有意义的单元，通过客观的、数量的分类测定调查技术，对要传达的内容进行客观、系统、定量化的描述。

在广告监测中，可以通过前期的文献梳理，确定一些自变量。例如"广告播放点"（可以根据特定广告在播放广告时段的顺序进行编号）；"广告类型"（公益广告、品牌形象广告、节目导视/预告、商业广告、其

---

① 常昌富，李依倩. 大众传播学：影响研究范式［M］. 北京：中国社会科学出版社，2000：464.

② ［美］Roger D. Wimmer等. 大众媒体研究［M］. 黄振家，译. 新加坡亚洲汤姆生国际出版有限公司出版，台湾学富文化事业有限公司发行，2002：181. 转引自：柯惠新. 传播研究方法［M］. 北京：中国传媒大学出版社，2010：166.

③ ［德］彼得·阿特斯兰德. 经验型社会研究方法［M］北京：中央文献出版社，1995：187.

他）；"广告时长"（5 秒以内、5 秒、10 秒、15 秒、20 秒、25 秒、30 秒、其他）；广告特点（温馨感人、开门见山、传统文化、时尚前卫、幽默搞笑、中立客观、其他）；广告核心信息的呈现（LOGO 频繁出现——三次以上、口号出现、产品实物展现、产品功能展现、其他）；产品类别（新媒体、智能类、终端类、白家电、黑家电、食品类、母婴类、旅游类、医疗及保健类、日化类、通信类、珠宝类、服饰类等）等；同类广告出现情况（前后均有同类广告、前面有同类广告、后面有同类广告、前后均没有同类广告）；播放时间（黄金时段、早上 8 点到 12 点、午间时段、下午 3 点到 6 点、晚间 10 点到 12 点）等方面对广告的播放情况进行分析评估。同样，可以像上述方法一样，对广告内容、创意、影响力、在营销中扮演的角色等方面进行编码分析。

事实上，任何可以用媒介记录和保存的内容，如网络视频、报纸杂志、广播、唱片、电视节目、图片、画报等，都可以通过选择特定信息编码的方式进行内容分析。

（三）内容分析法的实施

作为一种系统的观察方法，内容分析法的实施遵循着基本的规律。美国学者 Roger Wimmer 和 Joseph Dominick 将内容分析分为：提出问题和假设、确定研究的范围、选择适当的样本、确定分析单位、制定分析内容的类目、建立量化系统、训练和培训编码员并进行实习、对分析内容进行编码、分析资料、做出结论并且加以解释 10 个步骤[①]。

事实上，根据工作的性质和任务，我们可以将上述的十个步骤归入三项任务，分别是：

1. 确定研究内容并选择样本

研究者根据已有的文献或者从其他途径获取的信息提出研究假设，这一步是整个研究的起点，由于内容分析要用到编码技术，所以研究假设要尽可能的清晰、准确，涉及的问题内涵和外延边界清楚，否则提取关键信息时会有困难。例如要对"传统文化类电视节目"进行内容分析，需要界定清楚哪些传统文化类节目符合本次研究的需要。

确定研究主题后，要根据研究的目标进行抽样。抽样时一定要结合研究的需要确定抽样范围，既要保证代表性，又不能过于宽泛。例如上述的

---

① 转引自：李本乾. 描述传播内容特征 检验传播研究假设——内容分析法简介 [J]. 当代传播，2000（1）：41.

传统文化类节目研究在抽样时，需要界定清楚是哪些时段、在哪些频道、以何种方式展现的传统文化类节目。当这些因素界定清楚了，研究者就可以根据这些指标进行抽样，具体抽样程序与本书中提到的抽样方法一样，只要注意一般情况下样本数量需要"足够大"或者"相当大"，符合大样本的要求，但如果研究对象发生的频率较低，样本数量可以相应减少，不过最好不少于30份，具体抽样方法请参看相关章节，在这里就不再展开介绍了。

2. 制定编码规则，进行分类

该阶段，研究者需要建立明确的类目系统或者分类维度，定义分析单元并制定分析框架。研究者可以通过确定变量属性建立基本分类标准。例如上文中提到的传统文化类节目的内容分析，在制定编码规则时可以根据时间长度、播出频道、节目类型（戏剧/说唱/电视剧/新闻/纪录片/公益广告）、时代、播出的时间段等指标作为编码框架，研究者收集的所有节目素材均可以依据该编码框架进行编码。

研究者在确定编码框架时可以采取两种方式：一种通过文献检索和相关理论提炼与研究主题密切相关的指标；另一种是研究者根据自己的思考自行确立。不论是哪种方式，需要注意的是研究者选择的编码框架一定要与具体的研究目标、研究总体特点或者一些学科内研究惯例相一致。

3. 完成编码并且分析

编码指的是根据分类标准将原始资料转变为标准化形式的过程，这样就可以利用机器来处理和分析这些资料[1]。该阶段工作比较繁杂，为了提高准确性，降低工作疲劳度，可以使用标准化表单进行编码。研究者可以根据对象的多样性同时准备若干个标准化表单，例如在进行传统文化类节目研究时，可以为不同的频道准备不同的表单，也可以为不同表现形式的节目准备表格，这样做的目的是便于之后的统计分析，同时，因为作了基础类别的区分，编码的准确性会大大提高。

编码完成之后，就可以在标准化类别上进行分析比较，该项工作可以借助机器来完成，其实就是将内容丰富各异的文本转化为量化的状态，从定量的角度说明研究的结果。通常这种结果表现为数字或者数学关系，如次数、百分比、相关系数等。例如传统文化类节目的内容分析进行编码、分析之后可能得到如下结果：传统文化类节目占所有节目的比重，中央电

---

① ［美］艾尔·芭比. 社会研究方法 [M]. 邱泽奇，译. 北京：华夏出版社，2005：311.

视台与卫视播放时间长度的差别，戏剧类节目占所有传统文化类节目的比重等。

研究者要注意的是内容分析的目的不是展现数字或者数学关系，而是要进行系统的分析，系统的内容分析往往可以揭示受众不易明显察觉的媒介叙述重点和趋势①。例如，传统文化类节目占所有节目5%的比例到底意味着什么，是高还是低？这样，研究的意义才能体现出来。这要求研究者要走出量化数据的圈，将视野放到数据之外，与相关的文献、理论或者经验研究结论结合起来，整体分析统计结果。此外，研究者还要特别注意检验数据的信度和效度，否则研究的科学性就大大降低了。

【扩展阅读】见附录1。

本章小结

1. 理解什么是科学的观察

科学的观察源于日常生活的观察，但又不同于日常生活的观察。在科学观察中第一准则是客观，第二有标准化程序，第三科学的观察一定不能忽略典型事件和例外情况。

2. 观察的概念

观察法就是通过"看"这种方式，让研究者和研究对象之间建立一种链接，这种链接借助一系列的技巧、方法，可以将研究对象的行为、过程、结果以及相应的社会文化环境真实记录下来，从而能收集较为完整、全面的信息。

3. 观察法的种类

①完全参与式观察；②半参与式观察；③完全非参与式观察；④结构式观察；⑤非结构式观察；⑥直接观察；⑦控制性观察。

4. 观察法的优缺点

优点：①资料客观真实；②较大的适用性；③收集的信息具体而全面。

缺点：①研究课题有局限性；②受研究者主观性影响；③受时空条件

---

① 胡正荣. 传播学总论［M］. 北京：北京广播学院出版社，1997：225.

的限制但机器观察除外。

5. 掌握神秘顾客的内涵

被委托的调查人员假扮成购买商品的顾客，与观察对象进行交流，咨询相关的问题并且观察、记录对象的态度、行为，离开现场后，他们将记录的内容分类整理并据此评价产品和服务提交给委托人。由于观察对象并不了解自己处于被观察的状态中，也无法辨别顾客的真实身份，所以采用此方法获得的资料能精准地反映现实问题。

6. 神秘顾客调查的优势

首先，神秘顾客调查可以从顾客的角度，不仅能及时发现产品独特的优势，而且能捕捉到顾客的痛点，这对于有针对性地设计广告文案是非常有价值的。

其次，神秘顾客调查可以发现更多在调查设计之外的问题。

第三，神秘顾客调查范围较广。

7. 民族志研究的内涵

民族志研究是在自然发生的情境或者"田野"的情况下，通过捕获社会生活内涵和常规行为的资料的方式对人们进行的研究。

8. 观察法的实施步骤

准备阶段；实施阶段；分析；评估；撰写报告。

9. 观察的对象和手段

对象有人、物及环境，手段包括人工和机器，较为流行的机器观察有阅读器、交通流量计数器、收视率调查设备和各种扫描仪。

10. 内容分析的内涵

在广告调查中，内容分析被认为是一种观察技术，它使用特定的规则把媒介传播的各种信息（涉及广告的是广告图本、文稿、文案等）拆分为有意义的单元，通过客观的、数量的分类测定调查技术，对要传达的内容进行客观、系统、定量化的描述。

11. 内容分析的实施

① 确定研究内容并选择样本；

② 制定编码规则，进行分类；

③ 完成编码并且分析。

关键术语和概念

科学观察；观察法；完全参与式观察法；神秘顾客调查；民族志研

究；内容分析

思 考 题

1. 重新审视你的研究问题和研究目标，判断以观察法来做你研究策略的一部分是否合适。

2. 如果你认为合适的话，请说明你的研究问题和研究目标与观察法之间是怎样的一种关系。如果你认为使用观察不合适，请说明你的理由。

3. 回顾一下上面的内容，确认你是否真的理解了参与式观察法和结构式观察法。

4. 如果你认为应该采用参与式观察法，那么设想一下你可能会遇到怎样的实际问题？你是否可能面临道德伦理上的困境？你会怎样克服这些问题？

5. 如果你认为应该采用参与式观察法，那么你会遇到哪些影响有效性和可靠性的障碍，你将如何克服它们？

6. 如果你认为应该采用结构式观察法，那么你会遇到什么实际问题？你又该如何克服它们？

7. 如果你决定使用神秘顾客调方式开展某项研究，那么你会遇到哪些影响有效性和可靠性的障碍？你将如何克服它们？

8. 如果你决定采用民族志的方式开展研究，请你分享一下你是如何进入观察对象所处区域的。

9. 假定你接受一项牙膏广告效果调查的任务，你会选择内容分析的方式开展该项工作吗？如果是的，请问你会怎么做？

探索性活动设计

1. 你是一位基金公司的经理，你感到你的雇员特别不愿意从普通投资者和债务人中寻找销售"领袖"，这项任务有可能被转交给社会顾问，以便能够销售生命保险、养老金和单位信托基金。你希望理解雇员的畏难理由，作为参与式观察者，你如何做到这一点？

2. 一个新近私有化的地区性发电厂让员工参与决策制定过程，你将对此进行研究。在这家公司里，员工参与是一个全新的理念，高级经理想了解它的具体情况。参与管理的核心内容是定期开团队会议，在会议上员工都有发言的机会。你被允许参加这种会议，所以你决定通过观察会议来看员工参与情况。你该怎样记录你的观察内容呢？请尝试做一个观察记录表。

3. 实际操作题：

请比较一下表格中观察者的身份对观察的影响，然后思考，如果要开发一款针对同性恋身体安全防护的产品，采用哪种观察法收集资料更具有可操作性？为什么？

		是否融入社会情境	
		参与	不参与
观察者的身份	隐蔽	完全的参与者	完全的观察者
	公开	名义的参与者	公开的观察者

4. 请以小组讨论的方式评价下面几种情况的道德问题：

情况一：基金经理打电话给潜在投资人，基金经理担心自己遗漏掉了重要信息，在打电话的过程中，未经投资人同意将投资人的声音录了下来，后来发现该段录音中包含了很多敏感的投资问题。

情况二：某商场使用监控器收集消费者的消费行为，结果发现在僻静的角落消费者的隐私行为，这种情况怎么办？

情况三：在提到扫描设备时，有参与者提出可以使用心理电流反应检测器收集消费者对广告的反应信息，你怎么看？

探索性活动设计

案例分析

WX 公司与眼球追踪设备

眼球追踪技术是一项科学应用技术，一是根据眼球和眼球周边的特征变化进行跟踪，二是根据虹膜角度变化进行跟踪，三是主动投射红外线等光束到虹膜来提取特征。眼球追踪技术是当代心理学研究的重要技术，广泛运用于实验心理学、应用心理学、工程心理学、认知神经科学等领域。2013 年一家瑞典公司 Tobii 计划推出一款产品，让旧电脑也能接入眼球追踪。这款设备名叫 Rex，是一个电脑外设设备，只要把它放置在屏幕顶部，再通过 USB 接口接入，用户就能利用视线来控制电脑完成部分操作，比如操控 IE 页面滚动、使用 Windows8 地图应用等。

WX 公司是一家度过创业期的企业，公司高层发现与创业期不同，员工的工作热情开始下滑，直接访谈和干预都没有很好的效果，高管们开始考虑收集员工的工作行为以便制订合适的绩效考核方案。因为该公司是一家网络营销公司，所有浏览页面的行为都可以很好地反映员工的工作状态。

高管们发现了眼球追踪技术，准备在全公司的电脑上都配备该设备，对公司员工进行行为观察和记录。

问题

1. 这是一种什么研究方法？这种方法的缺点是什么？

2. 如果 WX 公司采用了该方法，你觉得员工会怎么样？

3. 在本章的学习中，你觉得哪种方法可以弥补该方法的缺陷？为什么？如果交由你来做，你会怎么设计调查方式和方案？

第9章　实验法

【本章学习目标】

1. 理解什么是实验法，能够组织一个简单的实验。
2. 认识自变量和因变量，能够说明变量之间的因果关系。
3. 知道无关变量。
4. 了解外生变量。
5. 理解实验的内部效度和外部效度。
6. 了解实验法在广告调查中的应用。
7. 比较实验设计的类型。

【本章题引】

　　2013 年 9 月 23 日，段广宏、潘育红、徐青做了一个关于主持人销售（Host-Selling）广告效果的实证研究①。研究是以成年人为研究对象，通过试验法验证以成年人为对象的主持人销售广告的效果，比较了 Host-Selling 广告与非 Host-Selling 广告之间的效果差异。目的是总结出有效利用 Host-Selling 广告的方法和技巧。为此，研究采用了分组实验法，共以两个被试组的 100 名成年人为对象（韩国全北地区的 N 大学的本科在校生）进行试验研究，以 Host-Selling 广告和非 Host-Selling 广告为基础来区分。各试验组的人数随机均分为 50 人，男女比例为 1∶1。因变量 Host-Selling 广告效果操作化由记忆层面（商品名称的回想和再认反应）、态度层面（广告态度）和行为层面（购买意图）来测定。为了检证 Host-Selling 广告形式和非 Host-Selling 广告形式间的广告效果差异，研究者设定了以下假设。假

---

　　① 段广宏，潘育红，徐青. 关于 Host-Selling 广告效果的实证研究［J］. 中国广告，2014（10）：124-127

设 1：Host-Selling 广告比非 Host-Selling 广告在记忆效果层面更有影响力；假设 2：Host-Selling 广告比非 Host-Selling 广告在态度效果层面更有影响力；假设 3：Host-Selling 广告比非 Host-Selling 广告在行为效果层面更有影响力。研究结果显示 Host-Selling 广告比非 Host-Selling 广告具有更高的商品名称回想率和再认率，更易使受众产生肯定而又积极的广告态度，从而影响受众的购买行为。本研究的启示点是提出了在以成年人为对象的广告中有效应用 Host-Selling 广告技巧的理论根据。

该案例为实验法在广告调查中的应用。

一、实验法

实验是观察现象、搜集数据的一种方法，在近代科学产生以来，得到了广泛的应用。实验法在广告调查中也是一个重要的研究方法，广告学和传播学研究的许多理论发现是建立在实验法的基础之上的。

（一）什么是实验法

实验法是研究人员通过控制某一个或某几个自变量的变化，然后观察自变量对因变量的影响。在本章题引的例子中，研究人员通过控制主持人销售广告这一变量，观察主持人销售的广告对于成年人的影响。主持人销售广告就是自变量，对成年人的广告效果就是因变量。

从实验法的概念我们可以看到实验法的一些特点，实验法是人为地设置实验环境和实验条件，在一定的控制条件下让实验对象接受实验处理，研究人员通过操纵自变量的变化，来观察自变量对因变量的影响。

前面的章节提到，实验法是用于探讨事物之间因果关系的方法。证明因果关系一般需要以下基本逻辑：首先 A、B 事物之间存在相关关系，B 事物会随着 A 事物的变化而变化，一般必须有合理的统计检验结果支持和证实；同时存在适当的时间顺序（A 在 B 发生之前），A 事情会引起 B 的发生；最后排除其他可能的因素，尽管有的时候完全排除非常困难，但仍然要尽可能消除其他可能因素的影响。如果满足了以上三个条件，那么就可以证明 A、B 两者之间具有因果关系。

原因和结果的关系虽然逻辑上很简单明白，但是在分析社会科学包括广告调查问题时，我们会发现许多问题。比如两个变量之间的时间顺序不好确定，有的时候是鸡生蛋还是蛋生鸡的问题。就拿人们社区归属感和本地信息的关系这一研究问题而言，是社区归属感高而造成了较多地关注当地信息呢？还是因为较多地关注当地信息塑造了人们的社区归属感呢？两者之间的关系不是很清楚。此外，很多时候两个事物的完全相关也很难得，有的"90后"年轻人关注品牌，有的"90后"年轻人不关注品牌。还有的时候两个事物相关，但不是因果联系，比如冰淇淋的销售和每年淹死的人数正相关，反之亦然。事实上这里面两者之间并没有直接的联系，起到第三个作用的是季节和温度，因为夏季温度高，吃冰淇淋的人多，而这个时候，游泳的人也多，相应的溺水的人数就会增加。冰淇淋销售和每年淹死的人数是一种虚假的相关。所以我们要在实证上判断事物的因果关系时，要思考有没有其他的可能性，这就需要控制和考虑其他的变量。

通过实验法，研究人员可以控制其他因素，保持所有其他自变量不变，观察自变量的变化所带来的因变量的变化，所以实验法比其他方法如调研方法更可控，从而方便进行因果推断。需要说明的是，在社会科学包括广告调查中，完全控制的情境很少见，实际很少能够建立结论性因果关系，但是实验法可以比描述性研究提供更多的因果观点。实验法特别适合于范围有限、定义清楚的概念或变量的关系的研究，如果研究目的是为了解释，而不是描述，那么更适合采用实验法。实验法有助于解决与广告策略、创意形成、新产品推出、产品包装、广告内容、媒介组合等有关的问题。

【知识橱窗】假性因果

假性因果，即两者之间存在的因果关系是虚假的，只不过是时间上先后发生。守株待兔寓言故事说的就是"假性因果"的逻辑谬误，农夫在树边碰巧看到一只兔子撞死了，以为守在树边就可以天天碰到被撞死的兔子。历史上也会有这样的错误，因为某个历史事件发生在前面，就把这个事件当作另外一个事件发生的原因。在我们判断因果联系时，一定要找到两者间的因果是怎样发生的，而不能仅凭时间先后关系就判断。不是因为发生在前面，就是原因。

还有一种假性因果，属于认知偏差的问题。比如有人根据受大学教育与没有受大学教育的人的收入存在差别，就将这种差别归因于是否接受了高等教育。对此，有专家指出：实际上高等教育本身就是一个选择机制，选择出一些学习能力更强、做事情更认真或者智商很高等具备这样一些素质的学生进入到了大学里。即使他们都没有受过高等教育，这两群人的收入差异照样存在。这里就有一个统计选择偏差的问题①。

---

① 陈心想. 追问大学学什么 [J]. 读书，2010（10）：26-33.

（二）实验法的特点

如上所述，实验法的优点首先在于控制自变量的变化，观察因变量的变化，以此进行因果推断。研究人员可以在一开始，对受试者测量，发现他们在某方面（自变量）的特点。然后研究人员再对受试者施以某种刺激（自变量），再观察他们在某方面（自变量）的特点的变化。只要受试者没有接触其他刺激，我们可以认为，自变量的改变可归因为实验刺激。

其次实验法研究成本较低，一般而言，实验法的实验范围有限，主要是少数变量与传播效果的研究。实验经常使用几个不同组的受试者重复做一个实验，往往只需要较少的受试者，是小样本研究。实验法收集数据的时间也较为集中。因此相对大规模的调研，实验法省时、省力，成本较低。

实验法也有自己的不足。实验法最大的不足在于实验是人为控制的研究活动，特别是实验室实验最大的弱点就在于人为控制，有些特征能在实验室内发生，未必能在自然的社会情境中发生。此外实验法的效度会受到各种外在因素的影响，这将在本章下文再详述。

需要说明的是，以上特点是一般意义上的特点，不排除一些特殊情况。比如有一些市场测试，如不同版本的广告对于销售量的影响，可能会涉及多个城市，制作不同版本的广告，需要多个部门的协调，相应成本较高。还有一些市场测试，是在自然环境中进行的，外部效度较高，但是内部效度可能就会有问题。而且市场测试可能会把公司企业的一些商业计划暴露，竞争对手获悉后可能会采取相应措施，使得自身在竞争中处于不利的地位。

因此，在使用实验法进行研究时，研究者要清楚实验法的特点，使用实验法时，研究者必须要清楚其优势和不足，以及所不能控制的因素，并小心考虑这些因素对实验效果影响的可能性。

（三）实验法的分类

按照实验的环境不同，可以分为实验室试验和现场试验。

1. 实验室试验（Laboratory experiment）

实验室试验是研究人员人为地模拟一个场景，分析自变量变化引起因变量变化。实验室实验的优点在于能够控制许多条件，排除其他可能的影响因素，聚焦于分析 A 的变化对 B 产生的影响，考察 A、B 的相关性和时间顺序关系。因此实验室实验被认为具有较好的内部有效性，大部分自然科学的实验都是在实验室进行的。

广告调查中也有不少运用实验室实验，如本章题引中的案例"主持人销售（Host-Selling）广告效果的实证研究"就是在实验室的环境中进行的。研究进行的场所是大学图书馆的多媒体视听室。实验中所使用的实验刺激物是电视节目+广告，在电视剧《大长今》播出后插播了皇冠牌雪饼和特斯巧克力饼干的广告作为 Host-Selling 广告，在综艺节目《多魔》播出后插播了皇冠牌雪饼和特斯巧克力饼干的广告作为非 Host-Selling 广告。为了尽可能地展现真实的视听环境，实验工具由节目的序曲—广告—节目—广告—收尾所构成。

另一方面，由于实验室的环境是人为地模拟和控制的，所以实验室的环境有的时候并不能很好地模拟真实的市场环境，实验室的结果也并不能在自然的社会环境中成立。因此从这个角度来说，实验室实验的外部有效性常常受到质疑。

2. 现场实验（Field experiment）

与实验室研究相对应的是现场实验，也称之为市场测试（Test market），即在自然的社会环境中进行的实验研究。现场实验是在自然的环境中进行的，它不能人为地控制实验因素以外的影响，只能假定在其他条件相同的情况下，自变量对于因变量的影响。例如要测定广告效果的促销作用，就可以选择两个基本情况比较接近的商场或商店。对于其中一个商场施以广告的作用，另一个则没有施加广告的作用。然后记录这两个商场各自的销售量，并进行比较，看两者存不存在统计学意义上的差异。

现场试验常见的形式有产品实验，方法是举办产品试用（试穿、试戴、试尝、试饮等）展览会；还有销售实验，产品在大量上市之前，可以以有限的规模在有代表性的市场内试销，然后得出销售效果。比如某公司推出了一种含有10%果汁的混合饮料，进行了试销的现场试验，在试销市场取得极大成功，最终决定大规模上市。

现场实验的优点在于保持了现场的自然性，实验结果是在实际的环境中做出的，不像实验室实验，有很多人为的因素控制。因而现场实验较之实验室实验能较好地保证研究具有较高外部效度。

但是自然环境的复杂性也给现场实验的实施带来了困难。现场研究的背景较难以控制和把握，由于其环境是开放、动态的，社会生活背景中的政治、文化等因素将会明显地影响现场实验的结果。此外，现场实验费时费力，费用高，而且所需技能也较复杂。

实验室试验和现场试验各有优缺点，研究人员可以根据研究的目的和现实的条件进行选择。也可以结合起来，比如在实验室实验结束之后，再进行现场实验。

（四）实验法相关概念

以下是实验法的相关概念，也是实验法的常见构成要素。

1. 自变量（Independent variable）

自变量是研究人员控制的变量或因素，也称实验变量或独立变量。广告调查中，自变量可以是广告刺激特点，如广告形式、广告特点、广告诉求点的类型、广告支出水平、广告环境特点等，也可以是被试特点，如消费者的年龄、性别、经济收入水平等。

自变量可以有不同变化水平，例如文案研究中三个不同版本的广告作品、包装研究中两个不同的包装设计。比如说，我们为了研究品牌对于消费者的饮料口感影响。以可乐为例，研究人员给消费者提供了两组饮料，一组是没有品牌标签的，另外一组是贴有可口可乐、百事可乐品牌标签的，而这两组饮料本身实际是相同的。通过对参与实验的消费者的感受的前后记录，可以看出品牌对消费者口感的影响。其中可乐品牌就是实验中的自变量，一个变化是贴有可乐品牌，另一个变化是没有贴可乐品牌。

2. 因变量（Dependent variable）

因变量是由自变量的变化而引起变化的变量或因素。因变量的观察值就是实验结果。广告调查中常见的因变量有销售量、品牌态度、品牌知名度、市场占有率等。比如研究包装设计与销售量的关系，销售量就是因变量。

广告调查中，有的时候因变量可以有不同的选择，比如自变量不同的广告文案，那么因变量可以是广告的记忆情况、人们对于广告品牌的态度变化或销售量等，这要根据研究的情况予以确定。

如何对因变量测量呢？本章题引的例子中因变量通过记忆、广告态度、购买意图三个构念组合而成。再比如销售量，是测量广告投放后的销售量还是广告投放之后过一段时间的销售量呢？这也要有一定的依据。

3. 外生变量（Extraneous variable）

外生变量是实验变量之外可能对因变量有影响的变量或因素。当外生变量可能对因变量造成影响时，也叫作干扰变量。

对于外生变量的控制，可以采取一些办法，最常见的是随机法，即将实验对象随机抽样，随机分配给各组，将干扰变量的效应平均分配到各种条件下的方法。这样每个实验组受到同等程度的影响，可以控制无关变量的影响。

还有的研究采用物理控制、匹配法，受试者在分配到不同的实验处理条件之前，按照个人特征匹配，使得实验组群体和控制组群体之间没有显著差异。

还有的采用设计控制，指通过一些特殊形式的实验设计达到对原来原因性因素的控制。

研究人员可以提前把可能对实验结果产生影响的外生变量找出来，控制这些变量的影响。比如，研究人员想研究性感广告对于人们的广告效果。在选择一些性感广告作为实验刺激时，可能这些广告的其他因素会对实验产生影响，如：广告模特是否为明星、广告背景颜色、广告商品的品牌形象、生产企业的形象、受众的性别、年龄差异等。那么，我们在选择实验刺激时，尽量避免以上因素，可以分别通过不选择明星、所有实验刺激均为黑白图片、实验刺激中不出现品牌名称、实验刺激中不出现生产企业名称、随机化等来规避无关变量的影响。

在实验室实验中，人为控制更强，研究人员可以控制许多外生变量的影响。在现场实验中更接近自然情况，其中有些变量是可以控制的，如商场规模、地理位置等；有些变量是难以控制的，如气候、季节、商业状况等。总体说来，控制所有的外生变量是不现实的。

此外，使用实验组和控制组对比，也是控制外生变量的典型方法。

4. 实验组（Treatment group）

实验组是接受实验处理的被试组。实验处理就是自变量被改变，比如我们想了解广告中恐惧诉求的传播效果，研究人员可以操作实验变量，使用具有恐惧诉求的传播内容，观看这些使用恐惧诉求的广告的小组就是实验组。如果研究人员想了解不同水平的恐惧诉求的广告传播效果，比如轻度恐惧诉求和重度恐惧诉求，那么则需要再加入一个实验组。

5. 控制组（Control group）

控制组是不接受任何实验处理的被试组。就广告中恐惧诉求的传播效果实验而言，实验组是观看了使用恐惧诉求广告的小组，没有观看使用恐惧诉求广告的小组，就是实验中的控制组。

采用控制组，研究者可以控制实验本身的效果。因为除了自变量外，研究人员保证实验组和控制组的其他条件是一致的，所以通过对比两组广告的传播效果，就可以看出使用恐惧诉求的广告对于广告传播效果的影响。如果控制组前后传播效果的变化和实验组是一样的，那么就能够推断出这种变化不是因为广告使用了恐惧诉求而引起的。进行实验组和控制组的对比，可以规避一些影响实验有效性的其他外在因素。

6. 前测（Pretest）

前测是在实验刺激之前对实验对象的测定。如前所述，为了推断因果关系，就需要在实验刺激之前进行测量，了解实验对象本来某方面的特点。

7. 后测（Posttest）

后测是在实验刺激之后对实验对象的测定。实验刺激之后，通过对实验对象某方面特征的测量，再和前测的结果比较，了解实验对象的变化。由于实验控制，导致这种变化的因素除了实验刺激没有其他因素，所以该实验就证明了实验刺激（自变量变化）引起了因变量的变化。

二、实验的有效性

实验的有效性就是实验的效度，即实验室研究结果和实际要测量的结果的相符程度。实验效度分为内部效度和外部效度。

（一）内部效度（Internal validity）

内部效度是指自变量的变化能够解释因变量变化的程度。实验室实验的内部效度较高，因为我们可以控制许多外在因素。比如某电视广告效果的研究，我们可以请实验对象在实验室里观看广告，排除了实验对象观看电视广告的时候，旁边有人打电话，家里的小孩哭了或者和别人的交谈等影响实验结果的一些因素。

在实验室测量时，我们需要控制可能会有影响的外在因素，所以要找到影响实验内在效度的来源。举例说来，常见的可能影响实验的内部效度影响因素有以下 7 种[①]。

表 9-1 实验有效性的影响因素[②]

因素	说明
历史效应（History）	也称历史事件，指在实验过程中发生的历史性事件或意外因素将实验结果弄得混淆不清
成熟效应（Maturation）	如果实验时间跨度比较长，人们的经验、技能等都在不断地成长和改变，而此类变化将影响实验结果
测试效应（Testing）	如果实验中对变量一测再测，将影响人的行为，如第二次参加智力测试的学生比第一次表现较好，进而混淆实验的结果。或者实验者猜出实验的意图，会有意地迎合和表现

---

① ［美］齐克芒德. 商业研究方法［M］. 北京：清华大学出版社，2012：274.

② 本表格绘制参考了中国科学技术大学管理学院教授刘和福的商业研究方法课件。

（续表）

因素	说明
工具效应 （Instrumentation）	前测与后测使用的测量工具发生了变化（如使用不同的问卷）、测试者更换、测试人员语气、熟练程度等造成的偏差
回归效应 （Statistical regression）	当实验组的成员一开始就在因变量上出现极端值（极高或极低）时，则会出现实验后成员的得分向平均值回归的趋向。由于受试者原先处于极端的位置，他们发生的变化会让人误判为实验刺激的效果
选择效应 （Selection Biases）	实验组与控制组的受试者选择不同或者配对不当，而造成的样本偏误
失员效应 （Mortality）	实验过程中，实验对象退出实验造成效度的降低。难以进行组与组之间的比较，因为继续留下来做实验的人与中途退出者可能对实验刺激有不同的反应

比如，某广告公司人力资源顾问想通过实验设计来向该公司的董事长证明，民主式的领导风格最能够提升员工士气。为此，她设计了三个实验组与一个控制组，并以随机的方式将受试者分配到各组。三个实验组的领导者分别属于独裁式、民主式和放任式。三个实验组的成员都接受了前测。由于控制组没有接受任何实验处理，因此并未进行前测。在实验进行过程中，民主式处理的组别中有两名成员忽然变得很兴奋，到处向同组的其他成员表示，这种参与的气氛"很棒""我们的绩效一定会很高"等。另外，当实验进行了1小时后，独裁组与放任组各有两名成员表示他们因故必须离开，而无法再参加实验。经过2个小时的活动后，包括控制组在内的所有成员都接受了一次与前测相同问卷的后测。

对这一案例，我们可以按照表格9-1中提到的影响效度的7种效应一一进行分析。①存在历史效应，因为某一组有两名成员出人意料地表现得很兴高采烈，这样的行为可能会提升该组所有成员的士气。因此，我们很难分辨该组士气的提升有多少源于实验刺激，又有多少是来自于这两名成员突如其来的热诚。②成熟效应不明显，在本实验这种情况下，成熟程度应该不会对士气产生任何影响，因为实验持续时间较短，并且时间的推移本身与士气的增减没有多大关系。③测试效应不明显，因为各实验组都有前测和后测，各组间的测试效应会被抵消掉。但控制组未接受前测，因此，将实验组与控制组的成绩相互比较是不正确的做法。④工具效应得到了规避，由于用同一份问卷来测量所有成员在刺激前后的士气，因此，应该不会产生工具使用上的偏差。⑤统计回归效应不明显，虽未指明，但我们可以假设，所有参与者都是从一个正态分布的总体中随机抽取出来的，不会发生统计回归效应。⑥选择效应不明显，由于受试者是以随机方式分配到各组，因此，应该不会存在选择效应。⑦失员效应存在，由于两个实验组中有人退出，因此，内部效度会受到影响。综上，在前面所列的七种威胁中，有三种适用于本例，因此，本研究的内部效度不高。

（二）外部效度（External validity）

外部效度是指实验中因变量和自变量的关系在现实世界推广的程度。有的实验虽然内部效度很高，正确地测量了实验的过程，但在归纳实验结果时仍然会存在偏差，不能够推广到现实中去。坎贝尔和史丹利描述了4种影响外部效度的来源，本书将讨论以下两种影响外部效应的因素。

首先影响外部效度的常见因素是所选的非代表性样本偏差（non-representive-sample bias），即所选的样本不是真实反映总体的情况，不论内部效度如何，该实验的结果都将缺乏外部有效性。比如在许多研究中，研究人员常常请学生群体作为研究对象，对于有些问题，如招聘广告、数码产品的使用等，学生群体是可以的。但是对于另外一些问题，学生群体不能够代表研究的目标群体，那么外部效度就是有问题的，比如学生群体和单位职员、商务人士差异很大，对后者而言就不具有代表性。

其次，反应偏差（reactive bias）也是影响实验外部效度的一个因素。反应偏差是指参与者由于参与实验而显示出不正常的反应[1]。实验的情境与实验的刺激产生交互作用，实验的外部效度就会存疑。"霍桑实验"就是一个类似的案例，研究者在美国西部电器公司的霍桑工厂做了一个实验，研究不同工作条件对于生产率的影响。结果研究发现，参与实验的工人由于知道自己是实验组成员后，士气异常高涨，这样实验结果就不是平时正常的反应。

因此，实验法需要纳入控制组，以此来判断实验效应是因为自变量引起的，还是实验本身造成的。在医学研究中，有的时候研究人员需要给控制组也服用一种"安慰剂"的药物，控制组也像实验组患者一样，相信他们在服用实验用的新药。如果实验新药有效的话，服用新药的患者会比服用"安慰剂"的患者病情好转要快得多。

此外，还有其他因素会影响实验的外部效度，比如时间因素、环境背

---

① 帕拉苏曼等．市场调研［M］．王佳芥，应斌，译．北京：中国市场出版社，2009：208．

景因素等。实验环境人为操纵的因素太多的话，不能充分反映现实情况，也会造成外部效度低的问题。也就是说，实验室的结果不能推广到现实世界。相比较而言，现场实验的外部效度较高，内部效度较低。

研究人员需要根据情况在内部效度和外部效度之间进行权衡。有的时候会出现此消彼长的情况。如上，实验室实验由于人为控制了外部变量，所以内部效度较高。内部效度较高可以让我们更加确信地判断自变量的变化导致了因变量的变化。也同样因为较多的人为控制，外部效度则不高。而有些现场实验，由于是在自然环境中进行的，外部效度较高，实验结果更适合实际的市场环境。但是由于在自然环境中，不可控的因素较多，现场实验的一般内部效度不高。还比如我们为了避免测试效应，所以根据同一主题设计了不同的问卷进行测试，但是因为问卷的不同，又可能会导致工具效应的变化。

一般情况下研究人员需要首先保证基本的内部效度，然后再关注外部效度。因为如果不能证实自变量是因变量发生变化的原因，就失去了基本的依据，也无从谈起外部效度。

由以上分析可以看出，实验中可能存在多种因素影响实验的有效性。研究人员需要确定威胁效度的严重程度，需要对实验进行设计来尽可能地规避这些因素所带来的影响。当受试者的选择是通过系统的、合理的、随机的抽样对目标人群进行选择，并在实验过程中将受试者随机分配到控制组或实验组时，总人口的外部效度就会相应提升。当实验是按一定步骤进行并且确保了用于收集数据的测量方法可以真正收集到有效数据时，与测量相关的外部效度会得到提升。与环境相关的外部效度取决于广告调查者选择在实验室还是在自然环境下进行实验。

三、实验设计

实验设计的基本程序和研究的基本过程（见第 2 章）是一致的，具体包括以下步骤：

（一）提出研究问题和研究假设

首先实验法研究需要确定合适的研究问题，每种研究方法都有自己的特点，实验法的特点决定了实验法更适合于一些特定问题的研究，如一些变量之间的因果关系的推断就比较适合实验法研究，如："报刊广告是采用黑白还是彩色的更为有效？"而大规模的广告传播效果、文本分析等研究问题则不适合实验法，需要相应地采取调研法和内容分析法。

研究问题确定后，还要进一步细化，提出研究假设。比如某种产品有两种包装（A1、A2）和两种价位（B1、B2），我们的研究问题是"什么样的包装与价格搭配最有利于产品销售"。

相应的再进一步提出研究假设："某一种搭配比其他搭配更有利于销售"。还比如，我们的研究问题是："病毒视频的时长是如何影响目标受众对广告产品的看法"，就可以提出"病毒视频的时间越短，目标受众对于广告产品的评价越高"等假设。

（二）实验基本元素设计

1. 自变量和因变量确定

这是实验设计首先要确定的基本元素，研究人员要根据研究问题和研究假设，确定自变量和因变量，并转化为可以测量的自变量和因变量。

2. 实验材料的准备

在相关的研究内容确定后，研究人员需要把自变量和因变量操作化，并准备好相应的实验材料。如测试不同的广告片对于品牌态度的影响，那么自变量就操作化为不同的广告片，因变量是品牌态度，则操作化为包含品牌态度一系列问题的问卷来对受试者测试。

3. 无关变量的控制

因变量的变化，不但受到自变量的影响，也受到无关变量的影响，所以如何有效地控制无关变量，是决定实验结果是否确实可靠的一个极为重要的因素。研究人员可以通过实验设计在某种程度上控制无关变量的影响，比如设计实验室环境消除某些无关变量，或者采取平衡手段，设计控制组来达到消除无关变量的影响。

4. 实验组和控制组

确定实验组和控制组之前，首先要选择实验对象，有的实验对象可以采取招募的方式，也可以非公开方式确定小规模的人群作为实验对象；然后把实验对象通过随机或者配对的方式分组，分别组成实验组和控制组。

（三）实验的实施

实验法是定量研究方法的一种，需要收集确切的数据。实验法要严格按照实验设计进行试验，并进行认真观测和记录。

（四）分析、整理

最后研究者要把通过实验获取的资料进行分析，得出实验结果。常用的手段是比较实验刺激前后的差异、比较实验组和控制组的差异，来判断自变量和因变量之间的关系，最后写出实验研究报告。

四、基本实验设计类型

研究人员可以运用多种实验类型，如果只操作一个自变量，这个实验就属于基本实验设计。在描述实验设计的类型时，一般我们需要使用一些符号来表示。

O 表示实验中对因变量的测定，O 的下标表示对因变量不同的测定，比如 O_1 表示前测、O_2 表示后测。X 表示实验中的自变量的操纵和变化，下标也可以表示不同的变化水平。R 表示被试是随机划分到实验组和控制组的。E 表示实验效果，即自变量的变化所引起的因变量的变化。

按照实验要素或程序的不同，实验设计可以分为预先实验设计、准实验设计、真实验设计三大类。Donald Campbell & Julian Stanley（1963）年在一本探讨研究设计的书里，描述了 16 种不同的实验设计，本书只是选择主要的基本实验设计予以介绍，帮助大家开拓思路。

（一）预实验设计（Pre-experimental designs）

预实验设计并不是真实的实验。预实验设计中，研究者可以操纵一个自变量的变化，这些方法试图揭示因果关系，但是实验对象不是随机分配，实验也没有充分控制外生变量，未能消除大量对内部效度的威胁，无法通过严格的内部效度及外部效度的检验。但是由于此类实验成本较低，简单易行，所以在广告调查和市场研究中也会使用。

1. 单次实验设计（One-shot case study）

单次实验设计只有一组实验对象，而且也只是在实验处理之后测试一次。实验设计用符号表示如下：

实验组：X　O_1

实验效果就是来自于 O_1 的测量。比如一个汽车公司在某一城市开展了公关促销活动，在观察销售量有多少。该实验就可以用符号 X 代表实验处理，即公关促销活动，O_1 代表实验处理之后的测量，本实验测量的是销售量。

但是单次实验设计，由于没有前后的比较，我们不知道销售量的变化，也没有控制组比较，所以我们也没办法确定该销售量是否是由于公关活动导致的，实验的内部效度很低。尽管如此，在有些特殊情况下，单次实验设计却是唯一的选择。

2. 单组前后测实验设计（One-group pretest-posttest design）

单组前后测实验设计即指事前对正常情况进行测量记录（O_1），然后再进行实验处理（X），测量记录实验后的情况（O_2）。最后进行事前事后对比，通过对比观察了解实验变化的效果，两者的差别就是实验的结果。实验设计如下：

实验组：O_1　X　O_2

实验效果 E =（$O_2 - O_1$）

假如某公司有 A、B、C、D、E 产品，企业打算提高 A、B 的价格，希望不会影响企业在市场上的销售额。在一个市场实验两周，事前事后对销售额均有统计。

实验单位	实验前销售额（万）	实验后销售额（万）	变动
A	25	19	−6
B	30	23	−7
C	15	20	+5
D	20	26	+6
E	10	12	+2

该实验法对实验前后的实验对象进行了比较，但是，它仍然存在着一些缺点：首先实验单元不是随机的；其次只有一组研究对象，因为没有控制组，在进行研究的过程中仅有一组研究对象。因变量可能会受到一些其他变量的影响，影响实验的内部效度。就上面的案例而言，前后销售量的变化有可能受其他因素的影响，比如季节影响，或者金融危机等外部环境影响，还比如有些实验时间跨度较久，可能也会对实验对象产生影响。

虽然，该实验设计有许多不足，实验前后无控制对比，因为没有控制外生变量的影响，所以被看作是一种预先实验设计。但是由于相对简单易行、成本较低，在广告调查领域仍被经常使用。比如测试商品包装的变换、商品价格调整后的效果。

3. 静态组间比较设计（Static-group comparison）

静态组间比较设计是指有的研究分了实验组和控制组，但是没有前测。只是在实验处理之后，对实验组进行了测量，所以也称之为有控制组事后测试。实验设计用符号表示如下：

实验组：X　O_1

控制组：　　O_2

比如广告片对品牌态度的影响的实验，我们可以放广告片给一组看而不给另一组看，然后比较这两组的差异。但是还是存在前面的一个问题，我们由于不知道之前两组对品牌的态度，可能两组本来就存在差异。所以无法确定这种差异是广告片引起的。

有的时候，由于突发事件，这种实验设计在现实中也是一种选择，比如我们想了解某核电泄露后内部危机公关的问题，由于核泄漏是突发事件，没有前测，只是在事件发生之后进行了后测。为了对比，研究者选择了另外一个类似的核能发电厂，把这家核能发电厂的员工作为控制组加以比较。

（二）真实验设计（True experimental design）

真实验设计是指实验要素齐全、实验程序完整的实验，包括随机分配实验对象形成实验组和控制组，实验处理前后进行测量，进行实验操纵的检验，以控制外生变量的影响等。

1. 后测有控制组实验设计（Posttest-only control group design）

实验后测有控制组实验是指随机分配两组实验对象，一组作实验组，另一组作控制组，两组接受实验处理，在实验处理后再分别对两组进行测定比较。该组实验设计与静态组间比较实验设计很相像，两者区别主要是在于受试者是否是随机分配到实验组与控制组。实验设计如下：

实验组（R）：X　　O_1

控制组（R）：　　　O_2

实验效果＝O_2-O_1

例如研究人员想通过实验测试治疗某种疾病的某种药品的效果，实验对象是患有某种疾病的患者，因为我们不可能预先知道哪些人会患有该疾病，所以没有办法进行前测。研究人员只有通过随机选取两组实验对象，并随机分配到实验组和控制组，再进行后测。通过这种实验设计，可以排除测试效应和工具效应。有些学者认为，受试者被随机分配到实验组与控制组，能够使得自变量之间的差异代表实验的结果，可以不加以前测。

2. 前后测有控制组实验设计（Pretest-posttest control group design）

实验前后有控制对比实验是在同一时间周期内，随机抽取两组条件相似的单位，一组作实验组，另一组作控制组（即非实验组，与实验组作对照比较的），并对两组进行测定。该实验设计有事前测试，这也是和实验后有控制对比实验相比的特点。接着两组接受实验处理，在实验处理后再分别对两组进行测定比较，即事后测试。实验设计如下：

实验组（R）：O_1　　X　　O_2

控制组（R）：O_3　　　　O_4

实验效果＝（O_2-O_1）－（O_4-U_3）

例如某公司测量巧克力新包装效果。选择三家超市为实验组，另外三家超市为控制组。如下表所示，在实验处理（巧克力换新包装）之前，实验组一个月的销售量是 1100 盒，控制组一个月的销售量是 1000 盒。实验处理之后，一个月后实验组销量 2000 盒，控制组三家销量 1200 盒。

组别	实验前一个月销量	实验后一个月销量	变动量
实验组（A、B、C）	$X_1 = 1100$	$Y_1 = 2000$	+900
控制组（E、F、W）	$X_2 = 1000$	$Y_2 = 1200$	+200

那么巧克力新包装的效果应该是（2000−1100）−（1200−1000）= 700（盒），即提高了 700 盒的月销售量。

实验前后有控制对比实验的实验设计有着自身的优点，首先因为实验组和控制组两组在实验前是随机抽取的，具有相同或相似的特点。而且两组在实验开始都接受了测量，所以在实验前是没有差别的。虽然在现实生活中，特点完全一样的两组是很难找到的，但是我们经过了随机处理，可以假设两组是基本相同的，从而规避选择效应和回归效应。两组又在相同的环境中接受了实验处理，然后进行了测量，这样可以规避历史效应、工具效应。因为无论发生什么事情，实验组和控制组都可能受到了影响。因此，通过上例实验组的前后对比，可以说明巧克力新包装对销量增加的影响。通过控制组前后的对比，说明了销量的变化可能是由于其他因素带来的影响。我们可以再通过比较两组结果，从而看出该实验处理的效果。通过这样的实验设计就能控制一些外生变量，解决实验前后无控制对比实验的一些问题。

该组实验设计可能会受到测试效应的影响，比如上面的案例我们除了采用市场实验的方法，还可以在实验室做，这样能够控制无关变量，保证两组是在相同的环境中进行前测和后测。但是可能实验对象本来没有注意到巧克力包装的影响，因为之前做了一个巧克力包装测试，所以当换了新包装之后实验对象会有意识地注意到这个包装，并且在进行测量时，可能会有意识地迎合测试问题或者改变原来的态度，如此得到的结果也不是自然情境下的态度。

3. 所罗门四组设计（Solomon Four-Group design）

所罗门四组设计与实验前后有控制对比试验相似，不过，加入了第二个实验组和控制组，第二个实验组和控制组不接受预先测量。实验设计如下：

实验组 1（R）：O_1　X　O_2
控制组 1（R）：O_3　　O_4
实验组 2（R）：　　X　O_5
控制组 2（R）：　　　O_6

实验的效果可以综合使用几种方式来估计：$O_2 - O_4$、$(O_2 - O_1) - (O_4 - O_3)$ 或者 $(O_5 - O_6)$，如果这几个测量结果有一致性，那么对实验的影响所做出的推断会更有说服力。这种设计也可以直接测量实验处理的交互作用和前测效应，可用 $[(O_2 - O_4) - (O_5 - O_6)]$[①]。

所罗门四组设计由于实验对象是随机处理的，实验组和控制组的划分也是随机的。实验设计对可能影响内在效度的各种外在因素都进行了控制，而且能够规避测试效应的影响，即规避之前测量对后来测量效果的影响，因此具有很高的内在效度。

但是在现实中，由于所罗门四组设计较为烦琐，执行中需要更多的被试，花费大量的时间和精力，实验经费较大，而且难度较高，所以这些方面限制了其在研究中的应用。

（三）准实验设计（Quasi-experimental design）

当研究者在现实情境下，无法采用随机方法分派研究对象，并控制实验情境时，可以采取准实验设计。准实验设计是指不把实验对象随机分配，实验要素和程序基本具备但不够齐全的实验。比如，研究者需要实验某高校招生新版的广告是否优于老版广告，如果按照真实验设计，实验需要从高中生中随机抽取受访者，并随机分为实验组和控制组。但是当研究者跟学校联系时，由于现实条件不许可，无法打破班级、学校界限从而运用随机抽取和分派的方式选取等组学生参加实验，于是只得利用原来的班级作为实验对象。为了配合现实情境，研究者就采用了准实验的研究设计。

准实验研究虽然不能够像真正的实验设计一样控制所有影响实验内在效度和外在效度的因素，内部效度往往存在问题。但是准实验设计也可以控制其中一些因素，并可以避免一些实验情境过于人工化的影响，在现场环境方面比真实实验更可行。

比较常采用的准实验设计有两种：一种是非等同控制组设计；另一种是时间序列设计。

1. 非等同控制组设计（Nonequivalent control group design）

非等同控制组设计和实验前后有控制对比实验相似，但是实验对象的

---

① 刘德寰　现代市场研究［M］．北京：高等教育出版社，2005：276.

分配没有经过随机处理。实验设计如下：

实验组：O_1　X　O_2

控制组：O_3　　　O_4

非等同控制组设计中的实验组、控制组一般是自然形成的，研究人员选择具有相似特点作为分组依据。比如上文中高校招生广告的案例，挑选的班级都是原有的班级，研究人员再挑选具有相似度高的班级作为实验组和控制组。

2. 时间序列设计

时间序列设计可以分为间断时间序列设计和多重时间序列设计。

间断时间序列设计和前后无控制对比实验设计很相似，只不过是在实验处理前后反复测试。实验设计用符号表示如下：

O_1　O_2　O_3　X　O_4　O_5　O_6

比如，在消费者研究中，我们可以对消费者的购买行为（O）进行测量，来看新的广告活动（X）对于消费者购买行为的影响。

多重时间序列设计在间断时间序列设计的基础上又增加了控制组，和非等同控制组设计很相似，只不过是在实验处理前后反复测试。该设计用符号表示如下：

实验组：O_1　O_2　O_3　X　O_4　O_5　O_6

控制组：O_1　O_2　O_3　　　O_4　O_5　O_6

时间序列设计由于前后多次测试，对外生变量有了更多的控制，所以时间序列实验比前后测试实验更具有解释力。比如在新广告活动效果的实验中，先对消费者购买行为进行多次测量，以确定趋势。新广告活动投放之后，再进行测量，比较前后差异。如果多次测量消费者购买行为或者销售量，发现增长趋势是明显的，那么就比单次测试更能够预测变化趋势，对于新广告活动的传播效果有更好的解释能力。研究人员还可以通过多次观察，能够更全面地分析新广告活动的短期效果和长期效果。

但是也正是由于多次测试，时间序列设计测试效应可能会更明显。比如在对消费行为测试时，由于多次测试，小组成员在后来的测试中可能会更多地意识到自己的消费行为，对测试的内容就会更加敏感，测试结果和普通的消费者就会有差别，研究结果也不能推断到总体。而且多次测试导致实验持续时间较长，有一些因素会发生变化，因此会受到一些历史效应的影响。

此外也要注意，时间序列设计控制组和实验组由于是非随机分配的，研究人员要注意控制组和实验组的相似程度，比如新的广告活动在两个不同的城市刊播，两个城市分别作为实验组和控制组，那么这两个城市在竞争品牌、消费水平等和因变量销售量有关的特性方面要大体相同。

除了以上只操纵一个变量的简单实验设计外，还有一些操纵多个自变量的复杂的实验设计，比如采用完全随机设计衡量某电视广告的四个版本的广告可信度，或者采用多因子设计把四个版本的广告和性别结合起来，研究两者的交互作用对广告可信度的影响等。这些复杂的实验设计是在简单实验设计的基础上的延伸，研究人员修改了基本的实验设计，有时也被称之为"统计设计"，因为它们往往需要复杂的数据分析程序以揭示多个自变量或自变量的多个不同变化水平的影响。

本章小结

1. 了解实验法概念及其相关概念。实验法是研究人员通过控制某一个或某几个自变量的变化，然后观察自变量对因变量的影响。了解自变量、因变量、外生变量、实验组、控制组、前测、后测等实验法相关概念。

2. 了解实验法的特点，理解实验法适用于检验因果关系。确定因果关系需要三个条件：①A、B事物之间存在相关关系；②存在适当的时间顺序（A在B发生之前）；③排除其他可能的因素，那么就可以证明A、B两者之间具有因果关系。实验法比其他方法如调研方法更可控，由于研究人员可以控制其他因素，观察自变量的变化对因变量的影响，从而方便进行因果推断。实验法特别适合于范围有限、定义清楚的概念或变量的关系的研究，如果研究目的是为了解释，而不是描述，那么更适合采用实验法。

3. 知道基本实验设计的类型。只操作一个自变量的实验就属于基本实验设计，根据实验要素和程序的完备程度不同，基本实验设计可以分为预实验、真实验和准实验。预实验包括单次实验设计、单组前后测实验设计以及静态组间比较。真实验设计包括后测有控制组实验设计、前后测有控制组实验设计和所罗门四组设计。准实验设计包括非等同控制组设计和时间序列设计。

4. 理解实验效度，以及内部效度和外部效度的来源。实验效度分为内部效度和外部效度。内部效度即自变量的变化能够解释因变量变化的程度，影响实验的内部效度的主要来源有历史效应、成熟效应、测试效应、工具效应、回归效应、选择效应、失员效应等。外部效度即实验是否反映现实生活，影响实验的外部效度的主要来源是非代表性样本偏差和反应偏差。

5. 内部效度和外部效度的平衡。实验室实验由于人为控制了外部变量，所以内部效度较高。内部效度较高可以让我们更加确信地判断自变量的变化导致了因变量的变化。也同样因为较多的人为控制，外部效度则不高。而有些现场实验，由于是在自然环境中进行的，外部效度较高，实验结果更适合实际的市场环境。但是由于在自然环境中，不可控的因素较多，现场实验的一般内部效度不高。因此，我们可以看出提高内部效度，往往要牺牲外部效度；反之亦然，提高外部效度则会牺牲一定的内部效度。这就需要研究者根据研究的目的，做出一个平衡，一般而言，保证基本的内部效度是基础。

6. 能够执行基本的实验设计。

关键术语和概念

实验法；自变量；因变量；外生变量；实验组；控制组；实验设计；预实验设计；准实验设计；真实验设计；内部效度；外部效度；实验室实验；现场实验

思 考 题

1. 什么是实验法？一般什么情况下广告调查会采用实验法？

2. 什么是实验组和控制组？它们在实验操作中有什么作用？

3. 某纸巾厂商打算做一个实验，在11月份推出POP现场广告，该实验在合肥的超市里进行，使用扫描仪记录销售量。请问什么是该实验的自变量和因变量？

4. 解释实验的效度。

5. 本章讨论了影响内在效度的7种来源，请举例说明（非本章案例）。

6. 什么是实验室实验和实地实验？请指出两者各自的优缺点。

7. 实验步骤包括哪些环节？

8. 真实实验设计和预实验设计的区别有哪些？

9. 请找出一个使用实验法的研究，写出研究的纲要，并附上资料来源。

探索性活动设计

1. 某超市准备在当地社区发送直邮广告提供双倍优惠券，该超市目前有一个消费者综合数据库，包括电子邮件，请你设计一个在线实验来帮助该超市。

2. 实验研究案例：

一间宽大的单边镜访谈室里，桌子上摆满了没有标签的杯子，有几个被访问者逐一品尝着不知名的饮料，并且把口感描述出来写在面前的卡片上……这个场景发生在 1999 年，当时任北华饮业调研总监的刘强组织了 5 场这样的双盲口味测试，他想知道，公司试图推出的新口味饮料能不能被消费者认同。

此前调查显示：超过 60% 的被访问者认为不能接受"凉茶"，他们认为中国人忌讳喝隔夜茶，冰茶更是不能被接受。刘强领导的调查小组认为，只有进行了实际的口味测试才能判别这种新产品的可行性。

等到拿到调查的结论，刘强的信心被彻底动摇了，被测试的消费者表现出对冰茶的抵抗，一致否定了装有冰茶的测试标本。新产品在调研中被否定。

直到 2000 年、2001 年，以旭日升为代表的冰茶在中国全面旺销，北华饮业再想迎头赶上为时已晚，一个明星产品就这样穿过详尽的市场调查与刘强擦肩而过。说起当年的教训，刘强还满是惋惜："我们举行口味测试的时候是在冬天，被访问者从寒冷的室外来到现场，没等取暖就进入测试，寒冷的状态、匆忙的进程都影响了访问者对味觉的反应。测试者对口感温和浓烈的口味表现出了更多的认同，而对清凉淡爽的冰茶则表示排斥。测试状态与实际消费状态的偏差让结果走向了反面。"

"驾驭数据需要系统谋划。"好在北华并没有从此怀疑调研本身的价值，"去年，我们成功组织了对饮料包装瓶的改革，通过测试，我们发现如果在塑料瓶的外形上增加弧形的凹凸不仅可以改善瓶子的表面应力，增加硬度，更重要的是可以强化消费者对饮料功能性的心理认同。"

（案例来源：揭开数据真相 [N] . 江苏经济报，2005/04/02）

问题：

（1）请问北华的双盲口味测试是实验调研吗？请解释原因。

（2）分析该实验调研中的内部和外部有效性威胁。

第10章 抽样设计

【本章学习目标】

1. 理解总体、个体、样本、样本统计量等概念。
2. 了解抽样的作用。
3. 掌握概率抽样和非概率抽样及其分类。
4. 掌握抽样设计的内容和步骤。

【导入案例】

合肥市广告产业调查中的分层抽样

学校组织几学生进行社会实践活动，拟做一个"合肥市广告产业现状调查"的课题。指导老师准备让学生在假期深入合肥市的部分广告企业单位进行调查。为了使调查样本具有代表性，打算采取"区（县）—办事处（乡镇）—居委会（村委会）"三阶分层抽样的抽样方式抽取样本。

根据方案，将在每个居委会（村委会）抽取样本3~6个。方案中提供了人口数和个体数两个辅助变量。对于辅助变量是个体数的完全可以使用规模分配方法分配样本量，个体数多的分配较多的样本量。对于辅助变量是人口数的如果采取规模分配方法，由于人口数与一个地区的个体单位数没有必然的联系，可能导致某些居委会的个体数比较多，但却分配了较少的样本量，使得居委会分层变得困难，同时使居委会方差显著增大；而获得较多样本量的居委会，分层的效果和方差提高幅度有限；故采用比例分配的方法可能更加合适一些。对居委会（村委会）层内，按相应的分配方法直接使用简单随机抽样完成。

确定办事处（乡镇）、居委会（村委会）的样本量与以下几点有关：①估计量的误差、置信度，决定简单随机抽样的样本量；②采用的抽样方法，决定抽样效果；③分层数目的多少，决定样本的代表性。所以，应该重点考虑分层的问题，分层太多，没有必要；分层太少，导致层内的方差增大，可能影响估计值的精度以及抽样效果。所以，在每阶分层时，应该合理考虑，以使样本的变异程度在层内达到一个合理水平。

根据以上原则，参加社会实践活动的学生在合肥市各区县共抽取 5 个办事处（乡镇），包括 16 个居委会；2 个乡，包括 6 个村委会；经过清查和实施简单随机抽样，共抽取从事广告业的单位 80 个。

案例思考：

（1）此案例以抽样调查为基础，在样本中统计出从事广告业的人数。

（2）在样本中统计出年广告收入大于 100 万元的情况，以及低于 5 万元的情况。

（3）如何有效实施抽样调查？评价设计的抽样方案？

一、样本的选择及抽样

从总体中按照某种规则选择个体构成样本，这一选择样本的过程称为抽样或抽样法。抽样既是搜集统计资料的方法，又是对现象总体进行科学的估计和判断的方法，所以它不论在广告调查和广告研究中都有广泛的应用。样本来自总体，它的选择可以有多种情形，可以因研究的问题、研究的人不同选择不同的样本。有时总体数量过大、范围较广，为了对总体有全面了解和认识，需要根据所获得的样本数据对总体的数量特征做出具有一定可靠性的估计或判断，所以抽样方法在现实应用中是常用的有效方法。在抽样过程中，抽样设计的好坏，直接关系到获得的样本数据，也就关系到根据样本得到研究结果的准确性、可靠性。

（一）抽样设计中的基本概念

在抽样设计中，需要知晓总体、样本、概率抽样、非概率抽样、抽样单元、抽样误差等有关概念。

1. 总体、个体

我们把研究对象的全体称为总体（或母体），把组成总体的每个成员称为个体。比如，我们要了解一袋种子的质量好坏，这袋种子（的质量）就是总体，袋中每粒种子（的质量）就是个体。

2. 样本、样本值、样本容量

从总体中按照某种规则选择 n 个个体构成样本。对样本中的 n 个个体进行观察或测试得到 组数据 x_1，x_2，…，x_n，这组数据称为样本观察值

（简称样本值），称 n 为样本容量。样本容量总是有限的，相对总体则比较小，通常 $n \geq 30$ 的样本称为大样本，$n < 30$ 的样本称为小样本。

为了研究一袋种子的质量，从中（随机或非随机地）选出一些种子进行观察，这一挑选种子的过程就是抽样，选出的种子就是样本。如果合格记为1，不合格记为0，对样本中每个个体进行观察或测试就能得到一组数据，那么这组数据就是样本值。

3. 概率抽样、非概率抽样

按照随机性来分，抽样方法可以分为概率抽样和非概率抽样（即随机抽样和非随机抽样）两大类。概率抽样是按照随机原则从总体中抽取一定数目的样本，以样本的结果推断总体的一种研究方式。当抽样时不遵循随机原则，而是按照研究人员的主观经验或其他条件来抽取样本的一种抽样方法称为非概率抽样。概率抽样对总体中每一个样本都给予平等的抽取机会（即等概率抽取），完全排除了人为的主观因素的选择，这也是它与非概率抽样的根本区别。

4. 抽样单元

在概率抽样中，为了便于抽样的随机性，常常将总体划分为有限个互不重叠的部分，每一部分称作一个抽样单元。例如在合肥市进行概率抽样，可以将合肥市分成几个行政区（瑶海区、庐阳区、蜀山区、包河区），作为一级抽样单元。把行政区进一步按街道划分为二级抽样单元，二级抽样单元还可以进一步划分下去，直至分到家庭或个人。抽样时，可以赋予每一个抽样单元一个概率，这个概率可以是相等的，也可以不相等。

5. 抽样框

抽样设计时，必须有全部抽样单元的资料，这份资料称作抽样框。人员名单、联系电话、户口档案、企业名录、地理位置等都可以作为抽样框。在抽样框中，可以通过编号，使得每个抽样单元都有自己对应的位置或序号。

6. 总体参数、总体成数

总体参数，又称总体指标或全及指标。它是根据总体中所有个体的观察值或测量值来计算的，反映总体某种属性的综合指标。由于总体是唯一确定的，而总体指标是由总体各个体的值决定的，所以总体参数是唯一确定的。

常用的总体指标有总体平均数、总体标准差或方差、总体成数等。

（1）总体平均数

总体平均数，又称全及平均数。它是总体各个体观察值或测量值的平均数，通常用 $\bar{X}$ 表示。

（2）总体标准差

总体标准差，又称总体均方差。它是指总体中根据各个体值计算的标准差，记为 σ，即

$$\sigma = \sqrt{\frac{\sum_{i=1}^{N}(x_i - \bar{X})^2}{N}}$$

总体标准差的平方称为总体方差，记为 σ^2。

（3）总体成数

总体成数，又称为全及成数。如果总体具有某种属性，按照某种标志将总体（N 个）分为具有某种属性的一组（N_1 个）和不具有某种属性的另一组（N_2 个）。则总体中具有或不具有某种属性的个体数量在总体中的比重称为总体成数，即总体成数为 $P = N_1/N$，相应地，取 $Q = N_2/N$，则 $P + Q = 1$。

7. 样本统计量

根据样本中各个体的观察值或测量值来计算的综合指标称为样本统计量（简称统计量）。统计量是用来估计总体参数的。与常用的总体参数相对应，也有样本平均数、样本标准差或方差、样本成数等，用对应的小写字母表示。

样本平均数 $\bar{X} = \dfrac{\sum_{i=1}^{n} x_i}{n}$，

样本标准差 $s = \sqrt{\dfrac{\sum_{i=1}^{n}(x_i - \bar{X})^2}{n}}$，样本方差 $s^2 = \dfrac{\sum_{i=1}^{n}(x_i - \bar{X})^2}{n}$，

样本成数 $p = n_1/n$，$q = n_2/n$。

样本统计量的计算方法是确定的，但它的取值随着不同的样本有不同的样本变量，而发生变化。因此，统计量本身是一个随机变量。样本统计量用来作为总体参数的估计值，有时误差大一些，有时误差小一些，有时是正误差，有时是负误差，情况各不相同。

8. 抽样误差和非抽样误差

样本来自总体，是总体的一部分，虽然具有代表性但并不等于总体。因此用样本来研究得到的结果来估计总体一般会产生误差，这种由抽样

引起的误差称作抽样误差。抽样误差越小，估计量的精度就越高。抽样误差是客观存在的，但是抽样误差的大小与抽取的样本能否代表总体有密切的关系，为了减少抽样误差，要尽可能使样本的结构与总体的结构相一致。

在抽样调查中人为因素造成的误差称为非抽样误差，这种误差是由研究者、访问员和受调查者造成的。例如由于调查方法不当引起的受调查者的反应不当；访问员工作不认真、不仔细所造成的记录错误；受调查者拒绝配合或不认真作答等。这类误差是无法测量的，但它可以通过加强对访问员的培训、提高调查人员的素质、采用合理的资料采集方法、设计高效的问卷等手段来克服。

9. 随机性原则和效果最佳原则

任何调查活动、任何研究者在进行抽样设计时，随机性原则和效果最佳原则通常是必须遵循的两个基本原则。

在进行抽样时，总体中的每一个个体被抽取的可能性是相等的，而不是由研究者主观决定的，称作抽样的随机性原则。由于随机抽样使每一个个体都有同等的机会被抽取到，因而样本与总体结构相一致的可能性最大，或者说，样本最有可能表现总体的特征。

效果最佳原则指在调查经费固定的条件下，选取抽样误差最小的方案；或在要求的精度条件下，使调查费用最少。总之，效果最佳原则要求尽量节省人力、费用的同时保证调查结果的准确性、科学性。

（二）抽样的作用

通过抽样，取得部分个体的实际材料，据以计算抽样的样本统计量，然后对于总体的规模、水平、结构指标做出估计或判断，利用样本了解总体参数。随着抽样理论的发展、抽样技术的进步、抽样方法的完善，抽样在广告调查和广告研究中的应用也将愈加普及和广泛。为了认识"为什么要抽样？"这个问题，我们先了解一下抽样的作用。

抽样具有以下一些作用：

第一，对某些不可能进行全面调查而又要了解其全面情况的实际问题，必须应用抽样。例如，电视广告播出后，不能为了调查观众对广告的收视率而询问所有人。在这种情况下，就只有采用抽样的办法，以样本资料对总体的状况做出推断。

第二，对某些现象虽然可以进行全面调查，但抽样方法仍然有其独到的作用。例如：如要了解电视广告的收视率状况，从理论上说这可以进行全面调查，但是调查的范围太广、人数太多。采用抽样调查便能节省人力、费用，达到同样效果。

第三，抽样调查和全面调查同时进行，可以发挥相互补充和检查质量的作用。

全面调查由于范围广、工作量大、参加人员多，发生登记性和计算性误差的机会可能就多。在全面调查后，随机抽取一部分单位重新再调查一次，将这些单位两次调查的资料进行对照、比较，计算其差错比率，并以此为依据对全面的资料加以修正。这样就可以进一步提高全面调查资料的准确性。如果要调查广告从业人数，根据调查项目的粗细要求不同，可以分别进行普查和抽样调查，由这两种调查所得的资料不但便于核对差错，而且可以满足不同的需要。

第四，抽样法可以用于广告设计、制作过程的质量控制。在广告设计、制作过程中，抽样调查可以有效地应用于广告产品在广告设计、制作过程中进行的质量控制，检查设计、制作过程是否合格，及时提供有关信息，便于采取措施，预防不合格广告产品的发生。

第五，利用抽样法原理，还可以对于某种总体的假设进行检验，来判断这种假设的真伪，以决定行动的取舍。例如产品新广告的投放是否收到明显效果，需要对未知的或不完全知道的总体做出一些假设，然后利用抽样的方法，根据实验材料对所作的假设进行检验，做出判断。

（三）抽样的基本方法

以抽样的随机性来分，抽样方法可以分为概率抽样和非概率抽样（即随机抽样和非随机抽样）两大类，每一大类又可以根据抽样的形式、特点来进一步细分，具体如图 10-1。

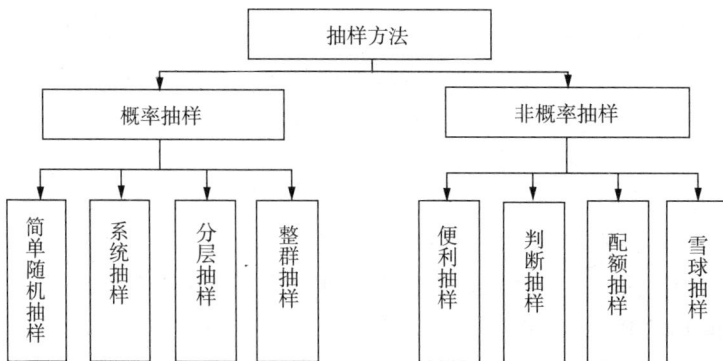

图 10-1　抽样方法的分类

二、概率抽样

概率抽样（probability sampling）也叫随机抽样，其特点是总体中的每一个个体都有可能被抽到，而且这种可能性大小相同。概率抽样的样本较为分散，实施难度大，费时、费力，但该方法可以判断误差的大小。

概率抽样方法一般包括四种，下面将具体介绍。

（一）简单随机抽样

人们通常所说的随机抽样就是简单随机抽样，也称为纯随机抽样。它是最基本的抽样方法之一，且是适用范围最广的、最能体现随机原则的方法。在简单随机抽样时，总体中每个个体都应该有独立的、等概率被抽取的可能。

1. 简单随机抽样的意义

从理论上说，这种抽样方式最符合随机性原则，同时也是与其他抽样方式效果好坏进行比较的标准。但在实践中，这种抽样方式需要给每一总体单位编上号码，倘若总体很大，这一工作则需要耗费大量的人力、物力，甚至有时根本无法给总体单位进行编码工作，一次较大规模的抽样实践一般不直接用这种抽样方式。

因为简单随机抽样最符合随机原则，在一系列的梳理推导中为其他各种抽样方法提供了根据，所以在理论上具有很重要的意义。同时，实践中所采用的各种组织方式也离不开简单随机抽样，只不过是先施加一些约束条件，然后再进行简单随机抽样，因此可以说其他各种抽样组织方式是简单随机抽样的扩展，所以简单随机抽样在实践上也有着特殊的意义。

2. 简单随机抽样的抽取方式

简单随机抽样常用的抽取方式有抽签法和随机数字表法来抽选样本。但在实施抽样之前，首先要给总体的每一个体编上号码，然后才能进行抽样。

抽签法给总体中的每一个个体都编上号码并做成签，充分混合后从中随机抽取一部分，这部分签所对应的个体就组成样本。

随机数字表则是由一些任意的数字毫无规律地排列而成的数字表。表10-1是一个由数字无规律排列组成的随机数字表。随机数字表法的使用很简单，可以从任意一个数字开始从上往下或从左至右查。例如，要从200个单元中抽取10个单元，先将200个单元从1到200编上号码。假设从表10-1中的第4行与第2列交叉处的4756开始沿竖列方向往下查，并规定凡最后三位数字不大于100的均可纳入样本，则2003、9062、4018、3040、8090、

7021、9090、5072、3010、2089 这 10 个编号的单元可组成一个样本。

表 10－1　随机数字表

	1	2	3	4	5	6	7	8	9	10
1	3519	4700	7240	2225	2830	3922	4445	7989	3649	194
2	3166	214	9316	4111	3040	5419	6898	7756	422	935
3	7467	1084	1627	2334	5646	597	3635	5470	6326	5450
4	4081	4756	7381	7459	6612	9357	6803	1579	6410	4310
5	4255	1135	3660	8179	8217	628	4872	8237	933	6552
6	7892	5366	9062	2418	4807	5450	9090	8376	6612	86
7	1742	2215	7221	3343	9685	6846	3630	8852	3554	178
8	5021	3247	5574	3214	1192	7779	1482	5072	8893	1333
9	8933	919	2280	6919	6905	5949	4357	9428	9470	4163
10	1845	5297	6541	1983	6448	8722	8940	4635	3874	9099
11	5031	3630	1253	8153	3393	9620	3751	3858	9245	5100
12	6020	8802	4018	8956	8090	4663	8572	7097	5909	8929
13	7199	4152	3499	3928	4829	7021	9846	6536	1860	3857
14	2665	9574	4699	8636	776	3752	7499	2355	2142	807
15	4052	8912	5614	6970	2393	7798	4753	3010	1101	2606
16	1990	1788	6704	1218	8991	1563	8817	2089	1509	9450
17	8612	2003	6270	1460	4189	1932	9235	8806	1469	8010
18	4848	3105	5213	8451	3526	6584	9949	5845	1830	3488
19	9311	4111	3983	5637	1165	4826	7255	5431	3134	8689
20	3415	8228	4995	924	1789	9729	4844	9668	1300	3900

　　简单随机抽样的基本过程是将总体中的每一个抽样单元按一定顺序排列，并给予相应的编号，然后采用抽签法或随机数字表法抽取符合样本量要求的编号，这些编号对应的单元就是被抽取出来的样本。

　　简单随机抽样虽然从理论上说它是最符合随机原则的，而且分析抽样误差比较容易，可以视作其他随机抽样方法的基础。但是这种方法在实践中的运用受到一定的限制，有三个主要原因：其一，简单随机抽样需要给总体中每一个体编号，在总体很大的情况下这种编号几乎是不可能的。例如针对一个电视广告收视率的调查，总体通常以数十万计，要给数十万人都编号是相当困难的。其二，广告营销研究的样本量通常有好几百，即使总体的编号不成问题，用抽签法或用随机数字表法一个一个地抽取样本也费时费力。采用其他方法，如系统的抽样，则简便多了。其三，简单随机抽样忽略了总体已有的信息，降低了样本的代表性。例如，在电视广告对男性女性购买行为的影响调查中，男女的总体性别比例是确定的，如1：1。采用简单随机抽样进行抽样，虽然抽出来的男女性别比例可能与总体接近，但仍有差别。

（二）系统抽样

系统抽样，也称等距抽样或机械抽样，是从总体中等距离地抽取样本。其抽样过程可以分为如下四个步骤完成。

Step1：给总体中每一个个体按顺序排列并编号。

Step2：计算抽样距离。总体的数量除以样本的数量等于抽样距离，即

$$k = N/n$$

其中 k 为抽样距离（通常向上取整数），N 为总体的数量，n 为样本量。

Step3：抽取第一个样本。根据确定的抽样距离，从第一个抽样距离单位内的单元中采用简单随机抽样方法抽取一个个体作为第一个样本。假设抽样距离为30，则在前30个单元中随机抽取一个个体作为第一个样本。

Step4：抽取所有样本。确定了第一个样本之后，间隔一个抽样距离抽取一个，依次进行下去，这样就将所有样本一一抽取出来。

下面举一个例子来说明。假设某一新产品进行电视广告宣传后，产品的性能测试需要从调查总体的80人中抽取8人进行测试。根据总体数量和样本量求出抽样距离：

$$k = 80/8 = 10$$

假设从 1～10 中随机抽出 7 为第一个样本，那么所抽取的样本则包括第7、17、27、37、47、57、67、77 和87，如图 10-2 所示。

1	2	3	4	5	6	7	8	9	10	11	12	13	14	15	16
17	18	19	20	21	22	23	24	25	26	27	28	29	30	31	32
33	34	35	36	37	38	39	40	41	42	43	44	45	46	47	48
49	50	51	52	53	54	55	56	57	58	59	60	61	62	63	64
65	66	67	68	69	70	71	72	73	74	75	76	77	78	79	80

图 10-2 系统抽样模拟示意图（加框的数字为抽取的样本）

一般地，系统抽样比简单随机抽样简便，易于操作，而且能比较均匀地抽到总体中各个部分的个体，样本的代表性比简单随机抽样强，不过抽样误差的计算比较复杂，一般用简单随机抽样的抽样误差来估计。

系统抽样虽然过程简单、容易理解，但是在单独使用时，同样面临着简单随机抽样总体大不便于编号的困难。所以在大规模的调查（特别是电话访问）中，它经常与其他抽样方法结合起来使用。

（三）分层抽样

分层抽样又叫作分类抽样，是根据总体已有的某些特征，将总体分成若干个层，再从各层中分别随机抽取一定的个体构成子样本，汇总所有的子样本构成需要的样本。分层抽样的具体过程如图 10-3：

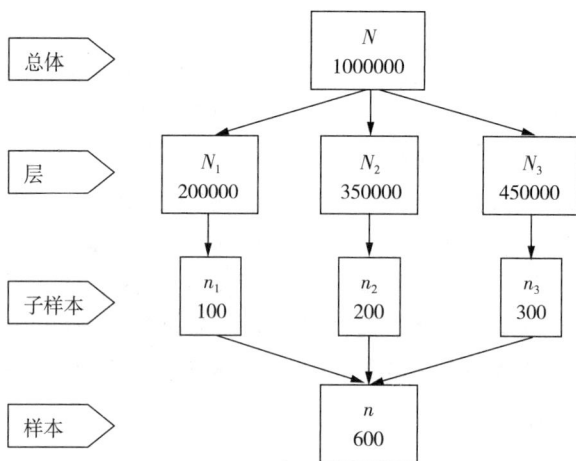

图 10-3　分层抽样示意图

Step1：确定分层的特征，如年龄、性别、收入、行政区等；

Step2：将总体（N）分成若干（k）个互不重叠的部分（分别用 N_1，N_2，…，N_k 表示），每一部分叫一个层，每一个层也是一个子总体；

Step3：根据一定的方式（如各层单元占总体的比例）确定各层应抽取的样本量；

Step4：采用简单随机抽样或系统抽样方法，从各层中抽取相应的样本，记为 n_1，n_2，…，n_k，这些样本也叫子样本，累加所有的子样本就构成了总样本。

分层抽样充分利用总体的已有信息，因而是一种非常实用的抽样方法，但是总体该分成几层、如何分层，则要视具体情况而定。总的一个原则是，各层内的变异要小，而层与层之间的变异要大，否则分层就没有意义。

为了使分层抽样更合理、科学，在具体实施过程中可采用下列三种方式抽样。

第一，按分层比例抽样，即抽取各层的样本数可以考虑按各分层子总体数量多寡比例进行。假设总体数量为 N，总样本量为 n，分层子总体数量为 N_i，分层子样本量为 n_i，则：

$$n_i = n \frac{N_i}{N}$$

按上述公式可算出各层抽取的样本数。这种分层方法是在各分层内的变异数不知道的情况下进行的。

第二，最佳分层抽样，也叫牛曼分层抽样，是在各层内变异数大小知道的情况下按各层内变异数的大小调整各层的样本数量，以提高样本的可信度，抽样公式为：

$$n_i = n \frac{\sigma N_i}{\sum_{i=1}^{k} \sigma_i N_i}$$

其中 σ_i 为任一层内的标准差（若没有现成资料，可以从该层抽一个小样本算出样本标准差 s_i 代替 σ_i 进行计算），N_i 为任意一层的子总体数，n_i 为任意一层抽取的样本量。

第三，德明分层抽样，即当各层的调查费用有明显差异时，在不影响可信度的前提下，调整各层的样本量，使调查费用减至最低。例如农村人口多且分散，调查费用高，因此可以适当减少样本量，以节省调查的开支。

在分层抽样中，有时可在分层子总体的基础上进一步分层，这就是所谓的多次分层抽样。分层的标准一般为地区、年龄、性别、收入、文化程度等。

分层抽样由于充分利用了总体已有的信息，样本的代表性及推论的精确性一般都优于简单随机抽样。此外，在抽样实施时，也比简单随机抽样简便。

（四）整群抽样

整群抽样是先将总体分为 i 个群，然后从 i 个群中随机抽取若干个群，调查这些群内的所有个体或单元。抽样过程可分为以下几个步骤完成，如图 10-4。

Step1：确定分群的标准，如班级、自然行政区域等。

Step2：将总体（N）分成若干个互不重叠的部分（Q_1，Q_2，…，Q_i），每个部分为一群。

Step3：根据总样本量，确定应该抽取的群数。

Step4：采用简单随机抽样或系统抽样方法，从 i 群中抽取确定的群数。

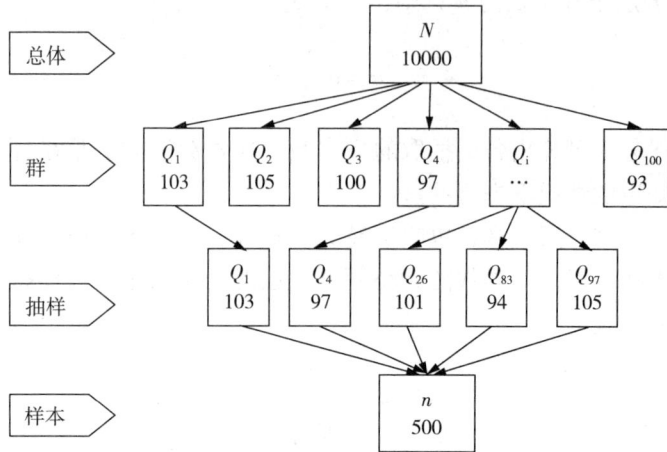

图 10-4　整群抽样示意图

类似于多次分层，也可以将整群抽样的群进一步分成若干个子群。分群的次数依据实际情形而定。分群的标准通常是地域或自然构成的团体，如院系、班级等。

在形式上，整群抽样与分层抽样非常相似，但实际上存在很大差别。分层抽样要求各层之间的差异大，层内个体或单元差异小，而整群抽样则要求群与群之间的差异比较小，群内的个体或单元差异大；分层抽样的样本是从每个层内抽取若干单元或个体构成，而整群抽样则是要么整群抽取，要么整群不被抽取。

在调查实施时利用整群抽样比较方便，且在抽样设计上比较便利，只需要关于群的抽样框而无须群内次级单元的名单。但是整群抽样也存在不足之处，由于整群抽样的抽样单元过于集中，因此与分层抽样方法相比较，整群抽样会产生较大的抽样误差。为了减少抽样误差，提高抽样精度，整群抽样时要尽量缩小群之间的差异，增加群数。

三、非概率抽样

在本章的前文中曾提到，抽样可分为概率抽样与非概率抽样

（nonprobability sampling）两种。除了概率抽样之外，许多调查研究（一般是较小规模的研究）还可以采用非概率抽样。概率抽样依据抽样理论和严格的抽样程序，使总体中每个单元被抽取的概率为等可能且已知；非概率抽样则是根据研究任务的要求和对研究对象的分析，主观性地选取样本。与概率抽样相比较，非概率抽样的主要优点是：省时、省力、省钱，抽样过程比较简单；不足的是：调查对象被抽取的概率是未知的，样本的代表性差，容易产生较大的抽样误差，利用调查结果推断总体的情况风险较大。

接下来介绍非概率抽样的概念、适用场合以及具体的抽样方法，并详细探讨非概率抽样与概率抽样的差异性与相似性。

（一）非概率抽样概述

1. 非概率抽样概念及适用场合

非概率抽样原无严格的定义，人们只是参照概率抽样的定义对非概率抽样进行界定。

非概率抽样是指抽样时不遵循随机原则，而是按照研究人员的主观经验或其他条件来抽取样本的一种抽样方法。

凡是非概率抽样都具有一个共同点：不是按照随机原则的方式抽取样本。也就是说在抽样时，总体中个体的入样概率事先未知，入样与否与研究人员的经验和主观意志有很大关系。因此，非概率抽样在应用时更需研究人员具备深厚的背景知识与相关经验。

从整个抽样调查的历史来看，非概率抽样要早于概率抽样而广泛应用。20 世纪初，挪威的统计学家凯尔（A. N. Kiar）大力提倡并推广抽样调查，他认为普查项目不可能做到很仔细，提出了所谓的代表性（representative）样本调查，并在退休金和疾病保险金的调查中取得了较好的应用效果。结果在随后的一段时间内，当时代表了非概率抽样的目的性抽样方法始终占据着主导地位，这种情况直到 1934 年奈曼（J. S. Neyman）发表那篇被称为奠定了抽样理论基础的论文后才告以结束。在这篇划时代的论文中，奈曼解释了概率抽样相对于目的性抽样的诸多优势，一个经典的例子——1921 年意大利的人口普查，按照他建议的对大约 1400 个行政区进行分层选样，而不是按目的判断选样选出 29 个大区的办法，同样的抽样比例（15%），概率抽样的结果明显优于非概率抽样，从而更有力地证明了这一点。此后 20 多年，概率抽样理论获得了广泛的发展，世界主要的统计机构都青睐概率抽样，首本抽样教科书也在 1950 年前后面世。

然而，由于实际中的调查没有一个能严格匹配于经典教科书的概率抽样方法，而非概率抽样（被抽象化地称为模型抽样，在此"模型"是"随机"的对称）能够很好地辅助概率抽样调查（C. Sarndal 和 B. Swensson 发表的一篇论文 *Model Assisted Survey Sampling* 中使用模型进行了概率抽样设计和估计量方面的改进）。比如，概率抽样中的无回答问题要通过满足一定假设的模型获得解决。模型体现的是一种主观的假定，一种非概率化的操作手段，从某种意义上可以说，现在大部分的调查均是随机加模型的混合模式。

非概率抽样的应用越来越受到重视，通常是出于下述几个原因：

（1）在很多情况下，严格的概率抽样几乎无法进行。例如调查对象的总体边界不清而无法制作抽样框。此外有些研究为了更切合研究目的，不得不按照需要从总体中抽取少数有代表性的个体作为样本。

（2）为了保证随机的原则，对抽样的操作过程要求严格，实施起来比较麻烦，费时费力，因此如果调查的目的仅是对问题的初步探索，或是为了获得今后研究的线索，或是为了提出假设，而不是由样本推断总体情况，采用概率抽样就不一定是必需的。

（3）调查对象不确定或者根本无法确定。例如，对某一突发（偶然）事件进行现场抽样调查等。

（4）总体各个体间离散程度不大，且调查人员具有丰富的抽样调查经验。这样即便是非概率样本，仍然可以从经验判断意义上进行推论，经验丰富的专家进行的经验判断意义上的推论往往不亚于统计学意义上的推论。

非概率抽样一般被认为具有操作方便、省钱省力的特点，在统计分析方面通常也要比概率抽样简单，而且如果能对调查总体和调查对象有较好的了解，非概率抽样照样可获得相当的成功。但是需要注意的是，非概率抽样由于每个总体单元进入样本的概率是未知的，而且由于排除不了调查主体的主观影响，因而无法说明样本对总体的代表性误差究竟有多大。毫无疑问，这种误差有时相当大，又无法估计，将给整个调查研究带来很大困扰。因此，采用非概率抽样方法获得的数据一般不能计算抽样误差，也不能从概率的意义上控制误差并以此来保证推断的准确性。但是在操作上，如果非概率抽样的具体抽样方法与某些概率抽样方法的抽样过程差异不大（或者说只存在理论上的差异），那么非概率抽样得到的样本就可以以"概率化"的方法进行研究与推断，以下我们将尝试讨论几种具体的非概率抽样方法。

（二）非概率抽样具体的抽样方法

非概率抽样有许多不同的具体抽取样本的方法。在广告调查中，通常所指的有目的抽样、判断抽样、配额抽样，以及媒体广告行业常用的志愿者抽样和雪球抽样等都属于非概率抽样。这些方法虽然听上去五花八门，但只是名称不同而已，究其本质不外乎四种方法，即便利抽样、判断抽样、配额抽样和雪球抽样。

1. 便利抽样

便利抽样（convenience sampling）又称就近抽样、偶遇抽样（haphazard sampling）、自然抽样、方便抽样，具体来说，它是根据调查者的方便与否来抽取样本的一种非概率抽样方法。

操作上，调查工作人员常抽取偶然遇到的人或者仅仅选择那些离得最近的、最容易找到的人作为样本单元进行调查。这种抽样方法事先不确定样本个体，样本个体是随便选取的。如采取"街头拦人法"，即在街上或路口任意寻找一个符合基本条件的行人，将路人甲乙丙等入选样本进行调查，可能是向其询问某产品的广告宣传对消费者对本企业的产品产生吸引力的调查，也可能是让其填写事先设计好的调查问卷等。如果调查电视广告对儿童的影响，调查人员来到一个班级，该班级有50名学生，调查人员可能把离他（她）最近的一名学生取来，而不是有意识地随机抽取一名学生。这种抽取样本的方法就是便利抽样。现实中应用便利抽样的场合还有很多：在图书馆阅览室对当时正在阅读的读者进行调查；在商店门口、展览大厅、电影院等公众场所对进出往来的顾客、观众进行的调查；利用报纸杂志向读者进行调查；教师以自己所教班级的学生作为样本的调查等。

便利抽样简单易行，能够及时取得所需的信息数据，省时、省力、节约经费，能为非正式的探索性研究（exploratory research）提供很好的数据源。但便利抽样取得的样本偶然性很大，很难说明其对总体代表性的好坏，有时会因抽取的样本过于极端而呈现两极分化，从而导致抽样偏倚很大。因此，我们一般不能依赖便利抽样得到的样本来推论总体，特别是估计总体的数值特征。有一种情况，总体的各个体之间变量特征差异不大时，抽取的样本对总体就会有较高的代表性，尽管不能确切计算从样本到总体推断的精度或误差，但推断结果却是可信的，而且不会比简单随机抽样得到的结果差。例如，科学家可以用这种抽样方法来判定一个湖泊是否已被污染。假定湖水确属充分混合均匀（可以算是合理的假设），这样任何样本点所含的信息都是类似的，于是科学家可以在自己最方便的地点取样，而不必担心抽到的样本对整个湖水的代表性问题，推断结果自然有相当的说服力。

2. 判断抽样

判断抽样（judgment sampling）又称目的抽样（purposive sampling）、主观抽样、立意抽样、专家抽样，它是一种凭研究人员的主观意愿、经验和知识，从总体中选择具有典型代表性的样本点构成样本作为调查客体的一种非概率抽样方法。

操作上，调查工作人员一般选择最能代表普遍情况的总体单元作为调查客体，也可以利用目标总体的全面统计资料，按照一定的分类标准，对各类总体单元主观地选取样本。特别地，如果研究目的是探讨某一现象产生的原因，有时也会选择"极端型"的总体单元进行调查。人们通常所说的重点调查和典型调查都是判断抽样的特例。

如上所述，判断抽样是"有目的"地选择样本，主观地选取一些可以代表总体的个体作为样本，因此应用这种抽样方法的前提是研究人员对总体的有关特征有相当程度的了解。常常用于无法确定总体边界或总体规模小、调查所涉的范围较窄，或因调查时间、人力、费用等条件有限而难以进行大规模抽样的情况。如在编制物价指数时，有关产品项目的选择和样本地区的决定等，往往采用判断抽样。判断抽样的另一个优势场合是更多地用于一些探索性研究以发现问题，例如在问卷设计阶段，为检验问题设计得是否得当，则会有意地选择一些观点差异悬殊的人作为调查对象。又如，研究人员专找那些偏离总体平均水平者作为调查客体，以确定问题答案的各种选项。

判断抽样方法由于样本的选取具有主观性，估计精度严重依赖于研究人员的自身素质，所以样本的代表性经常受到质疑，一般不轻易地用于对总体进行数量方面的推断。但在样本量较小以及样本点不易分门别类选择时，判断抽样大有优越性，因为此时概率抽样的长处受到限制。概率抽样的缺陷之一是无法利用那些有效而无法定量的信息。事实上，当研究人员具有较强的分析判断能力，且对研究的总体情况比较熟悉的时候，采用这种判断抽样方法不仅方便，也颇为有效，更具有某种"别无选择"的意味。

3. 配额抽样

配额抽样（quota sampling）又称定额抽样，它是按照总体的特征予以配置样本的一种非概率抽样方法，首先将总体中的所有单元按一定的标志分为若干类/组（在这一点上与概率抽样中的分层抽样非常相似），然后在每个类/组中按照事先规定的比例或数量（即配额）用便利抽样或判断抽样方法选取样本点。

在操作上，分类依据的标志通常就是总体中个体的某些属性、特征，称为"控制特征"，如受查者的年龄、性别、收入、所在行政区等，抽取样本时按照各个控制特征来完成各类中的配额。

配额抽样包括比例配额抽样和非比例配额抽样两种。比例配额抽样在实际中常用，它从样本"代表性"（非实质意义上的代表）的要求考虑，样本容量在各控制特征上的分配比例与具有该特征的成员在总体中所占的比例相同，这样保证了样本与总体结构上的一致性。非比例配额抽样的限制少一点，只需要满足原定的在每个控制特征上的最小总体单元数即可，而不需要考虑样本结构与总体结构的匹配，应用较少。另外，按照配额的要求不同，还可分为"独立控制"和"交叉控制"两种。

配额抽样由于在各个类别中的选样过程中给予调查员过多的自由处置权，很难说明样本的代表性是否足够好，从而会产生样本选择的偏差，这是配额抽样理论上的一个致命弱点。但有两点理由能够解释配额抽样为何得到广泛采用，一是在抽选样本点的时候不需要精确的抽样框；二是调查员不必多次跑路才能接触到像概率抽样那样事先确定的受访者。况且，很多研究结果表明，正常情况下，配额抽样研究的结果很接近于概率抽样中精度很高的比例分层抽样的结果，而且更经济、更节省时间。

4. 雪球抽样

雪球抽样（snowball sampling）又称链式抽样（chain referral sampling）、网络抽样（network sampling）、辐射抽样、连带抽样，它是以"滚雪球"的方式抽取样本，即通过一些"种子"（seed）样本点以获取更多样本点的信息，样本量逐渐扩大。

在操作上，调查人员可以先选定一个或多个"种子"样本点，然后根据物以类聚的原理如滚雪球般一一取得样本点。需要注意的是，不同"种子"样本点的选取，多少会影响样本的代表性。雪球抽样可以用示意图10-5来直观地表示。

雪球抽样方法的运用前提是总体各单元之间具有一定的联系，通常用于因稀少而难于发现者（difficult-to-find，这里的难于发现是指总体中某些单元或人不愿意暴露，从而无法编制合理的抽样框）构成的总体的研究，在社会科学和自然科学领域，一些特殊族类就属此类总体。譬如对无家可归者、流动劳工及非法移民等的样本抽取，雪球抽样方法就十分适用。当某研究部门在调查劳务市场中的保姆问题时，研究人员首先访问自己熟悉的两名保姆，再请她们提供其他的保姆名单，如此逐步扩大到所需

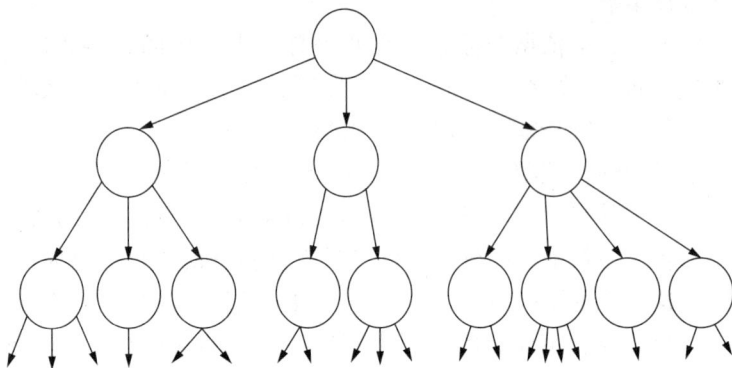

图 10-5　雪球抽样示意图

数目的保姆数量，进而研究她们的来源地、从事工作的性质、经济收入等，并对整个保姆劳务市场做出推断。对于稀少或罕见的总体而言，这种方法是一种迫不得已的选择，否则抽样成本会十分惊人。例如，某保险公司可能想得到全国过去 6 个月中健康保险人转入康复机构进行康复的一个样本，为了找到符合条件的 1000 个样本点，可能需要在全国范围内进行大量的调查，然而，若能先取得总体中的 200 个样本点作为调查者，再从这些调查者那里得到另外 800 个人的名单，以此来完成这 1000 个样本点就经济多了。

雪球抽样的特点是便于有针对性地抽选样本而不致"大海捞针"。雪球抽样假定总体单元之间必须有一定的联系，并且愿意保持或至少不会反对向外人公开这种联系，否则将会失去如此抽样的前提。类似于系统抽样，雪球抽样对起始样本点的依赖程度是很高的，因此必须慎重地进行选择。不过，不同于系统抽样的是，雪球抽样的起始样本点不是随机选择的，而是大多时候可遇不可求的。

另有一种常见的非概率抽样形式，其样本完全或者几乎完全由"志愿者"组成。例如刊登在报纸、杂志、互联网等大众媒体上的受众意见的调查，调查表是否返回答案完全由受众的意愿决定，因而这种调查结果只是反映了这部分"热心"受众的意向。这根本不能算是一种抽样调查，因为调查主体对调查哪些客体已完全失去控制，因此对此问题，本书不予讨论。

最后不得不提到的是，现在广为应用的一种技术——捕获-再捕获（capture-recapture）技术（最近也有专家学者认为，捕获-再捕获技术不应视为一种抽样技术，更应该看作是一种调查技术），这是一种跨越概率抽样与非概率抽样的抽样技术。"跨越"一词是说这种技术超出概率抽样与非概率抽样的理论而又兼具两种抽样技术的特点。一方面，概率抽样一般基于有限总体规模，而且总体规模 N 已知，一旦总体的大小 N 本身无法知晓，诸如样本容量、抽样比之类的指标就无法得到，从而抽样设计以及估计量的计算都将无法进行。而捕获-再捕获技术恰恰超越了这一点，"竟然"可以用来估计总体规模的大小。另一方面，在进行捕获-再捕获的抽样设计过程中的许多步骤，比如两次抽样的容量大小以及估计总体大小的前提的假定，虽然都有研究人员的经验判断成分渗透在内，却一般都能给出估计的误差大小，这一点显然超出了非概率抽样的范畴。

捕获-再捕获技术的产生已有很长一段时间，最初用于鱼类和野生动物总量的估计，又推广到流行病学问题的研究中，现今已经成为一种在很多领域都有广泛应用的调查与分析手段。在生态学中，捕获-再捕获方法多被称为彼得森方法或林肯方法，因为彼得森在 1894 年用做记号的鱼做过一些相关的研究工作，但这个方法真正被用于大规模的渔业研究则是由达尔在 1917 年实施的。1930 年，林肯又巧妙地把这个方法用于估计鸭子总体的大小并获得了很大成功。随后萨卡和戴明继续将这种方法发扬光大，并在出生死亡率和估计现时人口总数等题目的研究上取得了引人注目的成就。萨卡和戴明的有关论文被公认为是将捕获-再捕获技术应用到人类健康领域的划时代成果。现今，应用捕获-再捕获技术的场合几乎无所不在，前提是只要能得到待研究总体的两个小规模子总体的单元名单。

上面扼要地介绍了非概率抽样常用的四种具体的抽样方法以及与之相关的捕获-再捕获技术。必须澄清的是，由于非概率抽样中的总体中个体被抽取之前的入样概率不知，因而非概率抽样无法推断总体。其实，概率抽样和非概率抽样的本质差异仅仅在于个体入样之前的概率是否确知，而目标并无两样。不论何种抽样，最终目标都是要对特定的总体参数进行尽可能准确而可靠的估计，因此借助非概率抽样方法对总体进行估计和推断是题中应有之义，问题只是能做到何种程度和是否能够满足需求。

下面我们将考察非概率抽样方法与前面讨论的概率抽样方法有哪些联系。

（三）非概率抽样与概率抽样的对应关系

1. 便利抽样与简单随机抽样

便利抽样与简单随机抽样都排除了主观因素的影响，纯粹依靠客观机遇来抽取对象。但便利抽样中各个体的入样概率是未知的，也很可能是不相等的，有的还可能为零。多数情况下，尽管个体入样（进入样本或纳入样本）概率未知，但与随机选取的结果同样有效，正如贝叶斯统计学中的无信息分布假定，如果对总体参数的分布一无所知，那么与假定为均匀分布并无多大差异，这样，犯主观错误的可能性反而小一点。类似地，如果在便利抽样中，倘无故意选定某一类回答者的嫌疑，就不妨假定它属于随机样本，这样做虽然有悖于理论（在理论上，随机与随便的差异是本质上的，不可混淆的），但在实践中完全是可行的。

2. 判断抽样与不等概率抽样

判断抽样中个体的入样可能性与专家的主观判断有关，不同的专家都会对不同类型的个体赋予不同的重要性（我们不妨也称之为权重），如果这个权重能够由专家自己给出，并且是慎重的，那么不考虑专家犯错误的概率，就可以用加权的方式对调查目标量进行估计，这里的权就是专家对不同类型个体的重要性的考虑。这种处理方式与不等概率抽样是非常类似的，在不等概率抽样中，最为常用的就是霍维茨－汤普森（Horvitz－Thompson）估计量。

3. 配额抽样与分层抽样

在实践中，常有相当多的有关总体的信息存在，可以用于分层目的，这就为如何分层提供了很大的选择余地。一项配额样本的前面各阶段的抽样，通常是按照与分层抽样完全相同的概率方法实施的，这两种类型的样本仅在抽选个人进行访谈的最终阶段出现差别。

在配额抽样中，由控制特征指标所形成的配额分组常常被比拟为层，因为二者都代表着总体的群体，并从各群体中分别抽选样本。二者的相似性是有启发性的：分层抽样在使用变量来进行分层时，可以按任何主观的方式来产生，无须一定采用某些客观的准则，而且不存在调查估计量出现偏倚的危险。但这并不应掩盖两种类型分组之间的重要差别：在层内，分层抽样使用概率抽样可以避免抽选偏倚，而在配额分组内则不是这样。这种差别导致了构造层和配额分组时标准不同。由于概率抽样避免了抽选偏倚的风险，确定分层时需要关心的仅是提高调查估计量的精度，衡量层的划分是否成功的标识是层内部的同质性，层内同质性会影响到调查估计量的标准误差。而分层抽样精确度的提高主要是通过构造调查变量具有内部同质性的层而达到的。另一方面，对配额抽样来说，主要关心的是以使抽选偏倚达到最小的方式来形成分组。其目的在于要抽选出一个总体的"模拟物"，其方法则是通过主观的分析来确定和选择组成这种模拟物的成员。也就是说，配额抽样注重的是样本与总体在结构比例上的表面一致性。另外，配额抽样首要关心的是在被访谈成员的可获取性方面具有内部同质性的分组，换言之，是根据获取其成员的难易程度不同进行的分组。

4. 雪球抽样与系统抽样

前面谈到，雪球抽样体现"物以类聚"的原理，通过几个"种子"单元牵一发而动全身，逐步获取所需的各个样本点，最终实现抽取研究样本的目的。这一抽取的过程与系统抽样方法有点类似。雪球抽样与系统抽样两者的区别在于问题研究目的的设定。一般来讲，系统抽样方法多用于估计具有稀有事件特征的单元占总体的比例；而雪球抽样则是因为具备所需特征的单元稀少无法快速获得样本进行研究，主要目的是获得足够的样本进行相关特征的研究。

综合上面的讨论，非概率抽样的具体方法与概率抽样中的某些方法都有很好的对应，总结见表 10-2。

表 10-2　概率抽样与非概率抽样的对应关系

概率抽样方法	非概率抽样方法	相似性
简单随机抽样	便利抽样	任意抽取，体现"随意"
不等概率抽样	判断抽样	不同个体入样概率不同
分层抽样	配额抽样	都有"层"，而且抽取仅在最后阶段不同
系统抽样	雪球抽样	都与起始个体有关/适用稀少事件调查

根据表 10-2 中的一一对应关系，可以借助概率抽样的方法对非概率抽样的结果进行粗略的估计，即在对应的概率抽样方法基础上，通过结合考虑其他精度影响因素，确定一个大于 1 或小于 1 的调整系数 α，然后依下列公式计算非概率抽样的抽样误差：

$$W\left(\bar{Y}_{np}\right) = \alpha W\left(\bar{Y}_p\right)$$

其中 $W\left(\bar{Y}_p\right)$ 是对应概率抽样方法的样本均值的方差，α 为调整系数，通常取大于 1 的数，这样结论比较稳健可靠。当然许多时候，或由于早有定数，或由于不致产生严重后果，人们也可能不要求估计误差，在这种情况下，就应另当别论了。

（四）非概率抽样的理论基础

1. 非概率抽样与模型抽样

模型抽样（model sampling）是基于对调查总体中变量分布的广泛假设而采取的一种抽样方法。对变量分布的这种广泛假设与概率抽样依据的严格假定形成鲜明对照，通常称为超总体（superpopulation）假设[①]。

---

①　杜子芳. 抽样技术及其应用 [M]. 北京：清华大学出版社，2005.

按照上述定义，不难看出，非概率抽样的各种具体方法就是基于这种广泛假设的，所以非概率抽样应归入模型抽样的范畴。关于便利抽样，人们假设对于所关注的变量特征而言，各个达到一定规模的样本之间差异很小，因此随意抽选的单元和按随机原则抽选的单元一样都能代表总体，"三人行，必有吾师"，并未限定三个人中另外两人是怎样的。而在判断抽样中，研究人员含糊地认为挑选出来的是"典型的项目"，均具有充分的代表性。关于配额抽样，人们认定要研究的特征变量在总体结构中的分布是均匀的或是随机的，因此配额设计能够很好地体现总体的结构特征。

这些不同类型的模型抽样是否正确就其程度和范围而言差别很大，但都同样依赖于超总体假设的有效性。当然，在严格的概率抽样中，对总体的推断也完全可以通过统计方法实现，而不需要对有关总体做出服从某种随机分布的假设。在概率抽样中总体的随机性其实皆源于选样过程中样本或样本点选择上的随机性。事实上，在概率抽样中，总体的每一个个体都有一个已知的非零中选概率，可是这个概率总是通过某种随机化的操作（比如查随机数表、抽签等）才能获得。

在非概率抽样中，我们人为控制了总体的一些变量，而假定未控或不可控的变量在总体中是随机分布的（自动随机化）。这种总体自动随机化现在仍然是一种不言而喻的当然情况，通常似乎没有理由抱有怀疑。尽管对于样本的抽选是不一致的，也可察觉不受控制的差异性确实存在，但人们总是希望这种差异在总体中是随机分布的。这种愿望可以用下述说法来表达："没有任何理由来怀疑随机性。"但原因的不明必将导致理由的缺乏，却不能证明理由不存在。正如非参数统计中无先验信息的情形，那里就是假定参数的分布是均匀的。恰像基什（I. Kish）所指出的那样，"很多卓有成就的学科（例如物理、化学和生物等）的巨大进步都没有用到概率抽样，在这些领域里，推断是根据对总体有着适当的、自动的随机化这一判断而做出的。这样不仅未产生偏倚，而且提供了模型抽样的成功案例。自然科学研究里尤其具有很多这种基于总体天然随机化假定而获得成功的例子"[①]。

2. 非概率抽样的效度与信度

信度与效度的概念来源于测量理论，所谓测量就是对我们所观察的现

---

① I. Kish 著．《抽样调查》［M］．倪加勋主译．孙山泽校译．北京：中国统计出版社，1997：31.

象赋予一定的数值。测量理论假设分析人员所关注的表达某一现象的概念通常都是不能直接进行测量的，总是需要通过操作化定义所说明的指标来进行间接测量。操作化是指一种陈述，告诉分析人员一个概念如何来测量，指标是指观测值的一个集合，是应用操作化定义得到的结果。指标（在这里与"变量"一词同义）与概念的联系可以通过下列式子表示：

$$指标 = 概念 + 误差$$

一个好的指标只有很小的误差，而一个不好的指标与对应的概念之间只存在微弱的联系。在实践中，通常使用效度和信度这两个技术指标对测量手段或测量工具进行评估。

需要指出的是，在抽样调查中，调查结果的效度问题与问卷设计联系紧密，来自效度较高的问卷设计的研究结果其效度也一般较高，而调查结果的信度则主要取决于计量方法和抽样程序的效度。好的计量方法是内部有效性的关键因素，而依据一定抽样程序得到有代表性的样本则是外部有效性的关键。就非概率抽样调查结果而言，其信度的主要威胁一是在于抽样程序中存在的主观性，二是在于非定量化的计量方法的低估计精度。前者注定非概率样本必然存在选择偏倚（selection bias），从而并不像概率抽样那样可以精确推断，后者则导致非概率抽样不能提供一个估计推断精度的量化指标，如方差等。

我们现在对样本选择偏倚和估计精度这两个问题分别进行讨论。

首先，好的样本应尽可能远离选择偏倚。当目标总体与抽样总体不一致，即二者出现交叉现象时，选择偏倚就会出现。如果调查研究居民家庭收入时忽略了暂住人口，那么调查估计的结果（不管是均值还是中位数）就有可能偏大。便利抽样通常也是有偏的，因为易于选择、可能回答的有时候并不能代表那些难于选择、不愿回答的总体单元。下面是通常会发生选择偏倚的一些情景：

（1）使用便利抽样获取的样本

例如，调查者以便利抽样取得青少年的一个样本，研究他们与父母、老师谈论对某电脑游戏看法的频繁程度。但是那些愿意与调查者分享观点的青少年也必然更可能与他们的父母、老师谈论此事。如果仅仅把他们谈论游戏的时间平均起来就代表他们与父母、老师谈论对电脑游戏看法的频繁程度，显然会高估真实值。

（2）判断取样获得的样本

调查者会默认一套与他们感兴趣的一些特征相关的样本选择程序，有目的、"故意地"选择有代表性的样本。如果要估计购物商场中顾客的花费，通常人们会选择那些看起来花钱中等的人作为调查对象，而不敢去调查那些买了很多东西的人，这是人的心理在作怪！

（3）抽样框的不完善

抽样框中没有完全包括目标总体，或者包括了非目标总体的单位，都会造成抽选偏倚。在我国的城镇住户调查中，经常会出现抽样总体与目标总体不一致的地方。

【例1】 考虑在文明城市创建时，如何通过电话调查了解住户参与创建文明城市情况。

有很多因素导致了目标总体和抽样总体的不一致，从而造成抽样调查产生抽选偏倚。并不是所有的住户都拥有电话，因此目标总体中可能会参与文明城市创建的一部分人口在抽样框中并没有体现。即便在有电话的住户中，抽样框总体中符合条件的人口也可能因为无法触及、拒绝接受调查或者不能回答而不能回应调查。（如图10-6）

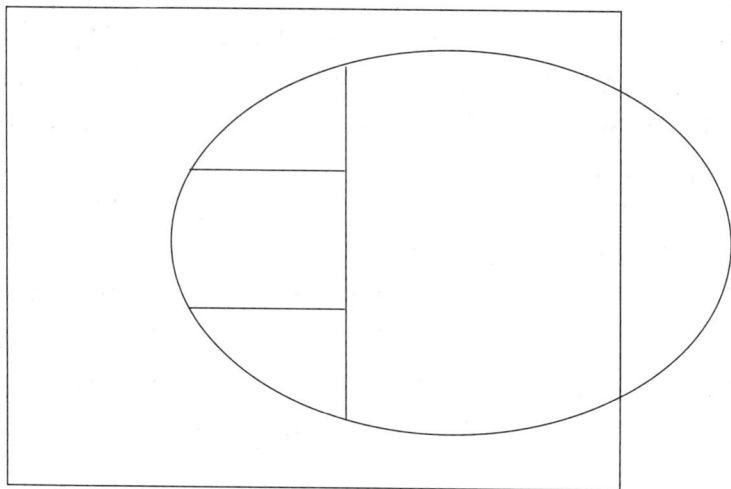

图10-6　抽选偏倚的产生

（4）在抽样过程中，用方便的单位代替指定的但不易调查的单位

概率抽样的设计没有过多考虑现实的环境，很可能选定的抽选单位是不易接近的，或是费用极其昂贵的。比如说，在调查当中指定的回答者不在家，调查员就可能会尝试用下一户来代替，严格来讲，这是概率抽样所不允许的，但无奈在实地调查中经常发生。补救的措施只有制订更细的抽样方案再加上对调查员更严格的培训。

（5）无回答

即便是调查设计能够精确控制其他选择偏倚达到最小，无回答还是歪曲了很多调查的结果。无回答者之间的差异性是很大的，而且差异程度是不可知的，除非事后能得到无回答者的有关信息。报纸或新闻期刊中的大多数调查的回答率很低，有的甚至只有10%，把这样的结果推广到总体当中去是很难有说服力的。

从上面可以看到，抽样设计、抽样程序、实地工作都会成为抽选偏倚的来源，要完全控制它，几乎是不可能的，而且通常的调查会同时遇到上述中的多个问题。

【例2】 《文学摘要》（Literary Digest）自1912年开始进行民意测验预测美国总统选举，其民意测验以精确性著称，因为它成功预测了美国1912到1932年之间的历次总统选举。1932年，其民意测验预测罗斯福（Roosevelt）会赢得56%的普选（popular vote）选票和474张选举团（electoral college）的选票，最终结果分别是58%和472张。正是有这样一个预测精确的记录，《文学摘要》的编辑们对预测1936年的总统选举充满自信。总统选举临近，他们说，他们的民意测验包含着30年的不断革新和不断完善，基于各种出版物使用近百年的商业抽样调查方法，现在的邮寄名单来自美国住户电话簿、俱乐部和社团的花名册、城市姓名地址录、已注册选民名单，还有一些分类的邮寄单和职业数据。在1936年10月31日，民意测验显示，共和党候选人兰登（Alfred Landon）会赢得55%的选票，而罗斯福只会赢得41%的选票，《文学摘要》登出文章《兰登，1293669；罗斯福，972897：来自1000万选民的结果》。但是最终的结果令他们十分诧异，罗斯福得到了61%的选票，兰登只得到37%的选票，罗斯福以压倒性的优势赢得了1936年的选举。

《文学摘要》的预测误差幅度之大令人吃惊，它的误差在曾经做过的重要民意测验的误差中是最大的。这么大的误差是怎么来的呢？是什么地方出了重大差错呢？第一个问题是其抽样框与目标总体的差异，《文学摘要》使用的抽样框严重依赖电话簿和汽车登记名册。1936年，拥有电话和汽车的家庭一般比其他家庭富裕得多，而罗斯福的经济政策主张多与社会底层相关。但是样本框偏倚并不能解释全部的问题。在《文学摘要》垮掉以后，由斯凯尔（1988）和卡拉汉（1989）所作的分析表明，拥有电话和车的家庭尽管不如一般家庭支持罗斯福的程度深，但是还是倾向于赞成的。

误差如此大的另外一个原因，很可能是此次民意调查的回答率偏低。上面提到，近1000万的问卷邮寄出去，但只有近230万收回，如此庞大的样本却只有不到 25% 的回答率。例如在宾夕法尼亚州（Pennsylvania）的一个镇，每个已登记选民都收到了一份邮寄问卷，但只有 1/3 选民返回。据斯凯尔（1988）的研究报告，支持兰登的选民似乎更倾向返回问卷，很多罗斯福的支持者尽管也在邮寄名单上，却甚至不曾记得收到过问卷。

《文学摘要》的民意测验的教训是，纯粹的追求样本的数量并不能保证精确性。《文学摘要》的编辑们开始非常满意，因为他们向所有选民的 1/4 都邮寄了问卷，而且收到了样本量为 230 万的巨大样本，但巨大的没有代表性的样本和小的没有代表性的样本一样无助于最后的推断，甚至会造成更大的危害！调查的抽样设计远比样本的绝对数量重要得多。

为了考察样本选择偏倚的影响，假定估计量 $\hat{\theta}$ 是正态分布的，即

$$\hat{\theta} \sim N[E(\hat{\theta}, \sigma_{\theta}^2)]$$

这里估计量 $\hat{\theta}$ 与总体真值 θ 之间有一段距离 D，偏倚大小为

$$D = E(\hat{\theta}) - \theta$$

假如我们并不知道有任何偏倚存在，在计算这个估计值的标准差时当然算的是关于均值 $E(\hat{\theta})$ 的分布的标准差，而不是真值 θ 的标准差。我们以 σ 来代替 $\sigma_{\hat{\theta}}$，同时假定置信水平为 0.05 来考虑偏倚的存在如何影响估计的结果。我们来求估计值的误差大于 1.96σ 的真正概率，这个误差是与真值 θ 相比较而计量得出的，即

$$P\{|\hat{\theta} - \theta| > 1.96\sigma\}$$

对于上式，我们有

$$P\{|\hat{\theta} - \theta| > 1.96\sigma\} = P\{|\hat{\theta} - E(\hat{\theta}) + D| > 1.96\sigma\}$$

$$= P\left\{\frac{\hat{\theta} - E(\hat{\theta})}{\sigma} > \frac{1.96\sigma - D}{\sigma}\right\} = \frac{1}{\sqrt{2\pi}} \int_{1.96 - D/\sigma}^{\infty} e^{-\frac{1}{2}t^2} dt$$

类似地，有

$$P\{|\hat{\theta} - \theta| < -1.96\sigma\} = \frac{1}{\sqrt{2\pi}} \int_{-\infty}^{1.96 - D/\sigma} e^{-\frac{1}{2}t^2} dt$$

从积分的形式可以清楚地看出，干扰的量完全取决于偏倚对标准差的比率。这个结果列入表 10-3 中。

表 10 - 3　偏倚 D 对于误差大于 1. 96σ 的概率的影响

D/σ	误差为下列数值时的概率		总和
	<-1. 96σ	>1. 96σ	
0. 02	0. 0238	0. 0262	0. 0500
0. 04	0. 0228	0. 0274	0. 0502
0. 06	0. 0217	0. 0287	0. 0504
0. 08	0. 0207	0. 0301	0. 0508
0. 10	0. 0197	0. 0314	0. 0511
0. 20	0. 0154	0. 0392	0. 0546
0. 40	0. 0091	0. 0594	0. 0685
0. 60	0. 0052	0. 0869	0. 0921
0. 80	0. 0029	0. 1230	0. 1259
1. 00	0. 0015	0. 1685	0. 1700
1. 50	0. 0003	0. 3228	0. 3231

　　表 10 - 3 显示,对误差大于 1. 96σ 的全部概率,如果偏倚小于十分之一的标准差,那么偏倚的影响就很小。当偏倚等于标准差的十分之一时,则总的概率是 0. 0511,而不是我们原以为的 0. 05。当偏倚进一步增大时,干扰就变得更严重。当 $D=\sigma$ 时,总的误差大于 1. 96σ 的概率是 0. 17,大于预设的 0. 05 的三倍多。

　　科克伦(Cochran)认为,作为一条公认的工作原则,若偏倚小于估计值标准差的十分之一,则偏倚对估计值准确度的影响是可以略而不计的。甚至当它等于五分之一时,这个干扰对总的误差的概率也只是中等的影响。超过五分之一时就要谨慎使用估计的结果。试想如果我们能找到 D/σ 的上限,看这个上限是在哪个范围,从而对结果有一个好的评估。但在实践中,要确定 D/σ 一个可靠的上限,通常不那么容易,当样本量足够大时,我们可以相信 D/σ 不会大于 0. 1。

　　通常,我们都希望得到一个没有选择偏倚的样本作为总体的一个缩影,但现实的复杂性使得这样的希望只能作罢,而只能找出"偏倚"影响因素加以控制改进。上面提到对非概率样本推断信度的最大威胁是抽样程序中存在的主观性,选取样本当中存在主观的成分使得推断具有内在的不可靠性，因为最终的结果一定会有判断的成分在内。通过经验积累，研究者发现下述几种方法可以提高信度：

① 对参与调查的人员进行严格的培训可以改进信度。

② 让不同的专家共同参与非概率选样工作。

对同一问题同时进行分析，不同专家的意见看法会有所不同，选择其中具有一致性的结果作为结论，可以"平均"样本设计中的主观性影响。这既是风靡多时的德尔菲（Delphi）方法的应用，也合乎集思广益和兼听则明的道理。

③ 事先了解相关人员的主观倾向。

如果能够事先了解抽样设计人员和从事调查者的心理即选样的主观倾向性，那么就可以把这些资料看作"先验"信息加以利用，以便调整推断结果。当然，这并不是一件容易的事情，需要借助诸多社会学和心理学的知识才能达到目的。一个有趣的尝试是，在作正式调查之前，先对相关人员进行一些心理测试。

影响非概率样本推断信度的第二个因素是无法给出量化的估计精度。对这个问题，首先要澄清的一点是，评价估计精度并非都要求使用量化指标，人们有时候会刻意去追求一个量化指标以显示其估计的精确性，其实这是一种掩盖或误导行为，目的是要获得（应有或不应有的）对整个调查效果格外高的评价。其实，量化指标只是反映问题的手段之一，而不是唯一的，有时也并不更好。对于非概率样本尤其如此。此外如果能够像概率抽样一样量化，非概率抽样与概率抽样的界线就会变得十分模糊。

虽然无法用量化指标（比如标准误差）来反映非概率样本的推断精度，但在大多数应用场合，在评价非概率样本估计的效果时，都会全面分析各种导致估计结果可能有偏的因素，而这样往往更真实，也更有效。

从理论上说，不论是一个非概率样本（例如判断样本）还是概率样本，根据误差公理调查估计量总存在偏离真值的可能。我们来比较一下来自判断样本的样本估计量和一个来自规模相同的概率样本的估计量。如果样本量很小，则概率样本估计量的方差会很大，以致相对来说判断样本的估计量偏倚可能是无足轻重的。然而，随着样本量的增大，概率样本估计量的方差会减小，而判断样本估计量的偏倚可能没多少变化。这是因为非概率抽样的精度主要取决于抽样者的经验，与样本容量关系不大，而概率抽样的精度主要取决于样本量。这一推论为在样本量小时采用非概率样本，样本量更大时转而采用概率抽样提供了理由。特别是当总体变差较大，而抽样的数量又不能很大时，非概率抽样有可能提供比概率抽样更为准确的估计。例如，如果一名研究者仅能在一个或两个城市中进行某项研究，则通过专家选择来选出城市而不是依靠结果难测的随机机遇可能会更好，后者很可能会得到一个离奇的样本。

从前面样本选择偏倚对估计的影响以及推断精度的讨论来看，借助非概率样本也是可以进行推断的，只不过不如概率样本那么规格。所谓规格，也就是估计量的性质可以严格进行证明，精度可以以估计量误差的形式给出。而且，鉴于非概率抽样方法与某些概率抽样方法的程序类似，其推断总体的方法可以是互通的，所不同的是，在"精度"问题上，非概率抽样是以分析影响估计结果有偏的因素为基础进行的。

四、抽样设计

在实际工作中，抽样设计有两种不同的情况：一种是设计全新的抽样方案；另一种是对原有的方案进行修改与完善。两种情况涉及的内容和步骤是有差别的。

（一）抽样设计的内容

一次抽样设计，通常主要包括以下几个方面的内容。

1. 抽样方法设计

从现有的抽样方法中选择一种合适的抽样方法；或者把现有的抽样方法组合起来，形成一种新的合适的抽样方法；或创立一种全新的抽样方法。

2. 抽样个体设计

抽样个体设计即选择什么个体作为抽样个体。例如，以基本个体作为抽样个体，还是以区域作为抽样个体？等等。

3. 抽样框设计

抽样框设计包括抽样个体的名称、地址、编号，必要时，还要列出辅助变量值。同时需要考虑是用单一抽样框，还是多重抽样框等。抽样框一般有三种类型：

（1）具体的抽样框：每一个抽样个体名字皆列成表册，可以直接按表册名字抽取样本。例如，以合肥市广告公司为抽样单位，则合肥市广告公司名册，便是抽样框。如果以某学校班级为抽样单位，则学校所有班的班级名册便是抽样框。

（2）抽象的抽样框：没有抽样个体的名册，只要符合调查条件就有被抽样的可能。例如，在超市举行消费者抽样，虽然没有抽样名册，但是来超市的顾客潜在地构成了抽样框。

（3）阶段式抽样框：在采用分段抽样中，依抽样阶段的不同，产生不同的抽样框。

4. 估计方法设计

对于同一个目标量，一方面，不同的抽样方法需要不同的估计方法，如估计总体均值时，简单随机抽样和分层抽样、整群抽样需要用不同的估计量；另一方面，同一种抽样方法，也可以用不同的估计方法。

如估计总体均值，简单随机抽样下，既可以用简单估计量，也可以用比率估计量或者回归估计量。

5. 辅助变量设计

许多抽样方法和估计方法需要使用辅助变量。如分层抽样、（不等）随机抽样以及比率和回归估计量等都需要辅助变量的支持。以什么指标作为辅助变量，需要进行设计。

6. 样本轮换设计

是否需要进行样本轮换？多长时间轮换一次（轮换周期）？一次轮换多大比例？每次轮换时，如何淘汰旧个体，如何补充新个体？这些都是样本轮换需要研究的问题。

7. 样本容量设计

根据抽样方法、估计量、精度要求和费用条件，确定必要样本容量。

8. 问卷设计

根据调查内容的要求，拟定调查问卷。

（二）抽样设计的步骤

完成一次抽样设计，通常要经过几个步骤。代表性样本的取得有一些常用的步骤，如图 10 - 7 所示：

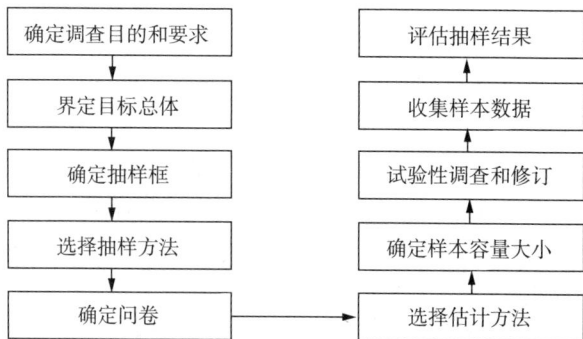

图 10 - 7　抽样步骤

1. 确定调查目的与要求

进行抽样设计，首先要确定调查的目的与要求。调查目的一般包括两个方面的内容：一是为什么要组织这次调查？二是要取得哪些资料？比如我国"城市住户基本情况抽样调查总体方案"的调查目的是：

（1）更加全面准确地了解城镇住户基本情况，评估验证经常性住户调查中，由于样本量偏小、调查时间长、调查户配合程度降低等因素引起的抽样误差和调查偏差，为提高经常性住户调查样本代表性和数据质量提供科学依据。

（2）适应经济发展需要，补充完善住户调查内容，逐步改进调查方式，增加反映城镇住户在就业、教育、家庭经营、住房、社会保障等方面的指标，将城市暂住户纳入调查范围，全面反映城镇住户生活现状，了解掌握住户配合调查的意向资料，为改进调查方法积累经验。

（3）为周期内经常性住户调查和各项专项调查提供抽样框；为开展高收入收支状况调查提供辅助资料。

调查的要求包括调查时间（资料所属时间）、调查期限（调查工作的时限）、资料的精度（误差范围与可靠程度）等。

调查目的与要求对抽样设计起着非常重要的作用，直接影响着抽样方法、抽样单位、抽样框、样本容量大小等的设计。设计人员必须与资料的用户共同研究，取得十分明确的调查目的与要求。

2. 界定目标总体

目标总体指抽样设计者根据研究目的界定的样本总体。目标总体包括研究对象和研究范围。研究对象是指目标总体由什么个体单位组成；研究范围是指总体由哪些个体单位组成。比如，我国"限额以下批发零售贸易活动、从业人数在 50 人以下的企业（单位）和个体户及个人；从事餐饮业活动、从业人员在 20 人以下的企业（单位）和个体户及个人"。研究范围是"全社会"。

目标总体是对整个研究意义重大的群体，他们之所以有重要的地位，是因为可以从他们身上收集到对研究有关键用途的信息。研究目标和范围对界定目标总体至关重要，还有一些因素对界定目标总体也会产生影响，如研究的主题、其他有效的元素、时间等。当抽样计划开始施行时，抽样个体将被用来推测总体的特征。抽样个体可以是家庭主妇、媒体或任何与研究主题有关的单位。例如，根据有关主题，确定目标总体，可以先填写表 10-4。

表 10 - 4　目标总体

	目标总体
重要元素	
抽样个体	
范围	
时间	

3. 确定抽样框

确定了合适的抽样个体，列出抽样个体的名单，形成抽样框类型并确定合适的抽样框。

4. 抽样方法的选择

在本章的前面，我们知道一般典型抽样法分为概率抽样和非概率抽样两大类，每一大类又可以细分为几种具体的抽样方法。在抽样设计中，根据研究总体的特点等选择合适的抽样方法。

5. 确定问卷（或调查内容与调查表）

调查哪些指标，将这些指标分解成具体的项目（调查标志），拟定出调查表或问卷。

6. 选择估计方法

根据估计目标、抽样方法、辅助资料等选择估计方法。

7. 确定样本容量

根据抽样方法、估计量、预算经费，确定样本容量大小。

8. 试验性调查和修订

调查方案正式形成之前，需要进行一些试验性调查，以便发现问题，及时修订。它包括：被调查者的配合程度如何？调查项目是否能得到资料？调查经费能否满足需要？时间是否够用？等等。根据发现的问题，对抽样设计进行必要的修订。

9. 收集样本数据

发放问卷，回收问卷，对样本数据进行收集。

10. 评估抽样结果

对数据进行编码，录入数据，计算有关样本统计量，讨论抽样误差，评估抽样结果。

上述十个步骤并不是严格的划分，有时候某几个步骤可以合并在一起。例如，确定抽样框和选择抽样方法可以同时考虑，选择估计方法和确定样本容量可以在一起实施。

（三）抽样设计中注意事项

1. 抽样调查三原则

抽样调查的基本目的在于将搜集得来的信息作为有效的结论，以供决策参考。一般而言，有效的抽样调查应具备三项原则：

（1）有效原则：抽样调查应符合调查目的，所获信息价值应超过进行抽样调查所支付的成本。

（2）可测量原则：抽样的正确程度必须能够测量，否则抽样调查结果便失去意义。

（3）简单原则：保持简单性（simplicity），符合一般统计方法的俭约原则（principle of parsimony）要求，使抽样调查能进行顺利。

2. 抽样方法之选择

（1）要获得不偏的估计值，则应采用随机抽样；若只要概略的估计值，则可采用非概率抽样。

（2）运用客观方法评估样本（抽样）设计的精密程度，则应利用随机抽样；否则，可采用非概率抽样。

（3）若预期抽样误差是研究误差的主要来源，宜采用随机抽样；若预期非抽样误差是研究误差的主要来源，则可采用非概率抽样。

（4）若抽样调查的可用资源极为有限，应采用非概率抽样为宜。

3. 抽样框

抽样框对抽样调查的成败关系重大。一个抽样框是否合适，视调查目的而定。理论上，抽样框要非常精确，最好是完整地包含了目标总体中的所有要素，以下为大家常犯的一些错误：不符合年代；包含了不属于目标总体的要素；该属于目标总体的要素而未提及；列表的不完全及包含了重复的要素。

本章小结

1. 了解总体是一个随机变量。一个统计问题研究对象的全体称为总体（母体），总体中每个成员称为个体。然而在统计研究中，人们对总体仅仅是关心其每个个体的一项（或几项）数量指标和该数量指标在总体中的分布情况。因此，个体具有的数量指标的全体就是总体。在概率抽样中，由于每个个体的出现是随机的，所以相应的数量指标的出现也带有随机性，从而可以把这种数量指标看作一个随机变量。这样，总体就可以用一个随机变量来描述。因此，总体可以用随机变量（向量）X 表示。比如，可以说总体 X。

2. 了解抽样的概念。从总体中按照某种规则选择若干个体构成样本，以获得有关总体的信息，这一选择样本的过程称为抽样或抽样法。

3. 了解样本与样本值区别与联系。在概率抽样中，某一次抽样得到的结果是一组数据 x_1，x_2，$\cdots$，x_n，然而，为了研究用样本推断总体中未知信息的方法，不能就某一次得到的结果来"就事论事"，这是毫无价值的，因为下次得到的结果会变。评价推断方法的好坏，要将抽样得到的结果看成随机的，来看这种方法大量使用中表现出的统计规律。所以，抽样得到的一般结果是一组随机变量 X_1，X_2，$\cdots$，X_n，称作样本。而在一次具体抽样中得到的结果是一组数据 x_1，x_2，$\cdots$，x_n，是样本的一次取值，称为样本（观察）值。

用符号表示的样本与样本值，在推导及表达形式上没有差别，因此统称为样本，也常常不用大小写来区分它们，但它们是完全不同的，比较情况见表 10-5。

表 10-5　样本与样本值的区别与联系

	样本 X_1，X_2，$\cdots$，X_n	样本值 x_1，x_2，$\cdots$，x_n
区别	是一组随机变量	是一组数据
	是抽样得到的一般结果	是一次抽样得到的具体结果
	用于研究推断方法	用于使用推断方法
联系	用符号表示的形式上相同	
	样本值是样本的一次取值	
	统称样本	
	都用于推断	

4. 注意样本方差的定义。本书中样本方差定义为：

$$s^2 = \frac{1}{n} \sum_{i=1}^{n} (x_i - \bar{X})^2$$

而有的书中把 $s^2 = \frac{1}{n-1} \sum_{i=1}^{n} (x_i - \bar{X})^2$ 定义称为样本修正方差。注意有的书将本书中的样本修正方差定义为样本方差。在大样本下往往不区分样本方差与样本修正方差。

5. 掌握概率抽样、非概率抽样。抽样方法可以分为概率抽样和非概率抽样（即随机抽样和非随机抽样）两大类。概率抽样是按照随机原则从总体中抽取一定数目的样本，以样本的结果推断总体的一种研究方式。当抽样时不遵循随机原则，而是按照研究人员的主观经验或其他条件来抽取样本的一种抽样方法称为非概率抽样。

6. 掌握抽样设计的一般内容和步骤。抽样设计的内容有抽样方法设计、抽样个体设计、抽样框设计、估计方法设计、辅助变量设计、样本轮换设计、样本容量设计、问卷设计。抽样设计的步骤分为确定调查目的与要求、界定目标总体、确定抽样框、抽样方法的选择、确定问卷、选择估计方法、确定样本容量、试验性调查和修订、收集样本数据、评估抽样结果。

关键术语和概念

总体；个体；样本；样本值；样本容量；概率抽样；非概率抽样；抽样设计

思 考 题

1. 抽样技术分为哪几类？各类有何特点？
2. 如何运用简单随机抽样技术进行抽样？
3. 如何运用分层随机抽样技术进行抽样？
4. 什么是抽样误差？影响误差大小的因素有哪些？
5. 如何运用非随机抽样技术进行抽样？
6. 抽样设计的内容有哪些？可以分为哪些步骤来完成一次抽样设计？

探索性活动设计

1. 采用所学抽样技术中的任意一种，对在校学生进行生活水平的抽样调查，并以样本指标推断总体指标。

2. 为下列调查界定总体和寻找可能的抽样框：

（1）开米公司一种新型洗衣液的产品测试。

（2）中国银行"牡丹卡"在全国的使用情况以及持卡顾客的购买行为。

（3）湖南卫视的一档节目想了解中国城镇家庭的电视收看习惯和对电视节目的偏好。

3. 一家电动机的租赁公司想对用户做调查，以确定一种新型电动机的租赁需求。这种电动机主要用于路桥建设。通过网上查询，请你：

（1）确认调查总体和抽样框。

（2）描述应用抽样框抽取简单随机样本的过程。

（3）可以使用分层样本吗？如果能，怎样使用？

（4）可以使用整群样本吗？如果能，怎样使用？

（5）你会推荐哪种抽样设计？为什么？

4. 顾客抱怨行为与重购广告产品意愿抽样调查。

电视广告企业在向市场提供产品或服务时，可能引起顾客不满，而顾客在经历不满后，可能采用行为或非行为反应。非行为反应只是顾客懊恼的感觉和不再观看电视的打算，而行为反应则是顾客为发泄不满或寻求问题的解决而采取的各种抱怨行为，即我们这里所说的顾客抱怨。按照指向的对象，顾客抱怨可以分为直接抱怨、私下抱怨和第三方抱怨三类。直接抱怨指向其社交圈之外并与其不满经历直接有关的对象，如产品的生产制造商或经销商；私下抱怨指向其社交圈以内并与其不满经历无关的对象，如自己的亲戚、朋友或同事；第三方抱怨指向其社交圈以外并与其不满经历无关的对象，如一般公众、法律机构或大众媒体。

本次对电视广告抽样调查的主要目的，一是通过调查获取可靠的数据；二是通过对调查数据的分析，检验多种因素对顾客不同抱怨行为的影响以及这些抱怨行为之间的交互影响，并观察顾客不同的抱怨行为对其购买广告产品意愿的影响。

结合本次抽样调查，讨论下列问题：

（1）描述本项调查的抽样总体、抽样单位、抽样范围和抽样时间。

（2）本项调查可以采用哪种抽样框？

（3）如果要求自己为本次抽样设计一个随机抽样的方案，考虑会怎样设计？为什么？

（4）从样本的代表性和可行性的角度评价自己的抽样设计。

第四部分

广告调查的实施

第 11 章 访问的实施方式

【本章学习目标】

1. 了解访问实施的内容和作用。
2. 掌握访问实施的基本方式及要点。
3. 掌握入户访问的实施过程。
4. 掌握拦截访问的注意事项和实施要点。
5. 掌握电话访问的技巧。
6. 掌握互联网访问的优缺点。

【本章题引】

电话调查怎么用?

政府官方网站、政务微博、政务微信作为当今中国三大网络问政平台,目前已呈规模化发展态势,不仅数量众多,而且已形成不同级别、地域协同发展的矩阵。截止到 2013 年 12 月 31 日,新浪网、腾讯网、人民网、新华网 4 家微博客网站共有政务微博客账号 258737 个。其中,党政机构微博客账号 183232 个;党政干部微博客账号 75505 个。截至 2013 年 12 月,据不完全统计,全国的政务微信数量已近 4000 个,覆盖了公安、共青团、旅游、教育、文化、税务、政府新闻办、检察院、纪检监察、劳动保障、公共卫生、法院等 20 多个行业,整体活跃率在 20% 左右。而中国各级政府及组织机构网站数量已逾 8 万个。

上海交通大学社会调查中心采用多阶段复合抽样的方式,对全国年满 16~84 周岁的常住居民进行随机电话号码拨号抽样调查,最终获得有效样本 1080 个。相关研究显示:人口学变量、媒介使用变量、媒介内容评价、社会因素等均影响到媒介使用;而在媒介评价的因素中,与受众相关的人口学变量、信任度变量和媒介使用变量是研究者考察最多的影响因素。

调查中心通过电话访问并对访问结果做 SPSS 软件的统计分析显示：人口统计学因素对政府网络发布平台使用与评价的影响；公众媒介使用和评价对政府网络平台使用与评价的影响；社会认知因素对政府网络发布平台使用与评价的影响。

一、入户访问

（一）入户访问概述

根据是否与被访问者面对面接触，可以将所有的实施方式分为直接接触型和非直接接触型。入户访问是典型的直接接触型实施方式，也是广告访问实施时使用较频繁的方式。

访问员通过随机抽样的方式抽取一定数量的家庭或者单位后，根据抽样表单挨家挨户访问被访问人，访问地点通常在被访问人家中，访问员与被访问人直接接触，访问员根据预先准备好的问卷或者访问提纲进行面对面的直接访问，并记录下对方答案的访问方式。

入户访问具有较强的适用性，在很长一段时间内，这种方式被认为是最佳的个人访谈实施方式。因为该方式是一种私下的、面对面的直接访问，被访问者在自己熟悉的环境中，没有心理上的压力，身心比较放松，回答问题时的心理阻抗较小，访问员可以根据当时的情境迅速判断信息的意义，还可以调整访问的阶段、具体问题，可以对复杂的问题进行更为全面的解释，也可以通过追问、反问等方式进行深度访谈。

当前，因为被访问者对隐私更为关注、生活节奏更快、访问成本控制、访问员个人素质等多种原因的影响，该方法的使用率逐步下降。

（二）入户访问的实施过程

入户访问的实施过程包括访问前的准备、访问的实施以及访问的结束三个阶段。

第一个阶段：访问前的准备

本阶段的工作非常重要，决定着后续访问工作是否能顺利推进。访问员需要确定被访问人员、访问使用的基本工具、相关的材料，对访问员进行培训等工作，这些工作的落实是成功访谈的起点。

1. 确定访问对象

入户访问从寻找被访问者开始，通常会采用随机抽样的方法选择被访问者，比较常用的是分层抽样和按比例抽样相结合。

确定访问对象的范围和人员完成了本步骤工作的第一步，接下来访问员需要根据抽样的标准落实被访问者。访问员往往会遭遇到如下的阻碍：符合要求的被访问者不愿意配合；被访问者居住地点不详；访问时间不匹配等。

访问人员需要逐一解决上述问题，例如，如果是意愿的问题，访问员需耐心解释或者通过熟人渠道建立与被访问者之间的信任；如果是居住点的问题，访问员应与对象进一步沟通明确；如果是时间不匹配，访问员需与对象协商匹配的时间，但不能一直等待，通常超过三次约定时应寻找替代样本。

2. 准备访谈所需的材料

入户访问通常是很多访问员同时开展访问工作，提前设计好问卷或者访谈提纲是十分必要的。问卷可以由客户设计，也可以由研究员根据研究需要设计。除此之外，研究员需要为访问员准备：被访问人的地址及基本情况、抽样表、记录工具、记录表、交通地图、提醒访问员的表单（能证明访问员身份的证件，例如介绍信、工作证、身份证等）、食宿和差旅费用以及送给被访问者的礼品等。

3. 培训访问员

事实上，为了保证实施的质量，本章节中所涉及的所有实施方式在正式操作之前，都需要培训访问员，讲授并练习访问技巧，明确每次具体任务内容和要求。关于访问员的培训，在下一章节中会有系统介绍，本章就不再赘述了。

4. 访问员练习——试访

在培训结束之后，访问员在督导的带领下，进行实地访问，督导应当观察访问员的表现并给出解决方案。

第二个阶段：入户访问的实施

实施的第一步是能进入访问现场，访问员经常会遇到的情况是在电话中与被访问者的沟通都很顺畅，但真到了实施阶段，访问员登门拜访的时候，被访问者不配合了。

（三）入户访问的通用技巧及操作要点

通用技巧：

在入户访问中，访问员是一个重要的角色，他们的服饰穿着、语气表情、询问方式都会影响到访问能否成功进行。要想获得访问对象的配合与支持，访问员就必须讲究相应的访问技巧。

1. 掌握入户访问的整体节奏

入户访问应包括五个基本阶段：关系建立、导入阶段、核心阶段、确认阶段和结束阶段。

在访问正式开始前，访问人员应当与被访问者建立良好的关系，取得被访者的理解与合作。因此，访问人员应通过塑造良好的第一印象与对象建立信任感，使被访者消除顾虑、打开家门、放心接受访问。

在导入阶段，访问人员主要是让被访问者放松自己，通过一些轻松话题的切入，例如和访问有关的周边问题（如访问涉及家具，可以从被访问者家中的家具展开话题等），让被访问者慢慢进入良好的状态，为访问工作的顺利展开做准备。

在核心阶段和确认阶段，访问人员和被访问者围绕访问问卷（或者提纲等）展开对话，此时，访问者需要做到准确、清晰地询问，包括：保持中立的态度，按照问卷中问题的次序发问；准确、清晰、缓慢地读出每个问题；详细地询问每个问题；针对被访问者的反应，对容易被误解的问题通过重复、简单解释等方式消除误解；访问者需要掌握追问的技巧——这是访问中经常使用的技术，根据追问的内容，可以将追问分为两类：勘误性追问和确认性追问。前者是根据被访问者的回答，进一步挖掘深层意思的追问，后者是访问者防止自己误解被访问者意思，通过追问进一步确认。访问人员常用的追问技巧有：重复问题、观望性停顿、重复应答者的回答、换一种方式重提问题、沉默、通过语气词提示对方等。

最后在结束阶段，访问人员一定要注意在友好的氛围中结束整个访问。访问人员要掌握访问的整体状态，把握好分寸，当确信所有调研资料已经搜集齐全，可以考虑结束访问，此时可以询问被访问者对访问的问题是否还有什么补充，对本次访问的内容还有什么想法，同时访问人员可以表达自己对本次访问的良好感受，真挚地感谢被访问者的积极配合。

2. 注意运用倾听的技巧和肢体语言

倾听是访问人员必备的能力，倾听包含如下的基本内容：察言观色——访问人员要懂得捕捉被访问人员的言外之意，通过认真观察对象的行为和反应对对象的语言进行综合分析，得出中肯的结论；多听少说——访问人员的目的是了解被访问者的情况，因此，需要尽可能地让被访问者表达；进行阶段性总结——访问过程中，为了不误解被访问者的意思，访问人员需要对被访问者的回答进行简单的整理。

肢体语言往往能传递出很丰富的信息，从而让整个访问更为顺畅，表11-1是一些肢体语言的含义。

表 11 - 1　一些肢体语言的含义

肢体语言	典型含义
目光接触	友好、真诚、自信、果断
摇头	不相信、不赞同、震惊
挠头发	迷惑不解、困惑、不相信
微笑	满意、理解、鼓励
咬嘴唇	紧张、害怕、焦虑、内心冲突
眯眼睛	不同意、反感、生气、不同意
身体前倾	感兴趣、关注、喜欢
跺脚	紧张、不耐烦、自负
鼻孔张大	生气、受挫
打哈欠	厌倦、不喜欢、掩饰内心
……	……

（四）入户方式

常用的入户方式有四种：

1. 直接入户

访问人员不利用任何社会关系，直接叩门访问预定的住户，因其拒访率极高，现已不常采用。

2. 介绍入户

访问人员通过与住户熟悉的社会关系圈（如邻居、同事、亲戚、朋友等）的介绍拜访住户。

3. 引导入户

访问人员以付费形式请住宅（社区）管理方出面，由他们介绍进入住户家中访问。国内的市场调研中，调研者常常可以寻求合作的相关组织有：

——住宅楼物业管理公司；

——居民小区管理委员会；

——街道居民委员会；

——居民小区各类业余爱好组织（如老年棋牌协会、健身协会）。

4. 服务入户

服务入户即通过向住户提供某些免费的服务项目或试用品，借此进入被访对象家中，比直接入户方式成功率高，但所提供的服务或产品一定要与访问课题相关联。

（五）直接入户技巧

（1）被访人对访问人员的身份与来意的判断基本上是在首次接触访问人员的极短时间内形成的，并决定了被访人是否接受和信任访问人员，因此每一访问人员应重视和把握"三分钟印象"，力争在最短时间内完成初步沟通，给予被访对象可信赖的、良好的印象。

（2）迅速观察并分析被访对象的顾虑，应用适当的技巧消除被访对象的戒备心理。对于住户的不合作的种种拒绝借口要诚恳。

表 11-2 入户访问应答示例

常见的托词	可以借鉴的应答方式
我不是这家的主人，有什么事请你跟主人联系吧。	（展示身份证件）沉着应答道："您好，我们是 XX 公司，之前约好到您家做一个访问，主要是了解客户对……的看法，如果您不介意的话，我们希望得到您的支持。"
我现在很忙，你找别人吧。	"这个小区的住户我们会一一拜访，只耽误您一小会，可以吗？"
你是谁呀？我不认识你，你赶紧走吧。	"不好意思，给您添麻烦了，我们是 XX 公司的工作人员，这是物业公司的介绍信，您能帮我们填写一下这几个问题的答案吗？"
我手上都是油，没法填写。	"嗯，问卷很简单，要不您看，我念，你回答，我来填写，好不好？"
我时间很宝贵的，接受访问，你们给多少费用？	"不好意思，我们的访问没有很多经费预算，主要是为提升客户体验服务的，不过我们准备了一些很别致的小礼品，对您的配合表达我们的谢意，您要不要选一下？"
我手头正忙着，没空。	"是这样，我们的访问只会占用您几分钟的时间，为了这次访问，我们穿过了大半个城区，能不能请您帮个忙？"

（3）建立良好的关系。进入被访住户室内后，还需用两三分钟时间创造宽松融洽的交流氛围，如称赞对方的家居布置有品位、有格调，逗小孩子玩一会儿，聊几句轻松的生活话题，对打搅对方表示歉意等。这些做法有益于进一步沟通。

（4）注意个人的整体形象。访问人员应注意仪表整洁、大方、得体，如果公司有统一的制服，建议着制服，如果没有，可以穿普通的职业装。

（六）入户访问的优缺点

1. 入户访问的优点

首先，环境熟悉、氛围良好。由于访问在被访问者家中进行，被访问者对家中的环境极为熟悉，几乎不存在周围人际关系形成的压力，使被访问者感到轻松自如，能把握交谈的主动权，因此更有利于被访问者表达意见。

其次，时间宽松，详尽完整。在被访问者家中进行访问，访问时间相对宽松，访问人员可以向被访问者出示各种资料及样品，对复杂的问题可以做详尽的解释，因此访问得到的数据较为完整、准确、详细。

再次，便于追问，易于深入访问。访问人员可以通过直接的交流，避免许多不必要的误解（如对访问问题的误解、对访问目的的怀疑等）。并将访谈方式与观察方式结合起来，特别是能通过对被访问对象家庭的环境布置和装饰设施进行观察，以此验证被访问对象的回答是否可信。

最后，适用性强，应用广泛。入户访谈使用调研课题面广，可获得的信息容量相对其他方式较大，因此，国外许多调研公司进行消费和民意方面调研时经常采用这一操作方式。

2. 入户访问的缺点

首先，接近被访问者难度较高。一般住宅户对陌生造访者抱有明显怀疑和敌意，访问人员需要相当耐心说服住户接受访问。偏远闭塞和社会秩序不良的地区据访率往往较高。

其次，对访问人员的要求较高。入户访问的效率和质量很大程度上取决于访问人员能否被受访住户接受，在访谈中能否适时对被访对象进行启发和引导，访问人员自身的情绪、思维方式、工作状态也对访谈的效果有很大的影响。

然后，对访问人员监管难度较大。采用入户访谈形式访问，调研公司很难对调研过程进行有效监控，防止访问人员自行填写、操作不完整等作弊行为也相对比较困难。

再次，不可控因素较多。入户访谈的效率容易受到如交通堵塞、天气恶劣、被访问者不在家等多种客观因素的影响。

最后，访问的成本高。入户访谈花费的时间每户多在半小时左右，训练有素的访问者通常每天能较为完整地访问 15～20 户。此外，交通、误餐、赠品等方面的费用支出也不小。

（七）入户访问的适用范围

① 快消品类新产品测试。

② 个人、家庭消费结构、消费喜好访问。

③ 家居用品使用率访问。

实践中，入户访问常与产品宣传、试用品发放等促销方式结合在一起进行，它特别适合访问内容繁多，需要出示样品或背景资料的项目。

二、拦截访问

拦截访问，也叫街头访问，是由访问员在适当的地点如商场入口处等拦住适当的受访者进行访问。拦截访问通常是在测评对象具有一定特殊性或总体抽样框难以建立的情况下采用的。

（一）拦截访问的基本过程

拦截访问的实施须经过以下步骤：

（1）抽样，即由访问员按培训时的要求对出现在拦截地点的人进行抽样。拦截访问的抽样方法通常是任意抽样或判断抽样，有时也可以采用等距抽样（它不是严格的等距随机抽样，抽样距离由研究人员事先主观确定好）。

（2）拦截，即访问员上前拦住被抽到的对象，向他们介绍自己的身份，说明测评的目的或意图，尽量争取他们的配合和支持。一旦对方同意接受访问，访问员就可以按照问卷要求开始进行询问。有时在访问过程中，受访者会要求让他们自己填写，是否可行访问员不能自己主观做决定，必须严格按要求执行。但是研究者在决定采用这一方法时，必须考虑到这种可能性，事先做好准备，以免由于出现这种现象影响到测评结果的准确性。

（3）致谢，当所有的问题都询问完毕之后，访问员要当面致谢，并及时给予礼品。

从上面叙述可以看出，拦截访问跟入户访问基本相似，所不同的是：第一，入户访问的受访者只能从事先确定的受访户中抽取，比较确定，而拦截访问的受访者是在访问现场抽取，具有一定偶然性；第二，入户访问的访问地点是在受访者家中，而拦截访问是在户外。

（二）拦截访问的注意事项

由于拦截访问与入户访问有相似之处，所以访问员在访问过程中也要遵循入户访问的一些共同规则和要求，如如何介绍说明、访问过程如何控制等。但是由于拦截访问也有自己的独特性，因此在采用拦截访问时要特别注意以下几个方面：

（1）对问卷设计的要求：第一，要使得问卷尽可能简短，保证访问过程不至于让受访者觉得太长。原因之一是，受访者通常是站着回答问题的，时间长了容易疲劳从而拒绝访问；原因之二是，受访者通常"有事"，时间长了会误了受访者的"正事"。第二，问题不能涉及隐私等难以回答的问题，因为拦截访问是在大庭广众之下进行的，这样的问题容易遭到拒绝。

（2）在访问过程中，要求访问员注意两个问题：第一，控制在场的其他人包括受访者的同伴对受访者作答的影响。第二，检查受访者是否是合适的测评对象。在公众场合，有时会碰到一些热心肠或喜欢自我表现的人，他们会主动要求接受访问，此时访问员要注意甄别。如果不合适，要婉言拒绝，但不能挫伤人家的自尊心。

（3）要加强对访问员的现场监督。由于拦截访问难以通过回访来判断访问员的可靠性，所以，只能通过加强测评现场的监督，来减少由个别访问员不负责任带来的各种问题。

（三）拦截访问的优点

拦截访问除了具有入户访问的主要优点之外，它还可以克服入户访问存在的一些不足：

（1）费用比较节省。由于访问时间和地点比较集中，对测评对象的要求也没有那么严格，因而可以节省每个样本的访问费用。

（2）避免入户的困难。入户访问中访问员容易受到入门难的困扰，而拦截访问不存在这一问题。

（3）便于对访问员的监控。拦截访问的时间、地点通常比较集中，而且是研究者事先确定的，访问员必须在指定的地点完成访问工作。所以指派督导员在现场对访问员的工作加以监督比较可行。

（四）拦截访问的缺点

拦截访问有以下缺点：

（1）不适合概率性的抽样测评，也很难得到好的、有代表性的样本。

（2）街上的访问环境并不像入户访问的环境那么舒适，被访者可能会感到不安、匆忙或是访问员无法控制其他一些嘈杂的状态。这些因素都会影响到测评所收集信息的质量。

（3）被访问对象的拒绝率比较高。因为访问对象有很多很充足的理由拒绝访问。

（4）不适合较长的问卷测评。

（5）不适合复杂或不能公开的问题的测评。

三、电话访问

电话访问指的是以电话为媒介，通过电话黄页（或者其他途径）确定样本，对被访问者进行访问，收集资料的方法。这一方法源于西方电信业发达的国家，1927 年柯乐利调查公司在 44 个城市访问了三个电话样本进行广播收听率的调查掀开了电话访问的序幕。除了科技普及为电话访问提供可能性之外，电话访问的特点也是其普及的重要原因。迪尔曼曾指出："访员必须要能够自在地处理某些情境，如陌生人的那种不信任的眼光，也必须能成功地应付受访者的拒访。为了接触到许多受访者的家庭，愈来愈多的访员必须在晚间工作。在有些情况下，对一些个人安全常受到威胁的城市地区，就有必要对访员进行保护。"[①] 在我国，随着移动电话的普及，电话访问的方式也越来越受客户的青睐。

电话访问需要有一个安静、光线充足、通风良好、无外界干扰、安装有若干部电话的办公室，每一部电话最好配备一台录音机、若干访问问卷和访问记录用纸笔。如果条件允许，每部电话可以配备一台计算机，将所有电话号码输入计算机，让计算机自动进行电话号码抽样、拨号以及显示测评的问题。访问员还可以在访问的过程中将受访者的答案直接输入计算机，减少访问后数据录入的麻烦。

（一）电话访问的实施步骤

电话访问的实施步骤与其他的访问相似，大概经历了选择样本—设计问卷—确定受访人—培训访问员—展开访问—资料汇总处理等阶段。不过每一个步骤有不同的问题需要注意。

1. 抽样

电话访问抽样的基本原理跟其他测评方法一样，但因为有的用户电话号码在电话黄页上，有的用户电话号码不在电话黄页上，两种情况有不同的操作方式。

（1）电话黄页抽样

第一步：根据所需样本的大小及电话黄页的页数，决定平均每间隔若干页抽取一个样本，假设这个间隔为 n。

---

① 〔美〕艾尔·巴比. 社会研究方法〔M〕. 11 版. 北京：华夏出版社，2009：269.

第二步：在 $1 \sim n$ 的数字中，随机抽出一个数字，然后以这个数字为第一页，每隔 n 页抽出样本户所在的页码。

第三步：从第一页中随机抽出第 x 栏，第 y 个号码为样本户，以后每一页均以这个位置的号码为样本。

（2）非电话黄页号码抽样

方法一：集群随机拨号法。

第一步：调查者首选确定调查区域，获取该区域电话号码的前缀及号码的分布范围（通常可以通过当地的电信部门可以获得）。

第二步：根据样本需要及该区域号码的总数确定一定数量（如 100 号）的号码为一群，以该数量为基数将区域内的号码分成若干群。

第三步：以分层抽样方法决定每一区域号码中抽出若干个样本群。

第四步：以随机抽样方法抽出若 f 个群，用随机拨号法试拨。如果某一群的第一个电话号码不是空号，这个群就保留为样本群，再抽取群内的样本。如果第一个电话号码是空号，就放弃整个群，另抽取一群来代替。

方法二：加一拨号法。

该方法简单易行，方式是随机选择电话黄页上的一个号码，在其基础上加上一个自然数（ $1 \sim 9$ 都可以）作为下一个电话号码。例如，随机选择 639312756 作为第一个号码，下一个号码是 639312757，再下一个号码是 639312758，依次类推，完成对样本的选择。该方法能获取到不在电话黄页中的号码，不过空号的概率也大大上升。

电话簿抽样可能由于新增电话没有列入电话簿以及有些用户不愿意公开其电话号码的缘故，而使得抽样框不够完整。随机拨号法可以克服电话簿抽样中可能没有涵盖所有电话用户的缺点，但是常常会拨到空号。

2. 设计问卷

电话访问时访问员与被访问者处于非面对面的状态中，所以问卷需要满足几个要求。

要求一：问卷不宜过长。因为访问员无法通过其他途径控制访问的进程，过长的问卷会消耗掉受访者的耐心。一般情况下，如以问卷每页以 800 字计最多不超过 3 页；如以题目数，以不超过 20 题为宜。如果问卷内容简单、活泼，问卷题数可以增加，但至多不宜超过 30 题。

要求二：问题的选项不宜过多。电话访问时，访问对象完全靠听觉记忆理解问题，因此，问卷题目的选项不宜超过 4 题。而且题目的内容应当在访问对象认知范围内，为了提高访问者回答的意愿和调查的准确率，二选项的问题是比较合适的。

要求三：问卷中使用的语言要简单明确，不容易产生歧义。避免访问员在通过语言与受访者进行沟通时，产生误解。

要求四：为了提高信息的准确性，问卷中要设计测谎的问题。可以适当用反问、同一问题不同问法等方式推断受访者的回答是否真实。

【问卷设计小贴士】

问卷可以由客户设计，也可以由研究员根据研究目的设计。如果是英文问卷，研究员需要将其翻译成中文并交由客户确认。如果采用计算机辅助电话访谈，在正式访问前，需要将问卷输入计算机。

3. 确定受访者

抽出一个样本户之后，还要决定访问户内哪一位成员，常用的选择方法有两种：

① 任意法。即样本户中的任何一位成人都可以作为访问对象。

② 随机访问"派斯利表"法。即先询问样本户家中有几位成人，再询问其中不在学的女性数目，然后根据这两个数字查表 11-3 决定访问哪一位。此法跟抽样设计中提到的抽取用户中成员的方法原理相同。

表 11-3 "派斯利表"法示例

样本中不在学成人数	其中不在学的女性数	应选受访者
1	0	男性
	1	女性
2	0	年轻男性
	1	男　性
	2	年轻女性
3	0	最年长男性
	1	较年长男性
	2	较年长女性
	3	最年长女性
4	0	次年长男性
	1	次年长女性
	2	较年轻女性
	3	次年长女性
	4	次年长女性

（续表）

样本中不在学成人数	其中不在学的女性数	应选受访者
5人以上	0	
	1	
	2	
	3	
	4	
	5人以上	

资料来源　吴统雄：《电话测评：理论与方法》，第59页。

4. 选择合适的访问员并进行培训

（1）电话访问员的选择

语言、语音、语调是电话访问的重要载体。为了最大限度地取得受访者的配合，一般适宜选用普通话标准、声线适中，有良好沟通技巧的年轻女性。访问员确定之后，将其安排到不同的项目组，并拿到不同的电话号码。

（2）电话访问的培训

访问员的培训安排在客户确认问卷之后、实地访问之前。项目总负责人向访问督导、质控员、数据处理员及其他相关人员交代项目相关事宜，包括项目背景、客户的特别要求、数据处理、时间安排、特殊情况的处理技巧等内容。

访问员培训时，由督导对访问员作详尽的项目指导，并解决访问员的所有疑问，以确保所有访问员都能完全理解访问要求。培训结束后，还会安排模拟访问让访问员有更多的亲身感受。

（3）试访和试访小结

培训结束之后，要给每个访问员安排至少一次试访。对试访的及时总结将有助于访问员更好、更清楚地理解项目的各项要求。

5. 展开访问

（1）按抽样提供的电话号码进行拨号

电话访问的第一步是按抽样提供的电话号码进行拨号，拨号是一件很简单的事。但在拨号时，应考虑两个问题：一个是电话铃响几次之后才能断定样本户家中无人；另一个是以电话接通几次来断定放弃对该样本户的访问。有关研究表明，以铃响6次作为判断样本户家中无人比较适宜。电话接通后，最少要访问三次。如果三次不成功，该样本便可以舍去，因为再追踪下去，成功的机会也不高。

当电话拨通之后，与人户访问一样，访问员需要作自我介绍，并把访问的目的以及访问所需的时间等作说明，以求得到受访户的信任和接受。当受访户愿意配合访问时，并将访问目的再作一次简要的说明。如果受访户拒绝访问，就重新拨号；如果当时受访者由于各种原因不能立即接受访问，跟他预约一个时间，届时再进行访问。如果一切顺利，访问员就可以依照要求一一提问，直至所有问题询问完毕。

（2）现场监控

督导在访问现场进行检查，确保访问员的访问方式、数据记录无误。如发现访问员存在错误，督导应立即指正。

若采用中心控制电话访谈法，督导可以通过实时语音监控系统在任何时候监听任何一条电话线路，及时了解访问员与被访者的通话状况。

（3）最初的数据审核

最初的访问结束后，督导应检查该访问员的第一份问卷是否存在问题。如果出现问题，访问员需要马上补问被访者进行确认。

若采用计算机辅助电话访谈，可以通过专门的系统实现访问的每一步骤由系统自动管理，只有符合问卷逻辑的答案才能被接受。

6. 电话访问的收尾工作

（1）问卷回收及数据处理

问卷回收后，所有问卷须经复核部审核，合格问卷将转交数据部进行数据处理，以便为研究部撰写调研报告提供依据。

（2）访问小结

访问结束后，督导将记录此次访问的成功率、成本、访问员的表现等内容。这些经验和应对问题的解决方案将应用到今后的项目中，以便以后为客户提供更好的服务。

7. 提高访问完成率的方法

电话访问由于成本低、花费时间短而被许多调研机构采用。但由于通话时间有限使得电话访问受到很多制约，如不能进行深入访谈、对对方的回答无法验证等，甚至有时候被访者会突然挂断电话，从而导致访问无法进行。因此，为了提高电话访问的完成率和成功率，调研组织者应该做好以下一些方面的工作：

（1）建立一个尽可能完善的调研对象电话号码信息库

该工作的目的是确定一个较理想的抽样框，这是一项重要、艰难而且基础的工作，可以通过以下一些途径实现。

——寻找黄页电话号码簿，不过现在关于家庭电话的黄页电话号码簿很少。

——利用以往的用户问卷访问中得到的用户电话号码信息。

——利用某些客流集中的机构提供号码，如电信服务商、银行、医院等。

（2）设计一份合适的调研问卷

与普通问卷不同的是，在电话访问中使用的问卷应该具有这样一些特点。

——语言简明扼要，对方通过听觉不会出现理解上的问题。

——问题长度适宜，选择项长短合适。问卷过长会使对方失去回答问题的热心和耐心。

——要有技巧性的处理隐私性问题。

（3）选择合适的抽样方法

抽样的方法很多，不同的方法会产生不同的结果，在成本、样本分布、样本代表性上均有差别。等距（系统）抽样、简单随机抽样、按区号分类再简单随机抽样等方法都是电话访问常用的抽样方法。

（4）选择最恰当的通话时间

要根据调查对象的作息习惯和访谈内容选择合适的通话时间。例如，在我国做消费者的调查，通常理想的通话时间是 19 点至 21 点，因为此时访谈对象一般都在家。而若是做产业市场调研，最佳时间是 8 点至 8 点 30 分，因为此时访谈对象刚到工作岗位上，尚未为完成当天的某项工作而离开那里。就整体而言，电话访谈适合短时间的访谈，如果能在 10 分钟左右结束访谈最好。

（5）确定合适的访谈对象

访问对象必须是合适的对象，只有这样，访谈结果才具有参考价值。快消品的访谈对象应当是成年女性，因为她们才是主流购买人群，而电子类产品的访谈对象应当是年轻的男性等。有时候，适合的访谈对象是拥有高职位的人士，此时，在获得正确访问对象配合前，访问员需要先和对方的接待员接触。在和接待员接触时，需要注意以下几点：

——除了询问负责某项事务的负责人电话之外，还可以顺便问一下负责人的职位、姓名，以便该负责人接到电话时，访问员能进行合适的称呼，这有利于访问沟通的展开。

——巧妙地表达自己接触该负责人的目的，避免接待员因为担心干扰负责人而不愿意提供相关信息。

（6）掌握良好的电话沟通技巧

——积极的态度

访问员应该充满热情和积极的态度，让被访者受到感染，能主动地说出自己的意见。访问员切忌将自己某些消极的感受从电话中传达给被访者。

——语速适中

访问员的要控制好语速并且灵活调整，不能过快以免访问对象对问题理解得不透彻，也不能太慢以免耽误被访者的时间，使被访者情绪上产生反感。同时，访问员也要根据对象的反应灵活调整，例如，对象是老年人，语速要稍微降一降，对象是年轻男子，语速则可以稍微快一点。

——第一印象

通常在接触后的第1分钟内，访问对象会决定是否接受访问，因此开场白很重要。一般在和被访者首次接触时，必须立刻清楚地说明自己做什么样的市场访问，而且与推销无关，最好告知对方此次访问大约需要几分钟。只要访问对象愿意接受访问，中途退出的情况比较少见。

（二）电话访问的主要优缺点

1. 电话访问的优点

① 干扰性小。受访者在自己熟悉的环境中，访问员和受访者通过电话进行沟通，与外部环境相对隔离，又因为访问时间较短，受访者的私人空间没有被侵入，所以受到外部的干扰小。

② 节省费用。相对于入户访问，电话访问的花费低廉。电话访问不必花费大量的人力、物力、财力在接近访问对象上，虽然长距离长时间的电话费不少，但电话访问的总费用仍比入户访问产生的费用低很多。

③ 速度快，效率高。电话访问不必花费大量时间在往返访问对象所在地的路途上，统计显示正常情况下，访问员一天大概可以完成15次，每次约20分钟的访谈，相比于入户访问、拦截访问，访问员的效率大大提高。针对一些即时性话题，电话调查的反应速度有明显优势。例如，公司希望调查对消费者对新产品的态度，通过电话访问可以很快知道结果。

④ 匿名性好。面对面的访问方式，受访者承受一定的心理压力，尤其是在亚洲人情味较浓的区域。非面对面的方式，受访者则可以摆脱陌生人的心理压力，更容易如实回答调查者的问题。此外，电话访问也特别适合一些敏感性问题、隐私性问题。

⑤ 管理方便。电话访问的问卷较简单，对访问员的要求较低，基本的访问技巧可以通过培训迅速习得，建立访问标准化的难度不大。

⑥ 样本的代表性较好。电话访问不用局限在某一个区域，凡是电话可

以覆盖的地方都能采用此方式，而且还能对受访对象进行回访，从而控制访问的质量。

2. 电话访问的缺点

① 综合性较差。电话访问无法展示实物、样品、图片、广告形象等，从而影响了调研工具的综合使用。

② 难以展开深度访谈。因无法通过其他方式，例如：肢体语言与对象进行沟通，受访者接受信息的方式过于单一，所以往往不能忍受长时间的访问，导致只能进行浅层问题的访问，也无法进行灵活的追问，访问的深度受到很大的影响。

③ 信息的真实性难以判断。电话访问时，受访者无法判断访问员的真实身份，出于自我保护的本能，会对访问员抱有有限度的信任，可能会说一些假话或者敷衍的话语。访问员不能通过其他信息，例如：面部表情等判断受访者回答的真伪，因此，信息的准确性难以保证。

④ 遭到拒绝的情况较多。受访者因为无法判断访问员的诚信，很容易将调查与推销等同，从而拒绝访问，而且拒绝的成本很低，受访者只要不接电话或者挂上电话就可以，几乎没有内疚、不好意思等心理成本。

⑤ 受硬件设施限制。电话访问的基础是电话的普及率，我国目前在这方面的条件较好，但是部分群体，例如农民工或偏远地区群体在电话的使用时间、使用频率上还是受到一定的限制。

（三）电话访问技术的后续发展

电话访问起始于技术的发展，电信网络和终端设备为电话访问提供了技术上的可能性。最初的电话访问就是由访问员拨通电话后根据问卷访问被访者，与入户访问的相比大大提高了效率。但这种电话访问方式访问员分散，访问过程中出现的问题多样难以集中解决，对多地区访问员和访问过程进行管理的成本很高，为了完成一个高质量的电话访问，公司需要花费相当的人力、物力，包括对来自各区域的督导进行集中培训（约2天）；组织督导到各地培训访问员（若干天）；邮寄问卷（2天）；审阅、修改问卷（2天）；整理访问数据（2天）等等内容。

20世纪70年代，计算机及互联网作为一种新型的技术进入了传统商业领域，随着此类技术的日臻成熟，欧美发达国家逐渐出现采用计算机辅助电话访问（Computer Assisted Telephone Interviewing，CATI）方法的专业调查公司，迄今约有30年的历史。

1. CATI 简介

1970年，CATI 在美国出现。最初为单机版，后来随着硬件设施的普及逐渐发展为网络在线形式。CATI 的工作方式是：问卷存储在电脑上，访问时，访问员坐在电脑前，打开电脑中存储的问卷，将问卷上的问题用电话对受访者提出，在获得受访者答案的同时，访问员将答案记录到计算机中。为了保证访问的质量，督导借助于局域网对整个访问工作进行控制。这种电话访问方法不仅在人力、物力等工作成本上有明显的优势，而且在效率、准确性、标准化作业水平方面也有大幅度的提升。

商业模式的正面反馈进一步促进该访问方法的发展。1975 年，加利福尼亚大学洛杉矶分校（University of California at Los Angeles）开始将 CATI 系统应用于教学研究。到 20 世纪 80 年代中后期，通信环境大幅度的改善使得 CATI 的优势进一步表现出来，采用该技术进行访问的调查公司也越来越多。据有关资料显示，美国一家市场研究公司的 CATI 访问座席居然多达 550 个。

因为硬件设施的原因，我国的电话调查技术开始比较迟。最初主要应用在行政统计方面，1987 年以后，电话调查逐渐从行政统计调查应用到社会调查领域。1999 年，四川卫视利用当地的电话网络进行收视覆盖率调查；2000 年春节，央视春节晚会对收视率进行了即时调查①。这些调查推动了电话调查技术在我国各行各业的普及，2002 年之后，围绕电话调查的各种软件陆续推出，应用较为广泛的有上海天译科技有限公司的 Falcon CATI 产品、上海南康科技的 CATI、河南强视市场研究有限公司推出的蓝色 E 风 CATI 系统，北京商智通信息技术有限公司的雅典娜 CATI 2006 等。

21 世纪初我国大城市固定电话普及率达到约 70%，这基本上满足了大范围电话调查的要求。与此同时，研究机构的信息化水平也持续提升，CATI 系统得以顺利应用的基础越来越坚实。2014 年，我国移动电话用户普及率达到 94.5 部/百人，目前我国网民规模达 6.68 亿，互联网普及率为 48.8%，其中手机网民规模达 5.94 亿。因此，以电话和互联网技术为依托的 CATI 优势得以充分发挥出来，市场研究机构、高等院校、政府机关、社会科学院、新闻机构、卫生机构、大型企业、信息中心等都出现了 CATI 的身影。CATI 被应用于品牌知名度研究、产品渗透率研究、品牌市场占有率研究、产品广告到达率研究、广告投放效果跟踪研究、消费习惯研究、消费者生活形态研究、顾客满意度调查、服务质量跟踪调查、家庭用品测

---

① 朱磊，张蕾．计算机辅助电话调查从 CATI 项目策划执行到数据导出与应用 [M]．广州：暨南大学出版社，2012：2．

试、客户回访、电话市场营销、居民健康问题调查、选举期民意测验、社会公众意愿调查、社会舆论调查、社会热点调查等诸多领域。

2. CATI 的操作方式

CATI 系统通常的工作形式是：访问员坐在计算机前，面对屏幕上的问卷，向电话对面的被访者读出问题，并将受访者的回答结果通过鼠标或键盘同步记录到计算机中去；督导在另一台计算机前对整个访问工作进行现场监控。CATI 将传统访问中的拨号、问卷显示与跳转、数据审核、数据存储等步骤全部计算机化，由计算机完成，极大地简化了访问员的工作负荷，有利于访问员将全部精力集中于理解问卷与精确访问，而且 CATI 系统操作的标准化程度高，所以访问员的工作具有流程性的特点，整齐划一，通过该系统访问者可以用更短的时间、更少的费用得到更加优质的访问数据，而且，由于所有的数据都已经导入到计算机系统，所以数据库可以被各种统计软件直接使用。

3. CATI 的特点

（1）CATI 的成本较低

就具体的调查而言，CATI 因为以电话为媒介、以计算机为依托做数据的收集、记录和整理，所以在访问员的交通费、问卷编码和数据录入的纸张、印刷、后期整理等方面的费用都大大减少。

（2）效率较高、访问员及督导的工作强度较低

问卷的编辑、配额设定、抽样等工作都由计算机辅助完成，由于跳答路线已经设置在事先设计好的问卷当中，计算机软件系统会根据回答情况自动选择跳答路线，问卷会对调查员和被访者进行引导，因此不会因跳答路线错误而导致数据丢失或多余回答。访问员的工作内容和强度都大大降低，在访问过程中访问员可以专注于访问本身：根据屏幕显示的问卷，按照培训的要求对访问对象进行访问，无疑，沟通的有效性提高了。

同样，督导的工作重点也集中到对访问本身的控制上：做好访问前的培训工作，设计标准化的访问规则（例如督导设计的规则录入计算机后，计算机可以对数据进行即时检查，最简单的是对取值范围进行检查，例如如果某个问题可能的答案编码为1~5，而访问员误输入6，那么计算机将不会接受并提醒改正错误。在传统的调查方法中，这种错误只有在数据编码核查阶段才能发现，已经无法返回调查现场进行更正，只能作为丢失数据处理，而 CATI 调查由于能够即时发现错误，有机会进行修改，因此完全可以避免这类错误），查看配额和样本使用情况（在 CATI 调查的过程中，可以根据需要随时查询样本的构成状况。这一点在配额

调查中的作用尤为明显。在 CATI 中，一般访员都是在同一区域进行访问，因此督导可以随时沟通并纠正访员的不规范操作，还可以利用实时监听，及时发现问题并改进技术，提高访问质量），查询访问进度，查看访员个人话务数据（比如任务完成情况、访问成功率等等），进行答卷审核等操作。

CATI 将访问员和督导从琐碎的工作中解放出来，两类群体都能将精力集中于提高访问质量上。

（3）数据整理的效率大大提升

采用计算机技术之后，CATI 将问卷的编码和录入过程自动化，并能迅速完成数据分析。为快速调查，尤其是对社会热点事件、突发事件的调查结论，提供了可靠条件。此外，CATI 的调查结果能形成标准话的数据库，该数据库可以作为信息资料储存并应用于不同的课题、项目和软件上，信息的价值能得到进一步的发挥。

【拓展阅读】[①]

CATI 技术随着计算机技术的发展有了更多的形式，首先是计算机辅助面访（CAPI），20 世纪 80 年代 CAPI 率先在欧洲出现，基于便携式计算机的计算机辅助面访系统源于欧洲对面试的重视了。随后，计算机辅助调查技术的应用又陆续出现了三种方式：CATI、CAPI 和 CASI（Computer Assisted Sell' Interviewing）。

各种计算机辅助调查的共性是：问题通过电脑屏幕展现，由访问者或被访者通过计算机直接录入答案交互式的电脑程序呈现出特定规则的问题，不同的被访者或被访人群被呈现的可能是不同的内容。

CAPI：问卷由计算机管理与呈现，访问对象回答的结果由访问员通过鼠标、键盘、手写笔或触摸屏等直接记录入计算机内。访问结束，数据通过互联网、邮寄或无线网等方式传送到中央服务器。汇总后的数据无须做太多整理．便可直接用于统计和数据分析。CASI：访问对象自己阅读屏幕上的问题，然后输入答案。没有访问员辅助，计算机程序引导访问对象完成访问。访问员在将问卷程序转交给访问对象的时候对访问对象疑惑的问题进行解答，提供帮助。

[①] 朱磊，张蕾．计算机辅助电话调查从 CATI 项目策划执行到数据导出与应用［M］．广州：暨南大学出版社，2012：4．

【小知识】

表 11-4 CATI 发展历史年表

时间	区域	事件
1876 年	美国	贝尔及其同事试验世界上第一台电话机
1927 年	美国	Crossley Survey 公司在 33 个城市聘用调查员，用电话访问的方式进行广播收听率调查
1934 年	美国	美国统计学家 Claude E. Hooper 使用电话方式在同一时间对 36 个城市对受访者展开广播收听率调查，开创了 Hooper rating
1970 年	美国	CATI 面世。访问员借助计算机终端通过电话与受访者联系，并且在访问的同时将数据录入电脑，实现数据录入与统计的同步性
1970 年代中期	美国	美国家庭电话普及率达到 90% 以上，电话调查成为民意调查最主要的方法之一
1975 年	美国	加利福尼亚大学洛杉矶分校将 CATI 系统应用于教学研究
1980 年代	欧洲	计算机辅助面访（CAPI）率先在欧洲出现
1980 年	美国	CATI 系统得到进一步发展，一些调研机构导入"混合调查"，即利用 CATI 系统，使计算机处理面访和邮寄调查问卷
1986 年	美国	美国锐齿软件公司发布基于网络环境的 CATI 系统
1987 年	中国	中国一些专业调查机构开始使用电话调查，主要用于民意测验和媒体接触率研究
1990 年代	美国	计算机辅助网络访问（CAWI）问世
1995 年	美国	计算机辅助网络访问（CAWI）问世
2000 年代初	日本	民意调查的抽样由原来的电话黄页抽样逐步转为使用 RDD 方式抽样
2001 年	中国	锐齿技术（从锐齿软件公司独立）发布 Wincati 中文版
2002 年	中国	南京大学导入 CATI 系统
2005 年	中国	暨南大学、深圳大学等高校导入 CATI 系统

资料来源 朱磊主编，张蕾副主编：《计算机辅助电话调查从 CATI 项目策划执行到数据导出与应用》。广州：暨南大学出版社，2012 版，第 4 页。

四、互联网调研

互联网调研，即使用互联网通过互联网从被调查者那获取信息的资料采集方法，也有人称之为网络访问 CAWI（Computer Assisted Web Interviewing）。在第 4 章二手资料一章中已经介绍了使用互联网搜索二手资料的方法，除了搜索二手资料，互联网也是一种调查方法。根据中国互联网络信息中心（CNNIC）在京发布第 36 次《中国互联网络发展状况统计报告》，截至 2015 年 6 月，我国网民规模达 6.68 亿，互联网普及率为 48.8%。随着互联网的普及，互联网调研也越来越被许多人采用。

（一）互联网调查的形式

互联网调查和本书前面介绍的基本调查方法一致，只不过是借用了互联网的手段。常见的定性研究形式如焦点小组访谈和在线个人深度访谈。定量的研究形式如问卷调查，可以通过电子邮件或者网站进行调研。

1. 互联网定性调研

（1）在线焦点小组访谈法

实时在线焦点小组访谈和传统的焦点小组类似，邀请 6～8 人小组讨论，只不过是通过互联网作为沟通的媒介，如利用 QQ 群、互联网视频会议等互联网平台讨论，将分散在不同地域的受访者通过互联网平台组织起来，在主持人的引导下进行讨论。还有些小组讨论是非实时的，比如研究者在相应的 BBS 讨论组中发布调查项目，邀请受访者参与 BBS 讨论，有时一个讨论要持续 5～10 天，甚至有些基于社区论坛的讨论，时间会更长，达到 6 个月～1 年。相比较实时的在线焦点小组讨论，此类讨论的小组成员可以多一些，15～20 人。主持人每天要登录讨论空间，引导讨论主题。

在线焦点小组能够在短时间内集中不同地方的人进行讨论，很方便快捷，成本低，而且可以直接获得文本资料。但是受访者都是通过互联网进行讨论，缺乏面对面的交流，可能会限制观点的碰撞和新想法的产生。

（2）在线深度访谈法

在线深度访谈类似传统的深度访谈，一般由研究者对一人通过互联网进行深度访谈。访谈的方式可以通过即时通信软件如 QQ，或其他音频、视频沟通软件进行，也可以采用电子邮件的方式进行访问。研究者拟定好访谈提纲后，可以事先同受访者联系，征求对方的同意后，再约定时间进行访谈。传统的深度访谈需要寻找安全的、私人的和熟悉的访谈地点，而在线深度访谈可以不需要考虑这个问题。而且在线深度访谈，如果通过文字，访谈的过程中文字已经记录下来。如果通过语音，也可以很方便地使用录音软件进行录音。

（3）在线观察法

有时候研究者需要对人们网上的行为进行研究，这就需要使用在线的观察法。研究者可以在互联网环境下，观察人们所表现出来的语言行为以及互联网上的非语言行为。例如研究者可以观察一些特定主题的论坛或是利用实时聊天方式开展自然的谈话，仔细地观看并分析谈话者之间的互动关系。

由于人们越来越多地使用互联网，互联网具有可记录性，记录下很多人们的行为或言语资料，给在线观察的实施带来了不少方便，统计结果也更加令人信服。因此研究者的观察可以是滞后观察，对人们留下的这些信息符号进行分析。这时的观察就比较像传统的内容分析法，可以是定性的分析，也可以量化分析。因此在线观察和一般的观察法一样是定性和定量的结合，只不过本书我们把它放在定性研究部分。

在线定性研究的调查方式，与传统的定性研究相似，它更多地注重探索研究问题而不是样本的代表性，受访者只要符合研究问题对研究对象的要求，并愿意接受采访就可以了。

2. 问卷调研

（1）电子邮件调查

电子邮件通常也用作问卷调查。研究者首先将调查问卷以及说明制作成电子邮件，发送给被抽到的调查对象，要求他们回答完毕后将问卷回复，返回给调查者。如果调查者有详细的受访者电子邮箱形成的抽样框，抽取方式可以是随机抽样，对抽取的样本里的电子邮件发放调查问卷。电子邮件调查是邮寄问卷的一种拓展。

（2）网页调查

网页调查是将设计的调查问卷放在某个网站的某页面上，受访者通过登录网页，就可以参与调查。这也是目前使用最多的一种互联网调查方法。首先，研究者根据调查的目的，在网页上设计问卷，这一步可以通过一些可视问卷编辑器产生。问卷的页面一般首先是一个简短的介绍页面，介绍调查目的，对受访者进行一个必要的鼓励。受访者在线回答，填选适当的答案，基于网页的调查问卷一般都设有良好的跳问模式。

随着手机、平板电脑的兴起，越来越多的网民使用移动终端上网，尤其是手机上网，这也是调研另一个新的媒介。如果是针对手机用户的互联网调研，研究者问卷必须要短，问题的类型和长度也要受到限制。

（二）互联网调查的优点

1. 方便快捷

互联网调研最大的优点是便捷性，相比较其他调研方式，尤其是邮寄式调研和面对面的访谈，互联网调研收集数据的速度快，非常便捷，能够将信息存储、审核、实时统计功能融合在一起。在互联网上进行市场研究或者广告调查，研究人员只需要通过互联网发布调查问卷，受访者只需要通过联网的计算机或者手机就可以进行回答，所填写的信息马上就可以汇总，自动将答案保存并统计出结果。研究者利用计算机软件访问者反馈回来的信息进行整理和分析，马上可以得出调研的结果，了解所有被调查者的观点所占的比例，十分便捷。因此当调查样本量较大、问卷问题多的时候，这种实施调查非常高效。一般来说，互联网调研收集数据所需要的时间一般为 10~30 天，在有些情况下还可以更短。

2. 费用相对低

对于很多研究来说，数据收集的费用在整个调研费用中占据很大的比重，而通过互联网调研，费用低廉，具有经济性。和其他调研方式相比，互联网调研可以省去面对面调研所耗费的差旅、人力和物力成本，电话调研的电话费和访谈费，以及邮寄调研的纸张、邮寄的费用，互联网调研还可以省去后期数据录入的费用，从而大大缩减调研成本。通过互联网收集全国性的数据或者跨国的数据，也非常方便，并不比收集某地域的数据费用高多少，而这对于传统的调研方式来说，不同的地方的交通费、餐饮费、住宿费是一笔不小的支出。

3. 多媒体融合

因为互联网调查使用的媒介是互联网，互联网是多种媒介的融合，所以互联网调查也可以是多媒介的融合。无论是一般的问卷调查还是访谈，互联网调查都可以根据调查目的，使用文字、音频、视频等多媒体表现形式，可以展示形象的东西。

4. 突破地域空间限制

传统的受众调查受时间、空间制约很大，如果在一定时间内找到分布在不同地方的被访者，这往往需要花费额外的精力和财力。互联网调研与传统调研方式有很大不同，它可以利用互联网全球覆盖的特性随时进行，突破时空、地域限制。而且有的互联网调查问卷具有开放性，凡是网民都可以填答问卷，不受空间限制，能够进行跨地域的大规模调查。如果我们利用传统方式在全国范围内进行广告调研，需要多个地方多个部门的配合。比如澳大利亚一家市场调查公司 www. consult，曾在两个月的时间内进行包括中国在内的 7 个国家的 Internet 用户在线调查，相当方便。这样的调查活动如果利用传统方式是无法想象的。

5. 访问到难以接触的对象

互联网调查便于接触某些方法难以接触的人士。例如像高层管理者、医生等人群由于职业的限制，时间比较不自由，传统的调研方式较为困难，有了互联网调查，他们就可以在家中或其他时间参与调查，提高了这类人群的参与度。还比如像同性恋、艾滋病等一些敏感性问题，采用传统的社会调查，人们往往有一定的压力，使用网络调查，这种压力大为减少，使得更有利于被调查者参与调查，乐于合作。

6. 调研结果有客观性

由于互联网调研的调查者不与被调查者进行任何的接触，可以较好地避免来自调查者的主观因素的影响。被调查者接受询问、观察，均是处于自然、真实的状态，因此互联网的调研结果具有一定的客观性。

（三）互联网调查的缺点

某网站对男性网友调查是喜欢林黛玉还是喜欢薛宝钗，得出的结果是：70%的人喜欢薛宝钗，30%的人喜欢林黛玉。这种调查方式与电视台街头调查有相同之处，得出的结果也是不客观的。第一，参与调查的人都是喜欢上网并对该问题有兴趣的人，是主动性的调查；第二，参与调查的人都必然有时间。可见上网不主动和没有时间的人就被排斥在调查人群的范围之外了，而且往往具有反对意见的人不会主动表达。这个案例就涉及了互联网调查的一些缺点，具体本书总结如下：

1. 样本的偏差

有些网络调查方法在抽样上代表性不强，虽然中国的网民增长很快，互联网普及率为48.8%，但是还有相当一部分群体不是网民，网民不能代表所有受众。因此，网络问卷的调查范围有一定的局限性。互联网调查也可以使用抽样调查，但是研究者首先要思考问卷调查的目标总体是谁，目标总体与互联网调查抽样框架是否存在差距，这是互联网调查的一个难点问题。当然随着互联网的发展，覆盖到越来越多的人群，包括在农村的广大地区，样本偏差的这种制约会逐步减少。

2. 受访者是主动的

如果某项调查的调查对象就是网民，该互联网调查抽样框和目标总体一致，如果受访者是主动的、自发性回应，调查结果仍会产生系统偏差。所谓自发性回应，是由人们自行决定要不要回应。自发性回应产生的样本往往是有偏的。因为自发性回应样本吸引到的通常是对调查中的问题有强烈感受或有兴趣的人，这种强烈感受往往是比较偏激的，而对某个问题特别感兴趣的可能是总体中的某一部分特定群体，这些样本不能很公平地代表一般人的意见，对总体缺乏代表性，使调查结果产生系统偏差。如网站调查的案例所述，互联网调查尤其是一些门户网站的很多调查是"守株待兔"，即受访者访问网站的时候，看到相关的调查提示，可能出于对调查问题的兴趣，也可能是出于抽奖的兴趣，主动点击参与到调查中来。这类调查的受访者主要是主动回答的样本可能不具有代表性。

3. 调查质量难以控制

传统现场调查访员在填答的现场，可以及时发现调查填答问卷的质量问题，而网络调查问卷则做不到这一点，由于缺乏对被调查者回答行为的规范，从而可能影响调查结果的真实性，尤其是一些较长的问卷可能会出现填答问卷的质量问题。网上调查的被调查者，由于自知对方不知道自己的真实身份，又不在调查者的"监视"之下，被调查者行为的责任意识相对减弱，自我控制水平降低，可能会违反调查的"规范"，不如实或不完善回答、随意回答，而且不排除一部分人出于各种目的重复回答、恶意乱答等。一些互联网的小组访谈或访谈，也同样会存在材料的真伪难辨。这是互联网调查一个很难克服的缺陷。

4. 网络调查的应答率较低

由于通过互联网，访问者与被访者进行沟通存在相互信任问题，被调查者容易拒绝。要达到调研的目的，还须注意一些激励措施，比如在调研中加入适当的奖品激励，调查会获得更多的参与者。

5. 引发调查伦理问题

在网络调查中，有些调查机构为了调查的需要或者利益的目的，不顾道德甚至法律的约束，采取多种形式进行对网民个人数据的过度收集，建立综合数据库，并私自将这些信息资料传播出去，用于未经许可的目的，形成对网民网络隐私权的极大侵犯。

除了这种恶意的侵犯隐私行为，还有些网络调查方式在伦理上可能也是有争议的。比如网络观察法很容易侵犯网民的隐私权，在网民毫不知情的情况下，利用软件对其进行观察，必然会侵害网民的权利。

此外，基于互联网的调查需要使用网络问卷调查系统生成问卷，或者有程序设计人员参与才能实现，实现起来技术要求较高。

互联网调查，既有传统调查方法所不具备的优势，也有一定的局限性，我们需要扬长避短。可以考虑网络调查方法与传统社会调查方法相结合，优势互补，而对网民网上的行为还是采用网络调查方法比较适宜。此外，互联网调查也容易侵犯网民的隐私权，研究者必须自觉地做到知情同意，而不能滥用互联网技术，引发法律纠纷与诉讼。

我们需要注意，使用互联网调查，并不能替代传统的研究方法。一项广告调查，从研究问题的确定、研究方法的选择，到访谈交流、分析研究结果都需要研究者进行基本的研究设计和操作。还有些网络调查方法局限于调查网民的网上行为，因此，对待网络调查方法需要客观研究。在实际的应用和研究中，研究者可以采用多种互联网调查形式，定性和定量结合起来。对于一般性信息，可采用定量调查方式；对于具体信息，可采用定性调研的方式。还可以把互联网调研和传统的调查方式相结合，以此获得更加有效的数据。

本章介绍了一些访问的方式，和前面所介绍的研究方法一样，没有最佳的方法，每种方法都有自身的优缺点，只有合适的方法。首先我们要了解这些访问方式的特点，然后结合研究的问题思考一系列的问题：这是一个敏感或保密的问题吗？受访者拒访率高吗？需要多长的时间？需要复杂的长篇问卷吗？需要多少预算？……总之因研究项目的具体情况而定。

本章小结

1. 访问实施方式的类型。访问员和受访者之间的沟通方式可以有很多形式，如入户访谈、拦截访问、电话访问、互联网调查。我们需要了解这些不同类型的优缺点以及适用范围。过去我们使用传统的调查方式比较多，现在越来越多地使用计算机，包括计算机辅助电话调查、计算机辅助面访，以及使用互联网调查。

2. 入户访问的优缺点。入户访问是调查者在被调查者的家中进行的访谈。入户调研是一种面对面的交流，环境熟悉、交谈氛围相对良好；时间相对宽松，可以对复杂的问题做到详尽解释；便于追问，易于深入访问；适用性强，应用广泛。它被认为是较好的一种调研方式。但是入户访问也有不足：接近被访问者难度较高，对访问人员的要求较高，访问人员监管难度较大，不可控因素较多，访问的成本高。尤其是随着居民防范意识的增强，入户越来越难，加上人力成本、时间成本等费用问题的考虑，目前入户访问在发达国家使用比例较低，中国使用的比例高一些，但是也呈现下降趋势。

3. 拦截访问的优缺点。拦截访问是由访问员在适当的地点如商场入口处等拦住适当的受访者进行访问。入户成本比较高，如果访问的对象覆盖面不广，可以采用拦截访问的方式，因为这样能够降低成本。拦截访问费用比较节省，避免入户的困难，便于对访问员的监控。但是，拦截访问不适合概率性的抽样测评，街上的访问环境并不像入户访问的环境那么舒适，被访问对象的拒绝率比较高，不适合较长的问卷测评，不适合复杂或不能公开的问题的测评。拦截访问由于其便捷性，为许多公司所运用。

4. 电话访问的优缺点。电话访问是一种由访问员通过电话这一通信工具向受访者进行访问的资料采集的方法。电话访谈收集数据便捷，速度快而且成本低，可以解除对陌生人的心理压力。问卷较简单，对访问员的要求较低。但是电话访问无法访问到没有电话的单位或个人，只能得到简单的资料，无法深入了解情况，无法出示卡片、照片等相关资料，无法了解被访者当时的态度，难以辨别答案的真伪，拒访情况较多。目前使用计算机辅助电话访问的比例越来越多，可以提高电话访问的效率。

5. 互联网访问的优缺点。互联网访问包括在线焦点小组访谈、在线深度访谈、电子邮件调查、网页调查等，可以说互联网为我们的研究工作提供了方便。总的说来，互联网访问方便快捷，费用相对低，多媒体融合，突破地域空间限制，能够访问到难以接触的对象，调研结果有客观性。但是互联网调查也可能会发生样本的偏差，受访者是主动的，调查质量难以控制，网络调查的应答率较低，还可能会引发调查伦理问题。

6. 影响选择访问实施方式的因素。每种方式都有自身的优缺点，选择某种实施方式取决于研究的问题性质、研究的对象、研究的时间、研究的成本等因素。

关键术语和概念

入户访谈；拦截访问；计算机辅助电话访谈（CATI）；互联网调研；电子邮件调研

思 考 题

1. 选择一种调研方法时主要应考虑哪些方面的问题？
2. 本章所述各种调查方法在调查问卷的设计上有哪些差别？
3. 本章所述各种调查方法在调查实施过程上有哪些差别？
4. 互联网调查的优势与不足是什么？
5. 互联网调查的步骤是什么？
6. 在校园内进行一次有关大学生课外阅读习惯的调查，应该选用本章所述的哪种调查方法？

探索性活动设计

电影《杜拉拉升职记》创下 13 天票房过亿、总计票房超两亿的不俗业绩。植入其中的广告和品牌是否能水涨船高，获得同样成功呢？研究者需要进行该影片的植入式广告的效果调查。选择哪种调查方式？传统的问卷调查在实施过程中有街头拦访、入户调查、直邮、电话调查等方式。其中街头拦访属于非随机抽样的调查方式，经过详细编制抽样框的入户调查、直邮和电话调查属于随机抽样的调查方式。在调查结果的置信度和代表性上，入户调查和直邮调查均优于街头拦访。但街头拦访往往更加容易操作，成功的可能性更大。特别是在如今城市中，居民小区的管理较之过去都有了很大改观，要进入居民家中进行调查在今天变得非常困难。直邮调查的成功率一直都比较低，根据业界的经验，通常问卷的回收率只有 5% 左右。电话调查用以抽样的电话号码的样本框，决定了抽样的偏差。同时这几项传统的调查方式还都有成本高昂的特点，这里的成本包括时间成本和金钱成本两个方面。对于一个全国性的调查，需要覆盖多个城市。上述传统的调查方法，前两种需要直接到每个城市具体实施调查，还需要雇佣培训大量的访员和督导，耗时耗财。直邮调查虽然不需要直接去到每个城市，费用也不算太贵，但是邮件派送和回收的时间却很长，有时甚至会出现长达数月的问卷回收周期。电话调查的拒绝率奇高的现实也一直让调查人员头痛不已。以网络调查方式实施的问卷调查能够在很大程度上规避传统问卷调查中的这些缺陷。

在本次调查中，研究者主要采用了发电子邮件、将调查置于相关论坛和网页上进行调查等方式。在具体操作中，电子邮件、论坛和网页上都主要用于介绍本次调查的主要内容、目的和参与者的奖励办法等，对方如果有兴趣的话，可以通过点击相关链接进入问卷，回答问题。由于问卷本身在调查方自身的网站上，后台软件可以快速地统计调查结果，并识别回答者的 IP 地址以判断其城市归属。电子邮件的调查面临一个和传统直邮调查相同的问题，如何寻找样本的邮件地址。

目前这一问题的解决办法有两种：一种是由调查委托方直接提供可能的被访者的电邮信息，调查的实施者以此为抽样框进行随机抽样，并发送邮件；另一种方法则是由调查的实施者根据过往的调查经验，利用其他资源编制抽样框，进行随机抽样。前一种方法中，委托方提供的资料往往是委托方自身的客户资源，因此准确性和邮件的回答率也更高，实施费用也通常更低。后一种方法往往是因为客户尚无固定的受众或消费人群资料，因此调查的实施方就会依据自身的经验和积累的资料编制相应的抽样框。这样的操作较之前者在准确率和回复率上都会相对差一点，但往往会高于传统的直邮调查。在费用上，由于使用了实施方的固有资源，由此产生的费用会比前一种方法高。在问卷的回收周期上，上述几种网络调查方法均可以通过设置调查时间，在问卷回收的最后节点时自动关闭相关问卷，从而有效地保证了调查时间周期。在本次调查中，由于缺乏委托方提供的现成抽样框，因此本次调查的实施方根据经验和其他资料编制了抽样框。在具体的调查方法上，目前采用的电邮邀约、自主回答的方式与传统的直邮调查显示，观众在观影之前对电影《杜拉拉升职记》中所涉及的9个品牌已经具有一定的认知，但对每个品牌的认知并不均衡，观众对数码产品的认知率最高。手机品牌诺基亚以较大优势认知率排名第一，有98.6%的观众听说过诺基亚；紧随其后的是个人电脑品牌联想，97.9%的观众听说过。一汽马自达作为影片的首席赞助商，以92.9%的认知率排在第三位。观众对国外高端品牌的认知率最低。

其中高级彩妆品牌色比波朗只有31.3%的观众听说过，而奢侈品牌爱马仕的认知率也只有66.6%，与其他品牌相差较大。在数据采集方面的差异，仅仅来自于受访者面对纸媒和面对网络媒体时的差异。因此二者的差异不大。但这一调查方法与传统的访员介入其中的面访之间的差异还是非常明显的。传统的面访通常由访员将问卷的题目和备选项念给被访对象，由被访对象直接回答，访员记录。这一方法的好处就是无论被访者的受教育程度如何，访问都可以顺利进行。同时由于访员的言行经过统一的培训，在与被访者进行沟通的时候保持一致，从而能有效规避被访者对题目理解的差异。

但是在本次调查中，由于接受调查的对象以都市白领为主，他们的受教育程度相对较高，其中本专科学历的被访者占到样本总量的80%以上，他们在阅读和理解调查问卷上基本没有障碍，因此在这一案例中利用网络调查方法采集数据上，与传统面访相比，不存在明显短板和缺陷。相反，由于缺少了访员这一环节，网络调查还规避了由于环节、人员增加而带来的实施误差。同时与样本获取环节所具备的优势相同，在数据采集环节，网络调查也极大地节约了时间成本和金钱成本。在数据的统计分析环节，网络调查直接使用相关软件，对采集到的数据进行分析，没有中间的编码和录入环节，较之传统的纸媒面访，一方面极大地节约了成本，另一方面也减少了人员录入过程中由于人员失误所造成的误差。通过上述理论分析证实了，网络调查在数据采集和统计上完全能够胜任，同时还能极大地节约时间成本和金钱成本。

调查实施之后，数据和结论达到了调查之初预期的效果和目的，覆盖了理想的目标受访群体，获取了包括记忆度、好感度、消费意愿提升等多项指标的数据，同时极大地节约了各项成本。由此表明，通过以电邮邀约、样本自主回答方式的网络调查能够快速、经济地对植入式广告的广告效果进行调查。本案例利用网络调查对电影《杜拉拉升职记》中植入广告的效果进行评测，证明了网络调查这一方法在现实的非网络广告效果评测中能够发挥作用。

问题：

（1）该案例的研究者在选用调查方式时，是如何考虑的？你同意他的观点吗？

（2）请你评价该案例中互联网调查的使用。

第12章 访问员的管理

【本章学习目标】

1. 了解招聘访问员的基本要求。
2. 掌握访问培训的工作内容。
3. 熟悉访问员监督与管理的工作。

【本章题引】

国外专家经常援引的一句名言所言："Rubbish in，Rubbish out！"（垃圾进，垃圾出）其含义就是如果访问员采集来的第一手资料谬误百出，那么无论你的抽样技术多科学、数据处理多精确、分析水平多高超，最后得出来的结论仍将一文不值。因此，在一些国外著名市场调研公司都将访问员的挑选培训与管理看成整个调查工作的第一位。在实际调查中，调查方案的执行与实施一般都是由访问员来执行的。可以说，调查的实施、管理与控制的第一步就是选择访问员，访问员本身的素质、责任心在很大程度上决定着调查工作的质量，影响着广告调查结果的准确性和客观性。所以加强访问员的组织、管理与培训监督是我们的一项重要工作。这项工作主要涉及招聘访问员、培训访问员和监控访问员等内容。

一、访问人员的选择

访问员是调查工作的主体，他的数量和质量直接影响着访问的结果，因此必须配备数量相当的、有较高素质的访问人员。通常在选择访问人员时，应从以下方面进行考量：

（一）道德品质

道德是任何行业在挑选员工时都必须予以重视的问题，在访问员的挑选过程中，应坚持品德第一的标准，防止品德差的"坏访问员"蒙混过关，难以在调研中工作。因此，在正式录取前，事先声明每个人交回的问卷都将按一定比率进行抽查；在招聘访问员的广告中尽量将访问员工作描述成一种既辛苦、报酬又低的工作，而不在招聘员工时极力声称工作轻松、报酬优厚等。总之，通过较低的工作期望与高昂的舞弊成本，一般可使少数好逸恶劳、品德不佳者自动退出访问员的应聘队伍①。

（二）应变能力

访问员一般要求能在复杂多变的社会环境里，需要独自一人解决随时可能遇到的各种意外问题，以保证整个调研的高效和计划。为此，在面试访问员的过程中，对应变能力的测试，可以在模拟访谈中观察是否具有敏锐的洞察力与分析能力，以及一定的追问技巧。

（三）语言能力

在实际调研中，为避免被访者不太愿意填表以及随意回答的可能性，一般是由访问员逐一口头询问，做好记录。因此，一个优秀的访问员必须具有清晰的口齿、流利的语言，以及简明扼要的口头表达能力。此外，在一些普通话普及率不太高的地区，特别是一些农村偏远地区，当被访者中含有老年人时，更应注意考察访问员的方言水平。因此，良好的与人沟通的能力也能帮助访问的顺利进行。

（四）外在仪表

由于访问员通常要走家串户地进行入户调查，因此，一个诚实、清楚、忠厚的外表，往往会使被调查者愿意合作，甚至会影响到访问员能否入户成功。因此，良好的外在仪表，也是我们在挑选访问员时所必须予以重视的。衣着应大方得体、清洁整齐，眼神要表现出诚意和认真，女性清雅大方以淡妆表现严谨内秀；男性不宜化妆。

（五）身体素质

在进行具体的调查时会随不同的调查项目而变化，要具有热情、乐观、喜悦的性格，因此充沛的体力、精力则成为招聘访问人员时的重要考虑因素。

（六）综合素质

在烦琐的调查工作中，作为访问人员一定要有强烈的事业心和责任感、广博的知识、广泛的兴趣，更要具有良好的心理素质，要能经得起

---

① 柴庆春．市场调查与预测［M］．北京：中国人民大学出版社，2011.

各种挫折，要具备一定的外语能力和电脑操作能力。在操作项目时，能够全身心地投入，并且站在客户利益的角度来发现问题、解决问题，具有较强的职业感和工作使命感。在具体实施中，必须遵循科学的原则来判断问题、解决问题，而不是以个人的喜好、外界的干扰来评判，具有基本是非标准。最重要的是不向被访者、访问员、其他客户或他人（包括家人）泄露客户的商业机密；对被访者的个人资料保密；不利用任何被访者资料进行一切与项目无关的活动，要保守商业机密。同时，保守公司的机密在未经公司允许的情况下，不得向任何第三方提供公司的任何情况和资料。

安徽经典市场调查咨询有限公司的一组统计情况显示了人员招聘时的特点：

描述	在校学生	下岗人员
理解力	强	弱
反应速度	快	慢
责任感	弱	强
被拒访的程度	低	高
社会经验	少	多
时间	少	多
珍惜工作的程度	低	高
吃苦耐劳的程度	弱	强
交回问卷的时间	不保证	有保证

二、访员培训

为了提高访问工作的效率，训练访问员是非常必要的，不管他们曾经是否有访问经验，都要对访问人员进行全员培训。通过培训，可以增强访问人员必要的调查知识，进一步培养访问人员在进行复杂的人员访问时，有足够的应变能力。在访问人员的培训中，主要培养访问人员的技能，如提高完成率、降低拒绝率和避免访问中断的技巧等。可以从思想品德方面进行教育，带领访问人员学习市场经济理论、国家相关政策法规，增强他们的事业心和责任感，端正工作态度和工作作风，激发调查的积极性。还要进行性格修养方面的培养，比如待人接物的礼仪、与人沟通的表达能力等。最重要的是要进行市场调查业务方面的训练，要懂得市场调查原理、统计学、经济学、市场学、心理学等知识，要加强问卷设计、提问技巧、信息处理技术、分析技术以及调研报告的写作和调研组织内外部的各种规章制度等。具体可以从四个方面进行培训：

（一）书面训练和口头训练

1. 书面训练

① 熟悉访问项目的内容与目的；

② 熟悉并掌握按样本计划选择被访问对象，选择恰当时机、地点和访问对象的方法；

③ 获得访问对象合作的有关访问技巧；

④ 关于询问的技术；

⑤ 关于如何鉴定访问形式、检查问卷的提示说明，以及如何处理访问中发生的特殊情况的说明。

2. 口头训练

① 访问态度和蔼、友好、彬彬有礼；

② 提出的问题能抓住重点，简单明了，并给予被访者充分的回答余地；

③ 善于选择访问时机；

④ 有较强的判断力，善于明辨是非，善于诱导；

⑤ 善于完整、清楚地记录，忠实地反映被访者的本意。

（二）访问技巧和判断辨析能力培训

1. 访问技巧

访谈是一种面对面的语言交流，掌握访谈技巧可以更好地发挥面访的优势，保证调查结果的质量。

（1）自我介绍

话语简单明了，态度友善礼貌，表达意思准确，语言规范、流利，尤其是在做自我介绍时要简短，把握入户时机，同时针对受访者起初对调查的态度，调查员能随机应变。

（2）提问

调查员要随时注意受访者的理解程度和配合态度，调节自己的节奏，提问过程中注意按规定的程序操作。

（3）引导

引导是帮助受访者正确回答已经提出的问题，不应带有倾向性，不是诱导。

（4）追问

追问是更深入的提问，是更具体、更准确、更完整的引导。当被调查者的回答含糊其辞、模棱两可，回答前后矛盾、不能自圆其说，以及受访者回答过于笼统、很不准确的时候，就需要采用追问这种形式。

追问的技术要求是利用中性的"标准追问语"，进行客观、中立、没有诱导性的引导。

例如常用的"标准追问语"有：

——还有其他的吗？

——其他理由呢？

——您指的是什么？

——您为什么那样认为？

——您是怎么想的？

追问的方式一般可以用重复提问、复述追问、停顿或沉默等引导。

（5）非语言控制

在访谈中，除了通过语言交流外，调查员可以通过双方的表情与动作，即通过非语言交流，达到对访问过程的控制。这主要通过表情、目光、动作和姿态等进行有效沟通。

（6）结束

结束前可以先给对方发出访谈快要结束的信号，以保证对方把想要说的话说完。

例如可以问"您还有什么需要补充的吗？"

应向被调查者表示感谢。

离开访问场所之前应注意检查一下，确认有关的材料（问卷、卡片、文件夹等）没有遗忘。

2. 判断辨析能力

判断辨析能力主要从访员的逻辑推理能力、心理判断能力和基本的统计分析方法三个方面进行培训，重在培养不仅能机械完成访问任务的人员，更能善于发现问题、解决问题的优秀访问员。

（三）基础培训和项目培训

1. 基础培训

基础培训是访问员的入门培训，它的目的是为了向新访问员传递公司理念、介绍市场调查的背景知识、传授现场实施的基本技能和知识，所以督导在培训时必须注意以下几点：

① 时刻保持专业感，使得新访员快速建立对行业、公司的认同感；

② 能够制作和使用多种培训教材和丰富多样的方式，使得枯燥的培训精彩生动；

③ 用通俗易懂的方法帮助新访员理解培训问题；

④ 加强互动，使得访问员对培训内容记忆更加深刻。

2. 项目培训

这是面对所有的访问员进行的培训，目的在于让访问员了解项目的有关要求和标准做法，进一步明确调查纪律和操作规范。它主要是介绍行业背景，讲解问卷内容，针对项目执行的培训，要求督导做到：

① 帮助访问员准确无误地理解项目要求；

② 帮助访问员快速掌握项目要求的执行规则和具体方法，规定项目进度和信息传递方式；

③ 帮助研究人员发现研究设计中遗漏的地方。

3. 以会代训的培训

可以通过召开研讨会和经验交流会进行培训。前者是从拟定调查题目到调查的设计，资料的收集、整理和分析，调查的组织等各项内容逐一研究确定；后者是在会上介绍各自的调查经验、先进的方法和成功的案例等，共同讨论、集思广益进行培训。这种培训一般要求培训者有一定的知识水平和业务水平。

4. 以老带新的培训

通过有一定理论和实践经验的访问人员对新入职人员进行传、帮、带等方法，使得新手尽快熟悉业务得以胜任工作，不过这种方法的成效取决于前者能否毫无保留地传授，后者能否虚心尊敬地求教。

5. 场景模拟的培训

这种方法就是由培训者和受训者分别扮演调查者和被调查者进行模拟训练具体的调查过程。在进行培训时，应尽可能地将困难和问题表现出来，让受训者做出判断、处理，增加受训者的经验，这种方法应做好充分的事前准备。

（四）访谈的基本技巧

在进行访谈时，访问员要学会倾听他人的诉说，诸如研究部的项目说明、访问员对项目问题的陈述、各种相关人员的建议等；学会站在他人的角度来看待问题和思考问题，比如在项目执行过程中，站在客户角度来看待项目进程，这样就会理解执行时间紧迫的原因，从而积极推动项目进程；学会知道别人需要什么，这包括：知道研究人员需要什么、什么是数据处理人员需要的产品、什么是客户想知道的信息等。

1. 提问

① 清晰完整地按照问卷题目的原话读出："问题+题目中包含的解释";

② 按照问题的原有顺序提问;

③ 让被访者理解提问内容,不可误导被访者,不可过度解释;

④ 重读下画线的关键词;

⑤ 较复杂问题,适当地完整重复问题;

⑥ 读题时留出适当的时间让被访者理解;

⑦ 提问过程中留意被访者反应;

⑧ 过渡句完整读出,以引导被访者集中注意力;

⑨ 发音清晰、音量和速度控制在适中的水平。

2. 追问

深入、客观地挖掘被访者所要阐明和理解的意思,但又不至于诱导产生偏差,这就要在追问时注意,通常是一次提问、二次追问,将问题重复,重复被访者的回答,通过停顿或沉默来等待被访者思考问题的答案,使用中性的追问语句,对开放题的追问:先广度,后深度。

三、访员的管理与监督

要很好地监控访问员,必须建立一套行之有效的访问员激励机制,还要强化市场调查监督和外在约束机制,以及注意增进管理者和访问员之间的情感交流,这样才能很好地控制访问员的工作,以便得到有效的访问结果。

（一）确保访问质量的监控

1. 访问工作的真实性

是否真实地开展访问,主要从访问对象、访问内容等是否真实、可靠的角度进行管理。

2. 访问工作的完整性

是否各项规定要求提问的问题都逐一提出,答案都能完整地记录。

3. 访问工作记录的准确性

记录的是否为受访者的真实感受、态度与意见,是在进行访问质量监控时比较难以监督的方面,这就要求访员要有高度的责任心才能完成这一要求。

（二）访问过程的监控

1. 访问技巧的监控

访问技巧是否准确使用通常对是否能正确使用各种图片与实物、解释范围的正确与否、记录回答的完整性等进行监控。

2. 访问员的态度监控

主要看是否按规定的要求提问并倾听回答，有无将自己的感受强加于受访者。

3. 访问时间的监控

主要是监督访员在规定的时间范围内完成访问工作的数量及质量。

（三）克服访问过程中可能发生的障碍

1. 访前管理

凡事预则立不预则废，访问中将会出现各种不利的事情，事前必须有针对性的对策。

（1）避免受访者不配合

受访者拒绝与访问人员合作，或者是拒绝回答某些"敏感性"问题。这是最常见的访问障碍。寻找原因是访问人员解决问题的唯一途径。

（2）搜集的信息缺乏真实性、准确性

应注意问句设计中的基本概念、措辞能否使受访者准确理解，双方是否出现方言误解，以及受访者是否不愿正面回答，或者提供一个不真实的答案。

2. 访中管理

访问管理主要包括访问环境的控制，如下属的临时请示、电话接听、向下属布置任务等；遇到自己感觉不能准确判断的问题而向他人咨询，都会使访问无法顺利进行，或者获得的信息缺乏真实性。访问中是否能被允许使用录音机、摄像机、照相机，如对方同意怎样有效使用；访问中是否需要利用各种实物增进受访者的理解，如果必须则展示的前后次序、技巧如何；如何使对方深信调研信息的保密性会得到保证，也是保证对方的安全性。

3. 访后管理

访问结束，访问记录此时必须及时送到规定的人员或部门手中，以保证后续调研工作及时展开。

（1）整理访问记录，撰写访谈纪要

访问人员在访问现场记录的受访者回答，常常因时间仓促而字迹模糊，需在短期内凭借清晰的记忆，及时补充、修改，将其转换为访谈纪要。

（2）督促访问资料的整理

在调查实施过程中和调查结束后，需要对调查员的工作进行检查和监督，以保证调查员按培训中所要求的方法和技术进行访问。督导的内容包括：检查已完成的问卷、严格的文档管理和调查员的报告。

（3）复核访问资料的真实性

复核是对调查员完成工作的抽查，即通过对受访者再一次的访问以检查访问工作的真实性。复核的内容包括：访问情况、问卷内容的真实性和调查员的工作态度。

（4）汇总每位访问人员的访谈纪要，编制信息汇总表

将同一时间或针对同类问题开展访问的各位访问员送来的访谈纪要，进行整理、分类，编制成册，以便数据处理工作的顺利进行。

（5）访问记录输入计算机数据库，指定专人处理、保管访问结果

本章小结

1. 了解招聘访问员的基本要求。访员的招聘标准主要从道德品质、应变能力、语言能力、外在仪表、身体素质和综合素质六个方面进行考察。

2. 掌握访问培训的工作内容。这主要从书面训练和口头训练、访问技巧和判断辨析能力培训、基础培训和项目培训等方面进行访员培训的实施。同时，应注重访谈技巧的训练。

3. 熟悉访问员监督与管理的工作。在监督与管理工作中，应从确保访问质量的监控、访问过程的监控和避免访问过程中可能发生的障碍等方面进行，确保访问工作的有效执行，形成有效的调研结果。

关键术语和概念

访员；书面训练；口头训练；基础培训；项目培训

思 考 题

1. 口头访问与书面访问的不同之处有哪些？

2. 如何提高口头访问的效果？

3. 如何提高书面访问的效果？

4. 怎样制定访问指导书？

5. 在口头访问时如何做好访前、访中和访后管理？

6. 结合校园某一现象，做一次公益性访谈活动。

探索性活动设计

卢东：从"会虫"看管理漏洞

商务部研究院资深评论员　卢　东

"会虫"是寄生在某些市场调查公司里的"开会的会虫"。为满足调研公司各种各样的需求，他们频繁变换姓名和身份，参加不同的调研会。为赚取礼金，他们说着谎话，胡乱填着问卷。如今，"会虫"概念已泛指到那些无所事事，以参加展览、论坛、研讨会骗取纪念品、混吃喝为乐的人们。

据媒体透露，2005 年上海有七千多人在从事职业"会虫"和"会头"的工作，北京约五千多人。随着会议产业的快速发展，"会虫"繁殖速度加快，特别是"会虫"概念外延扩大后，不仅人数在增长，而且对会议市场影响更加直接。据会议会司介绍，会议中的"会虫"多出没在会议茶歇和会议用餐的时间。往往当会议进行到最后阶段，"会虫"就开始悄悄走出会场，在会议指定餐厅外寻找时机。当用餐人较多、工作人员忙乱时，他们就熟练地混入餐厅，选择较偏僻的角落，不与人交流，吃完就走。

"硕鼠硕鼠，无食我黍！"的经典诗句描述了令人憎恶的偷食老鼠，与"会虫"不劳而获颇有相似之处。在物价上涨的压力下，办会单位花钱精打细算，严格会议活动审批制度，尽量节省会议活动开支，而"会虫"的泛滥，不仅增加了会议成本，还使人们对其质量提出质疑。譬如：曾有这样的办会单位，当和酒店结账时，发现用餐人数超出会议报到人数，调查核对后，才发现是"会虫"偷吃了"会食"，因此，导致违反办会财务规定，实则冤也！还有的会议在进行间歇，会场内多数人还未离开座位，场外大厅里已人满为患，吃喝的人群迅速将茶点一扫而空。

屡屡得手后，"会虫"的胆量也与日俱增，他们的胃口已不满足茶歇和餐厅里的美食。在会议报到处、嘉宾席、接待室等处都有他们的身影。《中国生物医学工程学会学术会议回顾》这样描述无奈的心情：一位负责分发资料的工作人员被某就坐在主席台上的"贵宾"索要资料和礼品，后来他才发现，这个并不认识的人拿了东西后很快就消失了……在主会场报到处，工作人员临时放置的礼品和资料不翼而飞，甚至还有假媒体冒充"记者"领取"车马费"。学会一度想要报警的想法最终因不想干扰大会秩序而作罢。

　　避免"会虫"偷吃"我黍"，一要从简办会，把本不宜规模大、时间长、花钱多的铺张会议减下来；二要多办高质量会议，把会议的品牌化、专业化、国际化搞上去，无论是哪种方法，其核心是加强会议的管理，缩小"会虫"生存空间。

　　当前，我国会议产业还处在发展的初级阶段，一方面，各地发展会议产业热情高、速度快；另一方面，会议管理法规缺失、运营在"摸索前行"。这两个方面是发展与管理的关系，既相辅相成，又互相制约。从我国温州发生动车追尾事故中不难发现，速度与管理出现失衡。

　　从技术层面上讲，支撑高速度的基础是资源配置系统，速度越快，配置系统越复杂，疏忽了管理或不能科学管理，资源配置系统就会像脱缰之马，酿成灾祸。会议产业似乎并非高科技，但会议产业堪称整合资源和配置资源的代表，会议的主办、承办、协办、支持单位及酒店等管理与服务衔接复杂，责任分工在交叉中容易出现资源衔接漏洞，造成"会虫"生存空间，"会虫"队伍的壮大，足以反映会议产业其发展速度与资源配置存在管理失衡。上述深刻教训与简明道理，警示会议产业发展中要加强管理，避免"会虫"偷吃"我黍"！（资料链接地址 http：//www. hzchs. org/show. asp？id＝596）

　　你如何看待调查业的这种现象？

第五部分

数据分析和报告

第 13 章　数据分析

【本章学习目标】

1. 了解事前编码与事后编码的概念及区别。
2. 掌握描述统计有哪些方法。
3. 掌握极差、平均差（均差）、方差和标准差、离散系数等概念。
4. 了解函数关系和相关关系的区别。
5. 掌握相关分析方法。
6. 掌握回归分析方法。
7. 理解变量之间的差异和变量之间的联系。

【本章题引】

消费者应该留下多少小费?

在西方国家，餐饮等服务行业有一条不成文的规定，即发生餐饮等服务项目消费时，必须给服务员一定数额的小费。一个地方西化的程度越高，你就越有可能需要给小费。

很多人的梦想是周游世界，而对于每一位旅行者来说，知道在每一个国家是否该给以及给多少小费并不容易。当你到一家餐厅就餐，服务生提前接受你的预定，为你保留餐桌，热心为你点菜，细心为你服务时；当你到一家酒店，行李员把你的行李搬到房间，向你解释如何收看 CNN，告诉你怎么开灯，怎么把空调调好时；这种情形下你可能会一直在反复思考着一件事："我到底该给这家伙多少小费?"最终，你只能近乎绝望地把几张钞票塞进他手里，心中暗暗希望你给的小费不多也不少。

通过调查，在纽约、曼谷、马尼拉和香港等国际性酒店，小费应该是账单的 10% ~ 15%，是否真的如此呢? 让我们来考察表 13 - 1，通过对这几组数据的分析与观察，我们可以判断账单金额与小费之间的数量关系。

表 13 - 1　账单金额与小费的成对数据　　　　　　　单位：美元

账单金额	33.8	49.7	87.8	98.8	64.6	108.5	120.9	102.5	140.8
小费	5.5	5	8.2	16	13	16	18.8	15.5	22.6

问题：

1. 账单金额与小费之间是否存在关系？

2. 如果账单金额与消费之间存在某种关系，怎样使用这种关系来确定应该留下多少小费？

一、编码

完成的问卷就是获取调查数据的原始文件。数据编码是把原始资料转化为符号或数字的资料简化过程。编码以后，资料就容易录入计算机进行统计和分析。合理、正确的编码对于统计计算和结果解释工作的助益很大，但在答案简单的问卷调查中，这一步工作可省略。

编码有时复杂而有趣，有时则比较枯燥，编码程序简单还是复杂，视资料形式而定。一般而言，标准化的封闭式问卷资料编码过程比较简单，开放性的问卷资料或讨论、记录资料的编码过程就比较复杂。

（一）资料接收

编码过程既包括对给定的回答确定编码，也包括将答案与编码集比较并选择最能代表答案的那个编码。编码是数据录入前的必要工作，不过在对资料进行编码前，首先有一个资料接收的过程，要注意以下细节：

1. 编号

由于对资料进行核对、编码、数据录入等工作时，必须根据有效标记识别问卷，因此首先必须对所有问卷进行唯一编号。不过有经验的调研者会在问卷分发之前就先编号，这样万一有遗失的问卷，也可以马上发现。按顺序的号码来记录所有接收的问卷是十分有用的，这些唯一的号码不但记录在原始文件上，也同时记录在数据中。因此，如有必要进行查错时，研究者可以随时找到原始的资料。

2. 资料的检查

资料的检查一般是指对回收问卷的完整性和访问质量的检查。目的是要确定哪些问卷可以接受，哪些问卷要作废。这些检查常常是在调查实施过程中就已经开始。要首先制定若干规则，使检查人员明确问卷完整到什么程度才可以接受。例如，至少要完成多少、哪一部分是应该全部完成的、哪些缺失数据是可以容忍的等。对于每份回收的问卷都必须彻底的检查，要检查每一页和每一部分，以确认调查员（被调查者）是否按照指导语进行了访问（回答），并将答案记录在了恰当的位置上。

出现下面情况的问卷一般是不能接受的：

·所回收的问卷是明显不完整的，例如，缺了一页或多页；

·问卷从整体上是回答不完全的；

·问卷的几个部分是回答不完全的；

·问卷只有开头的部分才是回答完全的；

·回答的模式说明调查员（被调查者）并没有理解或遵循访问（回答）指南，例如，没有按要求跳答，等等；

·答案几乎没有什么变化，例如，在用5级量表测量的一系列问答题中，不管正向的或反向的说法都选同一个答案，比如选2，等等；

·问卷是在事先规定的截止日期以后回收的；

·问卷是由不合要求的被调查者回答的。

如果有配额的规定或对某些子样本有具体的规定，那么应将可以接受的问卷分类并数出其数量。如果没有满足抽样的要求，就要采取相应的行动，例如在资料的校订之前对不足份额的类别再做一些补充的访问。

3. 资料的校订

为了增加准确性，对那些初步接受的问卷还要进一步地检查和校订。回收的问卷有时候会出现下列情况：无结构的（开放的）问答题的答案字迹模糊或者记录的语句不完整；有些明显的不一致的回答，例如，一个回答月收入低于1000元的被访者却拥有一辆高级私家车；对于要求单一答案的封闭题，也可能选了多个答案；该跳答的地方没有跳答或者跳答位置错误等。

对于这样的情况，必须做出适当的处理决定并进行校订，并用明显的标志注明，以便核实。至于如何处理不满意的答案，通常有三种处理办法：

一是如果某份问卷不合格的内容比较多，就应该将这份问卷退回实施现场，让调查员再次去接触被访者。

二是如果将问卷退回实施现场的做法无法实现，校订人员可能就要把不满意的答案按缺失数据来处理。在满足以下条件的前提下，这种方法是可行的：

·有不满意答案的问卷（被访者）的数量很小；

·每份有这种情况的问卷中，不满意的答案的比例很小；

·有不满意答案的变量不是关键的变量。

最后一个方法就是简单地将有不满意答案的问卷扔掉作废。如果满足以下条件，这种方法是可行的：

·不满意的问卷（被调查者）的比例很小（小于10%）；

·样本量很大；

不满意的问卷（被调查者）和满意的问卷（被调查者）之间没有明显的差别；

·每份不满意的问卷中，不满意答案的比例很大；

·关键变量的答案是缺失的。

不过，不满意的问卷与满意的问卷之间一般都会有差异，而且将某份问卷（某个被调查者）指定为不满意的问卷也可能是主观的。这两个因素都会使数据产生偏差。决定是否要扔掉不满意的问卷时，一定要从多方面慎重考虑。

这些工作进行完毕之后，进入编码阶段。

（二）编码

编码可依据编码时间分为事前编码和事后编码。事前编码是指问卷设计者在设计题目时就给每个变量和可能答案一个符号或数字代码；事后编码则指在调查实施之后进行编码。通常，封闭性问卷的调查研究采用事前编码，这样可节省研究时间；而开放性问卷资料或讨论、观察记录等资料，由于事先不知道有多少可能答案，常常采用事后编码。

1. 事前编码（pre-coding）

如果问卷经过了适当的组织和构造，那么大多数问答题都会是"有结构的"，以致大多数的答案都会落入事先确定的类别中。此外，事先编码的问卷通常是将每个答案的对应值印在问卷上，数据文件用的记录格式常常放在最右边或放在某处的括弧内。例如，在一项针对传媒工作者的问卷调查中，有下面一组背景资料问题：

g1 性别：1-男 2-女

g2 出生年份：_____年

g3 教育程度：1-高中、中专及以下 2-大专 3-大学本科及以上

g4 担任的专业职务：1-初级 2-中级 3-高级

g5 担任的行政职务：1-社长或部长 2-副社长或副部长 3-总编辑

4-副总编辑 5-编辑 6-正副部门经理

　　g6 所在的工作单位：1-报社　2-通讯社　3-广播电台

　　　　　　　　　4-电视台　5-网络媒体　6-有关企业部门

　　　　　　　　　7-其他（自填）＿＿＿＿＿＿＿

　　显然，可以分别用变量 g1、g2、g3、g4、g5、g6 来分别表示性别、出生年份、教育程度、专业职务、行政职务、工作单位等，而变量的取值（即编码值）也就可以直接按照上述问题中的答案编号来规定。例如：

　　g1 = {1, 2 | 1 表示男性；2 表示女性}

　　g2 = {所输入的四位数的值}

　　g3 = {1, 2, 3 | 1 表示高中、中专及以下，2 表示大专，3 表示大学本科及以上}

　　……

　　这个例子不但指出了问卷设计的方法，还说明大多数编码工作都是很容易几乎在问卷设计的同时进行的。

　　如果问卷设计没有事先规定变量的名称，也可以按题号的顺序，让变量的下标与之相对应。例如：

　　如果一个问卷分成了 5 部分，每一部分的问题都是从第 1 题开始，因为变量不能有重复，所以可以规定对应的变量分别为 p1_1、p1_2、…、p2_1、p2_2、…、p5_1、p5_2、…，而且如果其中某一个小题又分成若干子问题，可以再用次级下标来表示，例如，如果第四部分第三题又分成了三个子问题，则可以分别编为 p4_31、p4_32、p4_33。

　　上面的例子是针对单选问题的情况进行说明的，所谓单选问题是指应选择的答案仅限选一项的情况。一个单选问题只需规定一个变量就可以了。而问卷中有时候必须采用多选问题，多选问题是可选多个答案的情况，例如限选三项或不加限制等。比如下面的例子：

　　pn 您阅读过哪些广告、新闻刊物？

1-《广告大观》	2-《国际广告》	3-《中国广告》
4-《广告人》	5-《现代广告》	6-《中国记者》
7-《新闻与写作》	8-《新闻与成才》	9-《新闻知识》
10-《新闻传播》	11-《当代传播》	12-《新闻大学》
13-《新闻三昧》	14-《国际新闻界》	15-《报刊管理》
16-《新闻与传播研究》	17-《电视研究》	18-《中国广播》
19-《现代传播》	20-《新闻界》	21-《新闻前哨》
22-《中国广播电视学刊》	23-其他（自填）＿＿＿＿＿	

　　这是一个多选问题。对于多选问题，要用多个变量来与之相对应。一

一般的法则是：变量的个数等于可供选择答案的个数，上述的问题可用23个变量来定义：

pn1 = {1, 0 | 1 表示读过《广告大观》，0 表示没有读过《广告大观》}

pn2 = {2, 0 | 2 表示读过《国际广告》，0 表示没有读过《国际广告》}

……

pn22 = {22, 0 | 22 表示读过《中国广播电视学刊》，0 表示没有读过《中国广播电视学刊》}

至于对 pn23 的值的编码要在事后进行，请参考后面"事后编码"的有关内容。

当读过这些刊物时，前面 22 个变量分别等于1、2、…、22，否则就取 0。当然也可以规定全部变量在读过时都取 1，没有读过时取 0，但是考虑到全部取 1 或 0 时，在数据录入中容易产生错位而造成误差，宁可用前一种办法，等到数据录入完毕再将这 22 个变量的值全部转换为 1 和 0。

在编码的同时，其实已经同时规定了变量的类型、变量的长度和取值范围。在一般的调查中，常用的变量类型有字符型和数值型两种。字符型变量可以输入任何字符，例如性别可以输入 M 代表男性，F 代表女性，也可以输入字符 1 为男性，2 为女性。由于在电脑键盘上有专门的数字键盘区，用数字录入显然比用其他字符快速。而且如果规定字符型变量，则除了做频数分析之外，其他任何数值型的计算都是不允许的。实际上在运用统计方法时，有时候一些定类变量经过变换后也可以进行统计分析，比如性别是定类变量，用 1 和 0 表示后，可以计算它与其他变量的相关性。因此为了数据输入和分析的方便最好是用数值型来规定变量。

规定变量的长度是指在输入数据时一个值最多占几位，如果一个单选变量有 9 个以内的选项，则长度只需规定一位就够了；如果有 10 个以上的选项（但不超过99），则应该规定两位。对于多选问题，其值的位数和选项编号的位数是对应的，比如上例中 pn1 只用一位就够了，而 pn11、pn12 等就要采用两位。

规定了变量的长度，还要规定变量的范围，比如一个单选问题，有 4 个选项，规定变量的长度为 1，则这个位置其实是可以输入 0 ~ 9 中的任何一个数字的，为了减少输入错误的概率，最好是规定除了答案中可能出现的 1 ~ 4 中的数字和代表缺失值的 9（或者 0）之外，别的数字不能接受。这样，当出现失误，比如应该输入 4 而敲击了 5 时，电脑便会发出警告，提醒输入者更改。

2. 事后编码（Post-coding）

事后编码指的是给某个没有事先编码的答案分配一个代码。通常需要事后编码的有封闭式问答题的"其他"项以及开放式问答题。

封闭式问答题可能有几个供选择的答案，再加上需要被访者具体说明的"其他"类别，例如 g6 和 pn23 中的"其他"类别。由于这样的答案没有事先规定的代码，因此在数据录入前编码员要做事后编码的工作。

不过单选和多选问题的"其他"类别的编码也稍有不同，仍然以 g6 和 pn23 为例：

g6 所在的工作单位：1-报社　2-通讯社　3-广播电台

4-电视台　5-网络媒体　6-有关企业部门

7-其他（自填）_____

假定有多位被调查者在回答该问题时在"7-其他"选项的后面填写了内容，则须对这些内容进行归纳，其中"广告、新闻类刊物编辑部""广告、新闻院校"两类的人数都超过了规定的比例（比如大于样本的1%），因此必须要对这两类进行编码。由于本题是单选题，只有一个变量，编码时只需要将这些类别接着原来的编号往后排序即可，例如可以规定：

8-广告、新闻类刊物编辑部

9-广告、新闻院校

7 仍然表示"其他"，这个"其他"的概念是分类后人数不超过规定比例（比如1%）的那些类别的统称，因为这些类的人数太少（甚至有的类只有一人），这时就没有必要将所有的类一一进行编码。当然，如果根据研究需要，要对所有的类进行编码，那么可以接着往下编，7 这个选项就可以空着。

对于 pn23：

pn 您阅读过哪些广告、新闻刊物？

1-《广告大观》　　　　2-《国际广告》　　　　3-《中国广告》

4-《广告人》　　　　　5-《现代广告》　　　　6-《中国记者》

7-《新闻与写作》　　　8-《新闻与成才》　　　9-《新闻知识》

10-《新闻传播》　　　11-《当代传播》　　　12-《新闻大学》

13-《新闻三昧》　　　14-《国际新闻界》　　　15-《报刊管理》

16-《新闻与传播研究》　17-《电视研究》　　　18-《中国广播》

19-《现代传播》　　　20-《新闻界》　　　　　21-《新闻前哨》

22-《中国广播电视学刊》　　　　　23-其他（自填）_____

由于规定变量时，pn23 是一个单独的变量，因此编码时就可以从 1 开始编起。比如，对"其他"选项进行归纳，主要有如下几类：《广告导报》《江苏广告》《黑龙江广告》《四川广告》《目标广告》《旺家购物》《新闻战线》《新闻记者》《新闻实践》《青年记者》《新闻爱好者》，编码时可以按以下的方式：

1–《广告导报》

2–《江苏广告》

3–《黑龙江广告》

4–《四川广告》

5–《目标广告》

6–《旺家购物》

7–《新闻战线》

8–《新闻记者》

9–《新闻实践》

10–《青年记者》

11–《新闻爱好者》

12–其他

13–无回答

由于 pn23 是单独的变量，因此它的值取 1 也不必担心和原编码中的1–《广告大观》冲突。而且根据编码的数量，决定了 pn23 可能需要两位的长度即可。

对于开放式的问答题，如果不准备进行任何的定量分析，就没有必要进行编码，只需在写报告时将这些问题的答案做定性的归纳研究即可。不过如果希望知道是什么样的人做了回答而另一些没有，可以简单地定义一个 0–1 变量，用 1 表示对该问题做了回答，用 0 表示未做回答。如果要对开放问题进行定量分析，则需要将各种可能的回答归纳并进行一一编号。

开放题的事后编码的工作量很大。这是因为研究人员一般无法告诉编码员将会出现多少新的代码和答案；而且还有一些答案是类似的，必须决定是将它们合并为一类，还是要分成几类；同时需要确定是规定一个变量还是多个变量，以及规定变量的取值。

比如某广告、新闻类期刊进行读者调查，最后一个开放题是：

px：请问您对本杂志的工作还有什么宝贵的意见?

将答案归纳整理为若干类（例如有 28 类）：

1–人情稿件、后门稿件现象比较严重，应该杜绝

2-媒介内容大多适宜于领导干部和决策领导；领导讲话太多

3-应该多报道基层的新闻和一线记者的报道

4-理论性不足，空话太多；应该多些理论性学术性文章

5-可读性差，应该增加新鲜性、针对性和趣味性

6-多刊登一些分析性、前瞻性的文章

7-多刊登一些具有政策权威性和理论权威性的文章

8-每期突出一个专题，针对热点、焦点问题，进行讨论，组织经验交流

……

定义变量时可以按多选变量定义，变量的个数与整理后的分类数相同，变量的取值为对应的分类号或 0。如果归纳后发现被调查者意见最多的也只用 6 个编码概括就足够了，那么就不必要按多选变量进行变量定义，而只需要定义 6 个变量就够了，每个变量都可以看作单选变量，其取值范围是整理后的类数，这样做是为了减轻数据录入的工作量。比如本例，最终定义了 6 个变量，取值分别是 1-28、29（缺失）。不过最后在统计汇总时，还要将 6 个变量的取值重新综合成 28 类。

这样的编码需要大量的细致的整理和归类工作，而且不管怎样努力也不可能生动准确地反映出被调查者的全部具体意见，因此定量分析辅助以对这些意见作定性分析仍然是必要的。

除了对问卷中的每个问答题规定一个或多个变量外，编码时还要对问卷的辅助信息进行相应的编码，例如地区编号、街道编号、单位编号、调查员编号等，并且根据相应的内容规定变量的值，有了这些辅助资料，不但可以比较不同调查员的访问质量，对以后的统计分析也是有很大帮助的，例如可以比较地区差异、不同调查员完成情况的差异和其他方面的差异。

每个需要事后编码的项目都必须有一份编码表。通常最好还要做一个编码本，内含一页或几张单页，将项目号码或问答题的位置清楚地标在每页的顶端。由于研究人员事先不知道会有多少新的代码或答案出现，所以要预备足够的空间来添加新码，以便所有的问卷都能编完。

如果只有一个编码员工作，那么事后编码是相对简单而且容易的。但是如果行不通，那么所有的编码员应该在不同的时间工作；或同时在同一地点工作，使用同一编码本。因为如果两个或多个编码员同时在不同地点工作，他们就无法知道其他编码员在编码册中设立了什么新码，因此很有可能同一个代码会对应两个不同的答案，而编码的目的是让每一个可接受

的答案对应一个唯一的代码。缺乏经验的研究人员为了"省时省事"，往往会低估潜在的困难而不听劝告。经验说明，允许编码员在分隔的地点用不同的编码本独立地工作是极端危险的，几乎肯定会出现严重的错误数据问题。

研究人员应当规定具体的准则，指导编码员如何识别答案、如何将其归入一定的类别内、如何为其分配代码等。在缺乏非常具体的编码指南时，不是特别有经验的编码员或对调查过程不熟悉的编码员可能有两种倾向：给每一个和已编码的答案不那么相似的新答案以一个新码，结果是类别和代码比预料的多得多，也许一个代码只对应一两个个案；或是为了简化工作，将许多甚至不那么相似的答案都归入同一个大类，结果是丢弃了数据中有意义的差异，而这些差异可能是对研究人员有用的。因此，一定要给编码员具体的指南，并要进行监督检查，特别是在开始的时候要确保编码员能正确地工作。

不过，有时编码员自己很难决定是再设立一个新代码呢，还是将其合并到已有的一类中去。如果很难决定，大多数有经验的研究人员会宁愿多设立一个新码，因为以后分析时将数据再合并成大些的类别是很容易通过计算机实现的。可是如果反过来，一旦已合并成了大类，失去的差异是无法找回来的，除非去参考原始文件。

确保编码本中的字迹整洁和清楚的书写是十分重要的。缺乏经验的研究员不到分析和报告阶段实际使用信息时，都可能会认为这个提醒太琐碎了。例如，一页纸写满时，编码员一般都会在纸边上记录，而不会去添加一张新纸。这样一来，其他编码员可能就注意不到最后的代码，而将同样的代码分给了其他不同的答案。所以，编码本的整洁不只是为了美观。如果编码名单的编号顺序乱了或看不清楚了，费些时间和精力重新抄写一遍，以得到更有条理的编码本，会是十分值得的。

事前编码和事后编码所用的编码本最后将合并为一个编码本。一般来说，编码本不但是编码人员的工作指南，也提供了"数据集"中变量的必要信息。

（三）误差控制

对封闭式问题（有结构的问题），经常在访问发生之前就确定编码。这样编码误差不容易发生。对开放式问题（无结构问题），编码可以手工进行，也可以采用相应的软件自动地进行。对开放问题进行手工编码是主观的，因为它包含了解释和判断，因此会产生编码误差。两个不同的编码者可能对相同或相似的答案给出不同的编码。无经验和未很好训练的编码者特别容易产生编码误差。在自动化编码操作中，程序中的错误可能引起误差，或者因为程序不能把所有合适的信息都拿来进行计算也可能引起误差。手工编码误差通常是随机发生的，因此对方差有直接的影响。如果编码是根据编好的程序自动进行的，程序中的误差将系统地被重复并且将产生偏差。防止和控制编码误差的方法是：

提供合适的培训并且对调查员和编码员进行管理，向调查员和编码者提供操作手册，指导怎么施行编码和考虑在编码数据中根据新的情况更新内容；设计问卷时，要考虑到编码的需要，尽可能使用标准编码和分类系统；实施质量控制程序和开发一些质量控制方法来验证编码，比如可以通过一个专家或另一个编码者在相同的条件下重复编码来进行确认，然后可以比较结果和分析差别。

编辑是应用检查来确认丢失的、有问题的或不一致的录入数据，指出数据记录可能存在的潜在误差。推算是对编辑过程确认的丢失的、有问题的或不一致的回答，用一致的和合理的值进行代替的过程。推算的目的是试图使无回答的偏差减到最小。编辑和推算这两个过程联系得非常紧密，因此编辑和推算误差经常一起发生。

编辑和推算误差可能由原始数据质量不高引起，也可能由其复杂的结果而引起。如果编辑的方法是对所有的可能情况都进行检验，有些错误就可能被忽略，就会引起误差。选择不合适的推算方法也可能引起偏差。误差还可能是由于不正确的推算，或错误地改变正确的数据而引起的。

使用下列方法能使编辑和推算误差减到最小：

制定一套清楚的、一致的和合理的编辑与推算策略，并采用验证程序，在其使用之前进行广泛的测试；或同时使用几种编辑和推算方法，互相比较和校勘。

（四）数据录入、数据查错与数据净化

对资料编码的工作完成后，接下来的工作就是数据录入（data transferring）。数据录入指的是将问卷或编码表中的每一个项目对应的代码都读到磁盘、磁带中，或通过键盘直接敲入计算机中。在某些国家，数据的收集常常是采用 CATI 或 CAPI 进行的，因此键盘录入就不再需要。此外，还可以利用特殊的光学扫描等方法来读取数据。但是在我国，目前键盘录入的办法还是最常用的。

数据录入可以采用专门的软件，通过定义变量的列位置、长度和变量取值范围进行；可以将一份问卷中的所有数据全录入在一行中，在录入中可以通过逻辑判断等方式来控制录入错误发生的概率。然后将这种数据读出并转换成统计软件可以处理的表格的形式。如 SPSS 中的 DATA ENTRY 都可以实现这样的功能。

采用键盘录入就会产生错误，为了将错误限制在最低水平，也需要采取必要的控制手段。首先要对录入人员进行培训，明确任务的具体要求及注意事项。如果录入的格式没有事先印刷在问卷上，就必须向录入人员提供一份"记录格式"，用于明确每个记录包含的变量及其相对位置（例如所在列的位置等）。一般来说，录入人员虽然可以做得又快又准确，但他们对手中的数据或研究的最终目的几乎是一无所知的。所以在录入工作刚刚开始时，研究人员最好能在场，使录入人员可以对自己没有把握的问题进行提问。

当数据不是准确地按他们出现在问卷上的情况录入到计算机里时，数据录入误差就产生了。这可能是由于数据复杂性产生的，也可能是由于要录入的信息缺乏明确性而产生的；问卷或编码文件的格式也可能引起数据录入误差，从而影响方差和偏差。数据录入误差经常很难发现，因此要尽量避免。控制数据录入误差的方法与控制编码误差的方法是类似的：对数据录入操作员进行足够的培训；应该很好地设计问卷以方便数据录入；采用质量控制程序，等等。

如果采用人工键盘录入原始数据，无论组织得如何严密，录入员多么认真负责，差错也还是有可能发生的，为此需要对录入的数据进行查错和改正。常用的方法有以下几种：

1. 全面核查

全面的核查（verification）要求每一个个案都必须录入两次，采用一台核查机和两个录入人员。第二个录入人员将编码的问卷重新再录入一遍。两个人录入的数据要进行逐个个案的比较，如稍有不同，录入的错误就会被检测出来。但是对整个数据集进行全面核查，时间和费用都要加倍。因此大多数研究人员都不采取这种全面核查的方式，除非是需要特别高精确度的情况。

2. 部分复查

如果录入员是熟练的而且认真负责的，其准确度一般都相当高。根据时间和费用的限制，通常只抽查一部分进行复查就够了。这个比例一般在 25% ~50% 之间。如果只找出很少的错误，那么不必变更数据文件；如果查出大量的错误，就有必要进行全面的核查，或使用更准确的录入人员重新录入的文件。

3. 一致性查错和逻辑查错

一致性查错主要是考察变量的取值范围是否与所规定的范围相一致，

例如性别的取值范围是 1、2，而结果中却出现了 3，这说明必定有错。一般可以利用现成的统计软件将所有变量做频数分析，对超出变量取值范围的数据，可以查出对应的问卷号，然后核对原始问卷，改正错误。不过如果录入格式控制得好，非法数字不能录入进去，这样的错误是不会出现的，如性别的录入，潜在的错误只可能是把 1 录成 2 或把 2 录成 1，错的概率就大大降低了。

逻辑查错是检查数据有无逻辑的错误，例如年龄在 20 岁的人职业竟然是退休，从不收看某个频道电视节目的人却对该频道的某个节目评价很高，这都是不符合逻辑的，可能是由于录入错误造成的。检查的办法是对相关的变量两两进行交互比较分析，找出出现矛盾的个案，进行错误修改。

核查录入错误是进行数据净化（data cleaning）的一个方面，数据净化还包括对其他一切可能错误的检查。数据净化主要是尽可能地处理错误的或不合理的数据以及进行一致性检查。虽然在数据的校订阶段已经进行了初步的检查，但是因为这个阶段采用的是计算机，因此检查会是更彻底、更广泛的。在这个阶段，通过一致性检查和逻辑检查，也可以查到不是由于编码和录入，而是由于回答本身的不合理而出现的错误，当这些错误能够进行更正时，可以根据情况进行纠正，如果错误很严重的话，甚至可能采用剔除样本的办法来处理。

数据净化的重要性远远高于一般人的想象。如果数据不"干净"，会发生两方面的严重问题：首先，很有可能无法适当地执行下一步的数据分析，因而报告呈交的时限也将被严重地推迟；其次更糟的是，数据分析和报告已经完成，但是研究人员并没有意识到里面的许多错误，因此，在数据录入完毕之后，进行数据查错和净化是必不可少的工作。

（五）数据分析前的统计预处理

统计预处理并不是对所有的调查都必要的，但采用适当预处理可以提高数据分析的质量。统计预处理的主要方法有加权、变量重新规定或转换、量表的转换等。

1. 缺失数据的处理

在许多情况下，小量的缺失回答是可以容忍的。但是如果缺失值的比例超过了 10%，就可能出现严重的问题。处理缺失值主要有四种方法：

首先是可以用一个样本统计量去代替缺失值，最典型的做法是使用变量的平均值。这样，由于该变量的平均值会保持不变，那么其他的统计量例如标准差和相关系数等也不会受很大的影响。例如，一个被调查者没有回答其收入,那么就用整个样本的平均收入或用该被访者所在的子样本(比如是属于社会地位比较高的那个阶层)的平均收入去代替。不过从逻辑上说,这样做是有问题的,因为被访者如果回答了该问题的话,其答案可能是高于或低于该平均值的。

另一种缺失值的处理方法就是利用由某些统计模型计算得到的比较合理的值来代替,例如利用回归模型、判别分析模型等。比方说,"每天看电视的时间"可能与"家庭人口数"和"职业"有联系,利用回答了这三个问答题的被调查者的数据,可能构造出一个回归方程。对于某个没有回答"每天看电视的时间"的被访者,只要其"家庭人口数"和"职业"是知道的,就可以通过这个回归方程计算出其"每天看电视的时间"。又如在研究传播效果时,对选举进行预测,如果问到选民在下次选举中会投谁的票时,有许多被调查者常常会给出"还没有决定"的回答。如果只是简单地删除掉这一部分的回答,那么肯定会引起严重的预测偏差。处理这一问题的统计方法之一是寻找一个判别函数,使其能够区分那些已经决定投票选 A(假定只有两个候选人 A 和 B)的群体和已经决定选 B 的群体。这个函数可能由一些独立变量来解释,比如被调查者的社会地位、职业、党派、教育程度、生活形态,等等。假定某位说"还没有决定"的被调查者给出了上述变量的答案,那么就可能通过计算将他(她)划入"已经决定选 A"或"已经决定选 B"的群体中。这样,选举预测的成功率就会大大地提高。

另一种方法是将有缺失值的个案整个删除(list-wise),这样做的结果可能会导致很小的样本,因为很多被访者都多多少少会有一些项目没有回答。删除大量数据并不是所希望的,因为数据的收集是需要大量的经费和时间的。而且,有缺失回答的被访者与那些全部回答的被访者之间可能会有显著的差异。如果真是如此,这种整个删除的 list-wise 方法会导致有严重偏差的结果。

还有一种办法是将有缺失值的个案保留,仅在相应的分析中作必要的排除,这样会使分析中不同的计算将根据不同的样本量进行,这也有可能导致不适宜的结果。但是如果样本量很大,而缺失值的个数很少,变量之间又不是高度相关的,这种方法是妥当的。在实践中这种方法常被研究人员所采用。

不同的缺失值处理方法可能产生不同的结果,特别是当无回答不是随机的以及变量之间存在高度相关的情况时。因此,应当使缺失数据保持在最低的水平。在选择一种处理缺失数据的方法之前,研究人员应该仔细地考虑各种方法所可能产生的后果。如果对缺失数据进行了处理，应该有文件描述，并应向使用者报告。

2. 加权处理

在统计分析之前，首先要考察样本对目标总体在一些主要特征上的分布是否具有一致性，即样本是否具有代表性。如果样本分布与总体分布有显著的差异，用这样的样本数据去推断总体肯定就是不合理的。为此要进行事后加权处理，使样本在一些主要指标上的分布与总体基本上保持一致。在传播研究中，加权处理是比较常用的。

在加权处理时，要给数据库中的每一个个案或被调查者以一个权重，用于反映其相对于别的个案或被调查者的重要性。加权处理的效果是在具有某些特征的样本中增加（权重>1）或减少（权重<1）个案的数量。

加权处理最广泛地用于具体的特征指标方面，使样本对目标总体更具代表性。例如，某省电台在全省范围内进行了一次听众抽样调查，农村样本占30%，城市样本占70%，而总人口分布中，农村人口占了60%，城市人口占了40%，由于样本对总体没有代表性，因此要对样本进行加权处理，其中的加权系数或权重等于对应的总体比例除以样本比例，因此农村样本的权重为2，城市样本的权重为0.57143。

加权处理的另一个作用是调整样本，使具有某些特征的被访者被赋予更大的重要性。如果研究的目的是要某个电视节目进行改版的话，那么专家的意见就可能比一般的观众意见更加重要，因此赋予他们较大的权重；经常收看该节目的观众和很少收看该节目的观众的意见的重要性也可能是不同的。例如通过加权处理，可以给专家赋予权重3，经常收看该节目的观众赋予权重2，而对很少收看该节目的观众赋予权重1。

不过加权处理需要有足够的理由才能进行，并且要慎重地对待。如果采用了加权预处理，在报告中应该指明加权处理的方法并报告处理的结果。

3. 原始数据或变量的转换

在进行数据的统计分析之前，常常需要将原始数据重新分类、重新编码，或重新定义变量、修改变量，还可能要对变量进行必要的转换。

在收集数据时，可能采用某种较为方便的格式或类别进行，但是在解释数据或寻求有用信息时，不同的类别或较少的类别可能会更有意义。对于以下两种情况，有必要将原始数据重新分类或重新编码，需要将数据分成更有意义的类别，或者需要将数据合并成更少的几个大类别。例如，有关被访者的基本特征如年龄、受教育程度和收入的问答题，常常是按具体的数值或按非常细致的类别来提问的。比如"请问您的年龄是多少?""请问您是哪年出生的?""请问您的月收入大概是多少?"但是在实际的分析中,将原始数据合并成新的类别可能会更有意义。比如,按年龄将被访者分成"青年""中年""老年";按月收入将被访者分成"低收入""中低收入""中等收入""中高收入""高收入";或将5类月收入再进一步合并成三类:"低""中""高"等。

将原始数据重新分类或重新编码合并时,要注意重新构成类别时必须满足所有的情况都已包括在新的类别之中;各个类别之间没有交叉或重叠;类别间的差异大于类别内的差异。

重新定义变量或修改现有的变量也是经常需要的。例如,如果关于被访者的年龄,询问的可能是出生年份,而在做回归或者相关分析时,参与计算的应该是实际的年龄,因此就要重新定义一个年龄的变量,可以根据出生年份来计算这个变量的值。

一种在分类中常用的重要变量类型叫作"哑变量(dummy variable)"或"二值变量(binary variable)""二分变量(dichotomous variable)""指示变量(indicate variable)""操作变量(instrumental variable)"等。这种变量只有两个取值,通常是0和1。比如性别这个变量,通常的情况是用1代表男、2代表女,但是性别这个变量与其他变量进行相关或回归分析时,就应该转换成哑变量,用1代表男、0代表女;或用1代表女、0代表男。

还有一种类型是对多选问题的转换,前面已经说过,对多选问题,有多少选项就规定几个变量,而且变量的取值是0或者是该选项对应的顺序号,在进行分析时是不能按照这样的值进行处理的,也需要进行转换,将除了0以外的取值都变成1,这些变量就都成了0–1变量。

另一种情况是量表的转换问题,比如满意度问题,一般的量表在问卷中是按如下的方式设计的:

gx:请问你对××电视广告的满意程度如何?

1-非常满意 2-比较满意 3-无所谓 4-比较不满意 5-非常不满意

这样的量表在统计分析中常常当作定距变量来处理,可以计算其平均分,可以参加其他的高级统计分析。比如本例中,假如答案为1、2、3、4、5的样本分别有150个、160个、70个、60个、50个,则可以计算这些样本的平均得分是:

$$(1\times150+2\times160+3\times70+4\times60+5\times50)\div490=2.388$$

而已知这种形式的5级量表的中间点是3分,从样本得到的平均分是

2.388 分，则说明样本平均分是倾向于满意的一端的，而且平均分越低，满意程度越高；假如样本平均得分高于 3 分，则说明平均样本分是倾向于不满意的一端的，而且得分越高，满意程度越低。

通常来说，满意度越高，就应该赋予一个较高的分值。这样在计算平均分的时候，平均分越高，说明满意度越高。

所以，在分析数据之前，统计预处理包括对量表的转换。转换的方法很简单，只需要以中间的数字为对称轴，将得分值两两对换就可以了。比如 5 级量表可以以 3 为对称轴，将 1 和 5 对换（把 1 变成 5 的同时将 5 变成 1）、2 和 4 对换；而 4 级量表需要 1 和 4 对换、2 和 3 对换。

重新规定变量的另一个情况是标准化，目的是为了使不同单位或不同量表的变量在分析中具有可比性。例如，对电视广告节目 A 的评价使用的是 7 级量表（X_1），节目 B 使用的是 5 级量表（X_2），等等，直接比较这些得分是没有意义的。为此，采用一般显著性检验中的标准化方法，可将得分 X_1，X_2，$\cdots$，X_m 转换成标准化得分 Y_1，Y_2，$\cdots$，Y_m 如下：

$$Y_i = \frac{X_1 - \bar{X}}{\sigma_{X_i}}$$

其中 $\bar{X}_i$ 和 σ_{X_i} 分别表示变量 X_i 的平均值和标准差。转换后的值便可以进行横向的比较了。

二、描述统计

统计方法通常有描述性统计和推测性统计两种。在广告调查的定量分析中，常用的是那些普通而又简单的基本统计分析方法即描述性统计分析。描述性统计分析是指将总体所有数据本身包含的信息加以整理、总结，进行概括、浓缩、简化、计算综合指标等加工处理，使问题变得更加清晰、简单，用来描述总体特征的统计分析方法。描述性统计分析是统计分析的重要组成部分，在统计研究中有着广泛的应用。例如，数据的集中趋势、离散趋势和频率分析计算就属于描述统计。

集中趋势常用的指标是平均值（mean）（包括简单算术平均值、加权算术平均值、调和平均值和几何平均值）、中位数、众数、百分位数、四分位数。

（一）集中趋势

1. 平均值

平均值是指数据偶然性和随机性特征相互抵消后的稳定数值，是数据数量规律性的一个特征值，反映了一些数据必然性的特点。平均值是最重要的数量度量值，它用来衡量数据的中心位置，简单的算术平均值的计算公式为：

$$\bar{x} = \frac{\sum\limits_{i=1}^{n}}{n}$$

上式中，$\bar{x}$ 为算术平均值，x_i 为各单位标志值，n 为单位数。

有些测量中，所得的数据其单位权重并不相等，这时，若要计算平均数，就不能用算术平均数，而应该使用加权平均数。加权平均数的计算公式为：

$$\bar{x} = \frac{\sum\limits_{i=1}^{k} f_i x_i}{n}$$

上式中，f_i 为权数，即指各变量在构成总体中的相对重要性或份额，$n = \sum\limits_{i=1}^{k} f_i$。一般来说，加权平均数是在算术平均数的基础上作进一步运算得到的。

2. 中位数

中位数是指另外一个反映数据的中心位置的量度，其确定方法是将所有数据项以递增顺序排列（即由小到大的顺序排列），位于中央的数据的值即为中位数。如果项数为奇数，中位数就是位于中央的那一项数值。如果项数为偶数，则没有单一的一项位于正中央，在这种情况下，我们遵循这样的约定，即定义中位数为中央两项的平均值。设 n 个数据按从小到大排列为 $x_{(1)} \leqslant x_{(2)} \leqslant \cdots \leqslant x_{(n)}$，则最小值为 $x_{(1)}$，最大值为 $x_{(n)}$，中位数为：

$$M = \begin{cases} x_{\left(\frac{n+1}{2}\right)}, & \text{当 } n \text{ 为奇数时} \\ \frac{1}{2}\left(x_{\left(\frac{n}{2}\right)} + x_{\left(\frac{n}{2}+1\right)}\right), & \text{当 } n \text{ 为偶数时} \end{cases}$$

3. 众数

众数是指在数据中发生频数最高的数据值。有时发生频数最大的数据值可能会有两个或更多。在这种情况下，存在不止一个众数。如果在数据中恰有两个众数，我们称此数据是双众数。

如果在数据中有多于两个以上的众数，我们则称此数据是多众数。在多众数的情况下，对于数据的描述并不能起多大的作用，所以几乎不用来进行分析。众数是衡量品质数据位置的重要量度。

如果各数据之间的差异程度较小，用平均值就具有较好的代表性。如果各数据之间的差异程度较大，特别是有个别的极端数值，则用众数或中位数代表性较好。

表 13 - 2　碳酸饮料的销售频数

碳酸饮料品牌	频数
芬　达	25
雪　碧	56
百事可乐	28
七　喜	8
可口可乐	103
健力宝	9
美年达	14
娃哈哈	17
合　计	260

表 13 - 2 中众数或销售频数最大的碳酸饮料是可口可乐。平均数和中位数对于上面类型的数据显然是毫无意义的。而众数则表示销售量最大的碳酸饮料，提供了顾客偏好的信息。

4. 百分位数

百分位数是指用来衡量数据位置的量度，但它所衡量的，不一定是中心位置。第 q 百分位数是这样一个值，它使得至少有 $q\%$ 的数据项小于或等于这个值，且至少有 $(100 - q)\%$ 的数据大于或等于这个值。其计算步骤为：

① 由递增数据排列原数据（即从小到大排列）。

② 计算指数 i，计算公式为：$i = \dfrac{q}{100} \times n$。

③ 若 i 不是整数，将 i 向上取整。大于 i 的毗邻整数指示第 q 百分位数的位置；若 i 是整数，则第 q 百分位数是第 i 项与第 $(i + 1)$ 项数据的平均值。例如，我们要计算某广告公司 14 位职工的月工资第 85 百分位数。

第一步：将 14 位职工的月工资以递增顺序排列为 10800，11070，

11180，11100，11200，11500，11680，11950，11988，12100，12750，13000，14000，15000。

第二步：计算 i，$1 = (q/100) \times n = (85/100) \times 14 = 11.9$。

第三步：由于 i 不是整数，将其向上取整，则第 85 百分位数的位置是大于 11.9 的相邻整数，即第 12 项。再回到数据中，我们来计算第 85 百分位数所对应的是第 12 项的数值，即 13000。

如果我们要计算第 50 百分位数，那么 i 就是 $(50/100) \times 14 = 7$，由于 i 是整数，第 50 百分位数即为第 7 项和第 8 项的平均值，所以以第 50 百分位数就是 $(11680 + 11950)/2 = 11815$。注意第 50 百分位数即为中位数。

5. 四分位数

人们经常会将数据划分为大致相等的 4 个部分，每一个部分大约包含有 1/4 即 25% 的数据项。这种划分的临界点即为四分位数。有时我们将四分位数分别定义为第 25、50、75 百分位数。因此，四分位数的计算方法与其他百分位数的计算方法是相同的。但要注意的是在计算四分位数时有些方法的约定是不同的，因而计算出来的结果会因这些约定的不同而稍有差异。

通过抽样、问卷调查等途径，我们可以获得一些数据。例如，我们依照一定的规则抽取了 n 个个体（可以视为 n 个变量），在进行测试或观察后得到一组数据 x_1，x_2，…，x_n，由于抽样前无法知道得到的数据值，因而站在抽样前的立场上，可能得到的结果为随机的。当变量赋予了测试或观察数据，那么可以利用数据离散程度分析来反映变量之间的差异程度。反映数据之间的差异的指标有极差、平均差（均差）、方差和标准差、离散系数等。

（二）离散趋势

1. 极差

我们设有 n 个数据 x_1，x_2，…，x_n，按从小到大排列为 $x_{(1)} \leqslant x_{(2)} \leqslant \cdots \leqslant x_{(n)}$，其中最小值为 $x_{(1)}$，最大值为 $x_{(n)}$。

极差，是指数据中两个极端值的差值。计算公式为：

$$R = x_{(n)} - x_{(1)}$$

例如，某传媒学院的 2014 届毕业生工作后最高的工资是 12000 元，最低的工资是 3000 元，那么极差是 9000 元。

极差越小，说明数据的变异程度越小；极差越大，说明数据的变异程度越人。尽管极差是最容易计算衡量变异程度的量度，但它却很少单独使用。原因是极差仅仅是由两个数据项产生的，主要受极值大小的影响。

2. 平均差 (均差)

平均差，也叫作均差，是总体中各单位的标志值与其算术平均数的差（即离差）绝对值的算术平均数。计算公式为：

$$VR = \frac{1}{n} \sum_{i=1}^{n} | x_i - \bar{x} |$$

若数据是带有不同权重的，这时，若要计算平均差，就不能用上式计算了，而应该使用加权平均差，即：

$$VR = \frac{1}{n} \sum_{i=1}^{n} f_i | x_i - \bar{x} |$$

其中 f_i 为权数且 $\frac{1}{n} \sum_{i=1}^{n} f_i$。

平均差与极差的区别在于平均差涉及了总体的全部数据，更能综合反映总体数据的离散程度。

3. 方差和标准差

方差，是指利用所有数据的值计算而来的衡量变异程度的量度。它是测定数据离散程度最重要的指标。用它来测度数据的离散效果较好，反映的也是平均值的代表性。如果数据集是总体，则离差的平方的平均值称为总体方差。其总体方差计算公式为：

$$\sigma^2 = \frac{1}{n} \sum_{i=1}^{n} (x_i - \bar{x})^2 = \frac{1}{n} \sum_{i=1}^{n} x_i^2 - \bar{x}^2$$

若数据是带有不同权重的，这时，若要计算方差，就不能用上式计算了，而应该考虑带权重的方差，即：

$$\sigma^2 = \frac{1}{n} \sum_{i=1}^{k} f_i (x_i - \bar{x})^2 = \frac{1}{n} \sum_{i=1}^{k} f_i x_i^2 - \bar{x}^2$$

总体方差的均方根称为总体标准差，即：

$$\sigma = \sqrt{\sigma^2}$$

在大多数的市场调查中，所搜集的数据来源于一个样本，我们计算样本方差时，计算公式和计算总体方差的公式类似，但更希望用样本方差来估计总体方差 σ^2。当样本的关于平均数的离差平方和除以 $n-1$，而不是 n 时，其得到的样本修正方差是对于总体方差的无偏估计。样本修正方差以

符号 s^2 表示，其计算公式为：

$$s^2 = \frac{1}{n} \sum_{i=1}^{n} (x_i - \bar{x})^2$$

若数据是带有不同权重的，这时，要计算样本修正方差，就不能用上式计算了，而应该考虑带权重的样本修正方差，即：

$$s^2 = \frac{1}{n} \sum_{i=1}^{k} f_i (x_i - \bar{x})^2$$

4. 离散系数

离散系数，又称标准差系数，是指标准差相对于平均数的大小。离散系数是为两组数据进行比较而设计的，其计算公式为：

$$V_{\sigma} = \frac{\sigma}{\bar{x}} \times 100$$

其中 V_{σ} 为标准差系数，σ 为标准差，$\bar{x}$ 为平均数。

例如，已经调查了甲、乙两广告公司的人均月收入情况，所得到的月收入的平均值和标准差分别为：甲公司，月收入平均值是 10000 元，标准差是 1000 元；乙公司月收入平均值是 8000 元，标准差是 960 元。请问哪个公司的平均值代表性大？从标准差的角度看，乙公司的标准差为 960 元，小于甲公司的 1000 元，所以乙公司的平均值的代表性大。但是事实上，由于两个公司的月平均收入有差别，这种简单的对比是不能成立的。只有计算离散系数，两公司才能比较。用离散系数来分析，甲公司的离散系数为（1000/10000）×100 为 10，离散系数告诉我们甲公司的标准差是甲公司工资平均数的 10%，乙公司的离散系数为 12，说明乙公司的月收入的平均值的代表性实际小于甲公司。

（三）数据的频数、相对频数和百分比频数分布分析

1. 频数分布分析

频数分布分析是对几个不重叠分组中的每一组的频数（或数目）的数据进行表格汇总和分析。

2. 相对频数分布分析

相对频数是所属组别的数据项占总数的比例。计算公式为：

每一组的相对频数 = 每一组的频数/n

相对频数分布分析是指将每一组的相对频数的数据集进行表格汇总和分析。

3. 百分比频数分布分析

百分比频数是指相对频数乘上 100 所得到的数值。百分比频数分布分析，是指将每一组的百分比频数的数据集进行表格汇总和分析。市场调查的分析中频数分布分析和百分比频数运用很广泛，并且经常将它们放在一个表格里一起分析。

例如，某保险公司对影响保险户开车事故率的因素进行调查，选取样本数为 19800 人，已收集的信息为：男性 10520 人，女性 9280 人。问卷有两项：

① 开车时有无事故？（两项选择）

② 驾驶的距离大约有多少万公里？（≥1 万公里，<1 万公里）

将所有驾车者中出过事故和没出过事故的人数及所占的百分比列表统计见表 13－3，也就是对驾车者事故情况的频数和百分比频数分析。

表 13－3　驾车者的事故率

人数 / 事故情况	人　数	百分比（%）
开车时无事故	12177	61.5
开车时至少经历一次事故	7623	38.5
样本人数（人）	19800	100

如果我们分析性别不同的驾车者出事故的情况，那么我们就按男女分别统计事故率，得到表 13－4。

表 13－4　男女驾车者的事故率

性别 / 事故情况	男（%）	女（%）
开车时无事故	56	67
开车时至少经历一次事故	44	33
样本人数（人）	10520	9280

如果我们分析驾驶距离不同、性别不同者的出事故情况，那么我们就得到了交叉调查表 13－5。

表 13-5　不同距离下的事故率

性别 事故情况	男（%）		女（%）	
驾驶距离	≥1 万公里	<1 万公里	≥1 万公里	<1 万公里
开车时无事故	52	74	50	74
开车时至少经历一次事故	48	26	50	26
样本人数（人）	7070	3450	2650	6630

由以上表 13-3、13-4、13-5，我们可以得到一些关于事故率情况的统计分析，对于性别、行驶距离等因素之间的差别对事故率大小的影响是否显著，需要利用解析性统计分析来作显著性检验，我们将在下面进行介绍。

三、变量之间的差异

广告研究和实践中，经常要判断两个数据是否有显著差异。例如：

① 某品牌产品的生产量服从正态分布，现实施了工艺等方面的改革，问改革后的生产量是否仍服从正态分布？

② 某某厂生产了一批某种品牌的西服，要求其不合格率不得超过 2%，今在已生产的 1000 件西服中随机抽取了 60 件，发现有一件不合格品，问这批西服能否出厂？

③ 某广告公司在某个城市为一种产品做广告，为证明广告效果，在广告投放前，随机选择了 1000 名消费者进行测试，调查统计一个月（30 天）内这些消费者购买该产品的人数；在广告投放后，另随机选择 1000 名消费者进行测试，调查统计一个月（30 天）内这些消费者购买该产品的人数。如果每天购买者的数量服从一种正态分布，得到广告投放前后的购买人数统计表见表 13-6：

表 13-6　广告报放前后的购买人数统计表

是否购买 广告投放前后	未购买者	购买者	合计
广告投放前	510	490	1000
广告投放后	380	620	1000

试问广告投放后是否有明显效果？

④甲、乙两广告公司在 5 个不同的城市都有分公司，今统计甲乙两公司的分公司去年在这 5 个城市的广告产品收入，得到如下资料（单位：万元）：

甲	1961	1966	1008	1282	1983
乙	830	943	629	771	995

问这两个广告公司的广告收入有无显著差异？

对问题③和问题④，从直观上看，二者差异显著。但是一方面由于抽样的随机性，我们不能以个别值进行比较就得出结论；另一方面直观的标准可能因人而异。因此这些问题实际上需要比较两个总体的期望值是否相等。类似的问题只有通过统计上的差异检验才能更准确地来回答。差异检验又作假设检验，或差异假设检验。

（一）差异检验的基本概念

1. 原假设与备选假设

每个差异检验问题都要有原假设与备选假设，它们是成对出现的、对立的关于总体分布的一种假设。原假设一般都是根据实际问题的需要以及相关的专业理论知识提出来的，通常是关于总体的参数或者有关内容的确定的假设，是所有可能假设中的一点或者一种明确情况。备择假设的设定往往反映了收集数据的目的。原假设用 H_0 表示，备择假设用 H_1 表示，比如：

（1）$H_0: \mu = \mu_0$，$\quad H_1: \mu \neq \mu_0$；

（2）$H_0: \mu \leq \mu_0$，$\quad H_1: \mu > \mu_0$；

（3）$H_0: \mu \geq \mu_0$，$\quad H_1: \mu < \mu_0$。

差异检验就是要做出接受或拒绝原假设的推断。接受原假设 H_0，就拒绝备择假设 H_1；拒绝原假设 H_0，就接受备择假设 H_1。有些原假设虽然是一个范围，如（2）（3）中原假设，在推导中也只取等号确定的信息，不等号只决定拒绝域形式。

2. 小概率原理

小概率事件在一次试验中几乎不会发生。我们用一例说明。在甲、乙两广告公司中，假设甲广告公司有 99 名 35 岁以下的员工和 1 名 35 岁以上（含 35 岁）的员工，乙广告公司有 99 名 35 岁以上（含 35 岁）的员工和 1 名 35 岁以下的员工。现从甲、乙两广告公司中随机选定一个公司，并从中随机选出一名员工，该员工年龄在 35 岁以上。问这名员工是从哪个广告公司中选出的？我们的判断应该是：这名员工是从乙广告公司中选出的。因为从甲广告公司选出年龄 35 岁以上的员工的概率是小概率 0.01，在一次试验中几乎不会发生。这是运用小概率原理来判断的。差异检验也是利用小概率原理来推断的。

3. 显著性水平

差异检验利用小概率原理来推断，那么，多小是小概率呢？需要给定小概率标准 α，称其为显著性水平，一般常取值 0.01～0.1。在差异检验中，显著性水平是一个极其重要的概念，它衡量两个数据之间的差异明显程度。显著性水平高，由抽样误差造成的差异可能性就小。在通常的研究中，为了确保数据间的差异不由抽样误差造成，人们一般会将统计的显著性水平取定为 $\alpha=0.01$ 和 $\alpha=0.05$。当 $\alpha=0.01$ 或 $\alpha=0.05$ 时显著性水平的含义是：根据研究结果做出的推断犯错误的概率不到 1% 或 5%，也可以说，根据研究结果做出的推断有 95% 或 99% 是正确的。因此，α 是原假设成立时做出拒绝推断的概率，实质上是一个比率，在实际研究报告中报告显著性水平时常常用 $P<\alpha$ 或 $P>\alpha$（α 取 0.01 或 0.05 等）来表示。

4. 检验的显著性

差异检验做出的结论与显著性水平 α 值有关。同样情况下，对不同的显著性水平，差异检验做出的结论可能不同，α 值越大越容易拒绝 H_0。因此差异检验又叫作显著性检验。

5. 两类错误概率

差异检验是根据样本，依据小概率原理，由局部推断总体的方法。而小概率原理又是不严格的，因此，所做出的结论可能犯错误。通常情况下，差异检验会犯两类错误：第一类错误是"弃真"，即原假设成立，而做出拒绝原假设的结论，其概率为小概率标准 α；第二类错误是"取伪"，即原假设不成立，而做出接受原假设的结论，其概率记为 β。而且无论做出 H_0 是真还是假的结论都是在一个显著水平意义上的推断，不是绝对的。

6. 自由度

自由度，通常是指自由变化的观察值的数量，亦即自由变化的样本的数量。在具体计算时，自由度等于观测值（或样本）的数量减去一个统计量所必要的限制的数量。举个简单的例子来帮助理解这个定义，设 10 个数的平均数为 30，在这 10 个数中，只有 9 个数是自由变化的。因为只要确定其中 9 个数就可以确定第 10 个数了。这个例子中，10 为样本数量，9 为自由度，样本数量 10 减去 1 就得到自由度。简单地说，自由度就是观察值（或样本）数减去 1。再例如，在单样本的差异检验中，如果样本个数等于 50，那么自由度 $d=50-1=49$；在独立样本的差异检验中，如果两个独立样本的样本量分别为 40 和 50，那么两个样本差异检验的自由度 $d=$（40-1）+（50-1）=88；在方差分析中，如果要检验一个因素（该因素有 4 个水平）的主效应，那么自由度就是 $d=4-1=3$；如果要检验 3 个因素（或变量）的交互作用，而且此三个因素分别有 3、3、4 水平，那么其自由度 $d=$（3-1）×（3-1）×（4-1）=12。

7. 独立样本和相关样本

如果从不同的总体中分别抽取两组样本，那么这两组样本我们称之为独立样本，两组样本之间没有任何关系。其本质是，一个变量在一个样本中的测量不影响该变量在另一个样本中的测量。如果从同一个总体中分批次（或先后）抽取两组样本，那么这两组样本我们称之为相关样本（或叫作配对样本），两组样本之间存在某种对应关系。其本质是，一个变量在一个样本中的测量会影响其在另一个样本中的测量。

例如，在一项旨在了解性别对电影植入广告的态度是否存在差异的调查中，男性和女性这两个样本就是独立样本，它们可以取自不同的总体，在调查过程中男性对问题的回答不会影响女性对问题的回答，所以男性样本和女性样本是独立样本。但如果研究目的是探讨电影植入广告对某产品品牌形象的影响，我们就需要在电影植入广告活动展开前后对同一个样本进行两次调查或测量。这样，前后调查或测量的两组样本实质上是同一个样本，是一一对应的。由于同一个受调查者先后接受两次调查，前一次的调查或测量就可能对后一次调查或测量产生影响。这个调查或测量里前后两次选取的样本就是相关样本。

8. 双边检验与单边检验

在差异检验中，按照拒绝原假设的区域（简称拒绝域）形式，差异检验可分为双边检验与单边检验两种类型。只强调差异而不强调方向性的检验叫作双边检验，对假设（1）$H_0: \mu = \mu_0$，$H_1: \mu \neq \mu_0$ 来说，如果由样本推出 μ 不在 μ_0 附近，比 μ_0 过小或比 μ_0 过大，就要拒绝 H_0，其拒绝域在数轴的左端和右端这两边，

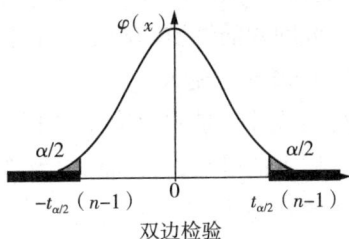

图 13 - 1 t 正态分布的双边检验拒绝域

这样的检验就为双边检验，如图13－1。

就前面的例子来说，如果研究旨在了解不同性别对电影植入广告的态度是否存在差异，那么调查结果不管是男性对植入广告的态度好于女性，还是女性对植入广告的态度好于男性，都无关紧要，重要的是他们之间有没有显著的差异。对这个问题进行检验必须采用双边检验。对大多数广告问题的研究，普遍采用的都是双边检验。

与双侧检验不同，强调某一方向差异的检验叫作单侧检验。对假设（2）$H_0: \mu \leq \mu_0$，$H_1: \mu > \mu_0$ 来说，其拒绝域在数轴的右端；而假设（3）$H_0: \mu \geq \mu_0$，$H_1: \mu < \mu_0$ 的拒绝域在数轴的左端；它们的拒绝域都在一边，故都称为单边检验。（2）又称为右边检验，（3）又称为左边检验。（如图 13－2）

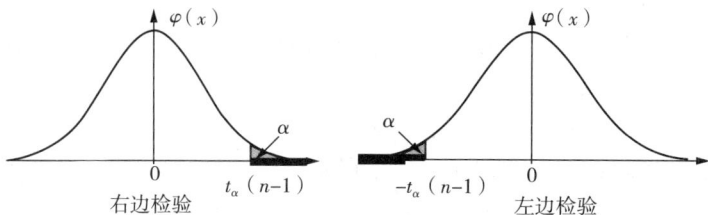

图 13－2　t 正态分布单边检验拒绝域

单侧检验适用于检验某一参数是否"优于""大于""快于"或"慢于"另一参数。例如，为了判断某个广告公司的电视广告创意水平是否比较高，我们将他们制作的广告与其他公司的广告进行对比，此时一般采用单侧检验来做差异检验。

对于同样的数据资料和同样的显著水平来说，单侧检验与双侧检验的结果可能不一致。有可能单侧检验已经拒绝原假设，而双侧检验时还不能拒绝。所以，实际研究中何时采用单侧检验、何时采用双侧检验，一定要根据研究问题的性质来确定，绝不能随心所欲。

9. 检验统计量

检验统计量是差异检验的重要工具。在差异检验中需构造一个与假设有关的样本的函数，我们称之为检验统计量，要求在原假设成立条件下其能成为统计量并能确定分布，检验的名称是由检验统计量 U 的分布命名的：

$U \sim N（0，1）$ 时称为 Z 检验或 U 检验；

$U \sim t（n）$ 时称为 t 检验；

$U \sim F（m，n）$ 时称为 F 检验；

$U \sim X^2 (n)$ 时称为 X^2 检验。

（二）差异检验的步骤

差异假设检验一般要经过以下五个步骤：

1. 提出假设

提出假设就是根据实际问题的要求提出原假设 H_0 和备择假设 H_1。例如，某广告公司要求前台接待窗口部门提高工作效率，确保来访顾客的平均等待时间不超过 5 分钟。为此该广告公司进行了一项调查来检验接待窗口部门的落实情况。在这项研究中，提出假设为：

原假设 H_0：顾客平均等待时间≤5 分钟；备择假设 H_1：顾客平均等待时间>5 分钟。

这里要注意的是，在使犯第一类错误的概率不超过给定的显著性水平 α 而使犯第二类错误的概率 β 尽可能小的情况下，原假设 H_0 和备择假设 H_1 的地位是不等同的。因只要适当选择显著性水平 α 值，便可控制犯第一类错误的概率，这一原则起到"保护"原假设 H_0 的作用，而对犯第二类错误的概率却无法控制。因此，对备择假设起不到"保护"作用，故实际问题中确定原假设 H_0 应是很慎重的，一般是经过长期检验认为是正确的。

2. 确定显著性水平

在调查研究中，获得的两组数据一般存在数学上的差异，但是两组数据的差异多大时才可认为是真正的差异呢？这个差异标准就需要人为地来确定。其实，这个差异标准也就是前文中所述的显著性水平 α。α 的大小通常根据实际问题全面权衡。由于 H_0 是从"保护"原假设不轻易受到否定这一角度考虑设定的，当实际问题要求拒绝 H_0 应十分谨慎时，这时 α 应取得较小（如此小概率的事情发生了，拒绝 H_0 的理由就相当充分）。当然，注意到两类错误概率之间的关系，α 取得越小，β 就会增大，因此，确定显著性水平 α 应全面考虑。

3. 选择适当的检验方法

统计检验方法有许多种，如 X^2 检验、t 检验、Z 检验、F 检验、$K-S$ 检验等。各种检验方法需要的条件不一样，研究者应该根据研究的问题背景、数据资料的特征以及原假设 H_0 等选择或构造一个与 H_0 有关的合适的样本函数（统计量）U，并且在假设 H_0 正确时可求出统计量 U 的概率分布。关于差异检验的各种方法，可以参见有关《概率论与数理统计》的教材。

4. 确定拒绝域

根据检验类型与显著性水平 α 值，确定一个小概率区间 B 作为拒绝域。对双边检验，拒绝域形式为 $(-\infty, \delta) \cup (\delta', +\infty)$；对右边检验，拒绝域形式为 $(\delta', +\infty)$；对左边检验，拒绝域形式为 $(-\infty, \delta)$。临界值 δ、δ' 由 α 值和统计量的分布确定，即在 H_0 成立时，如果统计量 U 的分布或渐近分布是已知的，在给定的显著性水平 α 下，由检验统计量以

$$P (拒绝 H_0 \mid H_0 为真) = \alpha$$

求出相应的拒绝域。

5. 做出统计决断

计算样本值相应的统计量 U 的观察值 U_0，做出拒绝 H_0 还是接受 H_0 的判断。若样本值 $(x_1, x_2, \cdots, x_n)$ 落入拒绝域 B 内（检验统计量值导致小概率事件发生），则拒绝 H_0；若样本值 $(x_1, x_2, \cdots, x_n)$ 落入接受域 $\bar{B}$ 内，无理由拒绝而接受 H_0。

在计算检验统计值这一步时，可以利用现代统计软件实现，只要在运行的统计软件中选择适当的指令，计算机就会自动显示结果。人们无须按公式计算，也无须查表。

（三）差异性检验实例

下面通过例子来说明确定差异检验方法的过程。

【例 1】　某种钢生产的钢筋其强度服从正态分布，今随机抽取 9 根钢筋作强度试验，测得样本均值和样本均方差分别为 51.5kg/mm² 和 3kg/mm²，能否认为这种钢生产的钢筋的平均强度为 52.0kg/mm²？

用 X 表示钢筋强度，由已知 $X \sim N (\mu, \sigma^2)$，$\mu_0 = 52.0$，$n = 9$，$\bar{X} = 51.5$，$S = 3$，$\alpha = 0.05$：

① 提出假设。设 H_0：$\mu = 52.0$，H_1：$\mu \neq 52.0$。

② 确定显著性水平。本例选取显著性水平 $\alpha = 0.05$。

③ 选择样本的函数 U。由于总体方差 σ^2 未知，U 中不能含有 σ^2。可选择

$$U = \frac{\bar{X} - \mu_0}{S} \sqrt{9} \sim t (8)$$

作为检验统计量。

④ 确定拒绝域。因为是双边检验，拒绝域形式为 $(-\infty, \delta) \cup (\delta', +\infty)$。

在 H_0 真时统计量落入拒绝域的概率要为 α。同时，由于 t 分布密度对称，且在 $t = 0$ 时最大，因此，按几何对称，取 $\delta = -\delta'$ 可使 H_0 假时统计量落

入接受域的概率为 β 最小。由：

$$P\left\{\left|\frac{\bar{X}-\mu_0}{S}\right|\geqslant\delta\right\}=\alpha$$

得 $\delta=t_{0.025}$（8），拒绝域为 $B=(-\infty,\ -t_{0.025}(8))\cup(t_{0.025}(8),\ +\infty)$。

⑤ 作统计决断。查表得 $t_{0.025}(8)=2.306$，代入数据得

$$t=\frac{\bar{X}-\mu_0}{S}\sqrt{n}=\frac{51.5-52.0}{3}\sqrt{9}=-0.5$$

因为 $t=-0.5\notin B$，所以接受 H_0，即认为此钢的平均强度与52.0无显著差异。

在双边检验中，对 Z 检验和 t 检验，按几何对称（也是概率对称），取 $\delta=-\delta'$；对 X^2 检验或 F 检验，按概率对称，即由 $P\{U\leqslant\delta\}=P\{U\geqslant\delta'\}=\alpha/2$ 来确定 δ 和 δ'。

【例2】 某种型号的电池 $X\sim N(\mu,\ 5000)$，随机抽取26只电池，测出其寿命的样本修正方差为9000（小时）。试在0.05的显著水平下，检验这批电池寿命的波动性是否较以往小。

由已知，$n=26$，$S^2=9000$，$\alpha=0.05$，$\sigma_0^2=5000$：

① 提出假设。设 H_0：$\sigma^2\leqslant5000$，H_1：$\sigma^2>5000$。

② 确定显著性水平。本例中已给定显著性水平 $\alpha=0.05$。

③ 选择样本的函数 U。由于总体均值 μ 未知，U 中不能含有 μ。可选择：

$$X^2=\frac{(n-1)\ S^2}{\sigma_0^2}\sim X^2(n-1)$$

作为检验统计量。

④ 确定拒绝域。因为是右边检验，拒绝域形式为 $(\delta',\ +\infty)$。在 H_0 真时统计量落入拒绝域的概率要为 α，故 $P\left\{\frac{(n-1)\ S^2}{\sigma_0^2}>\delta'\right\}=\alpha$，从而 $\delta'=X_\alpha^2(n-1)$，拒绝域为 $B=(X_{0.05}^2(25),\ +\infty)$。

⑤ 作统计决断。查表得 $X_{0.05}^2(25)=37.652$，代入数据得：

$$X^2=\frac{(n-1)\ S^2}{\sigma_0^2}=\frac{25\times9000}{5000}=45$$

因为 $X^2=45\in B$，所以拒绝 H_0，即认为这批电池寿命的波动性与以往的波动性差异显著。

（四）交换原假设与备择假设可能会得出不同的检验结论

原假设与备择假设是不相容的，肯定一个就意味着否定另一个，但它们地位是不对等的。交换原假设与备择假设可能会得出截然相反的检验结论，下面用一个实例来说明。

【例 3】 某广告公司财务部经理断言，本公司新入职三年内的员工在正常工作条件下平均月工资不会超过 0.8 万元。随机抽取该公司 16 名任职三年以内的员工，发现他们的平均月工资为 0.92 万元，而由该样本求出的修正均方差是 0.32 万元。假定新员工月工资 X 服从正态分布，问根据这一抽样结果，能否否定财务部经理的断言？（取显著性水平 $\alpha = 0.05$）

解：本题假定 $X \sim N(\mu, \sigma^2)$，σ^2 未知，以财务部经理断言作为原假设，检验问题为：

$$H_0: \mu \leqslant 0.8, \ H_1: \mu > 0.8$$

此时 $n = 16$，$\bar{X} = 0.92$，$S = 0.32$，根据 t 检验法，计算拒绝域为：

$$\bar{X} > 0.8 + \frac{0.32}{\sqrt{16}} t_{0.05}(16-1) = 0.8 + \frac{0.32}{\sqrt{16}} \times 1.753 \approx 0.94$$

故接受原假设 H_0，即在所给数据和检验水平下，认为新员工月平均工资不会超过 0.8 万元。

现在若把财务部经理断言的对立面（$\mu > 0.8$）作为原假设，则差异检验问题为：

$$H_0: \mu > 0.8, \ H_1: \mu \leqslant 0.8$$

再根据 t 检验法，此时计算拒绝域为：

$$\bar{X} \leqslant 0.8 - \frac{0.32}{\sqrt{16}} t_{0.05}(16-1) = 0.8 - \frac{0.32}{\sqrt{16}} \times 1.753 \approx 0.66$$

因为观测值 $\bar{X} = 0.92 > 0.66$，所以应接受原假设，即认为新员工月平均工资超过 0.8 万元。

由此可见，随着问题提法的不同，得出了截然相反的结论。

四、变量之间的联系

相关分析主要研究数据变量间相关关系的形式和程度。相关分析是回归分析的基础和前提，回归分析是相关分析的深入和继续。本节主要内容为相关分析和回归分析。

（一）相关分析

1. 相关概念

变量之间的关系可以分为函数关系和相关关系两类，函数关系表示变量间确定的对应关系，而相关关系则是变量间的某种非确定的依赖关系。在大量的实际问题中，随机变量之间虽有某种关系，但这种关系很难找到一种精确的表示方法来描述。例如，人的身高与体重之间有一定的关系，知道一个人的身高可以大致估计出他的体重，但并不能算出体重的精确值。

数据变量间的这种既有密切联系但又不能完全确定的关系称为相关关系。这种相关关系在自然和社会中屡见不鲜。例如，商业活动中销售量与广告投入的关系，农作物产量与施肥量的关系，人的年龄与血压的关系，每种股票的收益与整个市场收益的关系，家庭收入与支出的关系等。

从数量的角度去研究这种相关关系，包括通过观察和试验数据去判断数据变量之间有无关系，对其关系大小做出数量上的估计，我们把这种统计分析方法称为相关分析。

相关分析通常包括考察变量观测数据的散点图、计算样本相关系数以及对总体相关系数的显著性检验等内容。

2. 散点图

散点图是反映变量之间关系的一种直观方法，我们用坐标的横轴代表变量 X，纵轴代表变量 Y，每组观测数据 (x_i, y_i) 在坐标系中用一个点表示。由这些点形成的散点图（图 13-3）反映了两个变量之间的大致关系，从中可以直观地看出变量之间的关系形态及关系强度。

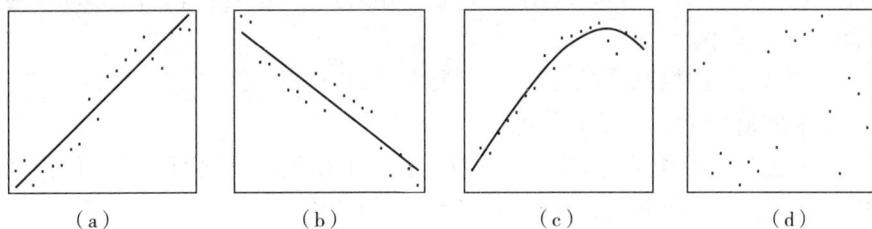

| （a） | （b） | （c） | （d） |

图 13-3　不同形态的散点图

就两个变量而言，如果变量之间的关系近似地表现为一条直线，则称为线性相关，如图 13-3（a）和（b）；如果变量之间的关系近似地表现为一条曲线，则称为非线性相关或曲线相关，如图 13-3（c）；如果两个变量的观测点很分散，无任何规律，则表示变量之间没有相关关系，如图

13-3（d）。在线性相关中，若两个变量的变动方向相同，一个变量的数值增加，另一个变量的数值也随之增加，或一个变量的数值减少，另一个变量的数值也随之减少，则称为正相关，如图 13-3（a）；若两个变量的变动方向相反，一个变量的数值增加，另一个变量的数值随之减少，或一个变量的数值减少，另一个变量的数值随之增加，则称为负相关，如图 13-3（b）。

散点图可以判断两个变量之间有无相关关系，并对变量间的关系形态做出大致的描述，但散点图不能准确反映变量之间的关系密切程度。为准确度量两个变量之间的关系密切程度，需要计算相关系数。

3. 相关系数

相关系数是对两个变量（通常指随机变量）之间线性关系密切程度的度量。

我们知道两个随机变量 X、Y 间的相关系数

$$\rho_{XY} = \frac{Cov(X, Y)}{\sqrt{DX}\sqrt{DY}}$$

反映了随机变量 X 与 Y 的线性相关方向与程度。设 (x_i, y_i) 为来自总体 (X, Y) 的样本，$i = 1, 2, \cdots, n$，称

$$r_{XY} = \frac{\sum_{i=1}^{n}(x_i - \bar{X})(y_i - \bar{Y})}{\sqrt{\sum_{i=1}^{n}(x_i - \bar{X})^2}\sqrt{\sum_{i=1}^{n}(y_i - \bar{Y})^2}}$$

为样本（积差）相关系数，简记为 r，它可作为 ρ_{XY} 的估计值，用于推断 X 与 Y 间的相关关系。

计算 r 的成对数据的数目，一般要求在 30 对以上。

r 的取值介于 -1 至 1 之间。

r 的正负反映相关的方向。$r > 0$，表示正相关，反映两个变量同向变化；$r < 0$，表示负相关，反映两个变量反向变化。

r 的绝对值大小表示相关程度，绝对值越大，表示这两个变量线性相关程度越高，绝对值越小，表示这两个变量线性相关程度越低。

由相关系数的绝对值大小划分两个变量线性相关程度的一般标准为：

当 $|r| = 1$ 时，称为完全相关，即两个基变量之间几乎是线性函数关系；

当 $|r| \geq 0.8$ 时，称为高度线性相关；

当 $0.5 \leqslant |r| < 0.8$ 时，称为中度（显著）线性相关；

当 $0.3 \leqslant |r| < 0.5$ 时，称为低度线性相关；

当 $|r| < 0.3$ 时，称为没有线性相关；

应当注意，$|r| = 0$ 时，不能排除两个变量之间有非线性关系的可能。

【例4】　用来评价商业中心经营好坏的一个综合指标是单位面积的营业额 y（万元／平方米），它是单位时间内（通常为一年）的营业额与经营面积的比值。单位面积营业额的影响因素指标有单位小时机动车流量 x_1（万辆）、日人流量 x_2（万人）、居民年平均消费额 x_3（万元）、消费者对商场的环境满意度评分 x_4、消费者对设施满意度评分 x_5、消费者对商品的丰富程度的满意度评分 x_6。某商业中心经营状况数据见表13-7，试据此分析单位面积年营业额与其他各指标的相关关系。

表 13-7　商业中心经营状况数据

商业中心编号	单位面积年营业额（万元/平方米）	每小时机动车流量（万辆）x_1	日人流量（万人）x_2	居民年消费额（万元）x_3	对商场环境满意度 x_4	对商场设施满意度 x_5	对商场商品丰富程度满意度 x_6
1	2.5	0.51	3.9	1.94	7	9	6
2	3.2	0.26	4.24	2.86	7	4	6
3	2.5	0.72	4.54	1.63	8	8	7
4	3.4	1.23	6.98	1.92	6	10	10
5	1.8	0.69	4.21	0.71	8	4	7
6	0.9	0.36	2.91	0.62	5	6	5
7	1.7	0.13	1.43	1.88	4	9	4
8	2.6	0.58	4.14	1.99	7	10	6
9	2.1	0.81	4.66	0.96	8	5	7
10	1.9	0.37	2.15	1.87	4	9	3
11	3.4	1.26	6.47	2.1	10	10	10
12	3.9	0.12	5.33	3.47	5	6	7
13	1	0.23	2.53	0.56	5	2	4
14	1.7	0.56	3.78	0.77	7	4	6

（续表）

商业中心编号	单位面积年营业额（万元/平方米）	每小时机动车流量（万辆）x_1	日人流量（万人）x_2	居民年消费额（万元）x_3	对商场环境满意度 x_4	对商场设施满意度 x_5	对商场商品丰富程度满意度 x_6
15	2.6	1.04	5.53	1.3	10	7	9
16	2.7	1.18	5.98	1.28	8	7	9
17	1.4	0.61	1.27	1.48	6	7	1
18	3.2	1.05	5.77	2.16	7	10	9
19	2.9	1.06	5.71	1.74	6	9	9
20	2.5	0.58	4.11	1.85	7	9	6

利用 Excel 分别作出 y 与 x_1，x_2，$\cdots$，x_6 的散点图。如图 13 - 4 可以看到，各散点图的散点分布和一条直线相比均有一定差别。单位面积营业额与日人流量、居民年消费额的线性关系相对较明显一些。

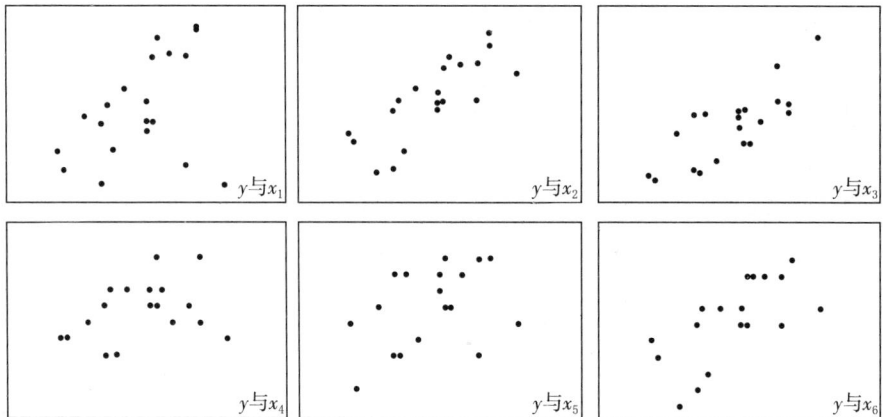

图 13 - 4　y 与 x_1，x_2，$\cdots$，x_6 的散点图

利用 Excel 分别计算 y 与 x_1，x_2，$\cdots$，x_6 的相关系数见表 13 - 8：

表 13 - 8　y 与 x_1，x_2，$\cdots$，x_6 的相关系数

B	C	D	E	F	G
y 与 x_1	y 与 x_2	y 与 x_3	y 与 x_4	y 与 x_5	y 与 x_6
0.4127	0.79048	0.79433	0.34124	0.45020	0.69749

从相关系数的取值来看，单位面积营业额（y）与日人流量（x_2）、居民年消费额（x_3）接近高度相关；而 y 与商场商品丰富程度满意度 x_6 则属于中度相关；y 与每小时机动车流量 x_1、对商场环境的满意度 x_4、对商场设施的满意度 x_5 为低度相关。

4. 相关性检验

（1）相关系数显著性检验的基本原理

设总体 (X, Y) 的相关系数为 ρ_{XY}，由取自该总体的样本 (x_i, y_i)，$i=1，2，\cdots，n$，计算得到相关系数 r。我们用 r 估计 ρ_{XY} 来反映总体的相关情况。

我们知道，X 与 Y 线性相关，即 $\rho_{XY} \neq 0$。由于抽样的偶然性，即使 $\rho = 0$，抽取（样本计算得到）的 r 值未必为在 0 附近；而当 $\rho \neq 0$ 时，抽取（样本计算得到）的 r 值未必不在 0 附近。所以不能仅从 r 的值来确定总体相关与否，需要对相关系数进行显著性检验。对假设 H_0：$\rho = 0$、H_1：$\rho \neq 0$，在假定 H_0 成立时，由统计量 r 的分布，计算抽取到的 r 值出现的概率，如果其很小，由小概率原理，拒绝 H_0，认为 r 与 H_0 有显著差异，X 与 Y 显著线性相关。

（2）相关系数显著性检验的方法

设 r 是两个变量的相关系数，n 是样本容量（数据对个数）。要检验：

$$H_0: \rho=0 , \quad H_1: \rho \neq 0$$

可以证明，当 H_0 成立时，统计量 $t = \dfrac{r\sqrt{n-2}}{\sqrt{1-r^2}} \sim t\,(n-2)$。当 $|t| \leqslant t_{\frac{\alpha}{2}}$ $(n-2)$时接受 H_0；否则拒绝 H_0，认为 X 与 Y 显著线性相关。

【例 5】　利用例 4 的数据，在显著水平 $\alpha = 0.05$ 下，检验单位面积营业额与各变量之间的相关性。

解：利用 Excel 计算结果见表 13－9：

表 13－9　单位面积营业额与各变量之间的相关性

A	B	C	D	E	F	G
	y 与 x_1	y 与 x_2	y 与 x_3	y 与 x_4	y 与 x_5	y 与 x_6
$r=$	0.4127	0.79048	0.79433	0.34124	0.45020	0.69749
$t=$	1.9224	5.4756	5.5519	1.5402	2.1391	4.1296
$P=$	0.0705	3.36E−05	2.86E−05	0.1409	0.4639	0.0006

由表 13-9 可见，不能拒绝 y 与每小时机动车流量 (x_1)、对商场环境的满意度 (x_4) 相关系数为 0 的假设 $(P > 0.05)$，即其相关性不显著。

（二）回归分析

如果经过相关分析发现，两个变量之间存在高度相关，说明它们之间存在着不准确的但是稳定的关系，将一个作为自变量，另一个作为因变量，建立数学方程来反映它们的关系，就可以由自变量来估计、预测因变量的取值，这个过程称为回归分析，而所建立的方程就称为回归方程。

1. 回归分析的一般概念

（1）自变量与因变量

在相关分析中，我们只关心两个变量之间有没有线性关系，而不研究哪个主动变哪个随之被动变，两个变量是"平等"的。在回归分析中我们却要研究两个变量中的某一个的变化如何引起另一个的变化。回归分析中总假设因变量是随机变量，自变量可以是随机变量也可以是一般变量（可以控制或精确测量的变量），我们只讨论自变量为一般变量的情况。

（2）回归模型的一般形式

设随机变量 Y 是因变量，x_1，x_2，$\cdots$，x_n 是影响 Y 的自变量，回归模型的一般形式为：

$$Y = f(x_1, x_2, \cdots, x_n) + \varepsilon$$

其中 ε 是均值为 0 的正态随机变量，它表示除 x_1，x_2，$\cdots$，x_n 之外的随机因素对 Y 的影响。

线性回归模型的一般形式为：

$$Y = a + b_1 x_1 + b_2 x_2 + \cdots + b_k x_k + \varepsilon$$

其中，a 和 $b_i (i = 1, 2, \cdots, k)$ 是未知常数。b_0 称为截距，$b_i (i = 1, 2, \cdots, k)$ 称为回归系数。实际中常假定 $\varepsilon \sim N(0, \sigma^2)$。

（3）一元与多元线性回归

在回归分析中，当只有一个自变量时，称为一元回归分析；当自变量有两个或两个以上时，称为多元回归分析；f 是线性函数时，称线性回归分析，所建回归模型称为线性回归模型；f 是非线性函数时，称非线性回归分析，所建回归模型称为非线性回归模型。

2. 一元线性回归分析

（1）一元线性回归方程

一元线性回归模型的一般形式为：

$$\hat{Y} = a + bx$$

则称 $\hat{Y}$ 为关于 x 的回归方程。其中 a、b 需要由样本估计。

（2）a、b 的估计

利用观察数据，常用最小二乘估计法和最大似然估计法估计 a、b。下面只介绍 a、b 的最小二乘估计法。

$$b = \frac{\sum (X_i Y_i - n\bar{X}\bar{Y})}{\sum x_i^2 - n (\bar{X})^2}$$

$$a = \bar{Y} - b\bar{X}$$

可以证明，用最小二乘法求出的估计，分别是 a、b 的无偏估计，它们都是 Y_1，Y_2，$\cdots$，Y_n 的线性函数，而且在所有 Y_1，Y_2，$\cdots$，Y_n 的线性函数中，最小二乘估计的方差最小。

【例6】　为了研究合金钢的强度与合金中含碳量的关系，专业人员收集了 12 组数据，见表 13 - 10 所列。

表 13 - 10　合金钢的强度和合金中含碳量的关系

序号	1	2	3	4	5	6	7	8	9	10	11	12
含碳量 x（%）	0.10	0.11	0.12	0.13	0.14	0.15	0.16	0.17	0.18	0.20	0.21	0.23
合金钢的强度 y（10^7Pa）	42.0	43.0	45.0	45.0	45.0	47.5	49.0	53.0	50.0	55.0	55.0	60.0

试根据这些数据进行合金钢的强度 y（单位：10^7Pa）与合金中含碳量 x（%）之间的回归分析。

解：计算得 $\bar{X} = 0.158$，$\bar{Y} = 49.125$，$S_{xY} = 2.4675$，$S_{xx} = 0.01857$

a 和 b 的最小二乘估计值分别为：

$$b = \frac{S_{xY}}{S_{xx}} = \frac{2.4675}{0.01857} = 132.88, \quad a = \bar{Y} - \bar{X}b = 49.125 - 0.158 \times 132.88 = 28.13$$

因此，回归方程为 $\hat{Y} = 28.13 + 132.88x$。

3. 回归方程的显著性检验

从建立线性回归方程的过程，我们知道，只要给出一组样本，就可用最小二乘法建立它们的线性回归方程。如果两个变量之间不存在线性关系，建立它们的线性回归方程是毫无意义的。尽管我们可用散点图对 X 与 Y 之间是否有线性关系作一个了解，但那是粗略而不够的，还必须对两个变量之间是否存在线性关系，或者说它们之间的线性关系是否显著进行检验。

X 与 Y 之间是否存在线性关系在于总体的回归系数 b 是否为 0。因此，要检验假设：

$$H_0: b = 0, \ H_1: b \neq 0$$

可以证明，当原假设 H_0 成立时，即 $b = 0$ 时，检验统计量：

$$F = \frac{\sum_{i=1}^{n} (\hat{Y}_i - \bar{Y})^2}{\sum_{i=1}^{n} (Y_i - \hat{Y}_i)^2 / (n - 2)} \sim F(1, \ n - 2)$$

H_0 的拒绝域为 $F > F_{\alpha}(1, \ n - 1)$。

【例 7】 对例 3 中建立的回归方程 $\hat{Y} = 28.13 + 132.88x$ 进行显著性检验（$\alpha = 0.05$）。

解：计算得 $F = 191.4$，查表得 $F_{0.05}(1, \ 10) = 4.96$，$F > F_{0.05}(1, \ 10)$，拒绝原假设，回归方程显著。

4. 一元线性回归方程的应用

如果回归直线 $\hat{Y} = \hat{\beta}_0 + \hat{\beta}_1 x$ 经过检验是线性相关显著，就可以用它对因变量进行估计和控制。

对任一给定的 x_0，它相应的

$$Y_0 = \beta_0 + \beta_1 x_0 + \varepsilon_0 \sim N(\beta_0 + \beta_1 x_0, \ \sigma^2)$$

用估计量 $\hat{\beta}_0$、$\hat{\beta}_1$、$\hat{\sigma}$ 分别代替未知参数 β_0、β_1、σ，就可通过近似计算，对因变量进行估计和控制，其中 $\hat{\sigma}^2 = \dfrac{S_{YY} - \hat{\beta}_1^2 S_{xY}}{n - 2}$ 是 σ^2 的无偏估计。

(1) Y_0 的预测问题

利用回归直线可以对 Y_0 进行点预测和预测区间。

① Y_0 的点预测值。Y_0 的平均数估计是 $\hat{Y}_0 = \hat{\beta}_0 + \hat{\beta}_1 x_0$，称 $\hat{Y}_0$ 为 Y_0 的回归值或点预测值。

② Y_0 的预测区间。不难证明，当一元线性回归的假定成立时，统计量为：

$$t = \frac{Y_0 - \hat{Y}_0}{\hat{\sigma}\sqrt{1 + \dfrac{1}{n} + \dfrac{(\bar{X} - x_0)^2}{S_{xx}}}} \sim t(n - 2)$$

由此得到 Y_0 的置信度为 $1 - \alpha$ 的区间估计为：

$$\left(\hat{\beta}_0 + \hat{\beta}_1 x_0 \pm t_{\frac{\alpha}{2}}(n - 2)\hat{\sigma}\sqrt{1 + \frac{1}{n} + \frac{(\bar{X} - x_0)^2}{S_{xx}}}\right)$$

这个区间称为（与 x_0 对应的）Y_0 的预测区间。

令 $S = \hat{\sigma}\sqrt{1 + \dfrac{1}{n} + \dfrac{(\bar{X} - x_0)^2}{S_{xx}}}$，当 n 较大时，t 分布近似正态分布，x_0 对应的 Y_0 的 95% 的区间估计为（$\hat{\beta}_0 + \hat{\beta}_1 x_0 \pm 1.96S$）。为方便起见，近似取 1.96 为 2，则（$x_0$ 对应的）Y_0 的 95% 的预测区间为（$\hat{\beta}_0 + \hat{\beta}_1 x_0 - 2S$，$\hat{\beta}_0 + \hat{\beta}_1 x_0 + 2S$）。

（2）控制问题

控制问题其实是预测问题的反问题，即要 Y 落在区间（y_1，y_2）内，来确定 x 取值区间。设：

$$\begin{cases} y_1 = \hat{a} + \hat{b}x_1 - 2S \\ y_2 = \hat{a} + \hat{b}x_2 + 2S \end{cases}$$

解出 x_1、x_2，则控制区间为（$\min\{x_1,\ x_2\}$，$\max\{x_1,\ x_2\}$）。

应当注意，只有当（$y_2 - y_1$）> $4S$ 时，所求控制区间才有意义。

【例8】　设某校 82 名学生 2013 年高考模拟考试总分 X 与 2013 年高考总分 Y 的相关系数为 0.7，建立了回归方程 $\hat{Y} = 50 + 0.85x$。2013 年高考总分的标准差为 40 分，假设 2014 年高考情况与 2013 年相同。在 2014 年高考前，得到学生高考模拟考试总分 x_i（$1 \leqslant i \leqslant 82$）。

① 检验回归方程的显著性（$\alpha = 0.01$）；

② 预测高考模拟考试总分为 580 学生的高考总分；

③ 预测高考模拟考试总分为 580 学生的高考总分的范围；

④ 如果希望高考总分有 95% 的概率在 500 分以上，高考模拟考试总分应在多少分以上？

解：① 用积差相关系数检验回归方程的显著性。对

$$H_0: \rho = 0,\ H_1: \rho \neq 0$$

计算得

$$t = \frac{r\sqrt{n-2}}{\sqrt{1-r^2}} = \frac{0.7 \times \sqrt{82-2}}{\sqrt{1-0.7^2}} = 8.77$$

因为

$$|t| = 8.77 > t_{0.005}(80) = 2.639$$

在 0.01 的显著性水平上拒绝原假设，认为回归方程是极其显著的。

② 估计高考模拟考试总分为 580 分的学生的高考总分为：

$$\hat{Y}_0 = 50 + 0.85 \times 580 = 543$$

即平均来说，高考模拟考试总分为 580 分的学生的高考总分为 543 分。

③ 当 n 较大，用正态分布：

$$S = S_Y\sqrt{1-r^2} = 40 \times \sqrt{1-0.7^2} = 28.57$$

95% 的区间估计为：

$$(543 - 1.96 \times 28.57, \ 543 + 1.96 \times 28.57) = (488.00, 598.00)$$

99% 的区间估计为：

$$(543 - 2.58 \times 28.57, \ 543 + 2.58 \times 28.57) = (469.29, 616.71)$$

即高考模拟考试总分为 580 分的学生的高考总分有 95% 的概率在 488 分到 598 分之间，有 99% 的概率在 469.29 分到 616.71 分之间。

④ 由 $\beta_0 + \beta_1 x_0 - 1.65S = 50 + 0.85x_0 - 1.65 \times 28.57 = 500$ 得 $x_0 = 602.52$，即要高考总分有 95% 的概率在 500 分以上，高考模拟考试总分应在 602.52 分以上。

5. 可化为线性回归的一元非线性回归

如果两个变量之间存在着一种非线性关系，这时可以通过变量变换，使新变量之间具有线性关系，从而利用一元线性回归方法对其进行分析。

常见的可线性化的一元非线性函数及线性化方法见表 13-11。

表 13-11　典型函数及线性化方法

函数名称	函数表达式	线性化方法	
双曲线函数	$1/y = a + b/x$	$u = 1/x$	$v = 1/y$
幂函数	$y = ax^b$	$u = \ln x$	$v = \ln y$

（续表）

函数名称	函数表达式	线性化方法	
指数函数	$y = ae^{bx}$	$u = x$	$v = \ln y$
	$y = ae^{b/x}$	$u = 1/x$	$v = \ln y$
对数函数	$y = a + b\ln x$	$u = \ln x$	$v = y$
S 型函数	$y = 1/(a + be^{-x})$	$u = e^{-x}$	$v = 1/y$

本章小结

1. 理解什么是编码。数据编码是把原始资料转化为符号或数字的资料简化过程，编码可依据编码时间分为事前编码和事后编码。

2. 理解什么是事前编码和事后编码。事前编码是指问卷设计者在设计题目时就给每个变量和可能答案一个符号或数字代码；事后编码则指在调查实施之后进行编码。通常，封闭性问卷的调查研究采用事前编码，这样可节省研究时间；而开放性问卷资料或讨论、观察记录等资料，由于事先不知道有多少可能答案，常常采用事后编码。

3. 了解描述统计的概念。描述统计是指将总体所有数据本身包含的信息加以整理、总结，进行概括、浓缩、简化、计算综合指标等加工处理，使问题变得更加清晰、简单，用来描述总体特征的统计分析方法。描述统计分析是统计分析的重要组成部分，在统计研究中有着广泛的应用。制表、制图、数字特征等的计算就属于描述统计。

4. 了解变量之间的差异。当变量赋予了测试或观察数据后，那么可以利用数据离散程度分析来反映变量之间的差异程度。反映变量之间的差异的指标有极差、平均差（均差）、方差和标准差、离散系数等。

5. 了解差异检验的基本思想。差异检验是指只考虑一种假设是否成立的检验。其原则是，只是求犯第一类错误的概率不大于设定的 α（$0 < \alpha < 1$）。它根据"小概率事件在一次试验中一般不应该发生"这个实际推断原理来检验假设是否成立。差异检验的思路是：假设原假设成立，找出统计量的分布；如果按此分布，实际出现的样本是小概率，这与"小概率原理"矛盾，因此拒绝原假设；如果按此分布，实际出现的样本不是小概率，推不出矛盾，不能拒绝原假设，因而做出接受原假设的决定。

6. 了解散点图的作用。散点图可用以判断两个变量之间有无相关关系，并对变量间的关系形态做出大致的描述，但散点图不能准确反映变量之间的关系密切程度。

7. 掌握回归分析与相关分析的联系与区别。相关分析是研究两个随机变量之间的相关关系的，而回归分析研究的是随机变量与非随机变量之间的相关关系并建立它们之间的线性关系。在相关分析中，我们只关心两个变量之间有多大程度的线性关系，没有自变量与因变量之分，而回归分析分为自变量与因变量。因变量一般取可以测量的随机变量，而自变量往往是可控制的普通变量，用回归方程来表现因变量的取值随自变量的变化而呈现一定的统计规律性。两者所使用的概念、理论和方法有所不同，得到的结果含义也不相同，但结果的形式却几乎完全一致。建立的回归方程必须在两个变量之间是高度相关的情形下才有意义。

8. 了解影响一元线性回归预测精度的主要因素。当线性回归方程 $\hat{Y}=\hat{\beta}_0+\hat{\beta}_1 x$ 确定后，对给定的 x_0，$Y_0=\beta_0+\beta_1 x_0+\varepsilon_0$ 的置信度为 $1-\alpha$ 的区间估计为：

$$\left(\hat{\beta}_0+\hat{\beta}_1 x_0 \pm t_{\frac{\alpha}{2}}(n-2)\ \hat{\sigma}\ \sqrt{1+\frac{1}{n}+\frac{(\bar{x}-x_0)^2}{S_{xx}}}\right)$$

由此可知，影响预测精度的主要因素为：

① $\hat{\sigma}$：一般地，$\hat{\sigma}$ 越小，精度越高；
② n：显然 n 越大，精度越高，所以应当尽量扩大样本容量；
③ x_0 离 $\bar{x}$ 距离：x_0 离 $\bar{x}$ 越近，精度越高；
④ S_{xx}：S_{xx} 越大，精度越高，所以应尽量避免自变量的取值 x_i 过于集中。

关键术语和概念

编码；极差；平均差；方差；标准差；离散系数；相关分析；回归分析

思 考 题

1. 什么是编码？
2. 什么是事前编码和事后编码？
3. 录入数据进行查错和改正有哪些常用的方法？

4. 相关系数 r 的取值表明变量之间有什么关系？

5. 回归分析预测通常分哪几个步骤？

6. 回归分析与相关分析的联系与区别是什么？

探索性活动设计

1. 用本章学习过的一元线性回归预测方法，通过分析市场上某商品的销售量与价格之间的关系，预测以后该商品的销售情况。

2. 某城市广告公司 2004—2014 年收入 x（亿元）与社会商品零售额 y（亿元）见表 13-12：

表 13-12　某城市广告公司 2004—2014 年收入与社会商品零售额

年	2004	2005	2006	2007	2008	2009	2010	2011	2012	2013	2014
xx	35	36	41	44	47	50	54	57	64	70	68
yy	450	460	540	600	650	720	770	800	850	970	1140

（1）建立回归方程；

（2）检验是否线性相关？

（3）当广告公司收入为 60 亿元时，预测社会商品零售额的范围；

（4）若要求社会商品零售额在 700 亿元~900 亿元之间，广告收入应如何控制？

3. 有 10 家广告企业的生产性固定资产年平均价值和广告总产值资料见表 13-13：

表 13-13　生产性固定资产年平均价值和广告总产值

企业编号	生产性固定资产价值（万元）	广告总产值（万元）
1	318	524
2	910	1019
3	200	638
4	409	815
5	415	913
6	502	928
7	314	605

（续表）

企业编号	生产性固定资产价值（万元）	广告总产值（万元）
8	1210	1516
9	1022	1219
10	1225	1624
合计	6525	9801

（1）计算相关系数，说明两变量之间的相关方向及程度；

（2）求回归方程；

（3）估计生产性固定资产（自变量）为1100万元时广告总产值（因变量）的可能值。

第 14 章　调研报告

【本章学习目标】

1. 了解调研报告的种类。
2. 熟悉调研报告中图表的编制方法。
3. 掌握撰写商业性调研报告和学术性调研报告的方法。

【本章题导】

调研报告是广告调查工作的最终成果。它从制订调查方案、收集资料、加工整理和分析研究，到撰写并提交调查报告，是一个完整的工作程序，缺一不可。所以，调查报告是广告调查成果的集中表现，也是从感性认识到理性认识飞跃过程的反映。调查报告比起调查资料更便于阅读和理解，起到透过现象看本质的作用，使感性认识上升为理性认识，便于更好地指导实践活动。同时，调查报告是为各部门管理者、为社会、为企业服务的一种重要形式。一份好的调查报告，能为企业的市场活动提供有效的导向作用，同时对各部门管理者了解情况、分析问题、制定决策和编制计划以及控制、协调、监督等各方面都起到积极的作用。

一、报告的种类

调研报告是根据调查的事实材料和数据，对研究的问题做出系统性的分析说明，得出结论性意见的材料。它是对某一问题或某一事件调查研究后，将所得的材料和结论加以整理而写成的书面报告形式的一种文种。调查研究是调查报告的写作基础，调查报告则是调查结果的书面形式。调查报告在广告调查中使用范围很广，能够进一步为企业或产品解决实际问题，弄清市场运营的事情真相，更好地为促进经济提升做好服务。

（一）调查报告的种类

根据不同的标准，可以把调查报告分为不同的种类。

1. 按调查的范围、内容分

（1）综合调查报告。即围绕一个中心问题，从多方面进行普遍调查，对取得的材料进行分析研究，综合整理而写出的关于这一问题的总体情况的调查报告。

（2）专题调查报告。即对某项工作、某个典型事件、某项业务或某个问题进行系统调查和分析研究后而写出的调查报告。这种报告内容单一，范围较小。

2. 按作用分

（1）情况类调查报告。这类报告是在深入、系统地研究某一方面基本情况的基础上而写成的，其内容比较全面，篇幅也比较长。常常用来对上级汇报，为正确制定方针政策和事业发展规划提供依据。

（2）典型经验调查报告。典型是指有代表性的个别事物。这类报告要求把一个地区、一个部门、一个单位、一个方面的成功经验，全面地总结、介绍出来，找出其中带有规律性的东西，供有关方面学习借鉴。在写作中，应概括叙述调查对象的基本情况、主要经验、现实意义、具体措施、今后设想等。

研究报告的具体形式可以是书面的和口头的。在广告市场调研中，我们将根据调研报告的写作目的不同，重点与大家分析书面的商业性调研报告和学术性调研报告。

（二）商业性调研报告

它是围绕当前的一个企业或品牌或某一商业问题，进行多方面的市场调查，并结合分析结果，综合提出一份完整的、具有商业价值的结果报告，作为企业内部资料保密的。在撰写时可以围绕序言、摘要、正文、附录四个部分进行写作。

1. 序言

广告调查报告主要介绍研究课题的基本情况，包括封面、目录和索引。

（1）封面，主要在第一页上介绍调研报告的题目或标题、研究机构的名称、研究项目负责人的姓名及所属机构以及报告完稿的日期。封面的设计一般按照研究公司的要求或研究者的兴趣而定，要做到美观、大方、精致。

（2）目录，它是对于后文报告中各项内容，全面而完整的 览表。报告的目录跟书的目录一样，一般只列出各部分的标题名称及页码，篇幅以不超过一页为宜。

（3）索引，如果图、表资料比较多，为了阅读方便，可列一张图表索引，也可以分别列出图、表的资料索引。索引的内容与目录相似，列出图表号、名称及所在报告中的页码。

2. 摘要

这部分是概括性说明研究活动获得的主要结果。为了省去阅读者的时间、减少复杂细节带来的负担，摘要则成为调研报告中关键、重要的部分，因为它只要用清楚、简洁而概括的手法，扼要地说明研究的主要结果就可以让阅读者了解整体的调研情况及结果。

研究结果的摘要简短，一般最多不要超过报告内容的五分之一。可以从以下方面进行概括：本产品与竞争对手当前的市场状况；产品在消费者心目中的优缺点；竞争对手销售策略和广告策略；本产品广告策略的成败及其原因；影响产品销售的因素是什么；根据研究结果应采取的行动或措施等。必要时，还应在结论性资料的阐述时，加上简短的解释。

3. 正文

调研报告的正文为研究的全部内容，应介绍研究的背景、目的、方法、过程、结果以及所得结论和建议。在表述时应让阅读报告的人了解研究结果是否客观、科学、准确可信，并能够从研究结果得出他们自己的结论，而不受研究人员解释的影响。

（1）研究背景

在这一部分报告内容中，研究者要说明研究的由来或受委托进行该项研究的原因。说明时，可能要引用有关的背景资料为依据，分析企业经营、产品销售、广告活动等方面存在的问题。一般而言，背景资料可能包括如下几个方面：产品在一段时期内的销售变化情况；与竞争对手的市场占有情况相比较的资料；已有的广告、促销策略及实施状况；价格、包装策略的运用状况；消费者对产品、企业、广告的反应资料；产品的销售渠道和分销方法。

（2）研究目的

研究目的通常是针对研究背景分析存在的问题，是为了获得某些方面的资料或对某些假设进行检验。不论研究目的如何，研究获得的结果可以从品牌的知名度、忠诚度、消费者的信息来源、消费者的媒体接触状况、品牌的市场目标对象及其特点等方面进行表述。

（3）研究方法

介绍研究方法将有助于使读者确信研究结果的可靠性，在此部分的写作中，可以通过研究地区、研究对象、访问完成情况、样本的结构、资料采集、访问员介绍、资料处理方法及工具等方面进行说明。

（4）研究结果

研究结果部分是将研究所得资料报告出来，包括数据图表资料以及相关的文字说明。在一份调研报告中，常常要用若干统计表和统计图来呈现数据资料。如何用统计图和统计表来描述数据资料，将在下文中详细介绍。

（5）结论和建议

结论可用简洁而明晰的语言明确回答研究前提出的问题，同时简要地引用有关背景资料和研究结果来解释、论证。在这一部分，研究人员要说明研究获得哪些重要结论，根据研究的结论应该采取什么措施。当然，有时也可与研究结果合并在一起，但要视研究课题的大小而定。一般而言，如果研究课题小、结果简单，可以直接与研究结果合并成一部分来写。如果课题比较大、内容多，则应分开为宜。

4. 附录

附录主要是对前文中的相关各种资料进行补充说明，供读者参考的部分。一般可以加入：研究问卷；抽样有关细节的补充说明；原始资料的来源；研究获得的原始数据图表等。

（三）学术性调研报告

学术性调研报告，是以探讨广告的一般规律为主，将来在一定时间内公开发表在某类刊物上的调研内容。学术性调研报告一般包括以下几个部分：标题、作者、摘要、引言、研究背景、研究方法、研究结果、讨论、结论和应用、标注、参考文献、附录。

1. 标题

标题是对报告的研究内容的高度浓缩或概括。通过标题，读者能够判断该项研究探讨的是哪个领域的问题，决定自己是否感兴趣。有时为了表达得清楚一点，可以在大标题下加一个小标题。下面是几个调研报告的标题：《速途研究院：2015 年双 11 电商购物节报告》，由腾讯网企鹅智库与清华大学新媒体研究中心、美国皮尤研究中心联合发布的深度洞察报告《2015 中国新媒体趋势报告》和《2015 美国新媒体研究报告》等。

2. 作者

调研报告中通常要注明研究者的名字、研究者所在的研究机构或工作单位，甚至包括研究者的联络方式。这些信息可以让读者知道是谁进行的研究，使于检索。有兴趣的读者还可以跟研究者直接联系，互相探讨。这样还可以保护作者的知识产权。

3. 摘要

摘要能使读者在阅读全文之前对整篇内容有大致了解，以便读者根据自己的兴趣决定是否阅读全文。摘要一般以 100～300 字之间为宜，太长了起不到画龙点睛介绍该研究情况的作用，太短了读者很难通过摘要了解该研究的概况。一般包括：指出研究的问题、采用的方法以及研究的主要结果。

4. 引言

任何一项研究总是有一个由头，引言就是要把这个由头说清楚，即研究的必要性和重要性。引言可以从有关理论谈起，也可以从实践需要开讲。这样研究者进行该项研究的目的、价值也就自然而然地展现出来了。

5. 研究背景（文献综述）

研究背景的介绍也是文献综述的表述，就是介绍本研究领域的研究状况如何，哪些问题已经探讨得比较清楚，哪些问题尚没有解决；哪些研究结果比较可靠，哪些研究还存在着疑问，等等。通过全面回顾过去的研究文献，研究者就可以顺理成章地提出该研究的假设或具体要解决的问题。从读者的角度来说，通过文献综述，可以清楚地了解该研究的来龙去脉，可以清楚地看出该研究进行的必要性、重要性或价值。可以涉及以下几个方面：有关理论模型；相关概念如卷入、品牌知名度、品牌态度；以前的研究成果：指出以前该领域有哪些研究，这些研究的研究者是谁，这些研究有什么特点，得到什么结论，这些研究之间的关系或异同等；研究假设或具体研究问题；对前人研究的回顾，其重要的目的是引出研究假设或提出研究的具体问题。

6. 研究方法

研究方法的介绍是规范的调研报告中极其重要的一部分。研究方法的运用是否合理、科学关乎研究结果的精确性和可靠性。研究方法运用不恰当、不科学，研究结果就一文不值，甚至会产生误导。研究方法的介绍可以让读者自己来评估研究结果的可靠性。如果读者怀疑采用该方法得到的结果，还可以依据报告中的方法介绍进行重复研究，然后比较两次研究结果。如果方法不介绍，或者介绍不具体，那么结果的可靠性就值得怀疑。

在学术性的广告调查报告中，研究方法的介绍通常包括抽样的说明。广告研究的抽样对象一般有两种：一种是消费者，一种是广告作品。不管是抽取消费者，还是抽取广告作品，调研报告中都要详细地说明抽样的总体、样本的数量、抽样的方法。因为对研究对象的抽样关系到样本的代表性和研究结果推论的范围。

7. 研究结果

研究结果是调研报告的核心部分，是阅读全文的读者重点阅读的部分。

8. 结论和应用

在结论部分，研究者要简要概括研究得到的并有合理解释的主要结果，使读者对该研究的结果有一个清晰的轮廓，有时还应该具体说明研究结果对实践的意义。

9. 标注

标注不是调研报告的独立部分，但它贯穿于全文。标注对于读者了解调研报告也许作用不大，但在规范的调研报告中，它却是不可忽略的。报告的标注清楚与否还是观察研究者或刊物科学、严谨的指标之一。

标注可分为引文标注和解释性标注。

（1）引文标注。引文标注是指注明调研报告中引用的研究、原文、研究结果、研究方法和理论观点的原作者的标注。引文标注的作用是多方面的：一是保护知识产权，体现对原作者的尊重。标注让读者清楚某些结果、理论观点是谁研究提出的，免得读者误将他人的理论观点当作是报告作者的思想观点；二是便于复核，在报告中，研究者在引用他人的研究时往往是基于自己的理解，那么自己的理解是否正确，所引用的片段是否表达作者的原意呢？如果读者对报告作者的引用产生怀疑，可以根据标注寻找原文并核证。

引文标注的方式主要有两种：一种是文中引用之处加注作者的姓名和成果发表年限，然后在报告最后的参考文献中列出这些相关文件；另一种是在文中引用之处加注序号，然后在该页下方或报告最后的参考文献中以同样序号列出该相关文件。

（2）解释性标注。解释性标注是对文中的一些词汇、概念、术语进行的注释。注释内容可能是对词汇、概念、术语的含义做出解释，也可以是作者想要告诉读者的其他说明。这种标注的方式也有两种：一种是在词汇、概念、术语之后加上括号，把解释内容写在括号内；另一种是在需要解释的概念之后加一个序号，然后将解释内容在该页下方以同样序号列出。

10. 参考文献

列出参考文献是为了便于读者查找作者参考过的原始文献。参考文献的编排也有两种：一种是根据引文序号逐一列出，另一种是根据作者姓氏的第一个字母的顺序排列。

参考文献如果是文章，那么内容一般包括：作者姓名、文章标题、刊物名称、刊物出版年限、卷数、期数、页码。参考文献中各项目的排列顺序则因刊物要求和研究者风格不同而异。

11. 附录

在调研报告中，置于文中不方便，但对于读者了解该研究以及重复进行研究又是必不可少的内容，就放置在附录之中。例如调查调研报告的调查问卷、内容分析研究的编码标准、实验研究的实验材料等。

二、图表

在撰写调研报告时，统计表和统计图能够很好地将有关统计数据资料转变为读者容易阅读的形式，在编制统计表与统计图时应把资料隐含的意义清楚地表现出来却十分不易，应根据资料的不同特点选择不同形式的表格和图形，才能更好地为调研报告进行辅助说明。

（一）统计表

统计表是统计用数字说话的一种最常用的形式。把搜集到的数字资料，经过汇总整理后，得出一些系统化的统计资料，将其按一定顺序填列在一定的表格内，这个表格就是统计表。统计表能使大量的统计资料系统化、条理化，因而能更清晰地表述统计资料的内容。利用统计表便于比较各项目（指标）之间的关系，而且也便于计算。在报告中，采用统计表表述统计资料，也有利于检查数字的完整性和正确性。用表格的形式来表达数据，比用文字表达更清晰、更简明，便于显示数字之间的联系，有利于进行比较和分析研究。

统计资料的制表方式主要有单栏表和多栏表。对单一问题按回答项目制表叫单栏表，对两种或以上的调查项目变量制表叫多栏表又称交叉制表。交叉制表的价值在于它提供了项目变量之间关系的内涵。统计表既是调查整理的工具，又是分析研究的工具，广义的统计表包括统计工作各个阶段中所用的一切表格，如调查表、整理表、计算表等，它们都是用来提供统计资料的重要工具。

（二）统计表的构成

统计表的形式多种多样，根据使用者的要求和统计数据本身的特点，可以绘制形式多样的统计表。比如，表 14 - 1 就是一种比较常见的统计表。

表14-1 国内快递市场详请一览表

类别	主要品牌	主营市场	价格	规范性	稳定性
龙头企业	邮政 EMS、顺丰	中高端快递市场	＊＊＊＊	＊＊＊＊＊＊	＊＊＊＊＊
三通一达	申通、圆通、韵达、中通	电商市场	＊＊＊	＊＊＊＊	＊＊＊＊
非三通一达的全网型企业	宅急送、天天快递、百世汇通、优速等	电商市场	＊＊	＊＊＊	＊＊＊
区域型快递公司	无锡三丰、东莞世纪同城、义乌捷达、郑州乐速速递	其他城市场	＊	＊＊	＊＊
外资公司	FedEx、UPS、DHL、TNT、雅玛多、欧西爱斯、嘉里大通等	商备件	＊＊＊＊＊	＊＊＊＊＊	＊＊＊＊

资料来源 引自速途研究院 http：//www. sootoo. com/content/659012. shtml.

可以看出，统计表一般由四个主要部分组成，即表头、行标题、列标题和数字资料，必要时可以在统计表的下方加上表外附加。表头应放在表的上方，它所说明的是统计表的主要内容。行标题和列标题通常安排在统计表的第一列和第一行，它所表示的主要是所研究问题的类别名称和指标名称，通常也被称为"类"。如果是时间序列数据，行标题和列标题也可以是时间，当数据较多时，通常将时间放在行标题的位置。表的其余部分是具体的数字资料。表外附加通常放在统计表的下方，主要包括资料来源、指标的注释和必要的说明等内容。

从统计表的内容上看，可以分为主词和宾词两个部分。主词是统计表所要说明的总体，它可以是各个总体单位的名称，总体的各个组成是总体单位的全部。宾词是说明总体的统计指标，包括指标名称和指标数值。

（三）统计表的种类

1. 按主词加工方法不同分类

（1）简单表

表的主词未经任何分组的统计表为简单表。简单表的主词一般按时间顺序排列，或按总体各单位名称排列。通常是对调查来的原始资料初步整理所采用的形式即为按总体各单位名称排列的简单表。

表 14 - 2　特定经济地区进出口总值

	2015 年 8 月
	中国
安徽合肥出口加工区商品出口总额（万美元）	12319
安徽合肥出口加工区商品进口总额（万美元）	1037.3
安徽芜湖出口加工区商品出口总额（万美元）	2977.4
安徽芜湖出口加工区商品进口总额（万美元）	2384.5
保税港区商品出口总额（万美元）	232560.1
保税港区商品进口总额（万美元）	288145.4
保税区商品出口总额（万美元）	586446.2
保税区商品进口总额（万美元）	1052807.7
保税物流园区商品出口总额（万美元）	61306.6
保税物流园区商品进口总额（万美元）	33561.7
保税物流中心商品出口总额（万美元）	3756.5
保税物流中心商品进口总额（万美元）	20888.7
北京天竺综合保税区商品出口总额（万美元）	4009.2
北京天竺综合保税区商品进口总额（万美元）	27069.9
北京亦庄保税物流中心商品出口总额（万美元）	395.4

资料来源　《中国经济与社会发展统计数据库（2015）》

（2）分组表

表的主词按照某一标志进行分组的统计表称为分组表。利用分组表可以提示不同类型现象的特征，说明现象内部的结构，分析现象之间的相互关系等，见表 14 - 3 所列。

表 14 - 3　2014 年某公司所属两家汽车合格品数量表

厂　别	合格品数量（万辆）
A 厂	5200
B 厂	68000
合　计	12000

（3）复合表

表的主词按照两个或两个以上标志进行复合分组的统计表称为复合表，见表 14 - 4 所列。复合表能更深刻、更详细地反映客观现象，但使用复合表应恰到好处，并不是分组越细越好。因为复合表中多进行一次分组，组数将成倍增加，分组太细反而不利于研究现象的特征。

表 14-4 ××××年某城镇人口构成比例表

		比例（%）
按性别分	男	50.98
	女	49.02
按城乡分	市镇	30.89
	乡村	69.11

2. 按宾词指标设计的不同分类

（1）宾词不分组设计

宾词不分组设计即宾词各指标根据说明问题的主次先后顺序排列，保持各指标之间的一定逻辑关系。

（2）宾词简单分组设计

宾词简单分组设计即统计指标从不同角度分别按某一标志分组，各种分组平行排列。见表 14-5 所列。

表 14-5 某广告公司员工性别及学历情况

	员工总人数/人	性别		文化程度		
		男	女	中专	大学	研究生
创意人员	638	290	348	254	308	76
制作人员	334	108	226	118	176	40
合 计	972	398	574	372	484	116

（3）宾词复合分组设计

宾词复合分组设计即统计指标同时有层次地按两个或两个以上标志分组，各种分组重叠在一起。见表 14-6 所列。

表 14-6 某广告公司员工性别及学历情况

	员工人数		中专			大学			研究生		
	男	女	男	女	小计	男	女	小计	男	女	小计
创意人员	290	348	110	144	254	138	170	308	42	34	76
制作人员	108	226	28	90	118	64	112	176	16	24	40
合 计	398	574	138	234	372	202	282	484	58	58	116

（四）统计表的设计要求

由于使用者的目的以及统计数据的特点不同，统计表的设计在形式和结构上会有较大差异，但设计上的基本要求则是一致的。总体上看，统计表的设计应符合科学、实用、简练、美观的要求。具体来说，设计统计表时要注意以下几点：

第一，要合理安排统计表的结构，比如行标题、列标题、数字资料的位置应安排合理。当然，由于强调的问题不同，行标题和列标题可以互换，但应使统计表的横竖长度比例适当，避免出现过高或过长的表格形式。

第二，表头一般应包括表号、总标题和表中数据的单位等内容。总标题应简明确切地概括出统计表的内容，一般需要表明统计数据的时间（When）、地点（Where）以及何种数据（What），即标题内容应满足3W要求。

第三，如果表中的全部数据都是同一计量单位，可放在表的右上角标明，若各指标的计量单位不同，则应放在每个指标后或单列出一列标明。

第四，表中的上下两条线一般用粗线，中间的其他线要用细线，这样使人看起来清楚、醒目。通常情况下，统计表的左右两边不封口，列标题之间一般用竖线隔开，而行标题之间通常不必用横线隔开。总之，表中尽量少用横竖线。表中的数据一般是右对齐，有小数点时应以小数点对齐，而且小数点的位数应统一。对于没有数字的表格单元，一般用"-"表示，已填好的统计表不应出现空白单元格。

第五，在使用统计表时，必要时可在表的下方加上注释，特别要注意注明资料来源，以表示对他人劳动成果的尊重，方便读者查阅使用。

需要说明的是制表应注意以下几个问题：

① 要求科学、实用、简明、美观。

② 表格一般采用开口式，表的左右两端不画纵线，表的上下通常用粗线封口。

③ 最好一个表集中说明一个问题，如果反映的内容较多，可以分为几张表来表达。

④ 表的左上方是表的序号，表格上方的总标题要简明扼要，恰当地反映表的内容。

⑤ 表中的数字要注明计量单位。

（五）统计图

统计图是根据统计资料特点，利用几何图形来表现统计资料的一种重要手段，也是分析统计资料的一种具体方法。统计图的优点是比数字更为具体而形象地展现事实或现象的全貌，给人以清晰、一目了然的印象，便于理解和记忆。其缺点是图示的数量不易精确，如果制图不当，还会掩盖事实真相，甚至产生误导。图示的主要种类有条形图、圆形图、曲线图和统计图。

1. 统计图的要素

完整的统计图一般包括六个要素，即图号、图名、图目、图尺、图形和图注。

（1）图号。图号即图的序号，按照图在调查报告中出现的顺序来确定。

（2）图名。图名是统计图的名称，是对图示资料内容的概括。通过读图名，读者能很快明白图形的含义。图名一般与图号一起，写在图的最下方。

（3）图目。图目是写在图形基线上的各种不同类别、名称、时间或统计量，即横坐标或坐标上所用的单位名称。

（4）图尺。在统计图的横坐标或纵坐标上，常要用一定的距离表示单位，这些单位称为图尺。图尺有计数单位，也有百分单位。这要根据资料的情形选用。图尺分点要清楚，整个图尺大小要包括所有的数据值，如果数据值大小悬殊，可用断尺法或回尺法减少图幅。

（5）图形。图形是图的主要部分，由线或面构成。在表述不同的结果时，用不同的图形线或面加以区别。各种图形线或面的含义用图例标明，图例可选图外适当的位置表示。图形制作的要求是整个图形应和谐、美观、均衡。

（6）图注。图形的局部或某一点借助文字或数字来补充说明，均称为图注。图注的目的在帮助读者理解图形所示资料，提高统计图的使用价值，或说明资料来源。

2. 统计图的类型

常见的统计图按形状可分为圆形图、条形图和拆线图。

（1）条形图。条形图是以宽度相同的条形的高低或长短来表示统计数值大小及数量关系的统计图形。这种图形绘制简单，便于对比，又容易给人留下深刻印象，因而广泛应用于实践中。条形图可再分为单式条形图与复式条形图。复式条形图可以进行双重比较。条形图可以纵向排列，也可以横向排列。各长条之间可留间隙，也可以不留空隙。类别变量和等级变量资料常用条形图来表示。

条形图可以分为单式条形图（如图 14 - 1）和复式条形图（如图 14 -

2)。有时用复式条形图进行双重比较。

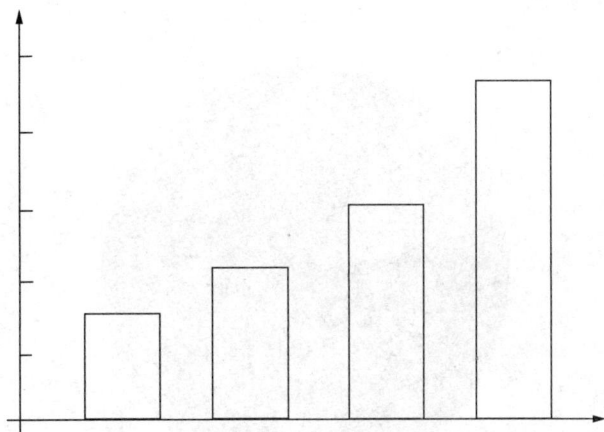

图 14-1　某广告公司收入的统计情况

条形图主要用于表示同一指标随时间变化而变化的情况或表示同一指标随地点不同而变化的情况。

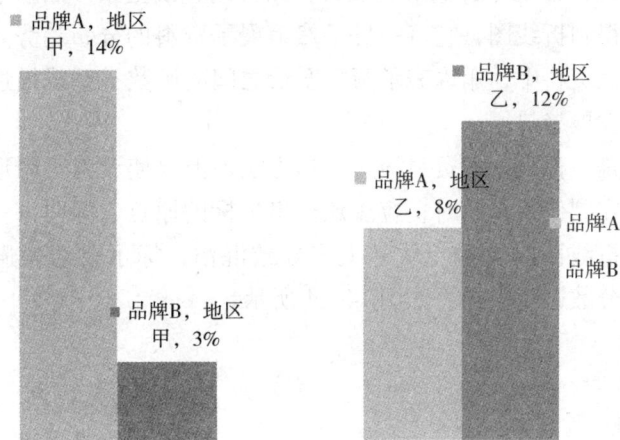

图 14-2　A、B 两品牌在甲、乙两地区的市场占有率

（2）圆形图。圆形图，又称饼图，是指将资料数据展示在一个圆平面上。一个圆形代表一个总体，用圆内的各个扇形代表构成总体的各个部分。圆形图适合于分析总体中各部分的构成比例，以及各部分之间的比较。所要显示的资料数据一般是百分数。圆形图的图尺是圆周，单位是把圆周分成 100 份，每百分之一相当于 3.6 度，它的基线是圆内的半径。

例如，某产品 2014 年的广告投入的构成如下：电视广告占 53%，报纸广告占 26%，电台广告占 12%，其他占 9%，将其用圆形图直观地表示就如图 14 - 3 所示。

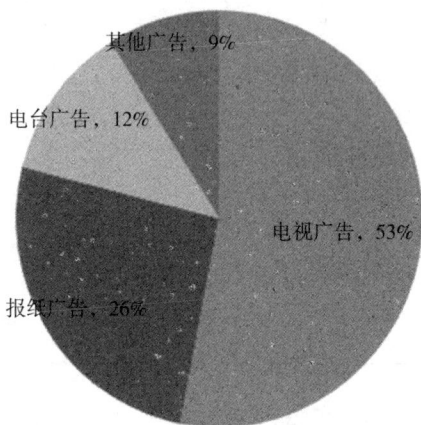

图 14 - 3　某产品 2014 年的广告投入的构成统计

（3）折线图。对于计数资料而言，只要用直线把条形图顶端中点连接起来，就可得到折线图，它可一目了然地展示资料的分布趋势。折线图更常用于连续性资料中，用以表示两个变量之间的函数关系或描述某种现象在时间上的发展趋势。

统计图是一种直观的资料描述表达方法，但要使读者对图形所示资料一目了然。在制作统计图时，应注意标出坐标的原点、标明每一个度量单位，在制作折线图时要避免线条太多导致混淆，标示要清楚避免引起误解，注明百分数避免误导。如图 14 - 4 所示。

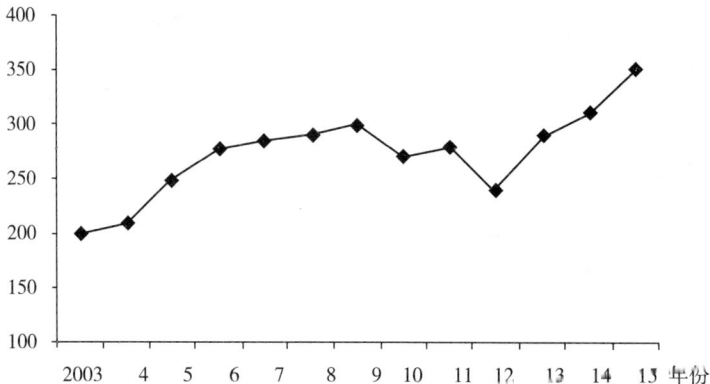

图 14 - 4　某品牌理念销售量统计

以上图表，可以通过本章所附案例进行综合反映、

【案例分享】 速途研究院：2015 年 Q3 互联网招聘行业报告

随着中国经济的发展和移动互联网大潮的冲击，网络招聘越来越成为大部分求职者和企业获取工作和人才的重要途径，互联网招聘不仅帮助企业和求职者节约了时间成本和冗长的程序，也极大地减少了求职者和企业间信息不对称的问题。互联网招聘行业作为较早踏入互联网的领域之一，在快速发展的同时也逐渐迎来新的机遇，垂直招聘、职业社交等多领域出现突破口，移动互联网的盛行更使得传统招聘网站变革，创新者入局。

速途研究院分析师团队通过对中国互联网招聘行业已公开的相关数据和行业信息进行整理，结合市场及用户调研，解读互联网招聘行业现状。

中国互联网招聘市场规模（亿元）

图 14 - 5 增长迅速的网络招聘市场

注：速途研究院制图。

中国的互联网招聘行业从 2000 年以后开始起步，2010 年后开始正式进入高速发展期。在 2011 年中国互联网招聘市场规模仅有 17.2 亿元，4 年来市场保持着稳定的发展趋势，截至 2014 年网络招聘市场份额达到 33.6 亿元，同比增长 25.4%，预计 2015 年互联网招聘市场规模将突破 39 亿元，2017 年达到 55.8 亿元。

中国招聘网站覆盖人数（万人）

图 14-6 中国招聘网站月度覆盖人数

注：速途研究院制图。

从截止到 2015 年 3 季度的中国招聘网站覆盖人数变化趋势可以看出，中国网络招聘用户的覆盖人数虽然随着行业淡季旺季等因素波动变化，但整体上呈上升趋势，招聘网站的用户覆盖率持续增加，在 7、8 月招聘旺季达到高峰，8 月网络招聘覆盖人数达到 1.7 亿人，互联网招聘开始成为越来越多的大学生和求职者找工作的首选途径。

2015年Q3中国招聘网站市场份额

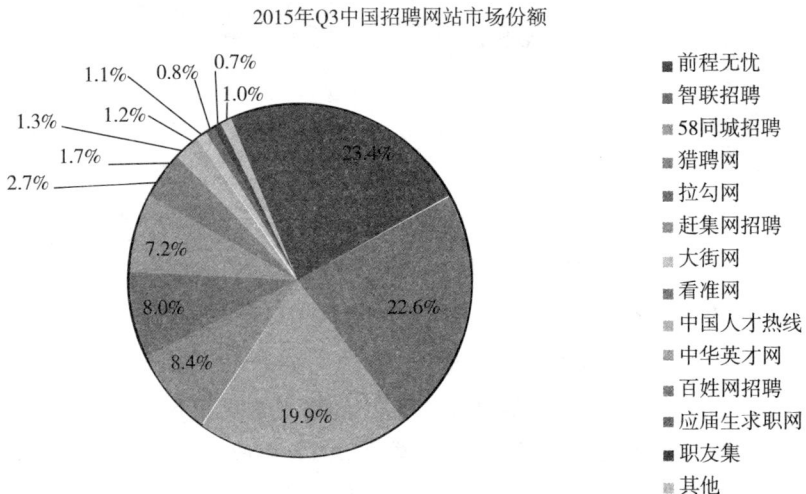

图 14-7 招聘网站市场巨头割据、创新者不断

注：速途研究院制图。

当前中国的互联网招聘市场呈现了巨头割据的主要形势，以前程无忧、智联招聘为龙头，分别占据市场总份额的 23.4% 和 22.6%，58 同城的招聘板块一直是 58 的重要业务之一，以技工和低端人才市场为主，占据市场份额的 19.9% 紧随其后，三家站在了网络招聘市场的第一梯队。市场的第二梯队分别是猎聘网、拉勾网和赶集网招聘，分别占据市场份额的 8.4%、8.0% 和 7.2%，其中猎聘网是定位中高端的网络招聘平台，拉勾网以垂直于互联网行业的人才招聘为主。

2015年Q3招聘网站移动端百度检索指数

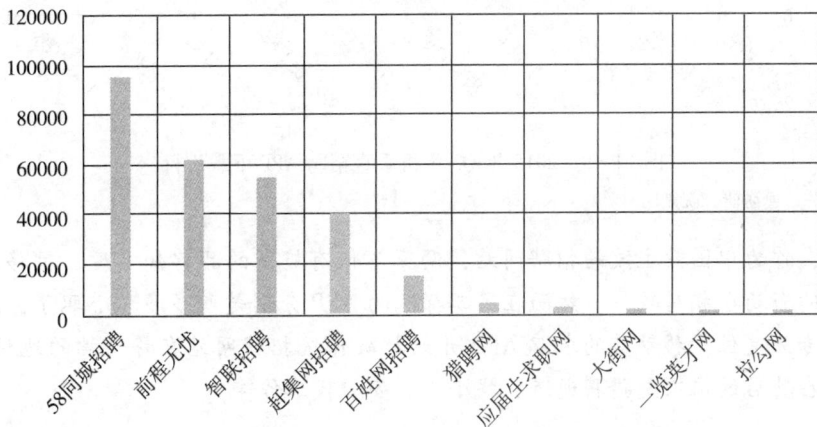

图 14-8　58 同城招聘在移动端检索次数最高

注：速途研究院制图。

随着智能手机的普及和移动互联网的发展，人们对于移动端的依赖程度逐渐提升，手机开始成为重要的流量入口。通过百度在移动端的关键词指数可以看出，58 同城网招聘在移动端的检索次数最高，相比其他招聘网站，58 同城的招聘部分在移动端更受欢迎，排在其后的依次是前程无忧、智联招聘、赶集网招聘和百姓网招聘，而其他网站在移动端的检索次数和访问次数都不高。值得一提的是，在移动端检索次数较高的几个招聘网站中，58 赶集和百姓网都是功能齐全的分类信息网，而移动端检索次数较高的原因，或与用户主要定位中低端有关。

在移动互联网高速发展的背景下，互联网招聘行业对移动端的布局成为必然，而大部分创新者也借此入局，抢占移动端的网络招聘市场。在垂直招聘领域的移动端 APP 应用中，智联招聘和前程无忧依旧排在了第一梯

2015年Q3手机垂直招聘APP下载排行

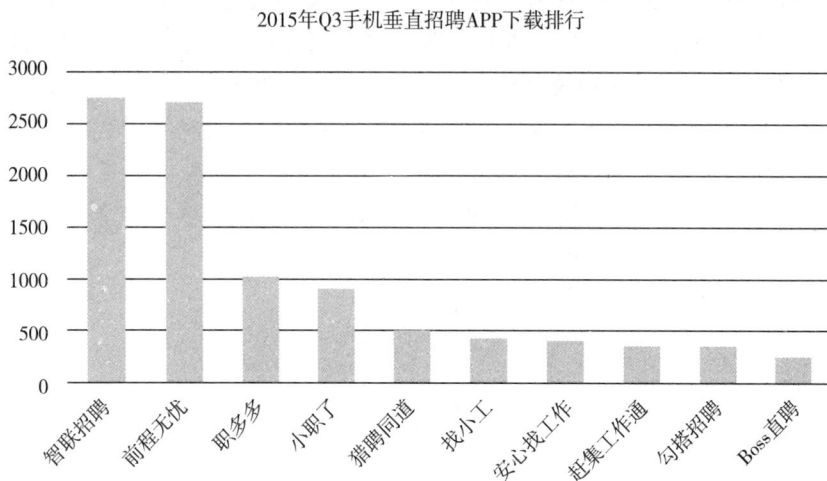

图 14-9　2015 年 Q3 手机垂直招聘 APP 下载排行

注：速途研究院制图。

队，作为中国最主流的招聘网站，两家不仅有极高的品牌知名度，对移动端的布局也相对较早。然而在第二梯队的 APP 分别是职多多和小职了，两家专业定位于移动端的求职 APP 开始打破传统招聘网站在移动端的地位。排在其后的依次是猎聘通道、找小工、安心找工作等。

中国网络招聘用户性别比例

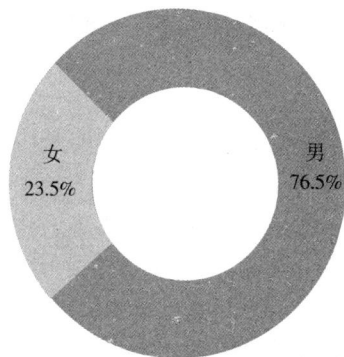

图 14-10　中国网络招聘用户男性主导

注：速途研究院制图。

中国的互联网招聘行业的用户存在性别分布不均的情况，其中男性用户占比达到 76.5%，女性仅占 23.5%。在中国人口性别分布不均的条件下，男性求职者本身基数大于女性，且中国大部分地区存在以男性为家庭主要劳动力的传统，男性的工作支出成为家庭的主要收入来源，女性全职太太数量增加，并且在中国的大多数行业中，男性跳槽的比例高于女性。

中国网络招聘用户年龄分布

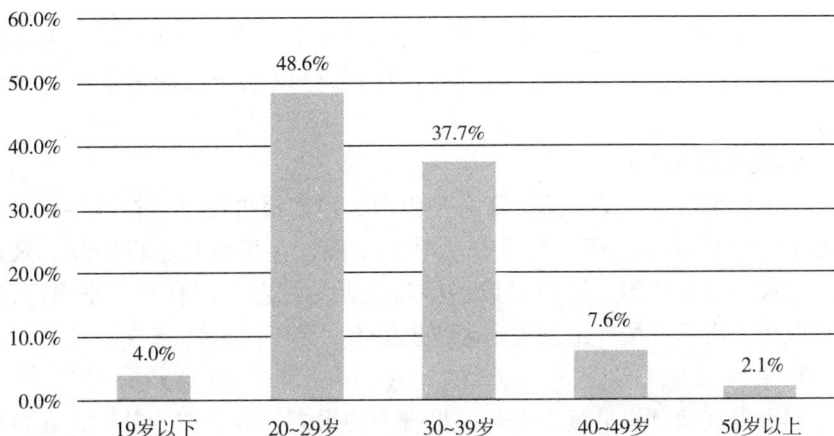

图 14-11 青年人是网络招聘的主要用户

注：速途研究院制图。

中国网络招聘用户从年龄维度上看，主要以 20 ~ 39 岁的较年轻人群为主，20 ~ 39 岁之间的用户共占比达 86.3%，其中 20 ~ 29 岁的用户主要以大学毕业生以及硕士、博士的求职为主，30 ~ 39 岁的用户则主要是跳槽和更换工作的人群，技工、家政等求职用户主要在 19 岁以下和 40 岁以上的区间集中。

三、口头报告

口头调查报告是市场调查的访问人员或报告的撰写者以口头陈述的形式向广告主汇报调查方法、报告结果以及结论、建议的活动。

（一）意义

口头调查报告是在书面调查报告已经送达广告主阅读的基础上，进一步向广告主有重点、有针对性地进行陈述，以加深广告主对书面报告的理解、回答广告主提出的疑问、补充广告主需要的内容，从而扩大市场调查活动的影响力和市场调查结果的应用力度。进行口头调查报告的意义是能用较短的时间说明调查报告的核心内容，生动而富有感染力，容易给听众留下深刻的印象，能与听众直接交流，便于增强双方的沟通，有一定的灵活性，一般可以根据具体情况对报告内容、时间做出必要的调整。

（二）需要准备的材料

为了使口头报告更容易达到汇报者要达到的目标，需要进行以下三个方面的准备。

1. 汇报提要

应该为每位听众提供一份关于汇报流程和主要结论的提要，提要不应包含数字或图表，但要预留出足够的空白部分以利于听众做临时记录或评述。

2. 视觉辅助工具

为了使报告更生动灵活，富有吸引力，提高报告效果，在条件许可的情况下，应尽量调动现代技术作为辅助手段，包括胶片、投影仪、录像片、电视以及电脑等。这样可以保持与会者的注意力，有利于增强记忆，也可以促使讲解者按一定的规则去组织思维，易于得出结论。

3. 最终报告

调查者在做口头汇报中省略了报告中的很多细节，作为补充，在口头报告结束时，应该准备一些最终报告的复印件，以备需要者索取。在有些情况下，需要将最终书面报告在做口头报告之前呈递给听众。

（三）应注意的问题

口头调查报告要达到预期的目的，要注意以下几点：

1. 准备好详细的演讲提纲

按照书面报告的格式准备好详细的演讲提纲，不能随心所欲、信口开河，它同样需要有一份经过精心准备的提纲，包括报告的基本框架和内容，并且其内容和风格要与听众相吻合。事先要了解听众的情况，包括他们的专业技术水平如何、他们理解该项目的困难是什么、他们的兴趣是什么等。

2. 采用通俗易懂的语言

口头调查报告要求语言简洁明了、通俗易懂，要有趣味性和说服力。如果汇报的问题较为复杂，可先做一个简要、概括的介绍，并运用声音、眼神和手势等的变化来加深听众的印象。

3. 采用清晰的图形表达

用计算机做出的图形可以加强口头陈述的效果，但要保证图形清晰易懂，一张图形上不要有太多的内容，以便听众有一个清晰的认识。

4. 做报告时要充满自信

有些人在演讲时过多使用道歉用语，这是不明智的。这既说明了演讲者的准备不充分，又浪费了听众的宝贵时间。另外，演讲时要尽量面对听众，不要低头或者背对听众。与听众保持目光接触，在可以表现报告者自信的同时也有助于把握听众的喜爱与理解程度。

5. 把握回答问题的时机

在报告进行时最好不要回答问题，以免出现讲话的思路被打断、时间不够用等现象，应在报告结束后，对听众提出的问题进行回答，以便更清楚地表达报告者的思想。

6. 把握好报告的时间

应根据报告的内容和报告的对象来确定报告的时间。时间过短，往往不能表达清楚报告者的思想；时间过长，容易引起听众的不耐烦，使听众对报告产生抵制心理，所以要在适当的时间内完成报告。

本章小结

1. 了解调研报告的种类。按调查的范围、内容分，调查报告可分为综合调查报告和专题调查报告；按作用分为情况类调查报告和典型经验调查报告。

2. 熟悉口头调查报告。口头调查报告是在书面调查报告已经送达广告主阅读的基础上，进一步向广告主有重点、有针对性地进行陈述，以加深广告主对书面报告的理解、回答广告主提出的疑问、补充广告主需要的内容，从而扩大广告调查活动的影响力和广告调查结果的应用力度。

3. 调研报告中图表的编制方法。在编制统计表时应避免出现过高或过长的表格形式，表头一般应包括表号、总标题和表中数据的单位等内容，如果表中的全部数据都是同一计量单位，可放在表的右上角标明，若各指标的计量单位不同，则应放在每个指标后或单列出一列标明。表中的上下两条线一般用粗线，中间的其他线要用细线，这样使人看起来清楚、醒目。通常情况下，统计表的左右两边不封口，列标题之间一般用竖线隔开，而行标题之间通常不必用横线隔开。必要时可在表的下方加上注释，特别要注意注明资料来源。完整的统计图一般包括六个要素，即图号、图名、图目、图尺、图形和图注。

4. 掌握撰写商业性调研报告和学术性调研报告的方法。在广告市场调研中，重点掌握商业性调研报告和学术性调研报告。商业性调研报告在撰写时可以围绕序言、摘要、正文、附录四个部分进行写作。学术性调研报告，一般包括标题、作者、摘要、引言、研究背景、研究方法、研究结果、讨论、结论和应用、标注、参考文献、附录。

关键术语和概念

商业性调研报告；口头调查报告；学术性调研报告

思考题

1. 为什么广告调查要提供市场调查报告？
2. 调查报告有什么特点？
3. 简述商业性调研报告和学术性调研报告的写作格式。
4. 写作调查报告有什么技巧，应当注意哪些问题？

探索性活动设计

通过互联网搜索，找到一篇广告调查研究书面报告，根据这个报告准备一个PPT，并思考如何做好口头调查报告。

参 考 文 献

（一）著作

［1］樊志育. 广告效果研究［M］. 北京：中国友谊出版公司，1995.

［2］黄合水，陈素白，陈培爱. 广告调研技巧［M］.4 版. 厦门：厦门大学出版社，2009.

［3］刘德寰. 现代市场研究［M］. 北京：高等教育出版社，2005.

［4］［美］齐克芒德，刘启. 商业研究方法［M］. 北京：清华大学出版社，2012.

［5］彭增军. 媒介内容分析法［M］. 北京：中国人民大学出版社，2012.

［6］［美］卡尔·麦克丹尼尔. 当代市场调研［M］. 北京：机械工业出版社，2012.

［7］［美］莱恩，拉塞尔，东贤. 克莱普纳广告教程［M］. 北京：清华大学出版社，2008.

［8］［美］乔尔·戴维斯. 广告调查理论与实务［M］. 杨雪睿，乔慧，译. 中国人民大学出版社，2015.

［9］［美］卡尔·麦克丹尼尔. 当代市场调研［M］. 北京：机械工业出版社，2012.

［10］金新政，李宗荣. 理论信息学［M］. 武汉：华中科技大学出版社，2014.

［11］范景中. 艺术与人文科学：贡布里希文选［M］. 杭州：浙江摄影出版社，1989.

［12］［德］马克斯·韦伯. 社会科学方法论［M］. 韩水法，莫茜，译. 北京：中央编译出版社，1999.

［13］陈波. 社会科学方法论［M］. 北京：中国人民大学出版社，1989.

［14］谭昆智，林炜双，杨丹丹，马璟熙. 传播学［M］. 北京：清华

大学出版社，2012.

[15] 牛喜霞，张生源. 定性调查手册［M］. 北京：中国时代经济出版社，2004.

[16] 彭启福. 理解之思——诠释学初探［M］. 合肥：安徽人民出版社，2005.

[17] 风笑天. 社会学研究方法［M］. 北京：中国人民大学出版社，2001.

[18]［美］怀特. 街角社会［M］. 北京：商务印书馆，2005.

[19] 李奇云. 广告市场调研［M］. 成都：四川大学出版社，2004.

[20] 张彦. 社会研究方法［M］. 上海：上海财经大学出版社，2011.

[21]［美］Matthew David，Carole D. Sutton. 社会研究方法基础［M］. 陆汉文，等译. 北京：高等教育出版社，2008.

[22] 黄丹. 市场调查与预测［M］. 北京：北京师范大学出版社，2007.

[23] 常昌富，李依倩. 大众传播学：影响研究范式［M］. 北京：中国社会科学出版社，2000.

[24]［美］Roger D. Wimmer. 大众媒体研究［M］. 黄振家，译. 新加坡：新加坡亚洲汤姆生国际出版有限公司出版，台湾：台湾学富文化事业有限公司发行，2002.

[25] 柯惠新. 传播研究方法［M］. 北京：中国传媒大学出版社，2010.

[26]［德］彼得·阿特斯兰. 经验型社会研究方法［M］. 北京：中央文献出版社，1995.

[27]［美］艾尔·芭比. 社会研究方法［M］. 邱泽奇，译. 北京：华夏出版社，2005.

[28] 胡正荣. 传播学总论［M］. 北京：北京广播学院出版社，1997.

[29]［美］威廉，阿伦斯，大卫，等. 阿伦斯广告学［M］. 北京：中国人民大学出版社，2008.

[30]［美］阿尔文·C. 伯恩斯，罗纳德·F·布什. 营销调研［M］. 6版. 北京：中国人民大学出版社，2011.

[31] 韩兆洲. 统计学原理［M］. 7版　广州：暨南大学出版社，2011.

［32］贾俊平，何晓群，金勇进．统计学［M］．6 版．北京：中国人民大学出版社，2015.

［33］顾晓安，徐乃中．社会经济统计学：原理与应用案例［M］．上海：立信会计出版社，2005.

［34］夏淑琴．社会经济统计学原理［M］．2 版．重庆：重庆大学出版社，2012.

［35］陈希孺．概率论与数理统计［M］．合肥：中国科学技术大学出版社，2009.

［36］茆诗松，程依明，濮晓龙．概率论与数理统计教程［M］．2 版．北京：高等教育出版社，2011.

［37］盛骤，谢式千，潘承毅．概率论与数理统计［M］．4 版．北京：高等教育出版社，2010.

［38］陈平．应用数理统计［M］．北京：机械工业出版社，2016.

［39］严士键．概率论与数理统计基础［M］．上海：上海科学技术出版社，1982.

［40］张梦霞．成功的市场调研［M］．北京：石油工业出版社，1999.

［41］刘利兰．市场调查与预测［M］．北京：经济科学出版社，2012.

［42］吴扬．市场调查与预测［M］．2 版．合肥：中国科技大学出版社，2014.

［43］金新政，李宗荣．理论信息学［M］．武汉：华中科技大学出版社，2014.

［44］蒋萍主．市场调查［M］．2 版．上海：格致出版社，2013.

［45］中国大百科全书总编委员会《哲学》编辑委员会．中国大百科全书（哲学卷）［M］．北京：中国大百科全书出版社，1987.

［46］祝帅．中国广告学术史论［M］．北京：北京大学出版社，2013.

［47］涂平．市场营销研究方法与应用［M］．2 版．北京：北京大学出版社，2012.

［48］Arksey, Hilary & Peter Knight, Interviewing for Social Scientists［M］．London：Sage Publications，1999.

［49］Semeanoff B. Projective techniques［M］．New York：John Wiley &Sons，1976：1–57.

［50］Cohen M R, Nagel E, et al. An introduction to logic ［M］. Hackett Publishing Company, 1993.

［51］陈刚. 自觉与反思：对中国广告学研究方法的分析与思考 ［M］//北大新闻与传播评论（第二辑）. 北京：北京大学出版社，2006：107－116.

（二）期刊

［1］李本乾. 描述传播内容特征　检验传播研究假设——内容分析法简介 ［J］. 当代传播，2000（1）：47－49.

［2］李醒民. 论科学的分类 ［J］. 武汉理工大学学报：社会科学版，2008（2）：149－157.

［3］谭爽. 有足球，就有嘉士伯 ［J］. 成功营销，2015（9）：60－61.

［4］陈嬿如. 广告中的女性社会角色 ［J］. 厦门大学学报：哲学社会科学版，2002（1）：122－128.

［5］臧晔. 定性研究焦点小组方法发展历程追溯与探究 ［J］. 广告研究：理论版，2006（3）：90－97.

［6］John D R. Consumer socialization of children: A retrospective look at twenty-five years of research ［J］. Journal of consumer research, 1999, 26 (3): 183－213.

［7］Gibson L D. Defining marketing problems: don't spin your wheels solving the wrong puzzle ［J］. Marketing research, 1998, 10 (1): 4－12.

后　　记

　　广告调查是利用可获取的资源，收集和处理所得的信息，从而能为广告活动做出最佳的决策提供依据。广告调查的目的是更好地从事广告活动，为广告决策提供服务。大量广告实践已经证明，没有科学的广告调查，很难做出科学的决策。

　　现代广告学的发展，已经建立了一套系统的科学理论和研究方法。即使在互联网发展的背景下，一些传统的研究方法在今天依然是有价值的。本书系统梳理了广告调查的研究方法，借鉴了社会学和市场调查中的一些研究成果，同广告实际调查问题结合起来，着重培养学生科学的调查方法和思维。同时，本书也关注到互联网对与广告调查带来的机遇与挑战。此外，本书在培养学生广告调查能力上也做了一些尝试，首先每章从现实案例入手，从实务出发提出广告调查的相关知识。然后每章末尾除了知识点和习题外，还设计了一些探索性的研究设计，鼓励学生更多地思考广告调查的实际问题，期望系统培养广告专业学生的广告调查实际技能。

　　本书的框架由史梁和戴燕负责，具体章节编写分工如下：史梁负责编写第1章、第2章、第3章、第9章和第11章的第四部分；戴燕负责编写第4章、第5章、第6章、第8章以及第11章的一、二、三部分；张相蓉负责编写第7章、第10章、第12章、第13章和第14章。

　　作为安徽省教育厅立项的省级规划教材系列中的一本教材，我们要向安徽省教育厅和合肥工业大学出版社的工作人员表示衷心的感谢，向本书责任编辑表示由衷感谢，本书的出版离不开你们的关心和支持。

编　者

2016 年 12 月